Kaukasus

Kyros

MEER

Euphrat

ARMENIEN

Araxes

Tigris

MESOPOTAMIEN

Thapsakos
331

331
Gaugamela

Arbela/Arbeia

MEDIEN

Zadrakaria

Ragai

330

Heka-
tompylos
330

Ekbatana
330,324

332

Euphrat

324

Opis

Tigris

Babylon
331, 323+

324

PARAITAKENE

330

Susa
331,324

BABYLONIEN

324

Euphrat

324

Pasarga-
dai

331

324

Alexandria

Persepolis
330,324

RABIEN

PERSISCHER GOLF

Zug Alexanders

Zug des Krateros
Fahrt des Nearchos

0   100   200   300   400   500 km

Tylos

325

Fortsetzung der Karte auf dem hinteren Vorsatzblatt

S. Fischer-Fabian
ALEXANDER

S. Fischer-Fabian

ALEXANDER

Der Traum vom Frieden
der Völker

Gustav Lübbe Verlag

© 1994 by Gustav Lübbe Verlag GmbH,
Bergisch Gladbach

Schutzumschlaggestaltung: KOMBO KommunikationsDesign, Köln,
unter Verwendung eines Porträts Alexander des Großen.
Römischer Marmorkopf nach einem
griechischen Original (330–300 v. Chr.).
Rom, Vatikanische Museen.
Foto: Bildarchiv Preußischer Kulturbesitz, Berlin.
Satz: Friedrich Pustet, Regensburg
Druck und Einband: Franz Spiegel Buch GmbH, Ulm-Jungingen

Der Abdruck des Zitats aus *Ungeschehene Geschichte*
von Alexander Demandt auf S. 373 ff.
erfolgt mit freundlicher Genehmigung
des Verlags Vandenhoeck & Ruprecht in Göttingen.

ISBN 3-7857-0747-9

»Oft sagt ein unbedeutender Vorfall,
ein Ausspruch oder ein Scherz
mehr über den Charakter eines großen Mannes
als die blutigsten Schlachten,
die größten Armeen und die Erstürmung von Städten.«

Plutarch von Chaironeia

»Wer aber glaubt, Alexander schmähen zu müssen,
der möge dies nicht tun, indem er allein
das Tadelswerte an ihm vorträgt.
Es hat damals, wie ich glaube,
auf der Welt kein Volk gegeben,
keine Stadt, ja keinen einzigen Menschen,
zu dem nicht der Name Alexanders gedrungen wäre.
Daß dieser Mann nicht in unsere Welt gedrungen sein kann
ohne göttliche Fügung, er, der so wenig
einem anderen Sterblichen gleicht,
ist meine Überzeugung.«

Flavius Arrianus

INHALT

Ein Wort zuvor

Er trägt den Beinamen »der Große«. Warum? Was war groß an ihm? Weshalb wurde er so genannt von den Menschen seiner Zeit und von jenen, die nach ihm kamen?

Weil er ein Feldherr war, der in drei Schlachten übermächtige Gegner bezwang; ihnen in Strategie und Taktik so überlegen, daß die Militärhistoriker ihn über Hannibal stellen, über Cäsar, Gustav Adolf, Prinz Eugen, Friedrich II. von Preußen.

Weil er stets in der vordersten Reihe kämpfte und so viele Narben an seinem Körper trug, daß er am Hyphasis, dem Fluß ohne Wiederkehr, den Veteranen zurufen konnte: »Hier steht jemand, der euch nie gefährdet hat, ohne sich zuerst der Gefahr auszusetzen! Verlaßt mich nicht ...«

Weil man ihn als Halbgott, ja als Gott verehrte – was Napoleon zu der bitteren Bemerkung veranlaßte: »Wenn ich hier vor die Leute träte und würde behaupten, ich sei der Sohn des Allerhöchsten, jedes Marktweib würde mich auszischen.«

Weil er imstande war, die Armee zu reformieren und Streitgespräche über Homer zu führen; die Währung zu vereinheitlichen und ein Drama des Euripides aufzuführen; Städte zu gründen und mit Aristoteles zu korrespondieren.

Weil er im Unglück nicht verzweifelte, sondern ein Beispiel gab, ihm zu widerstehen.

Weil er davon durchdrungen war, daß Tyche, die Göttin des Glücks, ihn nicht im Stich lassen würde.

Weil seine Aura so stark war, daß er Freund *und* Feind in seinen Bann schlug.

Feldherrnkunst, Todesverachtung, die Überzeugung, gottähnlich zu sein, dazu Intelligenz, Seelenstärke, das Magische und das Dämonische gehören gewiß zu den Eigenschaften der Männer, die man *groß* nennt. Sie befähigen sie, wie Jacob Burckhardt in seinen *Weltgeschichtlichen Betrachtungen* ausführt, den Willen Gottes zu vollziehen oder, wie immer man wolle, den Willen eines Volkes, den Willen einer Epoche. So gelte uns heute als Wille eines Weltalters die Tat Alexanders, habe er doch den Orient für den Okzident geöffnet und Asien hellenisiert. Die Schicksalsgöttin liebe es bisweilen, sich in *einem* Menschen zu verdichten, dem damit die Welt gehorcht.

Was aber Alexander den Großen ganz einzigartig erscheinen läßt, was ihn auszeichnet vor allen anderen »Großen«, ist ein Phänomen, das man »Alexanders Traum« nennen kann.

Auf seinem Weg vom makedonischen Strymon bis über den Indus, dem längsten Marsch der Weltgeschichte, schmolz die Zahl seiner Makedonen durch Tod, Verwundung und Krankheit so sehr, daß mit ihnen, im Sinne des Wortes, kein Staat mehr zu machen war. Das Reich, das sie erobert hatten, war mit ihnen allein nicht zu bewahren, sondern nur gemeinsam mit den Iranern. Es galt also, den Besiegten die Schmach zu nehmen, geschlagen worden zu sein, und den Siegern ihren Hochmut, in jedem Perser einen Barbaren zu sehen.

Was die Staatsraison gebot, entwickelte Alexander zu einem Programm, das da hieß: Versöhnung, Verschmelzung, Verbrüderung.

Wir sehen ihn auf der Massenhochzeit zu Susa, wo er Makedonen mit Iranern ehelich verbindet; wir erleben ihn als Gründer von Städten, in denen er eine Mischbevölkerung anstrebt; wir hören ihn, wie er im Gebet von Opis die Götter um *koinonia* und *homonoia* bittet, um Partnerschaft und Eintracht der Völker.

Oder wie Plutarch von Chaironeia es ausdrückte: »Wenn der große Gott, der Alexander auf die Erde herabgeschickt hat, ihn nicht so jählings zu sich gerufen, hätte es künftig nur ein Gesetz für alle Lebenden gegeben und die gesamte Welt wäre unter gleicher Rechtsprechung regiert worden, als sei es gleiches Licht. Indem er die Sitten der Völker und ihre Art zu leben vereinte, empfahl er allen, die gesamte bewohnte Erde als ihr Vaterland zu betrachten. Alle, die ehrlichen Herzens sind, sollten sich miteinander verwandt fühlen – nur die Bösen seien auszuschließen.«

Die Aussöhnung des Ostens mit dem Westen und die des Westens mit dem Osten war die stets neu gestellte Frage in der Antike, und sie ist es bis heute geblieben. Alexander hat sich um eine Antwort bemüht und hat darüber hinaus eine *Idee* in die Tat umzusetzen versucht: den Haß zu tilgen, die nationalen Vorurteile zu beseitigen, den Weltstaat zu gründen.

Eine solche Aufgabe konnte sich nur ein Träumer stellen. Doch was wäre die Menschheit ohne einen solchen Traum? Ohne eine Utopie? Ohne das Gegenbild zum Bestehenden?

Wie anders lohnte es zu leben ...

1 PHILIPP, OLYMPIAS UND ALEXANDER

FREUDENFEST UND TOTENFEIER

»Dem König sei Heil!« ruft der Jüngling, der mit einer Gruppe Bewaffneter in den Palast zu Pella eindringt, und hebt die Arme zum Gruß. Seine Gefährten stimmen in seinen Ruf ein. Alexander starrt ihn an. »König?« fragt er tonlos. »Heil dir, o König!« wiederholt der Lynkester. »Philipp, dein Vater, ist tot. Vom Dolch eines Mörders getroffen. Es war die Stunde nach Sonnenaufgang. Vor dem Tor des Theaters zu Aigai.«

Alexander weist den Lorbeer zurück, mit dem sie ihn schmücken wollen. Er läßt den Bukephalos zäumen und bricht mit den Leibwächtern auf. Nach scharfem Ritt, der sie durch die Bergwälder Emathiens führt, erreichen sie gegen Abend die alte Residenz der makedonischen Herrscher.

In Aigai scheint jede Ordnung aufgelöst. Schreiende, wild gestikulierende Menschen irren durch die Gassen; die Frauen zum Zeichen der Trauer mit kahlgeschorenen Köpfen. Vom Theater her dröhnt der dumpfe Klang der Trauergesänge. »Attatate, Attatateax!« tönen die Klagerufe. Das Entsetzen der Menge ist um so größer, weil ein Freudenfest zur Totenfeier wurde.

»Wer zählt die Völker, nennt die Namen, die gastlich hier zusammenkamen? Von Kekrops Stadt, von Aulis Strand; von Phokis, vom Spartanerland, von Asiens entlegener Küste, von allen Inseln kamen sie ...«

Sie kamen, um die Hochzeit von Philipps Tochter mit einem

Fürsten zu feiern, der im benachbarten Epeiros herrschte. An dieser Grenze brauchte Philipp Ruhe. Sie erschien ihm durch verwandtschaftliche Bindung am ehesten gesichert. Wie alle Könige betrieb er sein Haus, als sei es ein Marstall. Von Liebe redete hier niemand. Auch das Hochzeitsfest war bei allem Glanz nichts anderes als eine politische Veranstaltung. Zwei Jahre zuvor hatte Philipp den letzten seiner zahlreichen griechischen Gegner in die Knie gezwungen. *Strategos autokrator* war er nun, bevollmächtigter Heerführer für alle Griechen; im Grunde ihr politisches Oberhaupt, so sehr er es auch vermied, sie anders zu bezeichnen als Bundesgenossen, geeint im Korinthischen Bund.

Goldene Kränze brachten ihm die hochrangigen Delegationen nun dar. Nur scheinbar freudig taten sie es. Blieb der schwarzbärtige Makedone doch für die Griechen ein halber Barbar. Als ihren »Wohltäter«, wie auf dem Kongreß zu Korinth verkündet, sahen sie ihn auch nicht. Chaironeia, die Schlacht, bei der die Blüte ihrer Jugend dahingerafft worden war, konnten sie ihm nicht vergessen.

Philipp schien das nicht anzufechten. Wenn sie ihn nicht liebten, sollten sie ihn wenigstens fürchten. Er war stolz, diese ewig aufeinander neidischen, zerstrittenen, sich bis aufs Blut befehdenden Stadtstaaten befriedet zu haben. Er würde sie heroischen Zeiten entgegenführen. Ruhm würden sie erringen bei seinem Krieg gegen die Perser und die Untaten rächen, die einst Persiens König Xerxes ihnen angetan. Das war zwar schon eine Weile her, genauer gesagt fast anderthalb Jahrhunderte, und das Projekt »Rachekrieg« hatte bei denen, die er rächen wollte, keine sonderliche Begeisterung ausgelöst, aber als Vorwand für einen neuen makedonischen Eroberungskrieg taugte es. Thronstreitigkeiten erschütterten das Reich der Perser, und die Gelegenheit, dort Eroberungen zu machen, schien günstig.

Eine starke Vorausabteilung unter Führung der Generale Attalos und Parmenion stand bereits auf persischem Boden und lieferte dem Feind die ersten Gefechte. In wenigen Wochen würde *er* über den Hellespont (die Dardanellen) gehen und den Oberbefehl übernehmen. Er schien hochgestimmt und auf seine Art glücklich an diesem Tag. Er hatte Grund dazu, denn in zwei Jahrzehnten war er erfolgreicher gewesen für sein Land als die zwei Dutzend seiner Vorgänger auf dem Thron. Makedonien besaß das schlagkräftigste Heer, hatte seine Grenzen weit ausgedehnt und wurde von allen Mächten respektiert. Der Weg zur Großmacht schien bereitet. Philipp würde ihn gehen mit jener Mischung aus Mut, Raffinesse und Skrupellosigkeit, die ihn auszeichnete: Er, der davon durchdrungen war, daß in seinen Adern das Blut des Helden Herakles floß.

Die Euphorie, die ihn an diesem Tag befallen hatte, war nicht zuletzt zurückzuführen auf den Spruch des Orakels von Delphi. Befragt, ob er den Perserkönig besiegen werde, hatte ihm die Pythia geantwortet: »Siehe, der Stier ist bekränzt; nun endet's. Bereit ist der, der ihn opfert.« Was anderes konnte es heißen, als daß der König der Perser wie ein Opfertier von ihm, Philipp, gefällt werden würde? Wäre jemand zu ihm gekommen und hätte gesagt, das Orakel könne auch anders ausgelegt werden (»Du, o König, bist der Stier und wirst zur Hochzeit der Tochter, mit Kränzen geschmückt, geopfert«), er wäre auf der Stelle verbannt worden.

Dreimal vierundzwanzig Stunden hatte das Fest schon gedauert, mit athletischen Spielen wie Ringkampf, Boxen, Wettlauf in Waffen; mit Lesungen aus den Werken der Dichter; mit Festzügen und Gelagen, bei denen der schwere Wein aus Chios in Strömen floß. Nachdem die Tochter vermählt war in altehrwürdiger Zeremonie, wurden die Gäste im Morgengrauen des letzten Tages durch Herolde ins Theater gerufen, um die feierliche Prozession zu Ehren der Götter zu erleben. Unter den zwölf Statuen der Unsterblichen, die man hineintrug, war auch die des Königs. Eine Gleichsetzung, die nicht wenige für ein Sakrileg hielten und den Zorn der Olymper befürchten ließ.

Als Philipp sich mit seiner Begleitung dem Eingang näherte, ließ er die Ehrengäste vorangehen und winkte seinen Leibwächtern, sie mögen zurückbleiben. Die Menge sollte sehen, daß er nicht der Tyrann war, für den viele Griechen ihn hielten, und keinen Schutz brauchte.

In diesem Augenblick stürzt eine in einen dunklen Umhang gehüllte Gestalt auf ihn zu, umarmt ihn, löst sich und stößt ihm einen Dolch in die Brust. Während der König blutend zu Boden sinkt, die Leibwächter sich um ihn bemühen, die Menschen von ihren Sitzen aufspringen, schwingt sich der Mörder, das Chaos nützend, auf ein bereitgestelltes Pferd und sprengt, von den gellenden Schreien »Pausanias! Mörder! Mörder!« verfolgt, die zypressengesäumte Allee entlang und verschwindet im nahen Hochwald.

Was war das Motiv, das Pausanias den Dolch ziehen ließ? Warum ermordete er, der als Leibwächter mit dem Schutz des Königs betraut war, den zu Schützenden? Persische Patrioten, hieß es, hätten ihn, unter Zahlung einer in Gold auszuwiegenden Belohnung, gedungen, um einen Mann zu beseitigen, der sich anschickte, ihr Vaterland zu überfallen.

Nein, bezahlt worden sei er von Olympias, des Königs erster Gemahlin, die, von ihm verstoßen, in Epeiros lebte und an ihrem Zorn fast erstickte.

Falsch. Einen tödlichen Schimpf zu rächen, habe Pausanias zum Mörder werden lassen. Der wegen seiner Schönheit gerühmte Jüngling, einst königlicher Lustknabe, sei von jenem Attalos, der jetzt in Kleinasien befehligte, aus Eifersucht betrunken gemacht und seinen Sklaven überlassen worden, damit sie ihn vergewaltigten. Eine übliche Methode, wenn es galt, jemanden auf das Äußerste zu demütigen. Da der Schuldige nicht greifbar war, habe er sich an Philipp gewandt und Genugtuung verlangt. Die aber sei ihm aus Gründen der Staatsraison verweigert worden, denn Attalos war der Onkel von Philipps gerade angetrauter Gemahlin Kleopatra.

Andere meinten, Alexander sei der Drahtzieher des Mordes gewesen. Man wußte überall im Land von den Zusammenstößen der beiden; so, als der Vater bei einem Gelage mit dem Schwert auf seinen Sohn eindrang, vor Trunkenheit umfiel und sich die Worte anhören mußte: »Schaut, Freunde! Da liegt einer, der von Europa nach Asien will; und er schafft es nicht einmal von Tisch zu Tisch.« Hatte Alexander nicht oft genug geklagt: »Dieser furchtbare Mensch, er erntet allen Ruhm – und keine kühne Tat wird mir einst zu tun bleiben.«

Vier Versionen, von denen die vorletzte sich als konstruiert erwiesen hat. Zwar hatte Pausanias Grund zur Rache, aber dieser Grund war nicht ausreichend, um sich gegen Philipp zu wenden, der mit der Angelegenheit ja nur am Rande zu tun gehabt hatte. Der Leibwächter hatte Hintermänner, wovon nicht zuletzt die Fluchthilfe zeugt. Version eins hat einige Wahrscheinlichkeit für sich: daß die Perser mit ihrem Gold allerorten ihre Hand im Spiel hatten, wußte jeder zwischen Athen und Miletos, Sparta und Olynthos. Außerdem bekannten sie sich später zu der Tat (oder, wie man heute so pervers formuliert, sie übernahmen die Verantwortung). Das alles aber roch stark nach Prahlerei.

Alexander als Anstifter oder zumindest als Mitwisser? Der Verdacht kam auf. Schließlich erntete er die Frucht der Untat, hatte also ein Motiv. Doch wurde der Verdacht durch keinen Beweis erhärtet. Ein Attentat auf den eigenen Vater vor den Augen der ganzen griechischen Welt bei einem Hochzeitsfest? Der Kronprinz war zu klug, um sich an einer solchen Torheit zu beteiligen. Er hatte seinem Vater in der Schlacht nicht nur einmal das Leben gerettet. Gewiß war er zur Grausamkeit fähig, aber nicht zum Vatermord. Selbst in dieser erbarmungslosen Zeit galt der Mord am eigenen Vater als schimpflichstes aller Verbrechen. Eine solche Tat entsprach nicht seinem Wesen. Auch wäre der General Antipatros, Freund und Vertrauter Philipps, niemals einem solchen Mann später zur Seite gestanden.

Dem Charakter von Alexanders Mutter allerdings wäre eine solche Tat durchaus angemessen gewesen. Ihr Haß auf Philipp war so groß wie die Furcht, daß Alexander um seinen Anspruch auf den Thron betrogen werden könnte. Würde Kleopatra, die im

Gegensatz zu ihr eine Makedonin reinsten Wassers war, einen Sohn gebären, wer würde dann noch eine einzige Drachme auf ihren Sohn setzen? Und sie selbst wäre auf ewig verbannt vom Hofe in Pella, wenn sie überhaupt noch ihres Lebens sicher war. Es wäre überdies nicht der erste Mord, den sie angestiftet hätte. Sie liebte ihren Sohn bis zur Selbstaufgabe. Und er liebte sie. Was die Freudianer unter den Historikern von einem Ödipuskomplex sprechen ließ.

Sie stammte aus Epeiros, einem wilden Land, gelegen im illyrischen Faltengebirge, dem wohl dunkelsten Teil des europäischen Kontinents. Kennengelernt hatte Philipp die Tochter eines Epeirotenkönigs bei einer Mysterienfeier auf der Insel Samothrake. Ihr Bild beschwor der Historiker Johann Gustav Droysen eindrucksvoll in seiner *Geschichte Alexanders des Großen*.

»Schön, verschlossen, voll tiefer Glut war sie dem geheimnisvollen Dienst des Orpheus und Bacchus, den dunklen Zauberkünsten der thrakischen Weiber, eifrigst ergeben; in den nächtlichen Orgien sah man sie vor allen in wilder Begeisterung, den phallosgeschmückten Thyrsosstab schwingend, durch die Berge stürmen; ihre Träume wiederholten die phantastischen Bilder, deren ihr Gemüt voll war; sie träumte in der Nacht vor der Hochzeit, es umtose sie ein mächtiges Gewitter und der Blitz fahre flammend in ihren Schoß, daraus dann ein wildes Feuer hervorbreche und in weiter zehrenden Flammen verschwinde.«

Während die Häscher den flüchtenden Pausanias jagten, stand Alexander vor dem Leichnam des Vaters. In einen Purpurmantel gehüllt, das Zepter mit den Lilien in der Rechten, die blutverkrustete Wunde mit den Zweigen des Ölbaums bedeckt, lag er auf seinem Prunkbett. Der Sohn schickte die Totenwache hinaus. Nur der Sklave, der den roten Seidenschirm über die Bahre hielt, und der zweite, der den Fliegenwedel schwang, durften bleiben.

Alexander schob dem Toten die Goldmünze zwischen die Lippen. Ohne den Obolus würde ihn Charon nicht über den Fluß der Unterwelt setzen. Er vergaß auch das Honigbrot nicht, mit

17

dem Kerberos, der dreiköpfige Höllenhund, an der Pforte des Hades besänftigt werden mußte.

Der »vortrefflichste aller Männer, seinesgleichen war in Europa nie erblickt worden«, lebte nicht mehr. Niemand weiß, was Alexander in den Stunden seiner einsamen Totenwache gedacht hat. Vielleicht war er noch einmal den gemeinsamen Weg gegangen. Von jenem Tag an, da er, als Zehnjähriger, mit der Lyra vor des Vaters athenische Gäste getreten war, um ihnen ein Lied vorzutragen. Einen *margites* hatte ihn Hellas' berühmtester Redner Demosthenes damals im vertrauten Kreis genannt, einen Dümmling, der nicht bis fünf zählen könne, von dem Athen niemals Gefahr drohen würde, käme er jemals auf den Thron.

Auch Philipp hatte ihm mit bösen Worten klarzumachen versucht, daß es sich eines künftigen Herrschers nicht zieme, auf einem Saiteninstrument herumzuklimpern. Erbarmungslose Härte war das Prinzip seiner Erziehung gewesen; karge Kost, kalte Waschungen, Rutenstreiche; Unterricht in Schreiben, Lesen, Geometrie, der Redekunst von früh bis spät; die Jagd als einzige Zerstreuung, gemäß den Worten Xenophons, wonach jeder Mensch, der die Jagd liebe, ein guter Mensch sei. Neben Rehen und Hirschen lebten in den Wäldern Bären, in den Hochtälern Berglöwen, die mit dem Speer erlegt werden mußten.

Doch der Vater war selten daheim. Meist führte er irgendwo irgendeinen Krieg. So blieb Alexander meist in der Obhut der Mutter Olympias, die ihn, dem Mystizismus mehr noch ergeben als es ohnehin die Regel war, anhielt, den Göttern eifrig zu opfern; und ihm die Angst nahm vor der großen Schlange im Palast, der inkarnierten Gottheit. Immer wieder erzählte sie ihm, was sich bei seiner Geburt zugetragen: daß die Seher prophezeit hätten, die Stunde der Wehen würde einst schwere Not über Asien bringen; und dem Herostratos, der den Tempel der Artemis am nämlichen Tag angezündet habe, sei das Verbrechen nur gelungen, weil die Göttin als Hebamme in Pella weilte, damit beschäftigt, Alexander zur Welt zu bringen.

Bedrohlich erschien ihm der Vater in der Erinnerung: Hals und Brust narbenentstellt, ein Bein nachziehend, die rechte Augenhöhle leer. Ein düsteres Bild – aber es trog. Ihm verdankte er es, wenn er Apelles als Maler erleben durfte, Lysippos als Bildhauer – und Aristoteles als Lehrer. Philipp hatte soviel Vertrauen, daß er dem Sechzehnjährigen, als die Makedonen im Hellespont operierten, die Statthalterschaft übertrug. Wenig später bekam er den Oberbefehl über eine Heeresabteilung, um einen revoltierenden thrakischen Stamm niederzuwerfen und einen Stützpunkt anzulegen, dem er seinen Namen geben durfte: Alexandropolis. Die Schlacht von Chaironeia kam, bei der Alexander die Reiterei mit derart unwiderstehlichem Elan führte, daß der Lorbeer des Sieges ihm gebührte. Noch Jahrhunderte danach zeigte man römischen Touristen die Eiche, an der sein Zelt gestanden hatte. Nach Athen war er damals gereist, zum ersten- und letztenmal in seinem Leben (in eine Stadt, für die er eine Haßliebe empfand), um den Friedensvertrag abzuschließen.

Dann die Hochzeit des Vaters mit der blutjungen Kleopatra, bei der Attalos die unheilvollen Worte sprach: »Nun wird Makedonien bald einen Thronerben haben, o König, der das reinste Blut unserer Ahnen in sich trägt und nicht das einer Ausländerin.«

Gemeint war Olympias, die Epeirotin. Alexander hatte Attalos den Wein ins Gesicht geschüttet. »Bin ich für dich ein Bastard, Lästerer?!« Noch am anderen Morgen war er mit der Mutter aufgebrochen, um über die makedonische Grenze nach Illyrien und Epeiros zu gehen. Der Prinz kehrte dank der Fürsprache eines neutralen Vermittlers nach einem halben Jahr zurück, die Mutter blieb in ihrer Heimat.

Berühmt wird, wer den Berühmten tötet

Alexander küßte dem Toten die rechte Hand und erhob sich. Da lag er nun, Sieger in Hunderten von Gefechten: Kein Schwert, kein Speer, kein Pfeil hatte ihn fällen können. Der Kriegsheld war auch ein Frauenheld gewesen. Bei jedem Feldzug pflegte er zu heiraten und nach dem Sieg sich scheiden zu lassen. Die Scheidung bestand aus dem Wort »Nun gehe!« Legitime Polygamie hat man das genannt. Außer diesen Nebenfrauen gab es rechtmäßige Gemahlinnen. Sie stammten aus Ländern, deren Herrscherhäuser er politisch an sich binden wollte: Audata aus Illyrien, Philinna aus Thessalien, die Getin Meda, Phila aus der Landschaft Eleimiotis, Olympias aus Epeiros und schließlich Kleopatra. Als er die Nichte des Attalos in den Athena-Tempel geführt hatte und der Chor »Hymen, Hymenaios« sang, schien Olympias sein Todesurteil gefällt zu haben.

Schon am nächsten Tag wird der Attentäter Pausanias von den Verfolgern gestellt. Auf der Flucht durch einen Weinberg hatte er sich – Dionysos sei Dank! – mit einem Fuß in den Ranken eines Rebstocks verfangen und war vom Pferd gestürzt. Alexander läßt ihn verhören und foltern. Er schweigt. Sie schlagen ihn mit eisernen Klammern an den Schandpfahl, eine Strafe, die ein langsames, qualvolles Sterben bedeutet.

Pausanias, so hieß es, sei letztlich zu seinem Mordanschlag durch das Argument überredet worden: »Berühmt wird, wer den Berühmten tötet.« Die Weltgeschichte hat dafür ihre Beispiele. Wer von Cäsar spricht, nennt Brutus und Cassius; wer Abraham Lincoln erwähnt, kommt um John Wilkes Booth nicht herum; und so ist es mit dem Erzherzog Franz Ferdinand und Gavrilo Prinčip, mit Mahatma Gandhi und Nathuram Godse, mit Robert F. Kennedy und Sirhan Sirhan – mit Philipp II. und Pausanias.

Und nun erschien Olympias auf dem Schauplatz, so schnell, als sei sie von Zephyros auf seinen Schwingen getragen worden. Von ihrem freiwilligen Verbannungsort in Epeiros jagte sie mit ihren Reitern heran. Einem griechischen Ondit zufolge hat sie den Dolch, der Philipp durchbohrte, geküßt und den am Pfahl hängenden Leichnam des Pausanias mit Blumen geschmückt. Doch Gerüchte wie auch der Klatsch blühten in Griechenland. Glaubhaft dagegen ist, daß sie Pausanias einen Grabhügel errichtete und den Göttern bei der Grablegung Dankopfer brachte. Verbürgt auch, was sie nach ihrer Ankunft in Pella als erstes zu tun sich anschickte.

Sie sandte einen ihrer Leibwächter in das Haus der Kleopatra mit dem Auftrag, ihr eine Phiole mit Gift, einen Dolch und einen Gürtel zu überreichen. »Es sei dir gestattet, deinen Tod zu wählen.« Die Witwe des Königs Philipp erhängte sich mit dem Gürtel in ihrem Schlafgemach. Bevor der Leibwächter das Haus verließ, erwürgte er die in ihrem Bett schlummernde kleine Tochter; eine sinnlose Tat, denn Kleopatra bildete keine Gefahr mehr, und eine Tochter hätte den makedonischen Thron nicht einnehmen können. Doch der Haß dieser dämonischen Frau, die, nimmt man ihren Sohn aus, von niemandem geliebt und von allen gefürchtet wurde, war so maßlos wie ihr Rachedurst. Die antiken Autoren schildern sie als großmütig und grausam, leidenschaftlich und kühl, warmherzig und erbarmunglos, schön wie eine Quellnymphe und mordlustig wie eine Wölfin.

Die Historiker haben sie neben Hatschepsut, Aspasia, Kleopatra, Livia, Theodora zu den großen Frauen des Altertums erwählt. Wenn es galt, den Sohn zu schützen vor seinen wirklichen oder vermeintlichen Feinden, schreckte Olympias vor nichts zurück. Über Tausende von Meilen hat sie mit ihren Briefen versucht, seine Schritte zu lenken, ihn in seinen Entscheidungen zu beeinflussen.

»Mutter, dein Mietzins ist zu hoch für die neun Monate«, schrieb er ihr einmal aus dem fernen Persepolis, als ihm ihre ständigen Mahnungen lästig wurden.

Der Prinz beeilte sich, die Heeresversammlung einzuberufen. Sie besaß bestimmte Souveränitätsrechte und vor allem das

Recht, einen Kronprätendenten als legitimen Herrscher anzuerkennen. Denn nach dem Tod eines Herrschers fiel die Krone dem Heer zu, und der Vertrag zwischen dem Volk und dem Souverän erlosch. Von einer automatischen Nachfolge konnte nicht die Rede sein. Die Soldaten zögerten nicht, unter Führung der einflußreichen Generale, den Mann zu erwählen, der sich in der Schlacht von Chaironeia ruhmvoll bewährt hatte. Unter seiner Führung konnte man neue Siege, frischen Ruhm und, nicht zuletzt, reiche Beute erwarten. Unter dem Kriegsgeschrei »Al-la-la-la-llei« schlugen sie mit den Schwertern an die bronzenen Schildbuckel und riefen ihn zum neuen König aus. Die Offiziere brachten das Trankopfer dar, schworen ihm Treue und gelobten, daß das Blut eines jeden, der den Eid breche, den Boden tränken solle, das seiner Kinder dazu, und seine Frau der Feind schänden möge.

Alexander III., wie er nun hieß, betonte in seiner Thronrede, daß »nur der Name des Königs ein anderer sei, die Macht Makedoniens, die Ordnung der Dinge, die Hoffnung auf Eroberung dieselbe«. An der Pflicht der Bürger, im Heer zu dienen, änderte er nichts, erließ aber denen, die Wehrdienst leisteten, Steuern und Abgaben.

Während die Heeresversammlung noch tagte, wurde in einem Hain der Scheiterhaufen für seinen Vater errichtet und mit dem Bau der Grabkammer begonnen. Anderntags schlugen die Flammen über Philipps Leichnam zusammen. Zwei seiner beiden Lieblingspferde wurden mit ihm verbrannt. Die verkohlten Gebeine wusch man in mit Thymian versetztem Wein, wickelte sie in Purpur und legte sie in einen goldbeschlagenen Schrein. So waren Patroklos und Hektor, zwei Helden der *Ilias*, zu den Göttern heimgefahren. Alexanders Begeisterung für Homers Epos, die zuweilen die Form einer Obsession annahm, zeigte sich sogar in den Begräbnisriten. Nicht von ungefähr zählte Achilleus zu seinen Ahnen. Ein Paar Beinschienen, ein metallener Brustharnisch, ein goldener Köcher, das vergoldete Silberdiadem und seine Schwerter wurden dem Toten mitgegeben. Grabbeigaben, die, war der Hügel erst errichtet, niemals wieder das Licht des Tages erblicken würden. Philipps II. Grab jedenfalls galt als unauffindbar. Bis nach fast zweieinhalb Jahrtausenden eine archäologische Sensation, gleich der des Schliemann in Troja, die Schlagzeilen der Weltpresse beherrschte: Die Grabstätte war entdeckt worden!

Kaum daß die Zeremonien beendet waren, erwählte der neue König aus der Garde seine besten Offiziere und versah sie mit einem besonderen Auftrag. Sie sollten überall im Land nach Männern fahnden, die irgendwann, ob zu Recht oder Unrecht, einen Anspruch auf den Thron erheben könnten. Dieses Killerkommando, um einen modernen Ausdruck zu gebrauchen, denn um nichts anderes handelte es sich, erschien eines Nachts im Haus des Amyntas und brachte ihn kurzerhand um. Für ihn, den unmündigen Neffen, hatte Philipp einst die Regentschaft übernommen und das Amt nicht wieder zurückgegeben, nachdem Amyntas mündig geworden war. Karanos, ein Halbbruder aus einer früheren Ehe des Vaters, wurde als nächster beseitigt. Zwei Brüder aus dem Stamm der Lynkesten wurden erdolcht, weil sie, so die Begründung des Todesurteils, an der Ermordung Philipps beteiligt gewesen seien. (Der dritte Bruder hatte rechtzeitig dem neuen König gehuldigt.) Im Zuge der Palastsäuberung erledigte man den Bruder der Kleopatra gleich mit.

Blieb noch Attalos, jener General, der bei der Hochzeit Kleopatras die verhängnisvollen Worte vom »reinen Blut« gesprochen hatte. Er schien der gefährlichste Gegner, aber auch der am schwersten zu fassende. Von seinen Soldaten umringt, die ihm treu ergeben waren, lag er in einer der Garnisonen Kleinasiens. Doch warum war er gefährlich? Hatte er nicht gerade einen Brief des Demosthenes an den Königshof zu Pella geschickt, in dem der Athener ihn zu gemeinsamem Kampf gegen Alexander aufforderte? War das nicht Treuebeweis genug?

Der junge König traute ihm nicht. In der Erkenntnis, daß der General die Ermordung Kleopatras und ihres Kindes nie vergessen würde, schickte er sein auf tausend Mann erweitertes Kommando an den Hellespont, wo ein griechischer Verbündeter einen Stadtstaat regierte. Mit dessen Hilfe setzten die Makedonen nach Kleinasien über, gelangten ins Lager des Attalos und erschlugen ihn nach einem Gemetzel, dem die gesamte Verwandtschaft zum Opfer fiel.

Blieb noch als letzter möglicher Prätendent Arridhaios übrig, den Philipp mit einer thessalischen Hetäre gezeugt hatte. Doch der war nicht ebenbürtig und von krankem Gemüt obendrein. Man konnte ihn guten Gewissens verschonen. Die Söhne des Amyntas waren in letzter Stunde nach Olynthos geflohen. Als Alexander die griechische Stadt später eroberte, wurden sie festgenommen und gesteinigt.

Ist das der Alexander, wie ihn uns die Schulbücher vermittelt haben? Edelmütig, voller Geist, Schüler des Aristoteles, Liebhaber der Künste, der Philosophie ergeben, ritterlich zu den Frauen? Der, von dem es heißt, sein Leben sei die schönste Geschichte und »das schönste Gedicht der Menschheit« gewesen? Und dieser Mann rottet, kaum gekrönt, ganze Geschlechter aus, bringt Unglück über die Witwen und Waisen der Ermordeten, verfolgt sein Ziel mit aller denkbaren Brutalität. Womit wir bei der alten Frage wären, ob Geschichte nicht aus ihrer Zeit heraus beurteilt werden müsse und nicht nach den Grundsätzen, die wir uns in jahrhundertelangen schmerzlichen Prozessen zu eigen gemacht haben.

»Jedenfalls müssen wir uns hüten«, so urteilt Joseph Gregor, ein Kenner der Alexandergeschichte, »an den makedonischen Hof ethische und kulturelle Maßstäbe anzulegen, die einer Höhe des gesellschaftlichen Lebens entlehnt sind. Hier ging es noch primitiv und leidenschaftlich zu. Die Bedeutung Alexanders in Ehren – das riesige Blutbad, das er nach seiner Thronbesteigung entfesselte, zeigt jedenfalls an, daß er den urtümlichen makedonischen Gepflogenheiten des Macht- und Thronwechsels durchaus nahestand. Es ist eine andere Frage, ob ein solches Blutbad nicht überhaupt die Voraussetzung war, daß sich eine immense Persönlichkeit wie die seine irgendwie behauptete ...«

Einem Thronfolger blieb keine andere Möglichkeit, als sich seiner Rivalen zu entledigen. Tat er es nicht, kam er um die Krone und, in der Regel, um sein Leben. In keiner Autokratie der Alten Welt, war sie nun makedonisch, griechisch, ägyptisch, römisch, persisch, pflegte man anders zu handeln.

Während im Innern die Herrschaft Alexanders einigermaßen stabilisiert war, sah es jenseits der Grenzen bedrohlich aus. Niemand dort traute dem Jungen zu, das zu bewahren, was der Alte geschaffen hatte: weder in Griechenland noch in Thrakien, Illyrien, Epeiros. Jetzt, so die allgemeine Meinung, sei es an der Zeit, ihm zu zeigen, wer er wirklich war: ein Söhnchen, das nichts Rechtes verstand, ein *margites* eben. Die Flammenzeichen bei den Griechen, den Thrakern, den Illyrern, den Geten, den Triballern kündeten von Krieg, Krieg gegen die Makedonen.

GRIECHEN ODER BARBAREN?

Was war das überhaupt für ein Volk, die Makedonen, und was für ein Land bewohnten sie? Während in der Schule Griechenland immerhin »durchgenommen« wurde, blieb Makedonien für uns ein weißer Fleck. Wer es heute auf der Karte sucht, wird es unter dem – jugoslawischen – Namen *Makedonija* und dem – griechischen – Namen *Makedonia* finden. (Ein Stückchen gehört auch noch Bulgarien.) Beide Bezeichnungen beherrschten während des jugoslawischen Bürgerkrieges immer wieder die Schlagzeilen. Die Griechen verwahrten sich, wieder einmal, gegen die Usurpation und den Mißbrauch des Begriffs *Makedonien*, sei doch der Name seit alters mit der griechischen Geschichte eng verbunden – und nicht mit der slawischen. In der Antike hätten die Makedonen, genauso wie die Athener, Thessalier, Spartaner, Thebaner und so fort, zur Welt der Hellenen gehört. Was nicht zu bestreiten ist. Sie vergaßen allerdings zu erwähnen, daß die Menschen zwischen der Ägäis, der Donau, dem Fluß Haliakmon und dem Ochridasee von ihnen niemals als Griechen angesehen wurden: Sie galten ihnen als Barbaren.

Barbarisch waren für die Bewohner der hochkultivierten Polis, der Stadtstaaten, alle Menschen, die der griechischen Zunge nicht mächtig waren, sondern jenes Kauderwelsch sprachen, von dem man immer nur ba-ba-bar-ba-bar-ba verstand. Der »Laller« und »Stammler«, was »Barbar« im Griechischen ursprünglich bedeutet, war ungebildet, roh, wild, was indes für das makedonische Königshaus der Argeaden und die kleine adlige Oberschicht nicht zutraf. Sie hatten sich von jeher bemüht, Anschluß an griechische Kultur, Sitte und Lebensweise zu finden, auch die Götter zu übernehmen. Herakles erklärten sie irgendwann zum Ahnherrn ihrer Dynastie. Einer der ihren, der erste Alexander, war sogar zu den Olympischen Spielen mit Roß und Reiter und Wagen zugelassen worden. Damit war das gesamte Königshaus als hellenisch anerkannt. Nicht von ungefähr trug dieser König den Beinamen *Philhellen*, der »Griechenfreund«. Ein anderer hatte die Wände des Palasts zu Pella von Zeuxis ausmalen lassen, dem anerkannten Meister des Fresko. An Sokrates erging eine Aufforderung, sich der Verfolgung in Athen zu entziehen und nach Pella zu kommen. Wieder ein anderer hatte versucht, Platon in die Residenz zu ziehen, ohne Erfolg zwar, doch immerhin bekam er Euphraios, den Schüler des Meisters. Die bereits erwähnten Apelles, Lysippos und Aristoteles gehörten neben dem Dramatiker Euripides (der hier die *Bacchen* schrieb) ebenso wie die Dichter Agathon und Timotheos zu weiteren berühmten Gästen; von den Technikern, Medizinern (wie Hippokrates), Baumeistern, Militärs nicht zu reden.

Sie alle kamen nicht umsonst. Für eine Lobpreisung durch Pindar, den Modedichter der Aristokraten, hatte Alexander I. tief in die Tasche greifen müssen. Aber Geld hatte man in Makedonien. Der Fluß Echodoros trug Gold von den Bergen herbei, woraus sich sein Namen »Geschenkbringer« erklärt. Die Gruben auf dem Dysoronberg erbrachten pro Tag ein Talent Silber (und ermöglichten damit die erste makedonische Münzprägung). Unter Philipp II. kamen die Gold- und Silberminen des Pangaiongebirges hinzu, deren Erträgnisse einen wahren Münzenregen zur Folge hatten.

Eine eigentliche Stadtkultur im Sinne der Polis besaßen die Makedonen dennoch nicht. Das auf hohem Gebirgsrand thronende Aigai, die, damals noch mit dem Meer verbundene, neue Residenz Pella und die Hafenstadt Dion, wo regelmäßig Festspiele zu Ehren der Musen und des Zeus stattfanden, wurden viel besucht. Für die meisten Griechen jedoch waren das alles schweißtreibende Bemühungen von Emporkömmlingen, sich einen Anstrich von Bildung zu geben. Es waren und blieben Barbaren. »Wüster noch als die Kentauren, die zur Hälfte Bestien sind«, schrieb einer der ihren nach einem Besuch Pellas, »lassen sich die Makedonen selbst durch ihre Bärte von der Unzucht mit Tieren nicht abhalten. Ansonsten saufen und spielen sie den ganzen Tag.«

Die große Masse des Volkes der Makedonen bestand aus Bauern und Hirten, die, ihren Gaufürsten untertan, auf unwirtlichen Hochebenen und in düsteren Wäldern, an reißenden Wildwassern und jäh abstürzenden Schluchten wohnten: in einem Land, das im Herbst von schweren Regenfällen heimgesucht wurde, im Winter von Schneestürmen; der Frühling brachte feuchte Nebelschwaden und der kurze Sommer dörrende Glut – Unbilden, gegen die sie sich mit rauhem Tuch, Filzhüten und Gamaschen zu schützen suchten. Ihr einziges Vergnügen lag in der Jagd auf Eber, Auerochse, Bär und Berglöwe und in ausschweifenden Gelagen, auf denen es nicht selten zu blutigem Streit kam, der die Blutrache nach sich zog und ganze Sippen dezimierte.

Fremde kamen selten in ihre wilde, wüste Heimat, es sei denn Kaufleute, die das aus Kiefern gewonnene Pech und das Eichenholz auf Flößen in den holzarmen Süden Griechenlands brachten, wo es für den Schiffbau gebraucht wurde. Lieber noch betrieben sie ihre Geschäfte in der Küstenebene, wo vier Flüsse den Lehmboden in fruchtbares Land verwandelt hatten, bedeckt mit Getreidefeldern, Olivenhainen und Feigenpflanzungen; auch heute noch eine Gartenlandschaft. Das in den Flußniederungen gelegene fette Weideland, auf dem Stiere und Kühe zu Tausenden grasten, war schon von Homer als »Liebliches Emathien« besungen worden und erregte den Neid der in den Küstenstädten des Thermaischen Golfs wohnenden Griechen, die, wie alle Hellenen, Fleisch nur selten auf dem Tisch hatten.

Die Adligen sprachen Griechisch und fühlten sich erhaben über den Spott wegen ihrer Gewohnheit, aus einem *Philipp* einen *Bilipp* zu machen, weil sie das *ph* nicht aussprechen konnten, das *Theta* (das einem stimmlosen englischen *th* gleicht) zu einem *d* machten (wodurch *athena* zu *adena* wurde) und das *Chi* in ein *g* verwandelten. Dabei hatten sie früher einen gemeinsamen Dialekt gesprochen: Sie sind nämlich verwandt miteinander, was die Hellenen damals empört bestritten hätten. Beide Völker waren um 1200 vor Christus aus dem nordwestgriechischen Raum und aus Epeiros zur Dorischen Wanderung aufgebrochen. Einige Stämme folgten dem Hauptstrom in Richtung Süden nicht, sondern blieben im Norden Thessaliens. Von dort aus besiedelten die »Hohen-Schlanken«, wie die Übersetzung des Namens Makedonen lautet, jene Gebiete, die im Laufe der Jahrhunderte zu ihrer Heimat werden sollten. Sie waren, wie man später spottete, die Fußkranken der berühmten Wanderung.

Die Entwicklung zur hohen Kultur der Stadtstaaten, der Polis, machten sie, isoliert wie sie waren, nicht mit, wurden aber auch nicht angekränkelt vom Luxus, dem Laster, der Dekadenz. Sie bewahrten die Tugenden, die die Dorer auf ihrem stürmischen Vorwärtsdringen so unwiderstehlich gemacht hatten: Zähigkeit, Bedürfnislosigkeit, Wehrhaftigkeit. Auch das alte patriarchalische Volks- und Heereskönigtum hielten sie aufrecht mit der

Dreiteilung König, Adel, freie Bauern. Letztere waren nicht rechtlos, sondern konnten bei der Heeresversammlung ihr Gewicht in
die Waagschale werfen.

Die Situation an den Grenzen seines Reiches schien für den
jungen König bedrohlich. Doch nicht bedrohlich genug, als daß er
nicht noch einmal nach Mieza gefahren wäre. In Mieza (das man
aufgrund von Ausgrabungen unweit des heutigen Naousa vermutet) befand sich ein Heiligtum der Nymphen, umgeben von Fels-
grotten, zugewachsenen Pfaden, rebenüberwucherten Lauben-
gängen. Ein Ort der Ruhe, der Beschaulichkeit, fern der Zerstreu-
ungen der Residenz und deshalb geeignet als Stätte des Lehrens
und des Lernens.

»ERKENNE DICH SELBST«

Nach Mieza hatte Philipp den Sohn geschickt, als er dreizehn
Jahre alt geworden war. Zusammen mit einigen Gefährten, Söh-
nen von Adligen des Hochlands, die als Pagen bei Hofe dienten –
und gleichzeitig Geiseln waren, Unterpfand für die Treue ihrer
Väter. Der Lehrer hieß Aristoteles, neben Platon der Philosoph,
von dem es heißt, daß die Spur von seinen Erdentagen nicht in
Äonen untergehen wird. Jedenfalls war seine Wirkung auf die
Nachwelt, besonders auf das europäische Mittelalter, unermeß-
lich. Als er dem Ruf Philipps folgte und die Insel Lesbos verließ,
um einen Prinzen zu erziehen, konnte von dem Rang, zu dem ihn
diese Nachwelt erhob, noch nicht die Rede sein. Der damals
Vierzigjährige galt lediglich als der beste Schüler Platons, zu
dessen Füßen er in Athen zwanzig Jahre lang gesessen hatte.

Er stammte aus Stageira, einer auf der Chalkidike gelegenen
Stadt, die Philipp nach der Eroberung zerstört hatte. Wenn er der
Berufung dennoch folgte, so hat man vermutet, dann in der
Hoffnung, er könne den König bewegen, die (inzwischen make-
donisch gewordene) Heimatstadt wiederaufzubauen. Wahrschein-

licher ist, daß er in dem Auftrag eine Chance sah, wie sie sich jeder Philosoph erträumte: aus einem Kronprinzen einen König zu machen, bei dem sich die Macht mit dem Geist vermählte, getreu dem Motto, daß ein Staat erst dann ein idealer Staat sei, wenn die Philosophen Könige und die Könige Philosophen geworden seien. Eine immense Herausforderung war diese Berufung, in den Kreisen der griechischen »Akademiker« mehr Neid als Staunen erregend.

Den vor Vitalität sprühenden Jünglingen, die nach Ehre und Ruhm gierten, wird der hochgelehrte Mann mit seinem Wahlspruch *nil admirari*, »nichts bewundern« oder »über nichts staunen«, mit seinem Ideal der Mäßigung, der Skepsis und Gelassenheit, seinem trockenen Ton nicht selten eine Plage gewesen sein. Sie ihm aber auch.

»Die jungen Männer sind ihren wechselhaften Gelüsten schutzlos ausgeliefert«, schrieb er einmal. »Sie sind leidenschaftlich und schnell erregt und gehorchen ihren Gefühlen. Dabei sind sie von einfachem Gemüt und vertrauensselig, weil sie die Kehrseite der Dinge nicht kennen. Ihre Hoffnungen sind so hochfliegend wie die eines Trunkenbolds, ihr Erinnerungsvermögen ist kurz. Mutig sind sie, bewegen sich aber auf herkömmlichen Bahnen. Vom Leben noch nicht geläutert, ziehen sie äußeren Glanz dem Nützlichen vor: Ihre Irrtümer, aus dem Überschwang geboren, sind groß. Anders als die Alten glauben sie, bereits alles zu wissen.«

Es bleibt zu bezweifeln, ob Aristoteles seinen vornehmsten Schüler, Alexander, für Logik und Erkenntnistheorie, für Metaphysik, Ethik, Rhetorik, Kunsttheorie, Naturphilosophie sonderlich hat begeistern können. Auch entsprach sein Äußeres nicht gerade dem griechischen Schönheitsideal. Er wird uns als kleinäugig und dünnbeinig überliefert, mit bereits schütterem Haar, einem Bäuchlein, stutzerhaft gekleidet und ziemlich geizig (hatte er in warmem Öl gebadet, pflegte er es weiterzuverkaufen). Und einen Sprachfehler soll er auch gehabt haben. Dieses Bild geht

sicher zum Teil auf das Konto jener Kollegen, die ihm sein Amt
als Prinzenerzieher neideten.

Aristoteles hat etwas viel Wichtigeres erreicht, als Alexander
mit Wissen vollzustopfen. Nämlich: seine Wißbegierde wachzu-
rufen; ihn sehend zu machen für die Kunst des Bildhauers, des
Malers, des Baumeisters; sein Ohr zu schulen für die Musik; seine
Begeisterung zu wecken für die Dichtkunst eines Homer und die
Dramen eines Sophokles, Aischylos und Euripides; ihn neugierig
zu machen auf alles, was die Welt im Innersten zusammenhält;
auf den Bau der Pflanzen, der Tiere und, vor allem, des menschlichen Körpers; ihn für die Beschaffenheit und die Ausdehnung
der Erde mit ihren Gebirgen, Meeren, Wüsten, Flüssen, für das
geographische Weltbild also, zu interessieren.

Es war eine Erziehung, die den Schüler nicht bewußt werden
ließ, daß man ihn erzog; daß sein Charakter geläutert, die Leiden-
schaften durch die Vernunft kontrolliert, die Hybris ausgeschaltet und er zu dem hingeführt wurde, was die Griechen einen *kalos
kagathos*, einen guten und schönen Menschen, nannten. Nur ein
solcher Mensch besaß die Tugend aller Tugenden, die *areté*.

Die Areté war ursprünglich nichts anderes als hervorragende
Tauglichkeit in einem bestimmten Fach. Bei Homer erscheint sie
als Mannhaftigkeit, bei Sokrates als Arbeitskraft und Selbstbeherrschung und steht schließlich für Seelengröße. Das sittliche
Ideal des Aristoteles kennen wir aus seiner *Ethik des Nikomachos.* »Je rechtschaffener man ist, um so größer sind die Ehren,
deren man sich würdig erweist. Wer ein großes Herz besitzt, wird
im Glück sich nicht überheben und im Unglück keinen Schmerz
zeigen. In der Gefahr schont er sein Leben nicht, weil er nicht um
jeden Preis leben will. Seine Bewegungen sind gelassen, sein Wort
gesetzt. Denn die Hast steht einem Mann nicht an, für den wenige
Dinge von Bedeutung sind, ebenso wenig die Heftigkeit der
Stimme einem, dem nichts für wirklich wichtig gilt.«

Aristoteles legte bei seinem Schüler ein wahres Depot von
Interessen an, die ihn auf seinem Marsch nach Asien wohlgerü-

stet erscheinen ließen. So, wenn er Kanäle graben ließ zur Be- und Entwässerung; einheimische Pflanzen in der Fremde heimisch zu machen versuchte und umgekehrt; Reisegeschwindigkeit und Entfernungen festlegte durch seine Landvermesser; persische Hengste zur Zucht nach Griechenland verschiffte; zusammen mit seinen Ärzten ein Mittel gegen Schlangenbisse entwickelte; ja, sogar seine erkrankten Freunde mit selbstgebrauten Medizinen zu heilen versuchte.

Alexander hat sich später mit seinem Lehrer überworfen. Vergessen aber hat er nicht, was er durch ihn lernte. »Meinem Vater verdanke ich mein Leben, Aristoteles aber die Kunst, das Leben zu gestalten.«

»Die Geschichte erlaubt uns den Glauben«, schreibt Will Durant in seiner *Story of Philosophy*, »daß Alexanders Leidenschaft für Verschmelzung der Rassen und Kulturen einiges an Kraft und Größe seinem Lehrer verdankt, dem stärksten synthetischen Denker, den die Geistesgeschichte kennt; und daß der Sieg der Ordnung auf politischem Gebiet durch den Schüler, auf philosophischem durch den Meister nur verschiedene Seiten ein und desselben edlen und dramatischen Planes waren, die chaotische Welt zur Einheit zu schmieden – und das durch zwei hervorragende Makedonier.«

Aristoteles war um die Zeit, als Alexander den Thron sicherte, noch in Makedonien. Er ging erst 335 wieder nach Athen, um dort eine eigene Schule zu gründen. Daß es zu einem Treffen mit dem ehemaligen Schüler, der nun ein König war, gekommen ist, dürfen wir annehmen. Worüber sie gesprochen haben, wissen wir nicht. Alexander hatte jüngst, bei einem Feldzug ohne Schwertstreich, die Griechen nachdrücklich daran erinnert, daß der Treueid, den sie seinem Vater geschworen, auch für ihn galt. In Korinth war er vor den Repräsentanten der Stadtstaaten als *strategos autokrator* aufgetreten und hatte anschließend hofgehalten. Philosophen, Künstler, Politiker – die Elite Griechenlands war in die Stadt gekommen, voller Neugier, einen Menschen kennenzulernen, der als Wunderkind galt, den kein Geringerer als Aristoteles erzogen hatte: im Geiste griechischer Kultur, Gesinnung und Lebensweise – versteht sich.

In Korinth fand die weltberühmte Begegnung zwischen Alexander und Diogenes statt, die strenge Historiker als unglaubwürdig vom Tisch wischen. Schon deshalb, weil der Philosoph nicht mehr in Korinth gewesen sei. Wir halten uns hier an Egon Friedell, der meinte, dann habe der König ihn eben in Athen besucht. »Auf jeden Fall liegt in der Gegenüberstellung des Helden, der sich die ganze Welt unterwirft, und des Weisen, der die ganze Welt unter sich erblickt, eine tiefe Symbolik ...«

Diogenes war, im Gegensatz zu allen anderen Größen, nicht erschienen, Alexander seine Aufwartung zu machen. Er blieb vor seiner Tonne liegen, die ihm als Behausung diente, und wärmte den abgemagerten Körper in der Sonne. Schließlich erschien der junge König, grüßte ihn und sagte dann mit einer Spur von Herablassung: »Gleich, was du dir von mir wünschst, ich werde dir diesen Wunsch erfüllen.« Diogenes antwortete: »Geh mir ein wenig aus der Sonne.« Alexander meinte zu seinen Begleitern, die darüber lachten: »Beim Zeus, wenn ich nicht Alexander wäre, möchte ich Diogenes sein ...«

Von Korinth ging Alexander nach Delphi, die Pythia zu befragen, was ihm die Zukunft bringen würde. Die Priesterin erklärte, daß es nicht möglich sei, ihm den Orakelspruch zu verkünden. Apollon, der durch ihren Mund spreche, sei in den Wintermonaten fern von Delphi. Was dem König gewiß auch bekannt sei. Alexander, enttäuscht und verärgert, wollte den Wahrspruch um jeden Preis. Also tat er etwas, was bis dahin noch niemand gewagt hatte und was einem Sakrileg gleichkam. Er packte die Pythia am Arm und versuchte, sie in das Adyton, das Unbetretbare des Tempels, zu ziehen, damit sie ihm weissage. Die Priesterin entwand sich ihm und rief voller Zorn: »O Sohn, du glaubst, unwiderstehlich zu sein!«

Unwiderstehlich, das hieß *unbesiegbar*. Da war er doch, der

33

Spruch: Niemand würde Alexander jemals besiegen können. Er zögerte keinen Augenblick, ihn unter den Truppen verbreiten zu lassen.

Delphis Bedeutung war zwar seit dem Peloponnesischen Krieg, bei dem die Priester einmal für Sparta weissagten, einmal für Athen und schließlich nur noch für Sparta, im Schwinden, doch immer noch groß genug, um Tausende von Ratsuchenden aus dem ganzen Mittelmeerraum zum Tempel des Apollon wallfahren zu lassen. Sie befragten das Orakel bei Städtegründungen, Kriegen, Seuchen, Erdbeben, Hungersnot, in Kulturangelegenheiten, aber auch in prosaischen Dingen wie Eheproblemen, Liebesschmerz, Reisen, Feldbestellung, Geschäftsabschlüssen. Die Pythia saß auf ihrem Dreifuß über einer Erdspalte und verkündete »*rasenden Mundes*«, durch Erddämpfe, den Trank aus der Kastalischen Quelle und das Kauen von Lorbeerblättern verzückt, die Antwort des Gottes. Der neben ihr stehende Priester fing die unter krampfhaften Zuckungen hervorgestoßenen Worte auf und fügte sie zu metrischer Form.

Das Orakel konnte sich nicht irren: Die Sprüche waren so rätselhaft, daß man sie nach der Methode »sowohl als auch« auslegen konnte. Wenn das nicht eintraf, was der Ratsuchende erheischte, war *er* schuld – er hatte ihn eben falsch gedeutet. So wie König Kroisos (als Krösus, der Reichste der Reichen, uns aus der Schule noch bekannt), dem vor seinem Angriff auf Persien der Rat zuteil wurde: »Wenn du den Halys überschreitest, wirst du ein großes Reich zerstören.« Er überschritt daraufhin mit seinem Heer den Grenzfluß und zerstörte ein großes Reich. Unglückseligerweise war es sein eigenes. Auch Themistokles hatte Pech, als er sich raten ließ, Athen hinter hölzernen Mauern zu verteidigen. Er verstand darunter Schiffe, gemeint waren aber, so die Pythia nachträglich, Palisaden.

Nichts wäre nun irriger, die Orakelsprüche als Blendwerk zu bezeichnen. Delphis Priester waren von Verantwortungsbewußtsein geprägt. Sie wußten, was sie mit ihren Weissagungen

34

anrichten konnten. Ihre Antworten entwickelten sich immer stärker zu Bescheiden, ja Anordnungen. In politischen Dingen riet Delphi zu Einsicht und Mäßigung, bestand auf der Einführung bestimmter Gesetze und deren Einhaltung, drängte auf Sklavenbefreiung, regte zur Schaffung neuer Kolonien in Kleinasien an. Nicht von ungefähr betrachteten die Griechen die Sprüche als ethisch verbindlich.

Das galt besonders für die Mahnsprüche im Pronaos, der Vorhalle des Apollon-Tempels, die den Menschen auf seine Grenzen und seine Pflichten verwiesen, aber auch praktische Lebensweisheiten vermittelten (die bis heute ihre Gültigkeit nicht verloren haben). Zugeschrieben wurden sie sieben Männern, die als die Weisesten der Weisen galten. Wie Thales von Miletos, dem Begründer wissenschaftlichen Denkens, von dem der bekannteste delphische Spruch stammte: »Erkenne dich selbst.« Oder Solon, dem Gesetzgeber Athens, mit seinem beherzigenswerten »Höre nicht auf zu lernen«. Oder Bias von Priene, der als oberster Richter anscheinend die Erkenntnis gewonnen hatte: »Die meisten sind schlecht.« Eher pessimistisch stimmt auch die Erfahrung des Chilon von Sparta: »Bürgschaft bringt Unheil.« Die Devise von Pittakos, dem Tyrannen von Mytilene, lautete: »Erkenne den rechten Augenblick.« Periander von Korinth faßte seine Weisheit in dem Spruch zusammen: »Übung macht den Meister.« Und von Kleobulos aus Lindos schließlich stammt das Wort: »Halte Maß in allem.«

WO DIE DRACHENSAAT GESÄT WURDE

Die Nachrichten von den Grenzen Makedoniens begannen immer bedrohlicher zu werden. Normalerweise wären die Illyrer, Thraker, Geten und Triballer für das überlegene makedonische Heer kein Problem gewesen. Die Zeiten aber waren nicht normal. Alexander wollte das fortführen, was sein Vater geplant hatte: die

Befreiung der griechischen Kolonien in Kleinasien vom Joch der Perser. Vielleicht ging sein Sinnen und Trachten bereits viel weiter: Krieg gegen das persische Weltreich. Einen solchen Feldzug konnte man vom militärischen Standpunkt aus nicht beginnen, ohne die eigenen Grenzen gesichert, Rücken und Flanke freigekämpft zu haben.

Im Frühjahr 335 sammelte Alexander seine Krieger in Amphipolis an der Mündung des Strymon. 20 000 waren es, eine gewaltige Streitmacht, die die Küstenstraße nach Osten marschierte, das Rhodopegebirge umging und, ständige Überfälle abwehrend, vor dem Schipkapaß stand, den die Thraker durch Wagenburgen abgeriegelt hatten, ein Volksstamm, über den in den Feldlagern gruselige Geschichten kursierten: ihren Wein tränken sie aus noch behaarten Schädeln ihrer Feinde; selbst den wildesten Räubern seien sie als Räuber furchtbar.

Alexander erstürmte den (durch den Russisch-Türkischen Krieg 1877/78 berühmt gewordenen) Paß durch einen überraschenden Seitenangriff trotz der die Hänge herabdonnernden mit Felssteinen gefüllten Karren; und er war stets dort zu finden, wo es am gefährlichsten schien. Die Triballer vor sich hertreibend, erreichten die Makedonen die Donau. Alexander stand mit seinen Offizieren am Ufer des gewaltigen um diese Frühjahrszeit reißenden Stroms. Danubius, Dunai, Tanowe – der Fluß galt als Grenze der Kultur zur trostlosen Steppe, ein meist unüberwindliches Hindernis für die Kriegsheere des Nordens und des Südens. Alexander wartete auf die im Schwarzen Meer gecharterten Hilfsschiffe. Als sie endlich kamen, erwiesen sie sich als zu schwach, um die Insel Peuke zu nehmen, auf die sich Triballer und Thraker geflüchtet hatten. Am Nordufer standen die Geten, schwer bewaffnet und gut verschanzt.

Alexander entschloß sich, über den Fluß zu gehen und die Geten anzugreifen. Dann würde sich auch die Insel nicht mehr halten können. Er befahl, die zum Zelten benutzten Häute zusammenzunähen und mit Heu zu stopfen. Auf diesen primitiven

Flößen setzten in mondloser Nacht 5000 Mann über den Strom und jagten die völlig überraschten Geten in die Steppe zurück. Die Nachricht von dem bis dahin beispiellosen amphibischen Unternehmen verbreitete sich mit Windeseile. Nur Cäsar sollte später beim Übergang über den Rhein seine Macht in ähnlicher Weise demonstrieren.

Bald standen die Abgesandten der Stämme vor dem Hauptquartier und beeilten sich, Freundschafts- und Bündnisverträge abzuschließen. Mit einem Mann, der den Flußgöttern derart gespottet hatte, wollten sie nicht verfeindet sein.

Auch Kelten kamen von den Bergen am Adriatischen Meer, hünenhafte, kraftstrotzende Kerle, und boten ihre Dienste an. Als Alexander, der sie staunend betrachtete, fragte: »Wen fürchtet ihr am meisten?« und insgeheim hoffte, sie würden antworten: den König der Makedonen, meinten sie: »Wir fürchten niemanden auf der Welt.« Aber sie fügten hinzu: »Angst haben wir nur davor, daß der Himmel einstürzt.«

Kaum, daß er seine Soldaten von den Strapazen hatte ausruhen lassen, traf eine Reiterstafette ein mit der alarmierenden Meldung: »Die Illyrer haben sich erhoben! Pelion brennt!« In Eilmärschen ging es nun durch das tief zerklüftete, von dichten Wäldern bedeckte Bergland, das heutige Bulgarien zwischen Balkan und Donau. Als sie die alte makedonische Grenzfeste südlich des Ochridasees erreichten, hatte der Feind schon die Mauern gestürmt. Versuche, die Tore zu berennen, mißlangen – wie auch alle Anstrengungen, sich vorläufig zurückzuziehen. Denn die Makedonen saßen, von einer zweiten illyrischen Stammesgruppe im Rücken bedrängt, in der Falle.

Alexander entkam dem Würgegriff, indem er seine Phalanx so präzise zu einem Angriffskeil formierte, als sei sie auf dem Exerzierplatz in Pella, die Flanken von zweihundert Reitern schützen ließ, um schließlich unter dem Schlachtruf »Al-al-al-lei« den Riegel zu durchbrechen und über einen Fluß zu setzen, nachts wieder zurückzukehren und die vor Pelion verharrenden

Illyrer, die, den Feind auf der Flucht wähnend, keine Wachtposten aufgestellt hatten, in den Zelten und den Lagergassen zu erschlagen.

Hier zeigten sich zum erstenmal Alexanders Fähigkeiten, in nahezu ausweglosen Situationen zu improvisieren, das Gelände zu beherrschen, urplötzlich dort aufzutauchen, wo ihn der Gegner nicht vermutete, rasch und entschlossen zu handeln, auch psychologische Mittel zur Demoralisierung des Feindes einzusetzen. Einen erfolgreichen Feldzug gegen zähe todesmutige Stammeskrieger in unwegsamem Gelände hatte der junge Mann geführt. Und das alles ohne seine beiden besten Generale: Antipatros, der als Reichsverweser in Pella zurückgeblieben war, und Parmenion, der bereits in Kleinasien operierte.

Die Makedonen konnten sich ihres Sieges bei Pelion nicht lange freuen. Von der Ägäis brachten Reiter kaum glaubliche Botschaft. Überall hieß es: »Alexander ist tot! Gefallen vor Pelion!!!« Diese Nachricht habe sich wie ein Lauffeuer in ganz Griechenland verbreitet. Und alle, alle Griechen seien nur zu gern bereit gewesen, daran zu glauben. Denn der Wunsch war hier der Vater des Gerüchts. Wer es immer noch nicht glaubte, dem habe man Augenzeugen aus Pelion präsentiert, die beschworen, daß der König tödlich verwundet zu Boden gestürzt sei. So war aus der Fama eine Tatsache geworden. Die Stunde schien nun für die Griechen gekommen, die Makedonen, diese Barbaren aus dem Norden, ein für allemal in ihre Schranken zu verweisen. Aber hatte man dem jungen König nicht gerade in Korinth als Hegemon gehuldigt? Gewiß, aber eben nur ihm, nicht irgendeinem obskuren Nachfolger. Der Treueid sei jedenfalls nicht mehr bindend ...

Die peloponnesischen Stadtstaaten hatten ihre Truppen in Richtung Isthmus in Bewegung gesetzt. Die Thebaner griffen die verhaßten makedonischen Besatzer an, die man ihnen in die Burg gelegt hatte. Aitolien, Arkadien und Elis schienen bereit, sie zu unterstützen. Allerorts waren persische Agenten unterwegs, um mit ihrem Gold das Gewissen jener einzuschläfern, die Makedonien die Treue bewahren wollten. Nur der Athener Rat wies die Bestechungsgelder zurück. Weil ihnen die Vorsicht als die Mutter der Weisheit galt. Demosthenes dagegen, der das *ceterum censeo* des späteren Cato auf seine Weise vorweggenommen hat (»Im übrigen bin ich der Ansicht, daß Makedonien zerstört werden muß«), nahm das Gold mit Freuden entgegen und finanzierte damit Waffen für Theben.

Die vier großen Militärmächte Griechenlands – Theben, Athen, Aitolien, Sparta – gegen sich zu haben bedeutete die Gefährdung, ja vielleicht die Aufgabe jenes großen Plans, der inzwischen zum Lebensziel Alexanders herangereift war: des Feldzugs gegen die Perser. Die Griechen mußten noch einmal – und diesmal mit härteren Mitteln – zur Raison gebracht werden. Er stieg vom Pferd, setzte sich an die Spitze seiner Fußtruppen und zog mit seinen Soldaten das Tal des Haliakmon entlang, durch das »rossereiche« Thessalien, passierte die Thermopylen, wo einst Leonidas ein Beispiel gegeben, wie Spartaner zu sterben wissen, und stand nach vierzehn Tagen mit seinen Männern urplötzlich vor den Mauern Thebens. Dreißig Kilometer am Tag, so hat man errechnet, müssen sie bei diesem Gewaltmarsch zurückgelegt haben.

Alexander wollte, wie bei seinem Marsch nach Thessalien, die Situation ohne Schwertstreich bereinigen. Schon aus eigenem Interesse – die Soldaten waren abgekämpft und erschöpft durch zwei Feldzüge und die langen Märsche. Er machte den Thebanern das Angebot, daß niemand Schaden erleiden werde an Leib und Leben, Hab und Gut, wenn sie die Aufwiegler auslieferten. Die Thebaner aber, nachdem sie sich von dem Schock erholt hatten, daß vor ihren Toren ein Totgeglaubter stand, riefen, in Erinnerung ihrer ruhmreichen Vergangenheit und im Vertrauen auf die Hilfe ihrer Landsleute, zum Widerstand auf. »Die Stunde ist gekommen«, verkündeten die Herolde unter Hörnerklang von den Türmen, »Griechenland von dem makedonischen Un-Menschen zu befreien!« Sie ahnten nicht, daß sie eine Katastrophe herbeiriefen, wie sie selbst in der blutigen Geschichte der Polis noch über keine Stadt hereingebrochen war.

Alexander zögerte immer noch. Und er war ungehalten, als einer seiner Generale, Perdikkas, vom Ehrgeiz getrieben, angriff, ohne den Befehl abzuwarten, auch prompt zurückgeschlagen wurde und, von den aus den Toren herausstürzenden Thebanern verfolgt, rasch in eine bedrohliche Lage geriet. Eines der Ausfalltore aber hatten die Verteidiger im verfrühten Siegesjubel noch nicht wieder geschlossen. Der König erkannte die Chance und drang mit seinen Reitern durch die weit offenstehenden Flügel in die Gassen ein und gewann die Oberhand. Schlagend, tötend, brennend, plündernd drangen die Makedonen vor, schonten Frauen nicht und kein Kind. Als die Sonne unterging, lagen auf den Gassen und Plätzen sechstausend Leichen.

Das eigentliche Strafgericht begann aber erst jetzt. Alexander, klug genug, nicht den Richter zu spielen über die rebellischen Bewohner und ihre hochverräterischen Beziehungen zu den Persern, überließ es Griechen, über Griechen zu urteilen – wohl wissend, daß in der eilends einberufenen Bundesversammlung Stadtstaaten vertreten waren, die erbarmungsloser urteilen würden, als er selbst es je vermocht hätte. *Sie* waren es, die in der Vergangenheit von Theben terrorisiert, blutig heimgesucht, zerstört worden waren, und wäre es nach den Thebanern gegangen, würde selbst Athen nach dem Ende des Peloponnesischen Krieges vom Erdboden vertilgt worden sein. So wurde das Urteil von der Rache diktiert: »Man zerstöre die Häuser, schleife die Mauern, verteile den Landbesitz, verkaufe die Bewohner.« Das Haus Pindars, des großen Nationaldichters, seine Nachkommen sowie die Tempel und die Wohnstätten der Priester wurden auf Befehl Alexanders von dem Verdikt ausgenommen.

Dreißigtausend Männer, Frauen und Kinder wurden anderntags auf das freie Feld getrieben, wo die wie Aasgeier aufgetauchten Sklavenhändler sie nach Geschlecht, Alter, Aussehen, Arbeitskraft sortierten und taxierten. Der Verkauf erbrachte 440 Talente. Ein Talent entsprach etwa 5000 Goldmark, und eine Goldmark pflegen die Umrechnungsexperten mit der Kaufkraft von fünf Mark gleichzusetzen. Der Erlös des Geschäfts betrug also etwa elf Millionen DM. Das Gros dieser unglücklichen Menschen transportierte man nach der vor der kleinasiatischen Küste liegenden Insel Chios, wo menschliche Ware täglich zu Tausenden umgeschlagen wurde.

Der Untergang Thebens erstickte den Willen zum Widerstand in ganz Hellas. Die Stadtstaaten, die den Thebanern Hilfe zugesagt hatten, baten um Verzeihung, versicherten, daß sie die Verantwortlichen zum Tode verurteilen würden. Alexander hatte erreicht, was er wollte, doch wohl war ihm nicht bei dem Gedanken. Zwar hat er das Vernichtungsurteil nicht selbst gefällt, aber er hatte zu verantworten, daß es die sagenberühmte Stadt nicht mehr gab, wo die Drachensaat gesät wurde, Sophokles seinen Ödipus fand, die Heilige Schar und Epaminondas beheimatet waren. Zeus hat den Mond vom Himmel gerissen, hieß es landauf, landab.

Theben galt als der Mond Griechenlands, Athen als die Sonne. Die Athener fürchteten nun, daß ihnen ein ähnliches Schicksal drohte und ihr Licht erlöschen würde. Doch Alexander behandelte sie, die ihre Flotte zur Unterstützung Thebens hatten schicken wollen, mit Milde. Er gestattete ihnen, thebanische Flüchtlinge aufzunehmen. Er verzichtete darauf, daß man ihm die antimakedonischen Politiker auslieferte, darunter seinen Erzfeind Demosthenes. Nur Charimedos wurde verbannt, ein fähiger General, mit dem es in Persien ein unangenehmes Wiedersehen geben sollte.

Nach der Heimkehr feierten die Soldaten ihre Siege mit einem Bacchanal, bei dem der Wein, den die Makedonen, anders als die Griechen, unverdünnt tranken, in riesigen Bechern kreiste. In Dion, der Stadt der Festspiele, wurde für die Offiziere ein Zelt mit hundert Ruhebetten errichtet. Goldene Gefäße wurden verteilt,

Silberschalen, kostbare Waffen, ganze Landgüter und immer wieder Sklaven, Sklaven, Sklaven. Die reiche Beute aus drei Feldzügen machte es möglich. Daß Geschenke die Freundschaft erhalten und die Treue kitten, wußten die Herrscher nur allzu gut. Man feierte Hochzeiten, bei denen die Paare sich ausschließlich aus staatspolitischen Gründen verbanden: Offiziere der Leibgarde mit adligen Frauen des Hochlands, Großgrundbesitzerstöchter der Ebenen mit hochgestellten Hofbeamten.

Alexander wurde von seiner Umgebung bedrängt, ebenfalls zu heiraten, um dem Reich einen Erben zu schenken; schließlich wüßten nur die Götter, ob er aus Asien wohlbehalten wieder heimkehre. Der König meinte lachend, er habe kein Talent zu einem Ehemann. Auch fände er es seiner nicht würdig, fügte er etwas pathetisch hinzu, an Brautlager und Kindschaft zu denken, wenn es um einen Kampf auf Leben und Tod ginge. Im Grunde fürchtete er, daß man einen unmündigen Erben, weilte der Vater in fernen Ländern, leicht zur Usurpation der Macht mißbrauchen könne.

Eine Armee ohnegleichen

Im Frühjahr 334 brach das makedonische Heer auf und zog die Küste entlang nach Sestos (Gallipoli), begleitet von der Flotte, die in Sichtweite ebenfalls Kurs auf den Hellespont nahm. 30 000 Soldaten waren es, 5000 Reiter und 160 Schiffe, die zu einem Unternehmen aufbrachen, das unter der Bezeichnung *Der Alexanderzug* über die Jahrtausende hinweg seine Faszination auf Historiker, Militärs, Politiker, Dichter nie verlieren sollte. Der König ritt an der Spitze mit seinem Pferd Bukephalos, das ihn bis an die Grenze Nordindiens tragen würde. Der schwarze Hengst mit dem weißen Stern auf der Stirn entstammte einer Kreuzung zwischen einem Berberhengst und einer thessalischen Stute. Er gehörte zu den berühmten Pferden der Geschichte wie

der Schimmel Vizir, der Napoleon auf dem Rückzug von Moskau
vor den Kosaken rettete, oder Friedrichs des Großen im Pulver-
dampf der Schlacht ergrauter Condé.

Philipp hatte Bukephalos einst für dreizehn Talente gekauft –
ein enormer Preis –, ihn aber seiner Wildheit wegen nicht reiten
können. Sein Sohn dagegen beherrschte das Pferd vom ersten Tag
an, jagte in gestrecktem Galopp auf den Vater zu, riß es zur Levade
hoch und sprang ab. In einer Mischung aus Ärger und Bewunderung sagte Philipp: »Mein Sohn, such dir ein Reich, das deiner
würdig ist. Denn Makedonien ist zu klein für dich.« So jedenfalls
hat Plutarch uns diese hübsche Geschichte überliefert.

Fünfunddreißigtausend Krieger! Die Bewohner der Städte,
durch die sie waffenklirrend zogen, waren voller Staunen über
diesen Heerwurm, der nicht enden wollte. Hinter dem König ritt
die aus dem Adel Makedoniens bestehende Reiterei: Die *hetairoi*,
die Kampfgefährten des Königs, waren bewaffnet mit Stoßlanze
und gebogenem Jagdsäbel, trugen einen metallenen Helm, einen
ledernen Brustharnisch und Beinschienen; sie sollten zum
Schrecken der Perser werden. Ihnen folgten die *pezhetairoi*, die
Kampfgefährten zu Fuß, kenntlich an ihren fünf Meter langen,
aus dem Holz der Kornelkirsche gefertigten Spießen, Sarissen
genannt, mit denen sie, Schulter an Schulter kämpfend, wandeln-
den Kastellen glichen. Zwischen der Reiterei und der Schweren
Infanterie liefen leichtfüßig die Königlichen Schildträger: Hypaspisten genannt. Wie die Hetairoi bildeten sie eine Elitetruppe;
bestimmt zum Sturmangriff und zu Kommandounternehmen
waren sie die besten Fußtruppen, die die Antike gekannt hat.
Auch Griechen marschierten in dem Zug: 5000 Reiter und
7000 Mann Fußvolk, das die Stadtstaaten ihrer Bündnispflicht
gemäß gestellt hatten. Daß den Griechen niemand traute und
man sie deshalb nach Möglichkeit nur als Besatzungssoldaten
und zur Sicherung des Nachschubs einsetzte, beweist, wie gering
ihre Begeisterung für ein Unternehmen war, das Alexander als
Rachefeldzug ausgab. Die Truppen, die die Thraker, Thessalier,

1 Unüberwindlich – die makedonische Phalanx mit ihren Sarissen.

Illyrer gestellt hatten, waren dagegen, genauso wie die kretischen Bogenschützen, voller Kampfeslust.

Es folgte der endlose Troß mit den schweren Katapultgeschützen, dem Belagerungsgerät, den Proviantwagen, Ersatzpferden, Lasttieren, den Pferdeknechten, Dienern, Köchen, Handwerkern, Meldeläufern, Trägern, Schrittzählern, Pagen, Ärzten, Priestern, Sehern, Ingenieuren, Technikern, Finanzbeamten, Schreibern, Proviantmeistern, Badern; und ganz am Ende in bequemen Wagen jene Männer, die man als künstlerisches Personal bezeichnen könnte: Literaten, Dichter, Philosophen, Historiker, Schauspieler, Musiker, Tänzer. Selbst Berühmtheiten waren dabei wie der Maler Apelles, der Bildhauer Lysippos, der Historiker Kallisthenes.

Alexander befehligte das am besten ausgebildete, disziplinierteste, erfahrenste Heer der damaligen Welt. Er verdankte dieses schlagkräftige Instrument seinem Vater. Der hatte es sich geschmiedet, indem er den Troß dezimierte – nur noch *ein* Knecht

44

für zehn Krieger, keine Wagen mehr für die Offiziere –, die Verpflegung auf Oliven, Feigen, Brot, Käse beschränkte, seine Soldaten dazu erzog, dreißig, ja fünfzig Kilometer am Tag mit vollem Gepäck zu marschieren, die Zahl der Reiter auf das Sechsfache vergrößerte, wie er überhaupt die Kavallerie zur schlachtentscheidenden Truppe machte, indem er ihre Technik, Bewaffnung und Taktik gründlich reformierte.

Eine solche Armee verführte geradezu zu einem Krieg. Nicht umsonst hat man Philipp und Alexander mit den Preußenkönigen Friedrich Wilhelm I. und Friedrich II. verglichen. Und deren Grenadieren wird ebenfalls nicht klar gewesen sein, auf welch ungeheure Übermacht sie treffen würden.

Das Persische Reich war dreißigmal so groß wie Makedonien. Die Heere zählte man dort nicht nach Zehn-, sondern nach Hunderttausenden, die Einwohner nach Millionen. Die Flotte war der makedonischen haushoch überlegen, was ihre Zahl – 400 Schiffe zu 160 Schiffen – und ihre Kampfkraft betraf. Besonders erdrückend erwies sich die Finanzkraft des persischen Großkönigs. Allein in den Schatzkammern von Persepolis und Susa lagerten Münzen und Goldbarren im Wert von 235 000 Talenten. Dareios, so ging die Rede im Volk, hatte 20 Millionen Goldmünzen unter seiner Fußbank und 300 Millionen unter dem Kopfkissen.

Alexander dagegen begann den gewaltigsten Feldzug der Kriegsgeschichte wie ein Bankrotteur. Als er nach der Thronbesteigung die Truhen in den Gewölben zu Pella hatte öffnen lassen, fand er zu seinem Schrecken nicht mehr als 70 Talente. Weitere 800 Talente hatte er sich von den Trägern großer Vermögen (Palästen, Tempeln, Privatbanken) vorstrecken lassen. Allein der Sold für seine Soldaten und Seeleute betrug Monat für Monat 300 Talente. Er war so pleite, daß er nur für vier Wochen hatte Proviant einkaufen können.

Alexander ein Glücksritter, ein leichtfertiger Abenteurer? Daß die Ereignisse diese Frage gegenstandslos werden ließen, wird nur *der* Historiker als Argument anführen, der sich als

Prophet der Vergangenheit versteht. Alexanders Zuversicht, daß persisches Gold seine Kasse auffüllen und der Krieg den Krieg ernähren werde, beruhte auf der Qualität seines Offizierskorps, dem Siegeswillen seiner Soldaten, dem Vertrauen auf das eigene Genie und den Beistand der Götter – und auf den Nachrichten, die ihm seine Agenten aus Persien zutrugen.

An der Spitze des Reiches, das vom Indus bis zum Mittelmeer, vom Hindukusch bis zur Lybischen Wüste reichte, stand König Dareios III., an die Macht gekommen durch den Wesir Bagoas, der die anderen Thronanwärter nach »gutem altem« Brauch mit Gift und Dolch hatte beseitigen lassen. So wie der Großkönig auf den Thron gekommen war, so herrschte er: unselbständig, entschlußlos, den Einflüsterungen der Hofschranzen ergeben; unwürdig seiner Dynastie, der Achaimeniden und ihrer bedeutendsten Vertreter vom Format eines Kyros des Großen, Kambyses, der Könige Dareios I. und Xerxes. Ein derart schwächlicher Herrscher besaß in Persien keine Chance, die Reichsgewalt gegen die Satrapen, wie die Statthalter der einzelnen Reichslande hießen, durchzusetzen. Hatten die Satrapen doch auch unter stärkeren Großkönigen immer gegen den Stachel zu löcken versucht. Die »Schützer der Macht« – dies die Bedeutung des persischen *satrap* – hatten vornehmlich an die eigene Macht gedacht.

Das Riesenreich, bewohnt von Dutzenden Völkerschaften, die ebenso viele verschiedene Sprachen sprachen, zerrissen von himmelhohen Gebirgen, bedeckt mit weiten Wüsten, durchschnitten von gewaltigen Strömen, war nur durch Gewalt zusammenzuhalten. Besonders die westlichen Reichslande strebten nun nach Selbständigkeit; die eroberten Länder, zu denen auch Ägypten gehörte, waren ebensowenig bereit, sich für Persien zu schlagen wie die griechischen Stadtstaaten an der Küste Kleinasiens.

Persien schien ein dekadenter Staat zu sein, zerrüttet von Thronwirren, ausgehöhlt durch Korruption, seine führenden Männer im Luxus erlahmt, seine Soldaten mangelhaft ausgebildet und geführt: alles in allem ein Koloß auf tönernen Füssen, den zu stürzen einem Angreifer gelingen mußte, wäre er nur entschlossen und kühn genug. So dachten die Griechen, seit den medischen Kriegen von ihrer moralischen, politischen und militärischen Überlegenheit überzeugt. Und so dachten die Makedonen. In dieser Überzeugung lag ein Schuß Arroganz, eine zu Fehlschlüssen verführende Überheblichkeit.

Was war Alexanders Kriegsziel? Beschränkte er sich darauf, gemäß den Plänen seines Vaters, die griechischen Stadtstaaten an der Küste zu befreien und das westliche Kleinasien in die makedonische Machtsphäre einzubeziehen, womit dem sogenannten Rachekrieg Genüge getan worden wäre? Oder plante er von Anfang an die Eroberung des ganzen Persischen Reichs? Wir wissen wenig von seinen Absichten. Zu beantworten wären die Fragen vielleicht, wenn man an Aristoteles denkt, der von seinen Schülern in Pella zu wissen begehrte: »Wie würdet ihr unter bestimmten Umständen handeln?« Alexander hatte gesagt: »Das weiß ich erst, wenn diese Umstände eingetreten sind.«

Nach zwanzigtägigem Marsch, bei dem jeder Soldat am Abend sein Quartier fand, jeder Kranke seinen Heilgehilfen, jedes Pferd sein Bündel Heu, jeder beschädigte Wagen seine Werkstatt, erreichte das Heer Sestos. Wir werden die Logistik des Unternehmens noch oft bewundern, so daß man manchmal nicht weiß, was höher zu schätzen ist: die Leistung Alexanders als Organisator oder sein Genie als Feldherr.

Die Flotte hatte längst den Hellespont mit der überlegenen Geschwindigkeit erreicht, wie sie die Seestreitkräfte gegenüber den Landheeren auszeichneten. Ein Schiff brauchte weniger Zeit von den Säulen des Herakles (Gibraltar) bis Athen als ein Ochsenkarren für eine Strecke von hundert Kilometern. Über den Hellespont war einst der Perserkönig Xerxes auf einer Schiffbrücke gegangen und hatte die Wellen geißeln lassen, damit das Meer sich beruhige. Den Makedonen war Poseidon günstig gestimmt: Parmenion konnte mit seinen Trieren und Lastschiffen das Heer in wenigen Tagen über die hier knapp sechs Kilometer breite Meerenge bringen.

Die Invasion hatte begonnen. Die Invasoren hatten sich noch nicht einmal die Mühe gemacht, den Persern offiziell den Krieg zu erklären. Woher nahmen sie das Recht, ein Land mitten im Frieden zu überfallen? William Woodthorpe Tarn, der englische Alexander-Experte, schreibt dazu:

»Es wäre ein platter Anachronismus, die Invasion unter moralischen Gesichtspunkten betrachten und Alexander einen glorreichen Räuber nennen zu wollen. Natürlich ist sie nach heutigem bestem Wissen und Gewissen in keiner Weise zu rechtfertigen. Aber ebenso ungerechtfertigt wäre es, wollte man unsere eigenen Anschauungen auf das 4. Jahrhundert v. Chr. übertragen. Die Griechen hatten nun einmal Vorurteile gegen die Barbaren – ›minderwertige Rassen ohne Gesetz‹ –, und die großen Geister jener Zeit sahen keinen Grund, weshalb man Barbaren nicht angreifen sollte. Platon sagte, alle Barbaren seien von Natur aus Feinde, und es sei natürlich und richtig, gegen sie Krieg zu führen, ja sie zu Sklaven zu machen oder auszurotten. Aristoteles nannte ihn von Grund aus gerecht; er lehrte seine Schüler, die Barbaren als das zu behandeln, was sie seien, nämlich Sklaven.«

Die Militärexperten haben sich gefragt, warum die Perser die Makedonen nicht schon bei ihrem Übergang angegriffen haben. Mit ihren überlegenen Seestreitkräften hätten sie die Meerenge für die Trieren in einen Schiffsfriedhof verwandeln können. Doch kein persischer Mast zeigte sich weit und breit. Lag es daran, daß die Flotte wieder einmal am Nil für Ordnung sorgen mußte; gegen diese ewig revoltierenden Ägypter? Oder war die Ursache bei den hohen Militärs zu suchen, die sich noch nicht auf einen einheitlichen Oberbefehl hatten einigen können? Oder sagte man sich: Mögen sie ruhig landen, um so sicherer können wir sie danach vernichten. Die Wahrheit liegt wohl darin, daß der persische Hof den jungen Mann namens Alexander hoffnungslos unterschätzte. Hätte man gewußt, wie er sich bei dem Übergang verhielt, wäre man in dieser Meinung nur bestätigt worden.

Alexander nämlich ließ seinen Generalstabschef Parmenion allein bei seinem verantwortungsvollen Manöver. Er nahm erst einmal einen langen Abschied von der geliebten Mutter, die ihn bis Sestos begleitet hatte. Lang war die letzte Unterredung schon deshalb, weil sie noch immer darauf bestand, in seiner Abwesenheit die Geschäfte zu führen. Doch trübte die Liebe zur Mutter nicht sein Urteil – sie schien ihm als Statthalterin gänzlich ungeeignet. Der General Antipatros, Getreuester der Getreuen, wurde zum Reichsverweser ernannt; betreut mit der Aufgabe, die Schulden zu mindern, den Nachschub zu organisieren, die Bundesgenossen nicht zu Feinden werden zu lassen und – der schwerste Teil seines Amtes – Olympias in ihre Schranken zu verweisen.

Als die Mutter Sestos durch das südliche Tor verläßt, winkt ihr der Sohn noch einmal zu: Er sollte sie nicht wiedersehen – und seine Heimat auch nicht.

2 Asien, wunderbares Asien

Mit den Waffen des Achilleus

An der Spitze seiner Leibgarde reitet der König die Halbinsel Chersones hinunter nach Elaios, wo im Trojanischen Krieg der erste Grieche gefallen war. Von dessen Grabstätte aus geht sein Blick über das Meer. In der Ferne steigt die Küste des unbekannten Kontinents aus dem Dunst. »Als Alexander zum erstenmal Asien erblickte, wurde er von einer namenlosen Sehnsucht ergriffen«, schreibt ein antiker Autor. Die Sehnsucht hatte einen Namen: *pothos*. Ein Begriff, der im Leben des Königs eine große Rolle spielte. Es ist die unbestimmte, unbestimmbare Begierde, Nie-Gewagtes zu wagen, Nie-Gewußtes zu wissen, eine Tür aufzustoßen zu unbekannten Räumen.

In Elaios besteigt der König eine Triere, schickt den Schiffsführer an Land, übernimmt das Kommando über die 144 Ruderer, die auf jeder Seite in drei Seiten übereinander sitzen. In der Mitte der Meeresstraße stoppt er das Schiff und schlachtet zu Ehren Poseidons, des launischen Meeresgottes, einen Stier und vergißt auch nicht, den fünfzig Töchtern des Nereus, den Nereiden, einen Trank aus goldenem Becher zu spenden. Er legt nun volle Rüstung an, und als der Bug der Triere durch den Sand der jenseitigen Bucht schneidet, schleudert er mit Urgewalt seinen Speer in die Erde Asiens, springt ins Wasser und erreicht als erster das Ufer. *Doryktetos* – »speergewonnen« – war nun das Land nach altem Brauch, der den Eroberern einen Rechtsanspruch sicherte: Speerwurf war gleich göttlichem Urteil.

Die Makedonen halten sich nicht lange auf an dem Strand, wo die Achaier im Trojanischen Krieg ihr Schiffslager errichtet hatten, sie reiten weiter nach Ilion, der Stätte des alten Troja. Sie treffen auf ein Dorf und einen etwa fünfzig Meter hohen ruinenbedeckten Hügel. Über acht Jahrhunderte waren vergangen, seitdem die mykenischen Griechen die Burg belagert, genommen und zerstört hatten. Ein Ereignis, das den geschichtlichen Hintergrund abgab für den Trojanischen Krieg, wie ihn Homer in seiner *Ilias* mit den Helden Achilleus, Hektor, Priamos, Patroklos, Agamemnon und den in den Kampf eingreifenden Göttern unsterblich gemacht hat. Dieses Troja bedeckte der Schutt immer neuer Siedlungen, neun insgesamt, und der Tag sollte kommen, da ein deutscher Kaufmann namens Heinrich Schliemann in der Schicht Römisch Sieben A die Reste des heiligen Ilion vermutete.

Für die Makedonen waren die trojanischen Krieger keine Sagengestalten, sondern aus Fleisch und Blut und immer noch allgegenwärtig. Sie galt es zu ehren, um den Geist jener heldischen Zeiten wiederzubeleben, ihn nutzbar zu machen für den Feldzug. Alexander salbte sich mit Öl, lief nackt zum Grab des Achilleus, der ja sein Ahnherr war, und legte einen Kranz nieder. Zur Sicherheit bekam auch Priamos sein Opfer, der König von Troja, denn er war von den Griechen erschlagen worden, und so mußte man seinen Zorn fürchten.

Am Abend gingen sie zu Fuß hinauf zum Tempel der Athene, wo die Priester den Schild bewahrten, den Achilleus im Kampf getragen hatte. »Auf allen Seiten gut gearbeitet«, lesen wir bei Homer, »mit einem dreifachen Rand leuchtenden Metalls und durch eine Silberspange gehalten, fünf Schichten insgesamt und die Außenseite verziert mit den Taten des Helden.« Alexander erklärte den Priestern, daß es im Sinne seines hohen Ahnen sei, wenn er den Schild in Zukunft trage. Zum Trost legte er den eigenen Schild als Opfergabe auf den Altar der Athene, nahm aber gleich noch weitere Waffen der alten Troer mit. Sie sollten ihn bis nach Indien begleiten, von Leibwächtern vor jeder

Schlacht vorangetragen. Und der Schild rettete ihm einmal das Leben.

»Tribut ist den Persern nicht mehr zu entrichten. Auch vom Zins sei die Stadt befreit.« Das war das – königliche – Abschiedsgeschenk an *sein* Troja.

Alexanders Speerwurf, sein Nackttanz um das Grab hat den Spott der Nachwelt provoziert und den Makedonen als einen jungen Mann erscheinen lassen, der dem Mythischen allzu ergeben war und von Homer obsessiv beherrscht wurde. Ein Schwarmgeist eben, ein Romantiker. Die Mitwelt dachte anders darüber. Für seine Soldaten, insbesondere für die Griechen unter ihnen, war die Tatsache, daß der Speer tief in Feindesland stecken blieb, ein wichtiges Sinnbild: Die Götter hatten gesprochen! Achilleus nicht zu ehren, wäre ihnen als ein Sakrileg erschienen. Auch der einfache Soldat wußte vom Trojanischen Krieg, und wer lesen und schreiben konnte, hatte es mit Homer gelernt, dem Sänger, der den Griechen erst das Gefühl gegeben hatte, *einer* Nation anzugehören und eine ruhmvolle Vergangenheit zu haben. »Gleich im zartesten Kindesalter gibt man den Unmündigen, die eben zu lernen beginnen, Homer als erste Kost. Fast noch als Wickelkinder benetzen wir mit der Milch seiner Worte unsere Seelen. Er ist bei uns, wenn wir allmählich reifer werden, im Erwachsenen blüht er erst richtig auf und wird uns bis zum Greisenalter nie überdrüssig«, schrieb der Rhetor Herakleitos.

Die Soldaten wußten, daß zu den Ahnen ihres Feldherrn der populärste griechische Held von Troja gehörte, ihnen ein Vorbild an Tapferkeit und Mut: Achilleus, der Göttersohn, der, vor die Wahl gestellt, ein ruhmloses langes oder ein ruhmreiches kurzes Leben zu wählen, sich für letzteres entschieden hatte.

Daß sie von Speerwurf, Heldenehrung und Austausch des Schilds erfuhren, dafür sorgten die Gefährten des Königs durch Mundpropaganda. Auf diese Weise wurden die Soldaten, wie man heute sagt, »motiviert«. Alexander beherrschte die Kunst solcher symbolischer Handlungen. Er setzte sie genauso gezielt ein wie

Weissagungen und Götteropfer. Nicht umsonst nennen die Historiker ihn den Meister der sinnfälligen Akte. Sie waren nicht nur Symbol, sondern auch Programm. Wenn er Ilion-Troja zum Beispiel eine demokratische Verfassung ankündigte, hieß das: Auch alle anderen griechischen Städte Kleinasiens werden bald frei sein. In solchen Handlungen lag »immer etwas Priesterliches, Prophetisches«.

Alexander glaubte an die Götter, aber er glaubte auch, daß sie viel Menschlich-Allzumenschliches in sich trugen; er vertraute der Gabe seiner Seher, hielt es aber nicht für frevelhaft, die Prophezeiungen gelegentlich in *seinem* Sinne zu deuten; er war davon durchdrungen, göttlicher Abkunft zu sein, zeigte sich jedoch souverän genug, darüber gelegentlich zu spotten. Wer Alexander verstehen will, muß wissen, daß in ihm Religiosität und Nicht-Glauben, Mythos und Skepsis, Jenseitiges und Diesseitiges eng miteinander verbunden waren, so eng, daß es oft schwer ist, sie voneinander zu trennen.

Auch die *Ilias* war für ihn Dichtung und Kriegstagebuch zugleich. Aristoteles hatte sie für ihn neu bearbeitet. Sie lag, zusammen mit einem elfenbeinverzierten Dolch, während des ganzen Feldzugs unter dem Kissen seines Lagers. Die Menschen, die darin auftraten, hatten vor fast tausend Jahren gelebt. Sie waren ihm dennoch nicht fremd, die Kampfgefährten, die sich um des Königs Tafelrunde versammelten nach getaner Arbeit auf dem Schlachtfeld; die von ihren Taten prahlten, sich betranken, den Liedern der Rhapsoden lauschten, sich stritten, rauften. Das Leben der Heroen, für die die Tapferkeit das Höchste der Güter war, der Ruhm das erstrebenswerteste Ziel und deren Maxime lautete: »Immer der Beste und alle anderen überragen.« Den Epen Homers nachzuleben, galt für die makedonische Elite als eine Ehrenpflicht. Die Ideale, die der Dichter in den Mittelpunkt stellte, waren auch ihre Ideale. Die Tafelrunde mit Alexander, seinen Generalen, Hofpoeten, Philosophen hätte auch die des Agamemnon oder Priamos gewesen sein können. Und wenn der

König etwas bedauerte: daß er keinen Homer hatte, der seine Taten unsterblich machte, sondern lediglich einen Kallisthenes (auch wenn der ein Neffe des Aristoteles war).

Wieder zurück beim Heer führte der König seine Truppen über Perkote nach Lampsakos und in Sichtweite der Küste in die Ebene Adrasteia. Vier Tagesmärsche waren sie schon unterwegs – und vom Feind noch immer keine Spur. Nichts fürchtete er mehr, als daß die Perser ihm auswichen, ihn ins Leere laufen ließen, immer tiefer ins bestimmt doch planmäßig verwüstete Land hinein, um ihm dann den Rückzug abzuschneiden. Mit dieser Strategie der Ermattung und der verbrannten Erde hatte Fabius Cunctator den Karthager Hannibal zur Verzweiflung gebracht. Napoleon sollte ihr in Rußland vollends zum Opfer fallen. Alexander wäre noch beunruhigter gewesen, hätte er erahnt, daß der fähigste Truppenführer des Gegners genau das plante, ja, darüber hinaus die überlegene Flotte einsetzen wollte, um den Krieg nach Griechenland zu tragen, die Stadtstaaten zum Überlaufen zu bewegen oder zur Kapitulation zu zwingen.

Dieser Mann hieß Memnon, war ein Grieche aus Rhodos und hatte sich in persischen Diensten hoch bewährt. Der Plan, Alexander ohne eine Schlacht zu schlachten, durch ein kleineres Übel ein größeres Übel zu verhindern, schien so einfach wie wirksam, stieß aber im Kriegsrat auf Ablehnung. Was maßte sich dieser Mensch an, der nicht nur ein Fremder war, sondern auch des Großkönigs Gunst sich erschlichen hatte, so dachten die Satrapen von Lydien, Phrygien, Kappadokien, Kilikien. War doch das Land, das er verbrennen wollte, *ihr* Land: bedeckt mit fruchtbaren Kornfeldern, blühenden Gärten, Fischteichen, Parks, wildreichen Wäldern, Schlössern, Burgen, wohlhabenden Dörfern, reichen Städten. Diesen Alexander würden sie besiegen, ohne dabei Hab und Gut und Untertanen opfern zu müssen.

Am westlichen Ufer des Granikos (heute Bigha Tschai), eines rasch fließenden, etwa zwanzig Meter breiten Flusses, der, vom Berg Ida kommend, ins Marmarameer fließt, nahmen sie Aufstellung. Eine scheinbar ausgezeichnete Position: Das Ufer an ihrer Seite stieg steil empor, bestand aus glitschigem Lehm, war gegen eine Umgehung durch einen See geschützt. Am Nachmittag des sechsten Tages erschien Alexander und formierte seine Truppen aus dem Marsch heraus zum Angriff. Der erfahrene Parmenion widersprach: Kein Heerführer sollte mit vom Marsch in glühender Hitze ermüdeten Soldaten kämpfen, sondern sie erst biwakieren lassen.

»Schamrot müßte ich werden, würde ich nach der Bezwingung des Hellespont von diesem Bach mich zurückhalten lassen. Das wäre dem Ruhm der Makedonen nicht gemäß.« So die Antwort Alexanders, die so prahlerisch klang wie der Rat des Parmenion klug schien. Doch der König hatte mit einem Blick erkannt, wie taktisch falsch die Perser sich aufgestellt hatten: Ihre Reiterei, eine Elitetruppe von alles überrennender Kraft, würde diese Kraft auf dem steilen Uferrand nicht nützen können; die in ihrem Rücken aufgestellte Fußtruppe, griechische Söldner, wären praktisch neutralisiert, weil die Entfernung zwischen ihnen und der Kavallerie zu groß war.

»Eine Zeitlang standen beide Heere an ihrem Ufer, bange vor dem, was ihnen bevorstand, und tiefe Stille herrschte auf beiden Seiten«, schreibt der griechische Schriftsteller Flavius Arrianus, der den Alexanderzug beschrieben hat. Ein beeindruckender Satz! Er zeigt uns, daß den »Helden«, den kleinen und den großen, die Angst nicht fremd war (nur die Heiligen kennen keine Furcht) und ihre Überwindung das ist, was man Tapferkeit nennt. Bei dieser Überwindung halfen ihnen Schlachtgeschrei und Trompetengeschmetter.

Militärhistoriker haben sich die Frage gestellt, warum die Perser ihre Truppen wider jede taktische Vernunft aufgestellt haben. Unfähigkeit? Kaum: In ihren Reihen standen kriegserfahrene Truppenführer. Furcht vor den Makedonen? Nicht denkbar: Schließlich waren sie mit ihnen, als noch Philipp regierte, schon einmal fertig geworden. Der britische Generalmajor John

F. C. Fuller findet auf die Frage eine ebenso überraschende wie überzeugende Antwort: »Hätte man die griechischen Söldner in die erste Schlachtreihe gestellt, wäre ihnen damit der Ehrenplatz eingeräumt worden. Das aber verbot die militärische Etikette. Um diese taktische Torheit zu erklären, genügt es, an das Geltungsbedürfnis zu erinnern. Siehe das Verhalten der gotischen Ritter bei Taganae, der französischen Ritterschaft bei Crécy und überhaupt den Hochmut der Berittenen in zahllosen Schlachten bis in den Ersten Weltkrieg hinein. Seit jeher hat die Kavallerie, gleichsam vom hohen Pferd herab, die Infanterie verachtet!«

Alexander also entschloß sich zum sofortigen Angriff. »Indem ich nichts aufschob«, hat er einmal auf die Frage nach dem Geheimnis seiner Erfolge geantwortet. Die Berichte über die Zahl der auf beiden Seiten eingesetzten Truppen, über das taktische Verhalten, über die Geländeverhältnisse, über den Zeitpunkt differieren zu stark voneinander, als daß man die Schlacht analysieren könnte. Wenn Alexander bei Granikos siegte, dann nicht wegen einer überlegenen Strategie, wie zum Beispiel der Anwendung der Schiefen Schlachtordnung, sondern wegen seines tollkühnen persönlichen Einsatzes. Bei den Militärexperten späterer Zeiten brachte ihm das schlechte Noten ein, riskiere doch ein wahrer Feldherr sein Leben nicht.

An der Spitze seiner nur aus Adligen bestehenden Königsschwadron geht er über den Fluß, gewinnt unter dem Feuerschutz seiner kretischen Bogenschützen das jenseitige Ufer, wird, während die Gefährten links und rechts von Wurfspießen getroffen vom Pferd stürzen, sofort von den »Edelsten der Edlen« attackiert, die ihn an den weißen Federn seines Helms erkennen; wissen sie doch, daß das Ende Alexanders auch das Ende der Schlacht bedeuten würde. Seine Stoßlanze zersplittert; ein Page reicht ihm eine neue, knapp genug, um des Großkönigs Schwiegersohn Mithridates mit einem Stoß ins Gesicht abzuwehren, doch des Gefallenen Bruder Rhoisakes fetzt ihm mit einem gewaltigen Hieb den Helm vom Kopf, Blut rinnt von der Stirn;

noch einmal trifft seine Lanze, durchbohrt den goldenen Brustpanzer des Rhoisakes, da taucht in seinem Rücken der Satrap
Spithridates auf, hebt den Krummsäbel zum tödlichen Schlag,
doch schneller ist des Königs Milchbruder Kleitos – sein Schwert
trennt den Arm vom Rumpf des Persers.

Der meisten ihrer Führer beraubt, beginnen die persischen
Reiter zu wanken, schließlich zu fliehen, ihre Pferde stampfen
über die Leichen ihrer Gefallenen, von denen man über tausend
am Ende zählt, jagen vorbei an ihren Fußtruppen, den griechischen Söldnern, die dort, von Ratlosigkeit gefesselt, vergeblich
auf einen Befehl gewartet hatten und nun wenigstens die Kavallerie vor der Verfolgung bewahren können, indem sie sich den
Makedonen entgegenstellen. Parmenion, dem inzwischen der
Durchbruch am linken Flügel gelungen ist, setzt seine Thessalier
gegen sie an, gibt auch den Befehl zum Vorrücken der Fußsoldaten mit ihren langen Sarissen.

Von allen Seiten eingekreist, bietet der Söldnerführer die
Kapitulation an, mit dem Versprechen, in Zukunft für Alexander
zu kämpfen. Der aber will ein Exempel statuieren: nie wieder soll
ein Hellene in persische Dienste treten und sein Vaterland verraten! Es kommt zu einem Gemetzel, das nur zweitausend Söldner lebend überstehen. Sie werden in Ketten gelegt und zur
Zwangsarbeit in die makedonischen Silberbergwerke verschickt.

Am Ende dieses blutigen Tages im Mai 334 tat Alexander
etwas für einen Feldherrn höchst Ungewöhnliches. Er ging mit
seinen Ärzten über das Schlachtfeld, vorbei an den vielen Leichen; die Schwerverwundeten, die um einen Gnadenstoß baten,
tröstete er, reichte ihnen Wasser; die leichter Blessierten ließ er
verbinden und fragte, wie sie ihre Wunden bekommen hatten;
allen versicherte er, daß man für ihre Angehörigen sorgen würde;
jenen Frauen und Kindern in der Heimat, die nun Witwen und
Waisen geworden, erlasse er Steuern und Abgaben. Die Gefallenen wurden anderntags mit ihrer Rüstung auf großen Scheiterhaufen feierlich bestattet. Er diktierte ein Schreiben an Lysippos,

seinen Hofbildhauer, mit der Weisung, von den gefallenen Adligen Bronzestatuen zu gießen: »Getreu ihrem Bilde, soweit er es noch im Gedächtnis habe.« Auch die Leichname der persischen Noblen bekamen ihr Grab – »… soweit sie ehrenhafte Todeswunden aufwiesen«. Aus dem Granikos barg man Hunderte von Toten und bat den Flußgott Okeanos um Vergebung, daß man das Wasser verunreinigt habe.

ALEXANDERS CHARISMA

Der Feldherr und Truppenführer vergaß nicht, daß er auch Politiker zu sein hatte. Aus der Waffenbeute wurden die schönsten Schilde, die mit Goldrand und Ornamenten, nach Athen geschickt, auf daß man sie am Parthenon als Weihegeschenk aufhänge mit der Inschrift: »Alexander, des Philippos Sohn, und die Hellenen – außer den Spartanern – von den Barbaren erbeutet, die Asien bewohnen.« Eine Formulierung von diplomatischer Klugheit. Den König verschweigt er, er ist ja nur der Griechen *hegemon*, ein Oberbefehlshaber, und im übrigen nichts anderes als Philipps Sohn. Kein Wort auch von seinen Makedonen. Die Hellenen haben anscheinend die Schlacht gewonnen, dabei waren doch nur die Thessalier zum Einsatz gekommen. Die Spartaner nahm er aus, womit er den Griechen aus der Seele sprach, denn niemand war unbeliebter in Hellas als die Männer von der Peloponnes. Außerdem hatten sie sich geweigert, ihm Truppen zu stellen – mit den stolzen Worten: »Ist es doch Sitte unserer Väter, zu führen und nicht geführt zu werden.« Die Perser nannte er nach griechischem Brauch »Barbaren«. Sie hatten vor anderthalb Jahrhunderten Athen geplündert und die Akropolis in Brand gesetzt. Ausdrücklich betonte er auch den Gegensatz der Kontinente.

Keinem Publicity-Experten unserer Zeit wäre es gelungen, in so wenigen Worten so viel Propaganda unterzubringen …

Von der sonstigen Beute nahm sich Alexander nur zwei Purpurgewänder, einige goldene Teller, eine Decke aus Straußenfedern. »Man möge sie der Königin Olympias schicken.« In einem
beigefügten Brief schrieb er, daß er ihr aufs neue sein Leben
verdanke, habe sie ihn doch bewogen, Kleitos in seine Leibwache
aufzunehmen.

Wie er dort vor seinem Prunkzelt auf und ab schritt, dabei
Briefe diktierte, Boten abfertigte, Meldungen entgegennahm,
seine Generale belohnte, einfache Soldaten mit dem Recht, in
Zukunft das Gewand mit Purpur zu verbrämen, auszeichnete –
eine Szene, die von den antiken Autoren eindrucksvoll geschildert wird –, dieses Bild macht die Frage dringlich nach der äußeren Erscheinung Alexanders. Sie zu beantworten, ist nicht einfach. Der König hat einigen Künstlern Modell gestanden, wobei
Lysippos als Bildhauer und Apelles als Maler zu den von ihm
bevorzugten Männern gehörten. Weitere zeitgenössische Darstellungen verdanken wir Euphranor, Leochares, Chaireas und
Euthykrates. Leider sind alle Originale verlorengegangen. Was
davon in hellenistischer Zeit, also vom 3. Jahrhundert bis zu
Christi Geburt, nachgeahmt wurde, ist oft von minderem Wert.
Und die Römer haben nur wenige wirkliche Kopien nach
ursprünglichen Alexander-Bildnissen hinterlassen. Bleiben die
Münzen. Auf den Tetradrachmen finden wir den König als Herakles dargestellt; stilisiert natürlich, und dennoch kann man annehmen, daß der König darauf zumindest so aussieht, wie er
dargestellt werden wollte.

Nimmt man die Beschreibungen eines Diodoros, Arrianus,
Plutarch und anderer antiker Autoren hinzu, ergibt sich ein
einigermaßen zuverlässiges Bild des Königs. Danach war er mit-
telgroß, von athletischem Körperbau, sein Gang federnd, die
Beine kurz, so daß er beim Sitzen größer erschien, als er in
Wirklichkeit war. Die Amazonenkönigin, die sich den großen
Mann groß vorgestellt hatte, meinte bei ihrem legendären Besuch
an der Küste des Kaspischen Meeres: »Eure Hoheit zeigt sich

nicht in hoher Gestalt.« Als er in Susa den Thron des Dareios bestieg, mußte man den Schemel, auf dem die Füße »der Könige aller Könige dieser Welt« zu ruhen pflegten, um ein gutes Stück erhöhen. Die – wie etwa auch im Fall Napoleon – gängige psychologische Deutung, wonach Alexander seine aufgrund körperlicher Mängel empfundene Minderwertigkeit durch besondere Leistungen kompensieren mußte, ist allerdings fehl am Platz.

Sein Haar war dunkel und von blonden Strähnen durchzogen, wie sich aus dem Mosaik ergibt, das man 1831 im »Haus des Fauns« in Pompeji entdeckte. Es teilte sich über der Stirn und gab ihm etwas Löwenhaftes. Auf diesem Mosaik, dem als Vorlage ein Gemälde des Philoxenes von Eritrea diente – er war ein Zeitgenosse des Makedonen –, erkennen wir auch seinen vielgerühmten funkelnden Blick und das rötlich überschattete Weiß seiner Haut.

Daß jemand sein Haar bis in den Nacken wachsen ließ, galt als dekadent, und die Gewohnheit, sich zu rasieren, wurde für weibisch gehalten. Doch wenn ein Mann wie Alexander das tat, wurde es Mode. Das ging so weit, daß sogar seine Körperhaltung, mit der leichten Biegung des Nackens und der Wendung des Kopfes nach links, nachgeahmt wurde. Unnachahmlich war der verschwimmende Glanz seiner Augen, der vielzitierte »feuchte Blick«, ein Augenausdruck, den man bei Menschen sanguinischen Typus zu finden glaubt.

Noch etwas schien an ihm auffällig gewesen zu sein: der Duft seiner Haut. »Sein Mund, sein ganzer Körper verströmte einen Wohlgeruch, von dem auch seine Kleider durchdrungen waren«, schreibt Plutarch und kann sich das nur »aus der Mischung der Körpersäfte« erklären, »die sehr warm und feurig war. Denn Wohlgeruch entsteht, wenn die Feuchtigkeit von der Wärme verzehrt wird ...« Nüchterner betrachtet scheint die Ursache in den parfümierten Salben zu liegen, mit denen der König seinen Körper regelmäßig einreiben ließ.

Den einfachen Soldaten wird der »Wohlgeruch« ihres Feldherrn kaum aufgefallen sein, so wenig wie die Details seiner

Gestalt und seines Gesichts. Auf sie wirkte der Gesamteindruck, und der wurde bestimmt durch eine strahlende, hinreißende, geradezu betörende Jugendlichkeit, gewiß nur ein Teil seines Charismas, jener »Gnadengabe«, die den damit versehenen, oder geschlagenen, Menschen als von den Göttern gesandt erscheinen läßt. Wer ihm persönlich begegnete, berichtet, daß er jeden bezauberte, verführte, für sich einnahm, schon nach kurzem Gespräch – selbst seine Feinde.

Und zu seinen Feinden gehörte momentan Memnon, der Mann aus Rhodos, ihm in vielen Belangen ebenbürtig. Der Rhodier hatte sich mit den Resten der am Granikos geschlagenen Armee nach Halikarnassos zurückgezogen, dem heutigen Bodrum. Hier saß er, ließ neue Truppen anwerben, die vorgelagerten Inseln befestigen, den Wallgraben auf fünfzehn Meter verbreitern und auf sieben Meter vertiefen, die Magazine mit Korn auffüllen und die Zisternen mit Wasser, den Hafen durch Kriegsschiffe sperren; alles zu dem Zweck, ein Bollwerk zu errichten, von dem aus er dem makedonischen Spuk ein Ende bereiten wollte. Dabei helfen sollten ihm, neben führenden makedonischen Emigranten, zwei athenische Generale, Thrasybulos und Ephialtes mit Namen, auf deren Auslieferung der König nach der Vernichtung von Theben nicht bestanden hatte.

Memnon kannte seine Gegner aus eigener Anschauung. Die Zeit in Pella, wo ihm einst Exil gewährt worden war, hatte er dazu benutzt, das Heer und dessen Führung zu studieren. Ein Studium, das ihn, nachdem er in die Dienste der Perser getreten, befähigt hatte, selbst einen Parmenion das Fürchten zu lehren, als der, noch unter Philipp, auf dem kleinasiatischen Kriegsschauplatz erschienen war. Memnon kannte Alexander aus persönlichen Begegnungen. Er haßte ihn und bewunderte ihn zugleich. Einen seiner Söldnerführer, der sich in Schmähreden gegen den Makedonen nicht genug tun konnte, züchtigte er mit dem Stock. »Ich habe ihn nicht gemietet, daß er Alexander beschimpfe, sondern, daß er ihn bekämpfe.«

Memnon hatte sich im Kriegsrat, wie wir wissen, nicht durchsetzen können mit seinem Vorschlag, die Taktik der verbrannten Erde anzuwenden. Die Niederlage am Granikos hatte die Perser zudem gelehrt, daß nur einer befehlen könne. Der Großkönig war diesmal klug genug, gegen alle Ratschläge der Neider Memnon mit dem alleinigen Oberbefehl zu betrauen. Nicht ohne die Bitte, er möge doch seine Frau Barsine und die Kinder an den Hof zu Susa schicken, wo sie sicherer seien. Eine doppeldeutige Formulierung: Sie waren dort sicher, aber er war auch ihrer sicher – als Unterpfand für die Treue des neuen Oberbefehlshabers. Im übrigen war Dareios noch immer der Meinung, daß es nicht nötig sei, den Invasoren mit der gesamten Heeresmacht Persiens entgegenzutreten. Die Niederlage bei Granikos hatte ihn befremdet, aber nicht beunruhigt. Wie oft schon waren feindliche Völker über die Grenzen gekommen in kriegerischer Absicht. Sei es aus den Steppen Innerasiens, aus Äthiopien, dem Kaukasus, aus den Wüsten im Südwesten. Das Weltreich hatten sie nicht aus dem Gleichgewicht bringen können.

Memnon blieb viel Zeit, Halikarnassos uneinnehmbar zu machen. Alexander kam nur langsam voran. Was weniger an dem weiteren Widerstand persischer Truppen lag, denn mit dem Sieg am Granikos schien die Macht Persiens diesseits des Tauros gebrochen. Schuld waren die komplizierten Machtverhältnisse in den großen griechischen Städten, die sich wie Perlen an einer Schnur an der Küste entlangzogen. Die Feder war jetzt wichtiger als das Schwert, diplomatische Finesse gefragter als soldatische Begabung. Nicht der Feldherr Alexander wurde gefordert, sondern der Politiker. Was war das überhaupt für ein Land, das er jetzt mit seinen Truppen durchzog?

Bewahrt vor rauhen Winden durch bis zu viertausend Meter hoch ragende Gebirgsmauern, umspült von der Ägäis, deren Wasser die Glut des Sommers milderte, gesegnet mit fruchtbaren Böden, die dreifache Frucht trugen im Jahr, durch natürliche Häfen den Schiffen Schutz bietend und den Handel mit der ganzen bewohnten Welt fördernd, Endpunkt der großen Karawanenstraßen aus dem Innern Persiens, aus Indien und China, beherrscht von Stadtstaaten, deren Reichtum den Neid der Perser, Lyder, Phönizier erregte, deren Tempel die Wallfahrer von ganz Hellas anzogen, deren gewaltige Ringmauern und Türme ihre Bewohner schützten: Es war das Land der Ionier.

Ionien – Wiege der Künste

Ionien, mit Städten wie Ephesos, Priene, Miletos, Smyrna, den Inseln Samos und Chios, wird von Weitgereisten für eine der schönsten Landschaften der Erde gehalten. Die Ionier galten als leichtsinnig, genußsüchtig, von sinnlicher Reizbarkeit, gleichzeitig als geistig empfänglich und an allem interessiert, was die Welt bewegt: unter den vier Hauptstämmen der Hellenen zweifellos der begabteste Stamm. Ihre Bildung, ihre Sprache, ihre Kunst und ihre Wissenschaft haben jahrhundertelang, ja bis in unsere Zeit hinein dem Abendland als Ideal vorgeleuchtet.

Von hier nahmen griechische Dichtkunst, Philosophie und Geschichtsschreibung nicht nur ihren Ausgang, sondern gediehen schon zu einer gewissen Vollendung. Hier sang Homer seine unsterblichen Gesänge; wurde Sappho geboren, die lorbeerumkränzte Dichterin; feierte der Lyriker Anakreon aus Teos den Wein und die Liebe; dachten Menschen zum erstenmal nach über den Sinn des Seins und der Welt; ward der Geist der philosophischen Forschung rege in der Gestalt von Thales, Anaximandros und Anaximenes aus Miletos; hier endlich machten Kadmos, Dionysios und Hekataios, ebenfalls in Miletos gebürtig, die ersten Anfänge mit der Historiographie und der Geographie. Auch Herodot, als »Vater der Geschichte« bekannt, war ein Ionier, desgleichen Hippokrates, der Begründer der ärztlichen Wissenschaft, der von der Insel Kos stammte. Und in Ephesos sprach Herakleitos sein *Panta rhei – Alles ist im Flusse,* das Wort vom ewigen Werden und Sichverändern aller Dinge.

Die ionische Baukunst wurde im ganzen Altertum als die edelste Verkörperung hellenischen Geistes in Stein betrachtet. Auch Apelles und Parrhasios, die größten Maler der Antike, wurden in ionischen Städten geboren und gebildet.

Was die Künstler schufen, die Wissenschaftler erforschten, die Handelsherren erwarben, blieb nicht auf Ionien beschränkt. Durch die kleinasiatischen Reiche an einer Ausbreitung ins Landesinnere gehindert, wurde es in den Städten eng, so daß den Vielen immer weniger und Abwanderung das einzige Mittel für die Polis blieb, um den Wohlstand zu erhalten. Wer sein Glück in der Fremde versuchen wollte, begab sich in die Obhut eines offiziellen Führers, eines Oikistos, der die Auswanderung organisierte, und bestieg eines Tages die gecharterten Schiffe. So entstanden vornehmlich am Marmarameer und am Schwarzen Meer, aber auch in Unteritalien, auf Sizilien, Sardinien, Korsika, in Gallien, ja in Ägypten ionische Tochterstädte, die nach denselben Gesetzen wie die jeweilige Mutterstadt, die Metro-Polis, regiert wurden, dieselben Götter verehrten, auch in der Kultur ein Abbild der Mutter blieben. Die Zahl der Kolonien, die allein die Leute aus Miletos rings um das Schwarze Meer anlegten, schätzt man auf über neunzig.

Sardes, die alte Hauptstadt des Lyderreichs und nunmehrige Residenz des persischen Statthalters, war das vordringliche Ziel Alexanders. Zwar waren die Tage des lydischen Königs Kroisos vorbei, dessen Reichtum sprichwörtlich geworden ist, doch ihre Schatzkammern waren, wie man wußte, noch immer gut sortiert, gefüllt von den tributpflichtigen Bewohnern der gesamten Satrapie. Zum Kriegführen gehörten schon damals drei Dinge: Geld, Geld und Geld. Bei aller beschworenen Treue zu ihrem Feldherrn, ohne Sold taugte der beste Soldat nichts und würde jeder Eid zum Meineid werden. An der auf steil abstürzendem Fels erbauten Stadt hatten sich schon Ionier und Spartaner versucht. Sie zu

1 Ein Knabe noch war Alexander, als er den Bukephalos bändigte,
den niemand sonst zu reiten vermochte. Das berühmteste
Pferd der Geschichte wurde zu seinem Leibpferd und trug ihn bis zu
den Ufern des Hydaspes in Indien.

2 Olympias, die Mutter, kam aus Epeiros, dem dunkelsten Teil des europäischen Kontinents. Schön, rätselhaft, von wilder Glut, liebte sie ihren Sohn bis zur Selbstaufgabe. Und haßte seine Freunde.

3 Philipp, der Vater, Schöpfer der ersten modernen Armee,
Wegbereiter der makedonischen Großmacht. Wer stand hinter dem
Attentäter, der ihn vor dem Theater von Aigai ermordete?

4 Der Kranz aus goldenem Eichenlaub, dem König in den Sarkophag gelegt. In Agai, dem heutigen Vergina, stießen die Ausgräber 1977 auf ein unversehrtes Gewölbe: das Grab Philipps II. war gefunden!

5 Den Löwen in freier Wildbahn zu jagen mit Speer und Schwert, wie hier Alexander (links) und sein Freund Krateros, galt als königliche Mutprobe. Das Mosaik aus dem 3. Jahrhundert vor Christus wurde im makedonischen Pella entdeckt.

erobern, würde das Blut manches makedonischen Soldaten kosten. Doppelt kostbar, wenn man bedenkt, wie sehr Alexander jeden Mann dieses relativ kleinen Heeres in den nächsten Monaten und Jahren brauchen würde.

Als das Heer sich der Stadt auf zwei Meilen genähert hatte, öffneten sich urplötzlich die Tore, und ein langer Zug bewegte sich heraus. Es war Mithrenes, der persische Befehlshaber, mit den angesehensten Bürgern, gekommen, um die Schlüssel zu übergeben. Alexander nahm ihn auf der Stelle in sein Gefolge auf, allen demonstrierend, wie sehr er Unterwerfung zu belohnen gedachte. Daß Mithrenes seinen Herrn, den Großkönig, verraten hatte, störte ihn nicht, trotz der alten Erfahrung, wonach der Verräter von heute auch der Verräter von morgen sein kann. Den Lydern gab er, ein weiteres Zeichen setzend, die Verfassung ihrer Väter wieder, was die Einschränkung feudalen Großgrundbesitzes zugunsten kommunaler Selbstverwaltung bedeutete. Skeptiker meinen eher, daß die Lyder statt Tribut an den Großkönig nun »Beiträge« an Alexander zu leisten hatten.

Satrap von Lydien wurde einer der Brüder des Generals Parmenion. Auch in Phrygien war ein Makedone als *Schützer der Macht* eingesetzt worden. In beiden Fällen sollte das persische Verwaltungssystem nicht angetastet werden. Die Beamten leisteten gute Arbeit, die Richter verkörperten Gerechtigkeit; die Tributsätze waren so, daß der Ast nicht verdorrte, an dem die Früchte hingen. Mag das persische Großreich, was den Hof betraf und die Armee, morsch gewesen sein, die Verwaltung in den kleinasiatischen Satrapien war davon noch nicht angesteckt worden. Es war deshalb nicht immer leicht, den Bewohnern der griechischen Städte klarzumachen, daß das persische Joch abgeworfen werden müsse, daß es des Hellenen höchstes Ideal war, in Freiheit zu leben. Besonders jenen, die sich mit den Persern arrangiert hatten. Das war meist dort der Fall, wo eine Oligarchie bestand, die Herrschaft der Wenigen. Getreu dem Grundsatz, wonach der Feind meines Feindes mein Freund ist, hielten es die Makedonen deshalb mit den Demokraten, die unter den Oligarchien von allen Ämtern ausgeschlossen waren. Die oligarchische und die demokratische Partei, Sparta und Athen, Fluch und Segen der einander bekämpfenden politischen Systeme – Ionien war davon so wenig frei, wie das Mutterland es jemals gewesen war.

In Ephesos, der Königin unter den ionischen Städten, erhoben sich die Demokraten, als ihnen Kundschafter meldeten, die Makedonen näherten sich den Mauern. Der Aufruhr entwickelte sich nach alter griechischer Art, das heißt, zu den schlimmsten Exzessen. Es gab kein Volk, innerhalb dessen man einander so gründlich hassen konnte wie im Volk der Hellenen. Die bis dahin herrschenden Aristokraten wurden eingekerkert, vertrieben oder kurzerhand gesteinigt. Ein grausames Strafgericht, das Alexander auf der Stelle unterband. Nichts sei ihm widerwärtiger als das Wüten des Pöbels, so ließ er verlauten. Politisch klug war seine Handlungsweise ohnehin. Es sprach sich rasch herum, daß er niemandem erlaubte, welcher Klasse er auch angehörte, gegen das Gesetz zu verstoßen. »Wenn ihm irgend etwas zum Ruhm gereichte«, schrieb Arrianus, »so ist es das, was er in Ephesos tat.«

Auch in dieser Stadt verwandelte er Tribute in Beiträge, mit der Maßgabe allerdings, sie ausschließlich für den Schatz der Göttin Artemis zu verwenden, deren Weihestätte gerade wieder aufgebaut wurde. Der König war nämlich, wie erwähnt, in jener Nacht geboren worden, da der Tempel, der mit seinen einhundert Marmorsäulen von zwanzig Metern Höhe und der Decke aus Zedernholz zu den antiken Weltwundern gehörte, in Flammen aufging; in Brand gesetzt von Herostratos, der damit seinen Namen der Nachwelt überliefern wollte. Als er das auf der Folter bekannte, beschlossen die Epheser, ihn für immer und ewig totzuschweigen. Nur der geschwätzige Rhetor Theopompos hielt sich nicht daran, und so sprechen wir heute noch von *Herostratentum*, wenn jemand aus Ruhmsucht ein Verbrechen begeht.

In Ephesos fühlte Alexander sich behaglich. Nirgendwo waren die Paläste prachtvoller, die Tempel erhabener, die Straßen breiter, der Hafen geräumiger. Hier war der Bannkreis der Artemis, einer Schwester Apollons, seines bevorzugten Gottes. Häufig sah man ihn im Atelier des Malers Apelles, der, einst aus Ionien vertrieben, nun wieder in seiner Heimatstadt arbeiten konnte. Hier entstand ein vielgerühmtes Bild, dessen Schönheit wir zumindest erahnen können (denn alle Gemälde des antiken Hellas sind für uns verloren): Im Hause der Vettier in Pompeji fand man so etwas wie eine Kopie aus viel späterer Zeit. Es handelt sich um Alexander mit dem Blitz in der erhobenen Rechten. Der Donnerstrahl war das Attribut des Zeus, des obersten aller Götter. Es gab nicht wenige aus der Umgebung des Königs, denen die Pose etwas blasphemisch vorkam.

Dem Dargestellten selbst anscheinend nicht. Er kaufte es dem Maler für 20 Talente ab, ein guter Preis (ein Talent – wie erinnerlich – entspricht etwa 25 000 DM), zumal er ihn in Gold abwiegen ließ. Vergleichbar nur, sieht man von den hybriden Preisen aus jüngster Zeit ab, mit den 4000 Goldflorins, die Franz I. von Frankreich Leonardo da Vinci für die Mona Lisa zahlte. Zeus-Alexander schmückte noch lange den Tempel der Artemis, zur Erbauung der Wallfahrer aus ganz Hellas.

Als Alexander einmal das Atelier besuchte, sah er sich auf einem Gemälde hoch zu Roß, ging aber achtlos daran vorbei. Bukephalos, der von einem Stallknecht neben dem Eingang am Zügel gehalten wurde, wieherte freudig, als er sein Abbild erblickte. Darauf Apelles: »O König, dein Pferd spendet mir den Beifall, den du mir mißgönnst.« Auch die Kirschen in der Hand eines Knaben, von Zeuxis gemalt, wurden von lebenden Vögeln umschwirrt, die daran zu picken begannen. Anekdoten nur, gewiß, doch die Kunsthistoriker sind dankbar dafür, wissen sie doch zumindest, in Ermangelung von Fakten, welcher Naturtreue sich die Maler befleißigten.

Alexanders Fähigkeit, die Reisegeschwindigkeit des Trosses festzulegen und über Philosophie zu diskutieren, die Reparatur eines Pfeilkatapults zu kontrollieren und die Aufführung eines

Stückes von Euripides vorzubereiten, die Truppen exerzieren zu lassen, sich über Homer zu streiten und gymnische Spiele zu organisieren, bewies er in Ephesos aufs neue. Die Ritte in das fruchtbare Schwemmland des Kaystros mit seinen Olivenhainen, Granatapfelbäumen, Feigensträuchern, Weinbergen, Obstplantagen, den Rosen- und Malvenfeldern ließen den Krieg für Wochen vergessen. Doch die Idylle wurde gestört; zur Erleichterung der Generale übrigens, die aus Erfahrung wußten, wie sehr Müßiggang die Kampfkraft von Soldaten lähmt. Ein Spähtrupp kam mit der Nachricht, die Milesier seien entgegen ihrer ursprünglichen Zusage nicht bereit, ihre Tore kampflos zu öffnen. Der persische Kommandant, zunächst ängstlich, war mutig geworden, als er erfahren hatte, daß sich vierhundert verbündete Kriegsschiffe zum Entsatz der Stadt näherten. Gemäß dem Motto, daß man das, was man zu tun gezwungen sei, schnell tun müsse, war Alexander bereits im Morgengrauen unterwegs. Als er vor Miletos Stellung bezog, sichtete man vor der Küste die ersten Segel. Es waren die Schiffe *seiner* Flotte und nicht die der aus Ägypten kommenden persischen Galeeren. Sie sperrten die Zugänge zu den vier Häfen und begannen, das Belagerungsgerät – Rammböcke, Katapulte, Sturmleitern – auszuladen. Vom Land her eingeschlossen, seewärts blockiert, schwand der Mut der Verteidiger so rasch, wie er gekommen war; noch dazu, da sie sahen, wie die Perserflotte zwar endlich erschien, aber keinen Ruderschlag tat, um einen Angriff zu wagen.

Aus den Händlern wurden rasch wieder Kaufleute, die durch einen Parlamentär sagen ließen: »Wir Milesier sind neutral. Nur in der Neutralität kann der Handel blühen.« Sie würden also, wenn die Belagerung aufgehoben werden würde, ihre Stadt Persern *und* Makedonen öffnen.

»Ich bin nicht nach Asien gekommen«, ließ der König antworten, »um mich mit dem zu begnügen, was man mir gewährt.«

Vierundzwanzig Stunden später kapitulierte Miletos nach dem ersten Sturmangriff. Wieder verbot der König, wie vorher schon nach der Einnahme kleinerer Städte, seinen Soldaten zu plündern – sehr zu deren Unwillen; schließlich war man hierhergekommen, um Beute zu machen. Er aber wollte kein zweites Theben, schenkte den Milesiern die Freiheit und ihren griechischen Söldnern das Leben, unter der Voraussetzung, sie würden in Zukunft für ihn kämpfen.

Eines hatte Alexander vor Miletos gelernt: Wie wenig sicher er der Häfen in der Ägäis sein konnte, solange die persische Flotte noch so mächtig war, geführt von erfahrenen Admirälen, bemannt mit den besten Seeleuten des Mittelmeers; mit Kretern und Phönikiern. Wenn es Memnon gelang, eine Insel nach der anderen einzunehmen, würde er sich den Rücken nie freihalten können; ganz abgesehen davon, daß die Athener dann von ihm abfallen würden.

Was war zu tun? Diese Frage wurde von den hohen Offizieren auf die Tagesordnung gebracht. Parmenion, sonst eher zur Vorsicht neigend, riet zu einem überraschenden Angriff. Zur See hätten die Griechen die Barbaren noch immer geschlagen, wie groß ihre Überlegenheit auch gewesen sei. Andere entgegneten, daß ein Sieg wenig bringen würde, eine Niederlage dagegen zum Signal eines allgemeinen Aufruhrs in ganz Hellas werden könne. Parmenion blieb hartnäckig, bot sich an, das Flaggschiff zu führen; auch erzählte er, ein Adler habe sich unlängst vor einem der makedonischen Schiffe niedergelassen; jeder dürfe sich ausrechnen, was die Götter damit sagen wollten.

Daß dieser Adler im Kreise der Generale, den man getrost einen Generalstab nennen kann, ernsthaft diskutiert wurde; daß man einwarf, der Vogel habe sich nicht auf einen Schiffsmast gesetzt, sondern auf einen Baum am Ufer, und das könne auch bedeuten: Persiens Seemacht sei nur durch Landstreitkräfte zu brechen, diese Diskussion könnte uns Heutige zu verständnislosem Kopfschütteln veranlassen. Denn: Ist es denkbar, einen so weitreichenden, über Sieg oder Niederlage, Sein oder Nichtsein bestimmenden Entschluß vom Aufbaumen eines Raubvogels abhängig zu machen? Welten trennen uns von einer Zeit, in der nicht Logik und Vernunft den Weg zu weisen schienen, sondern das Übersinnliche. Besser: *trennten* uns.

Denn die Anhänger der Esoterik und des New Age sind anderer Meinung. »Selbst wer von diesem ›Neuen Zeitalter‹ noch nichts gehört hat, wird von der Veränderung des Meinungs- und Denk-klimas betroffen sein«, konstatieren M. und R. Dahlke in ihrem Buch über okkultistische Tendenzen der Gegenwart und den grassierenden Esoterik-Boom. »Übernatürliches wird akzeptiert, an Magie wird geglaubt ...« Und H. J. Hemminger sieht eine Rückkehr der Zauberer: »Die überall sich aufdrängende öffent-liche Repräsentanz esoterischer Themen ist neu: Astrologie in trivialen und höheren Formen, Psychokulte aller Art, Reinkarna-tionsglaube in vielen Spielarten, magisch-okkulte Praktiken, vor allem aber der Glaube an die Wendezeit, an das heraufkommende Wassermannzeitalter ...« (welches das Zeitalter der Fische ab-löse, in dem Rationalität und Wissenschaftlichkeit Trumpf gewe-sen seien). Und: »Die unzähligen Orakeltechniken der Alten waren Symbol für deren Eingebundensein in einer offensichtlich existierenden kosmischen Ordnung und eine Verbindung zur Transzendenz. Durch den Umgang mit ihnen akzeptiert der Mensch bewußt oder unbewußt die Existenz eines übergeordne-ten geistigen Bereichs und hat damit die Chance, den einseitigen und hybriden Pfad eines rein materiell orientierten Lebens zu verlassen.«

Alexander entschied sich für die Auslegung »Brechung der Seemacht durch Landmacht« und gab einen Befehl, der nicht nur Nearchos, den späteren Admiral, zum erstenmal an seiner Weis-heit zweifeln ließ: Die Flotte ist aufzulösen, die Schiffe sind in ihre Heimathäfen zurückzuschicken. Lediglich die zwanzig athe-nischen Dreiruderer sind davon auszunehmen, denn die Schiffe sind zum Transport zu gebrauchen und ihre Besatzungen als Geiseln für die Treue ihrer Heimatstadt. Er überließ es dem Chef der Kanzlei Eumenes, dem inneren Gremium den Grund seines einsamen Entschlusses zu erläutern. Nämlich: 160 Trieren erforderten fast 32 000 Matrosen und Seesoldaten (das bedeutete fast ebensoviel an Mannschaft wie das Landheer); ihr Unterhalt betrug 50 Talente und ihr Sold 60 Talente pro Monat, soviel aber war trotz der bisherigen Eroberungen und des Schatzes von Sardes nicht in der Kriegskasse. Das eingesparte Geld wurde für das Landheer so dringend benötigt wie die Seesoldaten in den Phalangen. Allein der Monatssold eines Pezhetairen betrug 100 Drachmen (etwa 75 Mark in Goldwährung, rund 400 DM), der eines thessalischen Reiters 250 Drachmen, der eines Hetairoi 300 Drachmen – die Verpflegung nicht gerechnet.

Wie aber könne, fragten sich nicht nur die engsten Berater und Mitstreiter Alexanders, man ohne Flotte den Memnon in Schach halten, denn bekämpft werden müsse er doch, wollte man ihm nicht das ganze östliche Mittelmeer überlassen? Abgesehen davon, daß der über den Hellespont führende Nachschubweg dadurch gefährdet wäre. So fragten Parmenion, den der Mordstrahl treffen sollte, und Ptolemaios, der Generaladjutant und spätere Pharao, und Peukestas, der dem König das Leben retten, und Kleitos, der von seiner Hand sterben, und Philotas, den er zum Tod verurteilen, und Harpalos, der ihn betrügen wird, und Kallisthenes, dem es bestimmt war, in einem Käfig zu enden, und Hephaistion, Nikanor, Nearchos – alles Namen, deren Träger uns immer wieder begegnen werden. Männer, ohne die auch ein Alexander kein Alexander geworden wäre.

Memnon wirkungsvoll bekämpfen? Nichts einfacher als das. Seine Schiffe seien darauf angewiesen, jeden Tag einen Hafen anzulaufen, um Wasser und Lebensmittel an Bord zu nehmen. Ohne Häfen, ohne Versorgungsstützpunkte und, nicht zu vergessen, ohne die Möglichkeit, frische Besatzungen anzuheuern und Reparaturen auszuführen, würden die Matrosen eines Tages meutern oder die Schiffe den Holztod erleiden. Schließlich hatte eine Triere nur einen Aktionsradius von etwa fünfundzwanzig Seemeilen.

Die Wirklichkeit belehrte die Makedonen bald, daß diese Einschätzung sehr optimistisch gewesen war. Zwar gelang es, die größeren Häfen zu erobern, die Inseln vor der Küste aber ließen sich nicht so rasch isolieren. Die persischen Schiffe waren zwar zu längeren Wegen gezwungen, blieben aber einsatzfähig, und die phönizischen, kretischen sowie zyprischen Besatzungen zogen anscheinend die persischen Goldmünzen einer wenig versprechenden Meuterei vor.

Alexander wußte, daß die Auflösung der Flotte einem Vabanquespiel gleichkam. Er war das Risiko dennoch eingegangen, wohl wissend, daß man nun siegen *mußte*: und zwar schneller als Memnon auf See. Und da kam ihm Halikarnassos, die Hauptstadt der Satrapie Karien, wo Memnon ihn erwartete, gerade recht.

Die Schlacht um diese Stadt begann mit einer Adoption. Alexander bekam eine neue Mutter, Ada mit Namen, die als Herrscherin in Karien von ihrem Bruder vertrieben worden war. Die traditionell führenden Familien im Lande würden, so Ada, durch eine derartige verwandtschaftliche Bindung in ihrer perserfeindlichen Haltung nur bestätigt werden und ihm ihre Städte öffnen. Das traf prompt ein: Tag für Tag erschienen die Delegationen und überreichten dem Makedonen zum Zeichen ihrer Unterwerfung goldene Kränze. Er hatte seine Zusage, Adoptivsohn einer älteren Dame zu werden, nicht zu bereuen. Ganz abgesehen davon, daß sie ihn von Stund an mit Köstlichkeiten verwöhnte, die sie per Reiterstafette aus weit entfernten Städten bezog: Pflaumen aus Damaskus; die eingemachten Früchte eines aus China stammenden Baumes, die wir als »persische Äpfel«, sprich *Pfirsiche*, kennen; zu Konfitüre verarbeitete Apfelsinen aus Indien, Aprikosen aus Armenien, Kirschen aus Babylon und, eine besondere Rarität, aus fünf Jahre altem Regenwasser, phrygischen Trauben und milesischem Honig gegorener Wein.

Nach einem Gastmahl bei Alexander bot sie ihm spontan ihren Koch an, einen der besten Asiens. Offensichtlich war ihr das, was Makedonen zu sich zu nehmen pflegten, nicht bekommen. »Wie kann ein König Schlachten gewinnen, wenn ihm der Magen schwer im Leibe hängt?« fragte sie. Der Schlachtengewinner nahm die Gelegenheit wahr, Mutter Ada zukünftig um Mäßigung zu bitten, was die Verführung zu Schlemmerei betraf. Sein Nachtmahl bestehe nicht selten aus einem Nachtmarsch, sein Mittagessen sei ein karges Frühstück, auch dem Weine spreche er nur mit Maßen zu. Das aber sollte sich im Laufe des Feldzugs ändern.

Als seine Soldaten sich den Ringmauern von Halikarnassos auf einige hundert Meter genähert hatten, erlebten sie auf schmerzhafte Weise, daß ihnen hier ein anderer Gegner gegenüberstand. Aus den Toren brachen die Männer unter Führung der beiden athenischen Generale heraus, trieben die an der Spitze kämpfenden jungen makedonischen Krieger zu Paaren, töteten deren Offiziere; und sie hätten bereits am ersten Tag ein wichtiges Gefecht gewonnen, wären nicht die alten Haudegen aus Philipps Tagen rechtzeitig zur Stelle gewesen. Jedenfalls mußte Alexander um die Herausgabe der Gefallenen bitten, was im Kriegsbrauch als Eingeständnis einer Niederlage galt.

Es galt nun, Deckung zu suchen vor dem Hagel der Geschosse und auf die Belagerungsmaschinen zu warten, die in der glühenden Augusthitze von den zehn Kilometer entfernt liegenden Transportschiffen herangeschleppt wurden. Um sie wirkungsvoll einsetzen zu können, mußte unter dem Schutz der Schildkrötendächer der fünfzehn Meter breite und sieben Meter tiefe Wallgraben aufgefüllt werden. Meter für Meter schoben die Belagerungstürme sich an die Mauern heran: Die auf den einzelnen Stockwerken postierten Rammböcke begannen mit ihrer Arbeit, und noch vor Mitternacht war die erste Bresche geschlagen.

Erst Anfang Oktober entschloß sich Memnon angesichts der eingestürzten Wehrtürme und der zerstörten Zitadellen, Halikarnassos aufzugeben und sich auf die Burg, die Salmakis, und die Hafeninsel (heute ein viel besuchter Platz) zurückzuziehen; allerdings nicht ohne vorher die Waffenmagazine und die Stadtviertel nahe der Mauern anzuzünden.

Die beiden Stützpunkte wirkten wie ein Dorn im Fleisch, indem sie 3000 Makedonen und 200 Reiter unter des Ptolemaios Befehl über ein Jahr lang banden. Von den Flammen verschont blieb ein Bauwerk, das den Namen gab für alle zukünftigen monumentalen Grabmale: das von Artemisia III. für ihren Gemahl, den König Mausolos, errichtete *Mausoleum*. Über einem Sockel erhob sich ein Grabtempel mit sechsunddreißig Säulen, bedeckt von einer Stufenpyramide, die von einer Quadriga gekrönt wurde. Das fünfzig Meter hohe Grabmonument war eines der *Sieben Weltwunder*, eine im Altertum zusammengestellte Liste, die die Pyramiden von Giseh umfaßte, die Hängenden Gärten in Babylon, den Tempel der Artemis zu Ephesos, den von Phidias geschaffenen Zeus zu Olympia, den Koloß von Rhodos und den Leuchtturm auf der Insel Pharos vor Alexandria.

Daß Alexander das Monument besichtigt hat, ist gewiß. Er stiftete sogar eine beträchtliche Summe, damit es endlich vollendet werden könnte. Ada erzählte ihm bei der Gelegenheit die leicht perverse Geschichte, wonach Artemisia die Urne ihres Gemahls öffnete, die Asche mit ihren Tränen benetzte und das Glas, aus dem sie den Wein trank, damit anreicherte, bis nichts mehr von den heiligen Resten übrig war.

Auch nach Knidos ist Alexander gekommen, wo eine Ärzteschule zu Hause war und das astronomische Observatorium des Eudoxos, der sich mit der Kugelgestalt der Erde beschäftigte. Hier wurde Aphrodite verehrt, die Schaumgeborene, das heißt, aus dem Samen der in das Meer geschleuderten Geschlechtsteile des Uranus. Ob auf dem Podest des Rundtempels bereits die Statue des Praxiteles stand, der es als erster gewagt hatte, sie völlig nackt darzustellen, ist wahrscheinlich, aber nicht gewiß.

Die Fama berichtete, Alexander habe bei einem Besuch die Hetaire Thais mitgebracht und ihr den Rock gelüftet, um einen

Vergleich anzustellen zwischen ihren Reizen und denen der Göttin. Jedenfalls sei die Schaumgeborene von derart verlockender, vollendeter sinnlicher Schönheit gewesen, daß sich Männer in sie verliebten, sie zu heiraten wünschten – ja, gotteslästerliche Tat, ihr Sperma auf die marmornen Schenkel spritzten. Wer vor der römischen Kopie in den Vatikanischen Sammlungen sinnend verweilt, braucht einige Phantasie, um die Leidenschaft und das Feuer nachzuempfinden, das die Marmorkühle damals zu erwekken vermochte.

Halikarnassos, als Zentrum persischen Widerstands gedacht, war ausgeschaltet. Auch wenn der Sieg über die Stadt weder glanzvoll noch total war, die Makedonen hatten gezeigt, daß ihre Feinde in Zukunft sich selbst hinter den dicksten Mauern nicht sicher fühlen konnten. Alexander, der Mauernbezwingende – das war ein Ruf, der ihm nun vorauseilte. In einer Zeit, in der immer raffiniertere Befestigungen ersonnen wurden, war es ein Ruf wie Donnerhall. Immer häufiger erschienen die Delegationen kleinerer und mittlerer Städte, die sich bisher auf ihre Wehranlagen glaubten verlassen zu können, im Feldlager der Makedonen und übergaben ihre Schlüssel.

SEMPER ALIQUID HAERET

Es war nun später Herbst, der Winter stand vor der Tür, Zeit also, Atem zu holen. Alexander nutzte sie, indem er seine Truppen umgruppierte, Parmenion mit den Vorratswagen und dem Belagerungspark nach Sardes schickte, andere nach Ephesos, Priene, Miletos. Wer von den Soldaten dorthin abkommandiert wurde, durfte sich auf die Wonnen der Etappe freuen. Mehr Grund zum Jubeln noch hatten jene Krieger, die vor dem Ausmarsch aus ihren makedonischen Heimatorten geheiratet hatten. Der König schickte sie in Urlaub, damit sie die ihnen entgangenen Flitterwochen nachholen konnten, und versah sie zusätzlich mit einem großzügig bemessenen Reisegeld. Eine in der Antike einmalige Maßnahme eines Feldherrn, auch wenn der dabei die vielen Kinder, sprich Rekruten, im Sinn gehabt haben mag, die in den Urlaubsmonaten gezeugt werden würden.

»Was immer er getan hat für seine Soldaten, diese Tat haben sie ihm nicht vergessen«, heißt es bei den antiken Autoren.

Eine Bürde lastete schwer auf Alexanders Schultern: der mit jeder Meile wachsende Troß. Der Troß bildete die verwundbarste Stelle bei allen Heeren des Altertums. Philipp, der große Reformator der Armee, hatte nicht umsonst die Zahl der Knechte verringert, indem er, wie erwähnt, nur noch einen für zehn Kämpfer zu Fuß zuließ (bei den Griechen verfügte früher *jeder* Fußsoldat über einen Diener); seinen Offizieren den Gepäckwagen strich; so wenig Ochsenkarren wie möglich mitführte und dafür das Gewicht des auf dem Rücken zu tragenden Gepäcks erhöhte.

Wogegen weder Philipp noch Alexander etwas ausrichten konnten: Mit jedem eroberten feindlichen Feldlager, jeder erstürmten Stadt, jeder zurückgelegten Meile in Feindesland wuchs die Zahl des requirierten Viehs, der Wagen, die die Beute transportierten, der Händler – und die der Frauen nebst ihren Kindern. Das waren nicht aus der Heimat mitgebrachte Frauen, hier herrschte strenges Verbot, sondern die, die man sich, ob Fußsoldat oder Elitereiter, unter den Töchtern des Landes erwählt oder aus der sogenannten Liebesbeute zugeteilt bekam. Auf diese Art bildeten sich kleine Haushalte, ganze Familien, und als man das Jahr 325 schrieb, zogen mit dem Troß Tausende von Konkubinen und fast zehntausend Soldatenkinder durch die Lande: ein endlos scheinender, viele Kilometer langer Zug, der so bunt gemischt wie schwerfällig war.

Die Dienerinnen der Liebe waren eine Realität für die Heerführer der Antike, die zu ändern eine Revolte bedeutet hätte. Die vornehmen Hetairen in Alexanders engerer Umgebung und dem Hoflager waren nicht dazu angetan, als Beispiel von Sittsamkeit und Tugend zu dienen. Ob der *König* in puncto puncti maßvoll war, darüber existieren verschiedene Versionen. Doch nicht nur hierüber, sondern über seinen Charakter und seine Persönlichkeit überhaupt. Was Spötter sagen ließ, daß sich im Grunde jeder seinen eigenen Alexander gestalten könnte. Beschränken wir uns vorerst auf das angesprochene Gebiet des Sexuellen.

Die für Alexander ungünstige Überlieferung stammt von den Peripatetikern, wie Aristoteles und seine Schüler genannt werden. Sie konnten es dem König nicht vergessen, was er dem Neffen seines einstigen Lehrers zu Mieza, Kallisthenes, auf dem Feldzug Entsetzliches angetan hatte. Sie deuteten an, daß er in gewisser Weise kein richtiger Mann gewesen sei, sondern, von Trunksucht gelähmt, kaum fähig war, den Geschlechtsakt auszuüben; es sei denn, er gab sich einem seiner zahlreichen Knaben hin. Ein Homosexueller sei er gewesen, ein Erzschwuler, Geliebter seines Freundes Hephaistion, später der des persischen Lustknaben Bagoas. Alexander, so auch die Philosophen aus der Schule der Kyniker, sei nur einmal besiegt worden, und zwar durch Hephaistions Schenkel.

Bei dem Geschichtsschreiber Justinus heißt es, Alexander habe seinen Vater Philipp an Lastern und Ausschweifungen übertroffen und sich mit den 360 Haremsdamen des besiegten Dareios verlustiert. Wenn letzteres als Rufmord gemeint war, so verfehlte der Autor sein Ziel. Plutarch dagegen, der in den vergleichenden Lebensbeschreibungen seine Helden als sittliche Vorbilder hinzustellen sich befleißigte, gönnt ihm noch nicht einmal eine Hetaire, weiß nichts von Knabenliebe und zitiert ihn mit den Worten: »Das Aufbegehren des Körpers, so süß der Augenblick sein mag, führt nur zu Leid und Wirrnis.« Vom Verlangen unüberwunden sei er sein Leben lang gewesen. »Man geht wahrscheinlich sicher, wenn man sagt, daß er nie eine andere Frau geliebt hat als seine schreckliche Mutter …«, bemerkt William Woodthorpe Tarn lakonisch.

Als bewährtes Mittel, dem politischen Gegner zu schaden, diente schon immer die Verleumdung, er sei in Sexualitas pervers und treibe Unzucht: mit Mutter und Tochter oder mit Männern oder mit Kindern beiderlei Geschlechts oder mit Tieren. Die Griechen, die Alexander nie leiden konnten, ja, was die Athener betrifft, ihn von Herzen haßten, handelten ihm gegenüber nach dem Motto: *semper aliquid haeret* – Etwas bleibt immer hängen. Den Vorwurf, er habe Knaben geliebt, werden sie kaum gegen ihn erhoben haben, denn das galt keineswegs als Perversion. Die Knabenliebe wurde nicht nur geduldet, sie wurde, zumindest in den höheren Kreisen, sogar gefördert. Die Gebildeten glaubten, sich mit der Knabenliebe von den Barbaren zu unterscheiden, und priesen sie als ein Mittel, mit dem der Ältere den Charakter des Jüngeren zu bilden vermochte. Verpönt und unter Strafe gestellt war lediglich die gewerbsmäßige Päderastie. In der Regel kam es nur zu gegenseitiger Masturbation, seltener zum Analkoitus.

Sokrates zum Beispiel drang, seiner Lehre getreu, auf Selbstbeherrschung und Veredlung des Verhältnisses zu den Jünglingen. Die Sublimierung des Triebs sollte zu dem Wunsch des Liebhabers führen, durch eigenes Vorbild den Jüngeren zu erziehen, während dieser dem Älteren ähnlich zu werden trachtete.

So mag die Beziehung Alexanders zu Hephaistion durchaus über das hinausgegangen sein, was normalerweise zwischen Freunden üblich ist. Auch der orientalische Lustknabe Bagoas muß keine Erfindung der Alexander-Feinde gewesen sein, wie es die Historiker des prüden 19. Jahrhunderts behaupteten. Als Argument gegen des Makedonen Veranlagung, die ihnen peinlich war, führten sie die verbürgte Geschichte an, in der Alexander vor Zorn rast, weil ihm ein liebedienerischer Händler zwei bildschöne Knaben zum Kauf anbietet. »Was für einen üblen Menschen hat er je in mir gesehen, daß er es wagt, mir diese armen Geschöpfe anzubieten? Er möge sich mit seiner Ware zum Hades scheren ...«

Die Episode sagt nichts über die sexuellen Neigungen des Makedonen, wohl aber etwas über seinen Charakter, daß man nämlich eines Alexanders Gunst nicht mit so primitiven wie schamlosen Mitteln zu erringen vermochte. Alexander war an einem Hof aufgewachsen, an dem die Liebe zwischen Männern stärker verbreitet war als bei den Inselgriechen. Einige der adligen Kampfgefährten Philipps, die *hetairoi*, könne man, so spottete der Pamphletist Theopompos nach einem Besuch in Pella, getrost *hetairai*, Hetären, nennen.

Im übrigen ist der Streit darüber, ob Alexander der Große »normal« war oder »nicht normal«, müßig. Es hat nichts mit dem Wert eines Menschen zu tun, ob er heterosexuell ist oder bisexuell oder homosexuell, und schon gar nichts mit seiner historischen Bedeutung.

Daß der Makedone nicht impotent war, beweist die Existenz von Herakles, den er mit der Perserin Barsine zeugte, die ihm nach der Schlacht bei Issos als Gefangene zugeführt wurde; und die des Alexandros aus der Ehe mit der Baktrierin Roxane. Sie war dreizehn Jahre alt, als er sie nach der Eroberung der Burg ihres Vaters kennenlernte. Angesichts des wegen seines Liebreizes und seiner Schönheit gerühmten jungen Mädchens erlebte Alexander das, was man »in Leidenschaft entbrennen« zu nennen pflegt. Allzu häufig kam das allerdings bei ihm nicht vor. »Der Schlaf und das Verlangen, mit einer Frau das Lager zu teilen, erinnern mich am stärksten daran, daß ich nur ein Mensch bin«, klagte er einmal. Er war enthaltsam und blieb bereits als Jüngling Frauen gegenüber von ungewöhnlicher Zurückhaltung. Philipp und Olympias waren davon derart irritiert, daß sie die Probe aufs Exempel machten und ihm eine verführerische Thessalierin (Thessalien galt als die Heimat besonders schöner Frauen) ins Bett legten; und sie waren verstört, als er die Schöne so unberührt, wie sie gekommen war, wieder vor die Tür setzte. Die Sorge der Eltern war grundlos; ihr Sohn war nicht unempfänglich für die Reize einer Frau, er hatte lediglich die Absicht gemerkt und war verstimmt.

Kurz vor Einbruch des Winters verabschiedete Alexander das letzte Kontingent der in die Heimat beurlaubten Männer. Es waren jene, die einen Arm verloren hatten oder einen Fuß, ein Auge oder eine Hand. Mit Wagen machten sie sich auf die lange Reise, denn der Seeweg blieb ihnen verschlossen. Der König, das Haar mit weißen Rosen geschmückt, nahm auf seinem Leibpferd die makaber wirkende Parade der Opfer des Krieges ab. Männer, von denen kein Feldzugbericht kündete. Mit vielen von ihnen hatte er vorher gesprochen, hatte sie nach ihren Verletzungen gefragt, ihnen Gelegenheit gegeben, mit ihren Taten zu prahlen, und ihnen Grüße aufgetragen.

Er wirkte strahlend, heiter, und doch war er nicht frei von Sorgen. Er hatte in einer Feldschlacht gesiegt, zwei stark befestigte Städte erobert, andere kampflos genommen, die Lage an der Westküste Kleinasiens schien stabilisiert – und dennoch hatte die Waage sich noch nicht zu seinen Gunsten geneigt. Der Sieg am Granikos hatte nichts eingebracht, was den führenden Männern in Hellas und anderswo imponiert hätte. Da waren die Spartaner in ihrem Haß, die Athener in ihrer Unzuverlässigkeit (zusammen mit den Thebanern, das war ihm jüngst von seinen Spionen gemeldet worden, hatten sie Delegationen an den persischen Großkönig gesandt); da waren die ständigen Auseinandersetzungen zwischen Antipatros und Olympias; da war die akute Gefährdung des Nachschubs über den Hellespont; und da war Memnon, der mit großem Erfolg in der Ägäis operierte und seine Flotte wider Erwarten kampfkräftig hielt. Viel Geld hatte Alexander auch nicht mehr. (Seine Zusage, Homers Ilion wiederaufzubauen, konnte er überhaupt nicht einhalten.)

Es blieb nichts anderes übrig, als weiterhin die Küste entlangzuziehen, um dem Rhodier weitere Häfen unzugänglich zu machen, auch die von den Persern nie gezähmten Bergstämme im Zaum zu halten. Ein Unternehmen, bei dem Lykien, Pamphilien und Pisidien besetzt wurden, Aspendos aber, der Reichshafen Persiens, seinen Unterwerfungsvertrag brach, Termessos von seinen Bewohnern erfolgreich verteidigt wurde und in Side schließlich der Rückmarsch angetreten werden mußte. Verlustreicher als die Kämpfe waren die Märsche durch die taurischen Felsschluchten, die an einzelnen Stellen durch das Hineinschlagen von Stufen erst passierbar gemacht werden mußten. Auch der an der Küste von Phaselis nach Pamphilien führende Weg war im Winter unpassierbar, da die jetzt wehenden Südwinde ihn mit hochgehenden Wellen überfluteten.

Hier nun geschah etwas, das der makedonische Hofhistoriograph Kallisthenes als einen Wink des Himmels auslegte und überall verbreiten ließ. Der Wind schlug just zu der Stunde von Süd nach Nord um, da die Makedonen sich anschickten, den Pfad zu betreten. Vor Alexander wiche also sogar das Meer zurück und mache ihm den Weg frei! Der griechische Komödiendichter Menander hat das Meereswunder später in eines seiner Stücke eingearbeitet und dabei das Wort *alexandródes* sprichwörtlich gemacht. Wenn einem Menschen alles nach Wunsch ginge, dann war das einfach »alexanderhaft«.

Es blieb nicht das einzige Wunder. Ein Zeichen, daß man ihrer bedurfte in diesen Tagen des Wartens und Abwartens. In Lykien bei der Stadt Xanthos stieg aus Brunnentiefe eine Tafel an die Oberfläche, auf der in altertümlicher Schrift geschrieben stand: »Der König aller Könige wird verderben durch der Hellenen Macht.« Im Feldlager flog eine Schwalbe in Alexanders Zelt, zwitscherte aufgeregt, setzte sich auf des Feldherrn Kopf, ließ sich nicht vertreiben. Diesmal zog Kallisthenes einen Seher hinzu, der ohne Zögern diagnostizierte: Die Schwalbe als ein Vogel, der mit dem Menschen lebe und ihm deshalb wohlgesinnt sei, auch geschwätziger als jedes andere gefiederte Tier, habe ihn warnen wollen vor einer Verschwörung. Und bald ereignete sich etwas, das der Schwalbe recht zu geben schien.

Wir erinnern uns an Alexandros aus dem Geschlecht der Lynkesten, der nach der Ermordung Philipps dem Strafgericht entgangen war, weil er sich, obwohl selber Thronanwärter, sofort für Alexander erklärt hatte. Zur Belohnung rückte er in hohe Stellungen auf und wurde schließlich Kommandeur des feudalen thessalischen Reiterkorps. Dieser Mann nun sollte von Dareios zum Königsmord angestiftet worden sein gegen eine Belohnung von 1000 Talenten und die makedonische Krone dazu. Der Überbringer des Mordplans, ein gewisser Sisines, habe das alles auf der Folter gestanden. Erzählte Parmenion. Und er erzählte Märchen, wie man inzwischen weiß. Allerdings nicht ohne Grund. Der General, den wir als ehrenhaft kennengelernt haben, hatte bei Granikos erlebt, wie man um ein Haar, wäre nicht Kleitos so geistesgegenwärtig gewesen, einen neuen König gebraucht hätte. Und bestimmt keinen aus der Sippe des Parmenion, sondern eben jenen dem Thron am nächsten stehenden Lynkesten.

Alexander mußte, wie alle Herrscher seiner Zeit, ständig auf der Hut sein vor Verschwörungen. So gefährlich es gewesen war, auf den Thron zu kommen, so riskant war es, sich auf dem Thron zu halten. Olympias schürte in ihren Briefen immer wieder sein Mißtrauen und warnte ihn davor, einstige Feinde für seine Freunde zu halten. Den Lynkesten einfach umzubringen, konnte er wegen dessen Anhängerschaft nicht wagen. Er setzte ihn ab, stellte ihn unter Beobachtung mit dem Ziel, ihn, wenn die Situation günstiger sei, dem Henker zu übergeben. Der Fall Alexandros beweist nur, daß die Feindschaft zwischen den einzelnen makedonischen Adelscliquen unter der Decke weiterschwelte, was im Laufe des Feldzugs zu dramatischen Ereignissen führen sollte ...

DER KNOTEN VON GORDION

Unser Geschichtslehrer seligen Angedenkens betrat, als der Unterrichtsstoff es gebot, das Klassenzimmer und katapultierte die Frage heraus »DREI, DREI, DREI – WER ÜBER WEN?« Wir Primaner nervten ihn mit der im Chor gegebenen Antwort »Drei, drei, drei – bei Issos Keilerei.« Viel mehr haben die meisten von uns nicht behalten vom Alexanderzug und seinen weltgeschichtlichen Auswirkungen. Weil man uns zu einem anderen Kriegszug benötigte. Die Sache mit dem gordischen Knoten war uns auch noch geläufig. Nicht beschäftigt hat uns dabei die Frage, die die Wissenschaftler bis heute nicht ruhen läßt: Hat er ihn durchhauen, hat er ihn durch das Herausziehen eines Holzpflocks gelöst oder ist die ganze Geschichte nur eine Legende?

Gordion lag am Königsweg, der von Ephesos und Sardes über Ankyra (heute Ankara) und den oberen Euphrat bis nach Susa führte, der königlichen Residenz. Auf der Strecke von 2300 Kilometern konnte der Reisende an den einzelnen je 25 Kilometer voneinander entfernten Stationen die Pferde wechseln und in Karawansereien übernachten. Der Weg führte nur durch bewohnte Gegenden, und in keinem Land ist man damals besser und sicherer gereist als in dem des Großkönigs. Die alte phrygische Hauptstadt war bedeutend nur durch ihre Vergangenheit: Hier sollte einst der König Midas regiert haben, dem alles zu Gold wurde, was er mit seinen Händen berührte. Die Phrygier waren überdies davon überzeugt, daß Gordion, genau zwischen Orient und Okzident liegend, den Mittelpunkt der Erde bilde.

Die Stimmung der Truppe war auf dem langen Marsch über verschlammte Wege und überflutete Täler unter pausenlos strömendem Regen nicht besser geworden. In der Stadt erwarteten Alexander weitere schlechte Nachrichten. Zwar war Parmenion mit seinem Heer wie verabredet pünktlich erschienen, die Urlauber auf Ehrenwort ließen jedoch auf sich warten. Als sie endlich im Laufe des Frühjahrs die zerfallenen Tore passierten, brachten sie gerade 3000 Soldaten zu Fuß und 300 Reiter mit an Rekruten; weit weniger als Alexander erwartet hatte. Die von der Ägäis eintreffenden Boten konnten ihn nicht froher stimmen: Memnon hatte inzwischen Chios eingenommen, den größten Teil von Lesbos und eine Landbrücke über die Inseln bis zum griechischen Festland hergestellt, ja, er schickte sich an, mit seiner Flotte den Hellespont zu blockieren und damit den lebenswichtigen Nachschub aus Makedonien.

Alexander beschloß, die unwirtliche Stadt zu verlassen und,

wie und wo auch immer, die entscheidende Schlacht mit Dareios zu suchen. Vor dem Abmarsch kam Aristandros, der Seher, zu ihm und erzählte von dem Königswagen in der alten Burg, mit dem es eine besondere Bewandtnis habe: Wer den aus dem Bast der Kornelkirsche geknüpften Knoten, der das Joch mit der Deichsel verbindet, zu lösen vermöge, dem werde die Herrschaft über ganz Phrygien zufallen. Der Makedone war zu sehr der Magie ergeben, als daß er nur einen Moment gezögert hätte, die Probe zu wagen und das Orakel zu erfüllen.

Lange stand er vor dem Wagen, der wenig Königliches an sich hatte, sondern einem Bauernkarren glich und … Doch folgen wir hier der Monographie des Quintus Curtius Rufus: »Um den König befand sich eine Schar sowohl von Phrygiern als auch von Makedonen, jene in banger Erwartung, diese ob der verwegenen Zuversicht des Königs in Besorgnis; denn da der Knoten in der Weise geknüpft war, daß man weder erraten noch wahrnehmen konnte, wo die Verschlingung beginne oder ende, hatte er sie, als er sich an die Lösung machte, mit der Sorge erfüllt, sein vergebliches Bemühen könne als böses Vorzeichen gedeutet werden … Er jedoch mühte sich nicht weiter mit den versteckten Verknotungen ab, sondern rief: ›Es kommt auf eines heraus, wie man sie löst!‹ und zerhieb den Knoten mit dem Schwert, womit er den Orakelspruch zunichte machte oder, wenn man will, ihn erfüllte.«

Das *Zunichtemachen* hat manchen Alexander-Forscher an der Schwerterzählung zweifeln lassen. Stimme sie, so habe der König das Orakel verhöhnt, was seinem Charakter zuwiderlaufe: Denn seine Hochachtung vor den Göttern und allem, wodurch sie sich manifestierten, sei viel zu groß gewesen, als daß er sie jemals auf diese Art betrogen hätte. Die Stoiker, die an ihm nie ein gutes Haar gelassen haben, wollten ihn mit dieser Version als gottlos verleumden. In Wahrheit habe Alexander einen Pflock entdeckt, der den Knoten zusammenhielt, ihn herausgezogen und damit das Problem im Sinn des Wortes *gelöst*.

Uns erscheint, daß die Furcht Alexanders zu versagen in jenem Augenblick stärker war als die Furcht vor den Göttern. Der Schwerthieb als ein Beispiel wild-verwegener Entschlossenheit bleibt uns demnach erhalten. »Wie beim Ei des Columbus ist nicht das Resultat«, schreibt Droysen, »sondern die Neuheit der Lösung ein Zeugnis des Genies.«

Kallisthenes machte erst einmal aus »der Herrschaft über ganz Phrygien« – wen kümmerte schon solch ein Titel – eine »Herrschaft über ganz Asien« und sorgte für die Verbreitung der Nachricht. Wie rasch solche von Mund zu Mund, Dorf zu Dorf, Stadt zu Stadt weitergegebenen Nachrichten, wozu auch das Gerücht rechnete, sich verbreiteten, ist erstaunlich. Wolfgang Riepl berichtet in seiner Untersuchung über das Nachrichtenwesen der Antike, daß die Schnelligkeit der regellosen mündlichen Botschaft jede andere Art von Beförderung, selbst die von Reiterstafetten mit Pferdewechsel, bei weitem übertraf. Kallisthenes, der als Chef eines Presse- und Informationsamtes heute ein gesuchter Mann wäre, konnte damit rechnen, daß im Umkreis von Hunderten von Meilen jeder wußte, wofür die Götter Alexander bestimmt hatten. Jedenfalls war die Mutlosigkeit unter seinen Männern mit einem Schlag einer Hochstimmung gewichen.

Sie hielt an, als sie sich der sogenannten Kilikischen Pforte näherten, einem Engpaß im mittleren Tauros, so schmal, daß er selbst vom schwächsten Gegner leicht gesperrt werden konnte. Wer heute, von Ankara kommend, die Pylae Ciliciae passiert, kann auf der anderen Seite der mehrere hundert Meter tiefen Schlucht die Reste dieses Pfads erkennen. Er war in den blanken Felsen geschlagen, mit Holzbalken vorgebaut und kann kaum mehr als zwei Meter breit gewesen sein. Mehr als vier Menschen nebeneinander bot er keinen Platz.

Alexander ließ das Heer auf einer Hochebene lagern und zog mit einer ausgesuchten Truppe Königlicher Schildträger, kretischer Bogenschützen und der gefürchteten Agrianen die Paßstraße aufwärts, und zwar bei einbrechender Dunkelheit, jeden

Moment gewärtig, daß ein Hagel von Steinen über seine Leute hereinbrechen würde. Das einzige, was sie hörten, war das wilde Geschrei, mit dem die hier postierten persischen Posten ihre Felsennester verließen und die Flucht ergriffen. »Felsbrocken hätten genügt, um uns zu vernichten«, äußerte der König verwundert. Noch in derselben Nacht begann der Marsch der Vierzigtausend. Als die Vortrupps den Paß hinab, das Meer in der blauen Ferne, in die Ebene stiegen, müssen sie sich wie im Paradies vorgekommen sein: angesichts der fruchtbaren Felder, angebaut mit Sesam, Hafer, Weizen, Hirse, den Weingärten und Obstplantagen.

Warum die Perser den Paß nicht unpassierbar gemacht haben – was mit besseren Soldaten leicht zu bewerkstelligen gewesen wäre –, hat man damit zu erklären versucht, daß sie eben ein Reitervolk waren, sich auf einen Gebirgskrieg nicht verstanden und ihre Feinde lieber dort erwarteten, wo die Kavallerie am schlagkräftigsten ist: auf einer weiten Ebene. Einen Feind in einem Gebirgstal einzuschließen und zu vernichten, wäre ihnen überdies unheroisch vorgekommen. Ihn auf dem Blachfeld mit donnernden Hufen zu überreiten, das allein schien eines persischen Helden würdig.

Das Heer sah bald die Türme von Tarsos aus den Rauchschwaden der brennenden Getreidefelder aufsteigen, die der Satrap von Kilikien auf der Flucht hatte anzünden lassen. Von der Hitze ermüdet, ließ Alexander den Vortrupp haltmachen, warf Helm und Harnisch ab und sprang in den Kydnos, dessen eisige Wasser vom Tauros herunterkommen. Wenige Stunden später brach er zusammen, von Krämpfen geschüttelt, in Fieberschauern delirierend – tagelang, wochenlang.

»Grenzenlose Trauer wie um einen Toten herrschte im Lager. Unter Tränen jammerte man, daß der berühmteste König, den die Geschichte aller Zeiten kenne, nicht von Feindeshand niedergestreckt, sondern durch ein Bad im Fluß ihnen entrissen. Und heran dringe Dareios, Sieger nun, bevor er seinen Feind zu Gesicht bekommen ...« (Quintus Curtius Rufus)

Das im Palast des Satrapen zu Tarsos versammelte Konsilium der Ärzte war ratlos. Schließlich holten sie Philippos, den Griechen, der die königliche Familie in Pella seit jeher betreut hatte. Der Alte braute einen Trank, dessen penetranter Geruch alle schaudern ließ, schickte die Kollegen vor die Tür und reichte dem König den Becher. Alexander schaute Philippos lange an, gab ihm einen Brief, und während der Arzt ihn las, nahm er in langsamen Schlucken die Arznei. In dem Brief stand nichts Unwichtigeres, als daß Philippos, von den Persern gedungen, einen Giftmord plane. Geschrieben wieder einmal von Parmenion, dem treu sorgenden, allzu besorgten General, der noch in Ankyra weilte.

Ärzte lebten damals gefährlich (was wir nach dem Tod von Hephaistion in drastischer Weise erleben werden). Die Heilung eines berühmten Mannes begründete oder mehrte ihren Ruhm. Starb der hohe Patient aber, wurden sie nicht selten verdächtigt, fahrlässig oder vorsätzlich gehandelt zu haben. Philippos begann, um sein Leben zu fürchten, als der König Erstickungsanfälle bekam und in tiefe Bewußtlosigkeit versank. Doch der Beelzebub seiner Arznei schien stärker zu sein als der Teufel der Krankheit. Alexander war nach einer Woche so weit genesen, daß er die Front seiner Soldaten abschreiten konnte. Zusammen mit dem tief erleichterten Griechen.

Gefragt, warum er Parmenion nicht geglaubt habe, antwortete er: »Besser schien es mir, durch ein Verbrechen umzukommen als durch die eigene schändliche Furcht.« Das klingt zu schön, um wahr zu sein – würde man bei einem anderen Herrscher sagen. Zu Alexanders Charakter paßte der Ausspruch. So mag man denn Plutarch, Curtius Rufus, Arrianus glauben, die davon erzählen. Geschichte ist nicht nur dann wahr, wenn sie langweilig ist.

Was den Kydnos betrifft, der heute Göksu heißt und im Mittelalter Saleph, hier mag um der historischen Vollständigkeit erwähnt werden, daß 1189 der Stauferkaiser Friedrich I., genannt Barbarossa, in eben jenen Fluten ertrank, die im Falle Alexander der Weltgeschichte um ein Haar einen anderen Verlauf gegeben hätten ...

Es sollte acht Wochen dauern, bis Alexander wieder gesund genug war, seine Truppen zu führen. Während seiner Rekonvaleszenz geschah wenig, und wir können uns getrost auf die tausend Kilometer lange Reise nach Babylon begeben, wohin der König der Könige den Kriegsrat einberufen hatte. Eine Situation nämlich war entstanden, mit der niemand hatte rechnen können: Memnon, der Rhodier, war bei der Belagerung von Mytilene an einer Krankheit gestorben. Was des Dareios bester Mann geplant und teilweise schon erreicht hatte – den Krieg nach Griechenland hineinzutragen, Alexander von seiner Basis abzuschneiden und ihm von der Küste her in den Rücken zu fallen –, war gegenstandslos geworden. Wenige nur trauten seinem Neffen Pharnabazos zu, die Nachfolge erfolgreich anzutreten. So bekam er den Befehl, die auf seinen Schiffen diensttuenden griechischen Söldner bei Tripolis auszuschiffen und nach Babylon in Marsch zu setzen, wo sich die medischen, nordafrikanischen, armenischen, hyrkanischen Krieger bereits versammelt hatten. Zusammen mit den Kadetten des persischen Elitekorps und zweitausend Leibwächtern, die Unsterblichen genannt, bildeten sie ein »nach Hunderttausenden, ja Millionen zählendes Heer«. Eine wie üblich maßlos übertriebene Zahl, die man getrost auf die Hälfte reduzieren darf.

DAREIOS, DER KÖNIG DER KÖNIGE

Wie groß auch immer das Heer war, Dareios war nun entschlossen, mit dem makedonischen Heldengesindel ein Ende zu machen. Die Fremden, so auch seine Ratgeber, die Satrapen, dürften nicht länger den heiligen Boden Persiens mit ihren Füßen beschmutzen. Charimedos dagegen, den Alexander seinerzeit aus

Athen hatte verbannen lassen, warnte vor voreiligem Aufbruch, erbot sich, die Makedonen mit seinen griechischen Söldnern und einigen hyrkanischen Hilfstruppen zu schlagen; ein Vorschlag, der die Edlen so empörte, daß Dareios nichts übrigblieb, als auf den Gürtel des Griechen zu zeigen. Das hieß: »Führt ihn hinaus und erdrosselt ihn damit.«

Ende September verließ das Heer Babylon und zog, besser wälzte sich durch Mesopotamien, denn im Troß ritten und fuhren Tausende von Menschen. Darunter die 365 Konkubinen des Königs mit ihren Kindern, die Haremsdamen der Fürsten, die Eunuchen, die Diener, Knechte (jeder Adlige verfügte über zwölf Reitknechte), die 300 Kamele mit den Kostbarkeiten der Großen, die mit dem Schatz des Großkönigs beladenen 600 Maultiere; von den Proviantwagen, Lasttieren, den Kutschen, Karossen des niederen Adels zu schweigen. Ein Heerwurm, der das Land auf seinem Weg nach Damaskus kahl fraß. Hier ließ man die Damen und ihr Personal zurück und schlug bei Sochoi am Fuß des Amanos-Gebirges das Lager auf. In dieser weiten Ebene, wie geschaffen für seine überlegene Kavallerie, wollte Dareios den Alexander erwarten. Und er wartete und wartete ...

Was in den folgenden Tagen und Wochen geschah, käme, stünde am Ende nicht eine blutige Schlacht, einer Komödie gleich. Der Großkönig, wohl wissend, daß er, ließ der Gegner auch in den kommenden Wochen auf sich warten, seine Truppen nicht mehr verpflegen konnte, drang über die amanischen Pässe nach Kilikien ein und stieß bei Issos auf die Küste, wo er anstelle des Feindes lediglich einige hundert hier lagernde kranke Makedonen antraf (die er auf der Stelle massakrierte); während Alexander zur selben Zeit, seiner Vorausabteilung unter Parmenion folgend, die Küstenstraße entlangzog, um über Myriandros und den Bailanpaß an den Feind zu gelangen, was ihm so wenig gelang, wie es Dareios gelungen war. Und keiner hatte von des anderen Marsch etwas geahnt noch gemerkt, obwohl sie in der Gegenrichtung parallel aneinander vorbeigezogen waren. Der Großkönig

93

erfuhr immerhin als erster, wohin der Makedone gezogen war, und beschloß, die Chance zu nutzen, ihn von seiner Operationsbasis abzuschneiden. Als die vom Marsch erschöpften Makedonen hörten, daß sie den Feind im Rücken hatten, wurden auch die Tapfersten mutlos, denn nichts fürchten Soldaten mehr als das Gefühl, abgeschnitten zu sein.

Alexander rief die Offiziere zu sich und hielt eine jener Ansprachen, wie wir sie von Cäsar kennen, von Wallenstein, von Friedrich dem Großen in ähnlich kritischen Situationen.

»Wie könnt ihr mutlos werden, wenn es gegen die geht, die ihr schon einmal besiegt habt?! Makedonen gegen Perser, das bedeutet freie Männer gegen Sklaven, im Kampf ergraute Männer gegen Krieger, die, längst der Waffen entwöhnt, geführt werden von in Luxus und Laster verdorbenen Offizieren? Auch die Griechen unter ihnen müßt ihr nicht fürchten. Sie haben ihr Vaterland für Geld verkauft und sind so verächtlich wie kraftlos.«

Später ging er durch die Reihen, ließ sich, bewährter Trick der Truppenführer, von den Offizieren Namen und Taten von bestimmten Soldaten zuflüstern, um sie gezielt ansprechen zu können. Er scheute sich auch nicht, vom Fell des Bären zu reden, bevor er erlegt worden war.

»Nicht irgendein Satrap steht euch morgen gegenüber, sondern der Großkönig. Wenn ihr ihn besiegt, liegt Asien mit seinen unermeßlichen Schätzen offen vor euch. Und denkt daran, wer euren Reihen vorangehen wird und sein Leben, wie ihr oft genug erlebt habt, in die Schanze schlägt: Ich, Alexander!« So pathetisch wie diese Worte, so nüchtern nun der Befehl, die Feuer vor den Zelten anzufachen und abzukochen. Die Gefahr einer Panik schien gebannt und niemand murrte mehr, als am späten Abend die Order kam, dahin zu marschieren, woher man gekommen war: nach Issos.

Irgendwann auf dem Rückweg müssen ihm Zweifel gekommen sein, ob die Götter ihm noch ihre Gunst bewahrten. Schließlich hatten sie ihn ins Leere marschieren lassen und in die

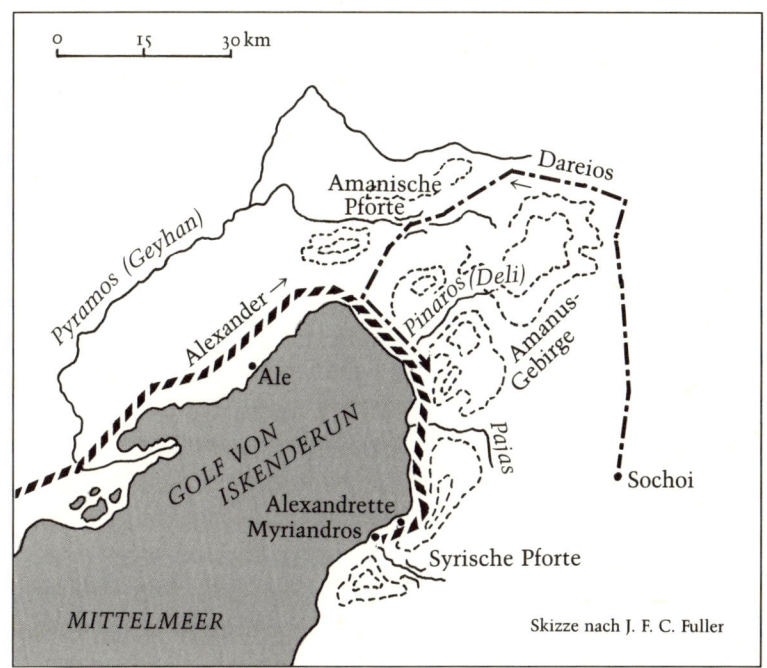

2 Das Schlachtfeld von Issos, irgendwo zwischen den Flüssen Pinaros und Pajas.

mißliche Lage gebracht, mit verkehrter Front zu kämpfen. Ein Opfer mußte ihnen gebracht werden, den ewig fordernden Olympiern, für die der Grundsatz *do ut des* – »Ich gebe, damit du gibst« nicht weniger galt als unter Menschen. Aber welcher Gott würde hier am meisten geben?! Die Wahl fiel angesichts des Meeres zu seiner Linken nicht schwer: Thetis. Die Nereide war die Mutter des Achilleus, der ja mütterlicherseits zu Alexanders Ahnen zählte. Im Beisein seiner Offiziere wurde ein Streitwagen mit vier Schimmeln bespannt, die ihn unter den Peitschenhieben eines Sklaven in die Brandung fuhren.

Wo lag eigentlich Issos? Diese Frage haben wir auf dem Gymnasium einst unserem Geschichtslehrer gestellt. Er wußte es nicht und stand damit nicht schlechter da als die Historiker heute. Fest steht, daß die Perser, wie am Granikos, hinter einem Fluß Aufstellung nahmen. Doch welcher Fluß war das? Drei größere und fünf kleinere kämen in dem betreffenden Gebiet

95

(siehe unsere Karte) in Frage. Zwei davon wurden im Laufe der Zeit zu den Favoriten der Militärhistoriker: der Pinaros (heute Deli Tschai) und der Pajas. Die Vertreter dieser beiden Lager befehden sich seit eh und je mit einer Erbitterung, die an Alexander und Dareios denken läßt. Ein weithin unbekannter französischer Militär, Monsieur le Commandant Bourgeois, legte eine Untersuchung von 679 Folioseiten und neun Karten vor, in der der Pinaros dem Pajas vorgezogen wurde. Beweiskräftig war der Monumentalschinken nicht. Flüsse pflegen im Laufe der Jahrhunderte ihren Lauf und ihre Ufer zu verändern. Da man weiß, daß die Gefallenen beider Lager, zum Teil mit Grabbeigaben, auf dem Schlachtfeld bestattet worden sind, könnten nur Grabungen Aufschluß geben.

Issos kursiert in einem Teil der Literatur unter dem Stichwort Schiefe Schlachtordnung, einem taktischen Manöver für den Angriff auf einen überlegenen Feind. Man suchte mit einem starken vorgenommenen Flügel den gegenüberliegenden feindlichen Flügel zu überwältigen, während der schwächere Flügel durch Staffelung zurückgehalten wurde. Als klassisches Beispiel hierfür gilt Leuktra, wo die Thebaner 371 vor Christus die Spartaner schlugen, mit Epaminondas an der Spitze, jenem Feldherrn, den man in den Annalen der Kriegsgeschichte als Erfinder der Schiefen Schlachtordnung führt. Leuthen, 1757, beim Sieg Friedrichs des Großen, Marengo, 1800, als Napoleon die Österreicher schlug, sind weitere Exempel.

Das Gelände, ob nun am Pinaros oder am Pajas, stieg von der Küste zum Vorgebirge hin an, war von Gewässern durchschnitten, bildete einen feuchten, schmierigen Boden; war also nicht gerade geeignet für die Anwendung der Schiefen Schlachtordnung. Auch wenn Alexander sie angewandt haben sollte, gewonnen hat er Issos nicht deshalb.

Der König setzte sich, wie am Granikos, an die Spitze einer auserlesenen Schar seiner Kampfgefährten zu Pferd, warf mit einem wilden Angriff die Schwere Kavallerie und Infanterie auf dem linken Flügel des Gegners im ersten Ansturm nieder, riß die Pferde nach links herum, ein reiterliches Kunststück in diesem Gelände, wie es später nur die Karthager unter Hannibal fertigbrachten, stieß mit Ungestüm in das feindliche Zentrum, wo nach persischer Sitte der Großkönig mit seinem Streitwagen postiert war, und näherte sich auf Lanzenlänge dem Streitwagen des Großkönigs.

Der Vernichtungswille, der aus den Augen Alexanders springt, die Angst im Gesicht des Dareios, wie er hilflos die Hand nach dem zu Tode getroffenen Führer seiner Leibgarde ausstreckt, zeigt sich eindrucksvoll auf dem bereits erwähnten 5,82 Meter mal 3,13 Meter großen, aus anderthalb Millionen Steinchen bestehenden Mosaik aus Pompeji, das heute im Nationalmuseum von Neapel zu bewundern ist.

In diesem Moment entscheidet sich eine Schlacht, die von Dareios noch nicht verloren war: Seine gepanzerten Reiter hatten die Thessalier am Meer in die Flucht geschlagen, seine griechischen Söldner waren in den Wald der Sarissen eingedrungen und räumten, befeuert vom alten Haß der Hellenen gegen die makedonischen Hinterwäldler, fürchterlich unter der Phalanx auf. Der Großkönig aber verliert, Auge in Auge mit Alexander, die Nerven, reißt die sich aufbäumenden Pferde herum und flieht, vom Schrecken gepeitscht, über das Blachfeld, schwingt sich, als der Weg unpassierbar wird, auf das Begleitpferd, nachdem er sich seiner Waffen und seines purpurnen Mantels entledigt hat. »Der König flieht!« – dieser Schrei, der sich fortpflanzt wie ein Lauffeuer, erreicht zuerst die an der Küste fechtenden Reiter, dann die Knaben des Kadettenkorps, schließlich wenden sich die Söldner, mutlos auch sie geworden durch die Flucht ihres Geldgebers. In das Chaos des Rückzugs hinein stoßen von allen Seiten die Makedonen, hauend, stechend, hackend, schlagend, spießend, die grausige Ernte des Sieges einbringend mit Tausenden von Toten und Verstümmelten.

Gerade zwei Stunden hatte das Treffen an diesem Novembertag bei Issos gedauert; gewonnen von einem Mann, der bereit war, das eigene Leben aufs Spiel zu setzen, an der Spitze besser ausgebildeter, mit höherer Moral beseelter Truppen; von einem Mann, das wollen wir nicht vergessen, der vom Glück diesmal begünstigt wurde. Der Kampf hatte auf des Messers Schneide gestanden. Auch Dareios hätte die Walstatt als Sieger verlassen können. Als Cäsar vor der illyrischen Küste mit seinem Schiff im Sturm zu scheitern drohte, herrschte er den Kapitän an: »Fürchte nichts. Du fährst den Cäsar und sein Glück.«

Alexander kam nach kurzer vergeblicher Verfolgung zurück: erschöpft, den Brustharnisch zerhauen, ließ er sich vom Pferd heben. Die klaffende Wunde im rechten Oberschenkel, aus der das Blut tropfte, habe ihm Dareios im Zweikampf zugefügt, raunte es in der Runde. Kriegerlatein. Er betrat das Zelt des Besiegten, das nach hergebrachter Sitte nicht geplündert worden war, und blieb wie erstarrt neben dem Vorhang stehen. Als er die aus massivem Gold gearbeiteten Gefäße sah, die aus einem Marmorblock getriebene Wanne, die silbernen Wasserkrüge, die Salbenfläschchen, das Bett aus Pfauenfedern, bedeckt mit Tigerfellen; als er die Luft einatmete, die von edlen Gewürzen und Essenzen geschwängert war, die Löwenfüße der Tische und das Tafelgeschirr bewundert hatte, wandte er sich an Kleitos mit den Worten: »Dies also, will mir scheinen, heißt König sein.«

Später saßen die Sieger beim Wein und gedachten derer, die gefallen waren (die Makedonen verloren 450 Mann und hatten fast zehnmal so viele Verwundete). Einer der Diener des Dareios, der, wie die anderen, keine Zunge mehr besaß, damit er nicht ausplaudere, was er gehört, überreichte ihm ein mit Rubinen verziertes Kästchen aus Elfenbein. Es war leer, und man beriet, was man darin aufbewahren könne. »Nur etwas, das noch kostbarer ist«, sagte Alexander. Von nun an lag die von Aristoteles kommentierte *Illias* des Homer in dem Elfenbeinkästchen.

Es kam nun zu der Szene, die die Zeitgenossen verwunderte und die Nachfahren bewegte. Gemeint ist die Begegnung Alexanders mit der Mutter und der Gemahlin des Großkönigs. Sisygambes und Stateira, damit vertraut, daß der Sieger nach dem Brauch der Zeit mit ihnen verfahren konnte, wie es ihm beliebte, waren, nachdem sie sich anfänglich in ihr Schicksal ergeben hatten, weinend zusammengebrochen, als sie den im Triumph durch das Lager geführten Wagen, den Bogen und den Purpurmantel erblickten: Sie mußten den Großkönig für tot halten. Alexander ließ sie durch Leonnatos aufklären und ihnen versichern, daß er sie nicht als Kriegsgefangene, sondern als Königinnen betrachte und ihren Rang auch im Unglück ehren wolle, denn er führe keinen Krieg gegen Frauen.

Unter gleichen Umständen, schreibt Droysen, hätten bei Athenern und Spartanern der Haß und die Gier über das Schicksal feindlicher Fürstinnen entschieden. Fast keine Tat habe die Nachwelt mehr bewundert als diese Milde, diese Ehrerbietung, wo er den Despoten hätte herauskehren können. Skeptiker meinen, nicht nur der *hochherzige* Sinn habe sein Verhalten bestimmt, sondern auch der *politische* Sinn. Die Damen waren willkommene Geiseln.

Man erzählte nachmals, er sei mit Hephaistion in das Zelt der Fürstinnen gekommen, wo die Mutter, ungewiß wer von beiden gleich glänzend gekleideten Männern der König sei, sich vor dem Freund, der höher von Gestalt war, in den Staub geworfen habe, um ihn nach persischer Sitte zu begrüßen. Als sie, durch Hephaistions Zurücktreten belehrt, in der höchsten Bestürzung ihr Leben nun verwirkt glaubte, habe Alexander lächelnd gesagt: »Du hast nicht geirrt, auch der ist ein Alexander.« Dann habe er den sechsjährigen Knaben des Dareios auf den Arm genommen und geküßt.

Den Königinnen wurde gestattet, jene unter den Toten zu bestatten, die ihnen nahegestanden hatten. Das Schlachtfeld war bedeckt von Tausenden persischer Gefallener; jedoch nicht von Hunderttausenden, wie die Makedonen berichteten, die ja schon in gewohnter Übertreibung das persische Heer mit einer halben

Million bezifferten, ist es doch süß, für das Vaterland zu siegen, doch süßer noch, über viele denn über wenige.

Glaubhaft dagegen ist der Umfang der Kriegsbeute, die Parmenion in Damaskus von seinen Schreibern sorgsam registrieren ließ: 2600 Talente in Münzgeld (gleich 65 000 000 DM), 500 Pfund ungemünztes Silber; eine Summe, die ausreichte, um den Soldaten den gestundeten Sold zu zahlen und ihren Unterhalt für weitere sechs Monate zu sichern. Die sechstausend Packtiere brachten nicht nur Geld, sondern auch lebende Beute: »Dirnen des Königs zu Musik und Tanz 329, Kranzflechter 46, Köche zum Zubereiten 277, Köche beim Feuer 29, Milchmänner 13, den Wein zu wärmen 70, Getränke zu bereiten 17, Salben zu mischen 40.« Unter den Hunderten von adligen Frauen, die man erbeutet hatte, waren viele so wohlgestaltet, daß Alexander, der sie wie bei einer Parade an sich vorüberziehen ließ, förmlich die Augen schmerzten. Unter ihnen befand sich Barsine, eine Frau, zu hochgeboren, um sie zu versklaven, zu schön, um sie nicht zu begehren.

Mit ihr, riet Parmenion, möge er, nachdem er sich beim Aufbruch in Makedonien geweigert hatte zu heiraten, endlich eine Verbindung eingehen und einen Sohn zeugen. Kenne er sie doch aus der Zeit, da sie in Pella als junges Mädchen in Verbannung gelebt habe. Und griechisch spreche sie auch. Daß ihr Vater Perser sei, der Satrap Artabazos, und ihr Bruder die persische Ägäisflotte befehlige, würden ihm weder die Griechen noch die Makedonen nachtragen. Alexander ließ sich überreden, schließlich überzeugen. Er duldete sie fünf Jahre an seiner Seite und trennte sich erst, als er einer Frau begegnete, zu der ihn ein, wie erwähnt, bis dato unbekanntes Gefühl hinzog: leidenschaftliche Liebe. Die Verbindung mit Barsine und die Hochachtung, die er den gefangenen Königinnen entgegenbrachte, ließen zum erstenmal erkennen, wie er sein zukünftiges Verhältnis zu Persien zu gestalten gedachte.

»In Kilikien, und besonders bei Issos, sind die Männer für

6 »Alexander ist unbesiegbar, denn er ist der Sohn des Zeus!« Noch Generationen
später wurde er als der unüberwindliche Krieger verklärt – wie (oben) auf dem
sogenannten Alexander-Sarkophag.

7 Das Gemälde von Giulio Romano (unten) zeigt die Zeugung Alexanders durch den
Gott und Olympias.

8 Homer, Schöpfer der
Ilias und der *Odyssee*.
Seine Heroen waren
die Vorbilder der
makedonischen Elite,
denen nachzueifern als
heilige Pflicht galt.

9 Achilleus, Held von
Troja, der hier den
verwundeten Freund
Patroklos verbin-
det, gehörte zu den
Ahnherren Alexanders.

10 »Aristoteles, meinem Mentor, der mich lehrte, wie man sein Leben recht zu leben habe.« Trotz der späteren Entfremdung bewahrte Alexander dem Weisen aus Stageira ehrendes Angedenken.

11 Auch Herakles, der Halbgott, von den Griechen verehrt wegen seiner zwölf »Arbeiten«, galt als einer der Ahnherren des makedonischen Königs. Das Vasenbild zeigt seine »Himmelfahrt«.

12 »Er ist ein *margites*, ein Dümmling und Muttersöhnchen«, meinte Demosthenes nach seiner ersten Begegnung mit dem Jüngling Alexander. Selten hat sich ein Politiker so geirrt …

13 Der König: »Du hast einen Wunsch frei.« Der Philosoph: »Geh mir ein wenig aus der Sonne.« Der König (zu seinen Begleitern): »Beim Zeus, wenn ich nicht Alexander wäre, möchte ich Diogenes sein.«

Deine Königswürde *und* für die griechische Freiheit gestorben«, schrieb ihm mahnend ein Athener. Die griechische Freiheit, der Rachefeldzug für die einst von Xerxes gedemütigten Athener, Spartaner, Thebaner, Thessalier? In Alexanders Hirn und Herz hatten sich bereits andere Vorstellungen gebildet ...

Die Kunde von der Niederlage der Perser verbreitete sich rascher, als wir es uns, im Zeitalter der Nachrichtentechnik, vorzustellen vermögen. Sie entmutigte die Admiräle der persischen Ägäisflotte (denn mit dem Münzgeld des Großkönigs zur Bezahlung des Solds war nun nicht mehr zu rechnen). Sie lähmte die Anstrengungen der Spartaner, überall in Griechenland Widerstandszentren zu bilden. Sie demoralisierte besonders die Athener mit dem unversöhnlichen Demosthenes an der Spitze, die dem Gerücht geglaubt hatten, die Makedonen seien von den Kavalleriemassen des Dareios zerstampft worden. Sie zwang die in Korinth versammelten Bundesgenossen zu scheinheiligen Glückwünschen.

Zwei Wochen nach der Schlacht brachten hochadlige Boten einen Brief. Er stammte von Dareios, der sich mit einem Teil seiner geschlagenen Armee, Persern wie griechischen Söldnern, hinter den Euphrat zurückgezogen hatte. Nicht er, so schrieb er, habe den Streit vom Zaun gebrochen, sondern einzig und allein Alexander, sei er doch mitten im Frieden in sein Reich eingebrochen und habe den Untertanen schweres Unglück bereitet. »Wider meinen Willen bin ich hinabgestiegen, habe meine Völker versammelt und gegen Dich geführt. Die Götter jedoch haben, aus welchen Gründen immer, gegen mich entschieden. Besser ist es nun, statt weiterhin Menschen zu opfern auf beiden Seiten, einen Bund zu schließen und fürderhin Freundschaft zu halten. Vorher aber wirst Du mir die Mutter, die Gemahlin und meine Kinder zurückgeben, wofür ich ein Lösegeld zu zahlen bereit bin, so hoch, wie ganz Makedonien es nicht bergen könnte, und Land bis zum Flusse Halys dazu.«

Dieser Brief zeugt von Vernunft und Maß, von der Einsicht

eines Unterlegenen in seine Niederlage, von einem guten Verlierer. Um so überraschender ist der Antwortbrief Alexanders. Er gehört zu den unumstrittenen Dokumenten und wird auch von jenen Historikern nicht angezweifelt, die bei anderen Fragen skeptischer sind. Die Authentizität geht bis in den Wortlaut, so daß uns Alexander aus dem Nebel der Jahrtausende leibhaftig entgegenzutreten scheint.

Er betont zu Beginn, daß er keineswegs am Krieg schuld sei, sondern die Perser. Denn er, zum Führer der Hellenen erwählt, lasse die Perser nur entgelten, was sie einst unter Xerxes den Griechen angetan. Auch neuerdings hätten sie wieder Grund zur Rache gegeben, als sie nach Thrakien, das von den Makedonen beherrscht wird, eine Streitmacht gesandt. Waren seine Worte bis dahin eher gelassen, so packt ihn der Zorn, als er auf Philipp zu reden kommt.

»Mein Vater starb unter den Händen von Meuchelmördern, die angestiftet zu haben, Ihr Euch in Briefen gerühmt. Du selbst, Dareios, hast an die Spartaner und gewisse andere Hellenen Geld gesandt, um sie zum Kampf gegen mich aufzureizen; hast endlich durch Deine Boten meine Freunde zu verführen und den Frieden, den ich den Hellenen gegeben habe, zu stören gesucht. Nichts anderes blieb mir nach solchem Tun, als gegen dich zu Felde zu ziehen, gegen einen Mann, der sich des Throns angemaßt hat unter Verletzung der heiligsten Rechte der Perser.«

Gemeint ist hier die Ermordung des Großkönigs Arses durch den Eunuchen Bagoas, die den Weg frei gemacht hatte für Dareios. Diese Passage ist eine unverhüllte Einmischung in persische Angelegenheiten, ja, Alexander macht sich zum Fürsprecher persischer Gepflogenheiten und spricht dem Dareios sogar das Recht ab, sich König zu nennen.

»Im gerechten Kampf Sieger zuerst über Deine Feldherrn und Satrapen, jetzt auch über Dich und Deine Heeresmacht, bin ich durch die Gnade der unsterblichen Götter auch des Landes Herr, das Du Dein nennst. Wer von denen, die wider mich gekämpft haben, nicht im Kampf geblieben ist, sondern sich in meinen Schutz begeben hat, für den trage ich Sorge.«

Bei dem, was nun folgt, hat der Stolz die Feder geführt, das Gefühl des Triumphs und die Hochfahrenheit. Von dem, was Aristoteles ihn gelehrt und was im Apollo-Tempel zu Delphi verkündet wird – »Sei maßvoll in allem« –, ist hier nichts zu spüren.

»Da ich nun Herr Asiens bin, so verlange ich, daß Du zu mir kommst. Solltest Du um Deine Sicherheit fürchten, so sende vorher Deine Bevollmächtigten, damit sie die Bürgschaften für freies Geleit entgegennehmen. Vor meinem Angesicht wirst Du um Deine Mutter, Deine Gemahlin und Deine Kinder bitten; und was Du sonst noch wünschst, Du wirst Gehör finden. Übrigens hast Du, wenn Du mir wieder Botschaft schickst, Dich an den König von Asien zu wenden. Ich bin nicht Deinesgleichen, sondern der Herr über all das, was Dein war. Solltest Du es an Ergebenheit fehlen lassen, werde ich mit Dir als dem Beleidiger meiner königlichen Majestät verfahren.«

Der Brief schließt mit der Drohung: »Bist Du anderer Meinung darüber, wer nun der Herrscher ist, dann erwarte mich noch einmal zum Kampf im offenen Feld. Und fliehe nicht! Denn wo Du auch sein magst, ich werde Dich finden.«

Alexander hat auf diesen Brief keine Antwort erwartet. Er forderte etwas, was Dareios nicht erfüllen konnte, es sei denn, er wollte sein Gesicht verlieren. Und dennoch sollte diese Antwort eintreffen ...

TYROS – EINE STADT IM TODESKAMPF

Was war nach Issos zu tun? Diese Frage wurde im makedonischen Hauptquartier zu Marathos diskutiert. Sollte man das, was man erobert hatte, sichern und die weitere Entwicklung abwarten? Oder wäre es klüger, über den Euphrat vorzustoßen, bevor die

Perser Zeit fanden, ein neues Heer zu sammeln? Dazu rieten einige der Generale. So mancher Militärhistoriker aus unserer Zeit hätte ebenfalls dazu geraten. Jedenfalls wurde Alexander der Vorwurf gemacht, er habe planlos gehandelt und eine große Chance ausgelassen, das Reich der Perser endgültig zu vernichten. Ein kapitaler strategischer Fehler demnach. Was sich aus dem Wissen der Gegenwart leicht sagen läßt. Ob der Stoß ins Herz jetzt gelungen wäre, bleibt zweifelhaft. Noch immer waren die Makedonen von der See her bedroht, galten die phönikischen Häfen als Pfahl im Fleisch, befand sich Ägypten fest in persischer Hand.

Alexander zügelte seine zweifellos vorhandene Ungeduld und wandte sich den Phönikiern zu, die den Persern ihre Flotte unterstellt hatten. Dieses Volk war so klein an Zahl wie machtvoll an Einfluß; zum Handeln begabt wie kein zweites; ohne eigentliches Reich und doch die Meere beherrschend zwischen Gibraltar und Zypern; geleitet von kaufmännischem Geist, der das Risiko einschloß und das Kalkül; ein Volk, von dem mancher annimmt, seine Seefahrer seien *vor* den Wikingern und *vor* Columbus in Amerika gewesen, von dem jeder weiß, daß sie Afrika umsegelt haben. So ganz nebenbei gaben sie unserem Kontinent den Namen *Europa* und schenkten uns das Alphabet. Seltsame Leute, diese Phönikier, nicht sonderlich beliebt im Mittelmeer, wie alle Erfolgsmenschen. Steinreich waren sie, verschlagen, in allen Sätteln gerecht, eine Schwäche aber hatten sie: die Eifersucht aufeinander. Tyros und Sidon, Tripolis und Arados, Byblos, Berytos (Beirut) und Akko gönnten einander nicht das Öl im Lämpchen und den Wein in den Schläuchen.

Alexander baute auf diese Zwietracht, und er behielt recht damit. Die Sidonier, einst von den Persern nach einem Aufstand blutig niedergeknüppelt, von Tyros im Stich gelassen trotz eines Hilfeversprechens, beeilten sich, ihre Stadt den Makedonen zu übergeben. Auch die Aradier erschienen mit einem goldenen Kranz, und die aus Byblos folgten. Wohl war ihnen nicht dabei: So wenig sie die Perser mochten, so wenig lagen ihnen die Griechen, die alten Erbfeinde, und wenn man Alexander huldigte, bestand die Gefahr einer Hellenisierung. Andererseits ließ sich mit ihm vielleicht das verhaßte Tyros demütigen, so die Sidonier, konnte Byblos seinen einstigen Vorrang wiedergewinnen, so die Byblioner.

Schließlich erschienen die Abgesandten von Tyros. Sie hatten nicht das rote Band um die Stirn geschlungen, wie es Schutz-flehende zu tun pflegten. Einen neuen Herrscher wollten sie sich schon gar nicht verschreiben lassen. Sie spotteten insgeheim über die Sidonier, deren frisch eingesetzter König früher Gärtner gewesen war. »Denn so hatte es Alexander gewollt«, schreibt Pompeius Trogus, »damit niemand meinen solle, es geschehe um irgendwelcher Verdienste der Geburt und nicht allein aus freier Gnade des Gebers.« Die Tyrer übergaben dem Makedonen einen goldenen Kranz von so beträchtlichem Gewicht, daß er sofort mißtrauisch wurde. Was wohl steckte hinter diesem übertrieben kostbaren Willkommensgruß?

Er bedankte sich höflich und äußerte seinen Wunsch, dem Stadtgott Melkart, der ja nichts weiter sei als der tyrische Hera-kles, sein Ahnherr also, ein Opfer darzubringen. Das kam einem elegant verklausulierten Vorschlag gleich, ihm die Stadt auszu-liefern. Genau so verstanden die Tyrer das, antworteten aber mit der gleichen diplomatischen Raffinesse, indem sie, die im Gegen-satz zu den meisten phönikischen Städten eine von einer Flotte geschützte Inselfestung bewohnten und deshalb einer Belagerung gelassen entgegensahen, ihm sagten, wie hoch die Ehre seiner Opferhandlung für sie sei, doch schöner noch könne er Melkart feiern, wenn er die Zeremonie in einem anderen Tempel vor-nehme – und der befand sich zufällig auf dem Festland, in Paläo-tyros. Dahinter stand die Überlegung, daß es nie opportun ist für Kaufleute, sich in einem Moment für die eine oder andere Seite zu entscheiden, die persische oder die makedonische in diesem Fall, in dem noch nicht feststand, wer der schließliche Sieger sein würde.

Alexander durchschaute sie. Nichts konnte ihn mehr reizen, als wenn man ihn für töricht hielt. Das hatten schon die Milesier erfahren müssen. Sie sollten endlich ihre wahren Absichten offenlegen, fuhr er, alle Höflichkeit fahrenlassend, die Delegierten an. Sie wanden sich, erklärten, sie seien ein Volk der Händler, der Handel aber könne nur im Frieden gedeihen; eine tyrische Neutralität garantiere diesen Frieden, deshalb müßten den Makedonen *und* den Persern ihre Tore verschlossen bleiben; gegen ein Abkommen auf gleichberechtigter Grundlage hätten sie natürlich nichts. Die Herren spürten nicht, daß der Krieg in dem Augenblick begonnen hatte, als der König sie wortlos verabschiedete.

Es begann eine der längsten und erbittertsten Belagerungen der Kriegsgeschichte, bei der nicht die Feldherrn das Zepter führten, sondern die Ingenieure.

Am Anfang stand eine Rede.

Die Kommandeure der Reiterei und der Fußtruppen hatten sich am Ufer versammelt im Angesicht der Mauern von Tyros, die himmelhoch aus dem Meer emporragten, als seien sie von Zyklopenhand dort hingesetzt. Ihnen war unbehaglich zumute. Sie begegneten dem Feind lieber im offenen Feld als hinter Gräben, Wällen und Schießscharten; sahen lieber Schwert und Lanze in den Händen ihrer Leute als Pickel und Spaten. Die Erfahrung sagte ihnen, daß es Monate dauern würde, bis die Stadt erobert sein würde; wenn es überhaupt gelänge, und man sich nicht die Zähne ausbisse an diesem verdammten Granitblock, wie es Nebukadnezar geschehen war nach einer dreizehn Jahre währenden Belagerung.

»Wenn Tyros nicht fällt, wenn seine Häfen nicht in unsere Hand kommen, werden die Perser weiterhin die Meere beherrschen, und niemand von uns könnte es wagen, die tödliche Gefahr im Rücken, Dareios zu verfolgen.« So begann Alexander, der die Stimmung seiner Kommandeure nur zu gut kannte. »Erstürmen wir aber diese Mauern, dann wird Phönikien uns gehören, und ihre Schiffe werden die persische Flotte verlassen, denn welcher Ruderer, welcher Seesoldat wird noch kämpfen wollen, wenn er seine Heimstätte in unserem Besitz weiß?! Erst dann werden wir Athen mehr durch Furcht als durch Wohlwollen in Schach halten und keine Aufstände mehr in Griechenland befürchten müssen; erst dann werden wir ungefährdet nach Ägypten ziehen – wo, wie ihr wißt, die Achaimeniden herrschen.«

Zwischen der Küste und Tyros lagen, als seien die Mauern nicht schon hoch genug, etwa achthundert Meter stürmischen Meeres, das anfangs seicht war, dessen Grund in der Nähe der Insel steil abfiel. Wie war eine Inselfestung zu belagern ohne eine nennenswerte Flotte? schienen die Mienen der Kommandeure zu sagen. Alexander gab die Antwort, indem er sich zwei Schanzkörbe mit Sand über die Schulter hängte, zum Ufer schritt und den Sand ins Meer schüttete. Schon am nächsten Tag begann man mit dem Bau des Dammes.

Das Material karrten die Einwohner von Paläotyros heran, nachdem man sie gezwungen hatte, dafür ihre eigenen Häuser abzureißen. Unterstützt wurden sie von Tausenden von Kriegsgefangenen, die man in Arbeitskompanien gepreßt hatte. Das Holz für die einzurammenden Pfähle lieferten die Wälder des Libanon mit ihren vielbesungenen Zedern. Die Oberaufsicht führte der Chefingenieur Diades von Thessalien. Der König selbst setzte Prämien aus für die fleißigsten Arbeiter, lobte, tadelte, trieb an. Doch die Arbeit blieb mühsam: Komplizierte technische Dinge hatten die Griechen erfunden, doch zu einer Schubkarre und zu einem Kummet für die Pferde hatte es nicht gereicht (so wenig wie den Inkas das Rad eingefallen war).

Die Tyrer beobachteten den Bau des Dammes von den Zinnen ihrer fünfzig Meter hohen Mauern mit Spott und konnten sich vor Schadenfreude nicht fassen, wenn der Sturm den mühsam aufgeschütteten Sand hinwegblies, die Wellen den Schlick und die Steine fraßen. Sie verbrannten eine nach dem Bilde Alexanders gefertigte Strohpuppe, veranstalteten einen Mummenschanz nach dem anderen, stießen fröhlich in ihre Hörner. Und sie taten etwas, was sie bereuen sollten: Sie stürzten die von Alexander entsandten Unterhändler die Felsen hinab. Die Rache für die gegen die ungeschriebenen Gesetze der Kriegführung begangene Freveltat fürchteten sie nicht, weil es keine Vergeltung geben würde. Denn kam es zum äußersten, so würden die Karthager ihnen mit ihrer gefürchteten Flotte zu Hilfe kommen.

In den vielstöckigen Gebäuden von Tyros, regelrechten Hochhäusern, wo in Friedenszeiten vierzigtausend Menschen wohnten, herrschte keine Not. Ihre tiefen Brunnen lieferten reichlich Wasser. In den Lagerhäusern stapelten sich die Lebensmittel. Viele Frauen und Kinder hatte man nach der Tochterstadt Karthago in Sicherheit gebracht. Die Trieren sicherten den Zugang zu den beiden Häfen, dem ägyptischen und dem sidonischen, und störten durch ihre Angriffe immer wieder den Dammbau. Alarmiert waren die Tyrer erst, als sie eines Morgens zwei Monster Meter für Meter auf die Dammspitze kriechen sahen. Es waren fünfundfünfzig Meter hohe, von vier Rädern bewegte Belagerungstürme, die Rahmen mit Kalkstein ummantelt, die zwanzig Stockwerke von Schaffellen verhängt, das obere Stockwerk mit Zugbrücken versehen, in Stellung gebracht durch Menschenkraft. Meisterwerke der Zimmermannskunst!

Auf diesen Türmen wurden die von griechischen Ingenieuren entwickelten Torsionsgeschütze eingesetzt, die, anders als die Armbrust mit ihrer gespannten Sehne, ihre Schleuderkraft aus gedrehten Sehnenbündeln gewannen und damit ihre Reichweite erhöhten. Bis zu vierhundert Meter weit schleuderten sie die schwersten Steine. Auch die Pfeilbündelkatapulte gewannen an Feuerkraft durch die Torsionsfedern. »Beim Zeus«, hatte der spartanische König Archidamos geflucht, als er ein solches Katapult bei der Arbeit beobachtete, »was soll nun menschlicher Mut und menschliche Tapferkeit?!«

Doch beide Tugenden waren noch gefragt, und die Tyrer demonstrierten sie durch ein Kommandounternehmen, bei dem

3 Einen Damm mußten die Makedonen aufschütten, um Tyros, die inselartige Stadt, zu bezwingen.

sie ein mit Spänen, Pech, Schwefel, Naphtalin bis zu den Rahen vollgestopftes Schiff auf die Kuppe des Dammes zutreiben ließen und die explosive Ladung im letzten Moment entzündeten, während Stoßtrupps von allen Seiten die Makedonen daran hinderten, die in hellen Flammen stehenden Belagerungstürme zu löschen.

Als Alexander von einer zehntägigen Strafexpedition gegen die Bergstämme des Antilibanons zurückkehrte, die seine Holzfällertrupps ständig attackiert hatten, befahl er, die Mole zu verbreitern, um an der Kuppe eine größere Zahl von Türmen aufstellen zu können. Doch jeder seiner Züge wurde von den Tyrern mit einem Gegenzug beantwortet. Die Pfeile seiner Katapulte lenkten sie mit rotierenden Marmorrädern ab; den Steingeschossen nahmen sie die Wirkung durch an den Mauern herabhängende Säcke mit Seegras; ins Meer gerollte Felsen machten den schmalen Meeresarm fast unpassierbar. Die Makedonen schienen zu resignieren. Da träumte Alexander, ein Satyr würde ihn necken, ihn umgarnen, ihn tänzelnd umkreisen, schließlich gelang es ihm, den bocksohrigen, geschwänzten Waldgeist zu fangen. Der Seher Aristandros hatte sich die Traumerzählung kaum angehört, da kam ihm schon die Deutung: *Sa-tyr* bedeute *Sa tyros*, ergo: »Tyros wird dein sein!« In einem zweiten Traumgesicht erscheint der hehre Ahne Herakles, ruft seinen königlichen Nachfahrn mit dem Namen und weist mit bluttriefender Hand auf die Mauern der Stadt.

Die Träume schienen wie bestellt; aber sie wirkten nicht so auf die Gemüter wie sonst. Ein anderes Ereignis mußte eintreten, um die Soldaten vom Sieg über Tyros zu überzeugen: Die Schiffe aus Sidon, Arados und Byblos hatten auf die Nachricht, ihre Heimatstädte befänden sich in der Makedonen Hand, die persische Flotte verlassen und waren in ihre Heimathäfen zurückgekehrt. So wie Alexander es vorausgesagt hatte. Da auch die Seeleute der zypriotischen Galeeren, hochmodernen Fünfruderern, zu den Makedonen überliefen – Verrat war schon immer eine Frage des Datums –, verfügte der Mann, der seine Flotte

etwas vorschnell aufgelöst hatte, plötzlich über überlegene Seestreitkräfte. Geradezu »alexanderhaft« das alles.

Von nun an geht es Schlag auf Schlag. Die Tyrer, zu einer
Seeschlacht herausgefordert, bleiben angesichts der am Horizont
auftauchenden Armada in ihren Häfen und müssen ohnmächtig
mitansehen, wie ihre Insel von allen Seiten eingeschlossen wird.
Spezialschiffe hieven die Felsblöcke aus der Fahrrinne und machen den Weg frei für schwimmende Plattformen, die aus zwei
miteinander verketteten Lastschiffen bestehen. Auf den Decks
sind Rammböcke montiert, eine militärtechnische Neuerung
von in wahrem Sinn des Wortes durchschlagendem Erfolg. Dreifach verankert können sie die Mauern wie auf dem Land direkt
bearbeiten, werden zwar bei ihrer Arbeit vom Feind gestört, dem
es gelingt, die Ankerseile zu zerfasern, so daß die Schiffe abtrei-
ben, doch bald öffnet sich die erste Bresche; dort, wo die Blöcke
schlecht gefugt worden waren. Die Plattformen machen Platz
für zwei Schiffe mit Enterbrücken, über die die Sturmabteilun-
gen in die Bresche eindringen. Die erste Welle wird fast aufgerie-
ben, an die Spitze der zweiten setzt sich Alexander. Von allen
Seiten wird die Inselfestung nun angegriffen. Die Galeeren
durchbrechen die Sperren und dringen in die beiden Häfen ein.
Katapulte jagen die Tyrer von den Zinnen.

Kämpfe von Mann zu Mann, Angriff und Ausfall, die Luft
erfüllt vom Niederprasseln der Steine, dem Sirren der Pfeile,
dem Schreien der von Speeren Durchbohrten, von Streitäxten
Zerhackten, von brennendem Pech Gebrannten. Die Tyrer wei-
chen, fliehen, versammeln sich schließlich vor dem Heiligtum
des Stadtgründers Agenor zum letzten Gefecht: Manche stürzen
sich fast waffenlos in die feindlichen Reihen, um vielleicht noch
einen Feind mit in den Tod zu reißen; andere springen von den
Mauern in die See, den Tod der Sklaverei vorziehend.

»Ein gräßliches Morden hub an, als die vom Hafen herauf-
drängenden Krieger und des Koinos Abteilung nun auch eingedrungen waren«, schreibt Arrianus über die letzten Stunden der

Stadt Tyros im Juli des Jahres 332. »Die Makedonen wüteten gegen alle, die ihnen vor das Schwert kamen, erbittert über die lange Belagerung, die keinen Ruhm gebracht, rasend vor Zorn im Gedenken an ihre gefangenen Landsleute, welche die Tyrer noch in den letzten Tagen, für alle sichtbar, auf ihren Zinnen abgeschlachtet hatten. So kamen von ihnen sechsmal tausend Mann um, an dreizehntausend Frauen, Kinder und ältere Männer überließ man den Sklavenhändlern. Wer sich in das Heiligtum des Herakles geflüchtet hatte, für den galt der von Alexander verkündete Gottesfriede. Das aber waren wenige, denn die Tyrer wollten lieber sterben, als durch die Gnade ihrer Feinde leben.«

Von den Sidoniern wurde berichtet, daß sie einige tausend Tyrer heimlich aus der Stadt herausschmuggelten und an Bord ihrer Schiffe nahmen. Das taten sie nicht aus Nächstenliebe, oder weil sie sich plötzlich ihrer gemeinsamen Abstammung entsannen. Sie retteten nämlich nur jene, deren Hände rot-violette Flecken aufwiesen. Die gehörten zu einem Handwerksstand, der mit dem Saft der Purpurschnecke einen Stoff färbte, den nur Könige tragen durften. Der Purpur aus Tyros war der begehrteste in der Alten Welt und anscheinend so rar wie die Färber aus Tyros.

Was Arrianus verschweigt, darüber berichten Diodoros und Curtius Rufus: »Als der neue Tag anbrach, gab der Zorn des Königs den Siegern ein trauriges Schauspiel: Zweitausend junge Männer, die die ermattende Mordlust übriggelassen, wurden ans Kreuz geschlagen, und die Kreuze standen über eine weite Strecke Weges.« Der Tod am Kreuz bedeutete qualvolles Sterben, das bis zu drei Tagen dauern konnte. Die Leichen ließ man wochenlang hängen – ein Schreckensmal für alle, die es in Zukunft wagen sollten, sich Alexander zu widersetzen.

Hephaistions Versuch, die Schreckenstat zu verhindern, schlug fehl. »Grausamkeit«, hatte Alexander dem Freund bedeutet, »verhindert künftiges Blutvergießen. Denke an Theben.« Im übrigen sei Mitleid unmännlich. Doch der Makedone konnte sonst sehr wohl *misericordia* empfinden; ein weißer Rabe unter den Fürsten.

3 DER UNTERGANG DER ACHAIMENIDEN

»ÄGYPTEN, LEUCHTFEUER IM MEER DER URZEIT«

In den letzten Tagen der Belagerung von Tyros war ein zweiter Brief des Großkönigs eingetroffen. Der Inhalt klang so außergewöhnlich, daß Alexander anfangs zögerte, ihn seinen Generalen mitzuteilen. Er bat die Gesandten erst einmal um Diskretion. Dareios bot ihm nichts weniger an als die Teilung der Welt: dergestalt, daß er alle Länder westlich des Euphrat abzutreten bereit sei, Alexander als gleichrangigen Großkönig anerkenne, seine Familie mit 10 000 Talenten (etwa 250 Millionen DM) auslösen wolle und, als Dreingabe, eine seiner Töchter als Ehefrau in Aussicht stelle. Nie in der Geschichte hatte sich der Beherrscher eines Weltreichs mehr gedemütigt. Und das eigentlich ohne Not. Gewiß, seine Flotte besaß keine kriegsentscheidende Bedeutung mehr, die Küste Kleinasiens mit ihren Städten war zum größeren Teil in des Gegners Hand, in zwei Schlachten hatte er Niederlagen erlitten, den Krieg aber hatte er noch nicht verloren.

Der Kern seines Reiches, und damit der wichtigste Teil, war noch intakt. Unberührt lag das fruchtbare Mesopotamien und das Gebiet bis zu den Quellen des Euphrat. Wenn er jetzt auf Ägypten, Syrien, Kleinasien verzichtete, so war das ein Bauernopfer, verglichen mit dem, was ihm von seinem Riesenreich blieb: die unermeßlichen weiten Länder zwischen Tauros und dem Indus, dem Tigris und dem Jaxartes (heute Syr-darja); bewohnt von den königstreuen Medern und Persern, von kriegstüchtigen Bergstämmen und gefürchteten Reitervölkern, die alle bereit waren, die hohe Burg Iran bis zum letzten Atemzug zu verteidigen. Ströme von Blut würde es kosten, sie zu besiegen – und es würde rares makedonisches Blut sein. So jedenfalls dachte Parmenion, der große alte Mann unter den makedonischen Führern, einer, der nationalmakedonisch gesinnt war, ganz im Geiste der Tradition Philipps; und Philipp hätte sich mit einem bis zum Euphrat reichenden Mittelmeerreich begnügt und jeden Gedanken, als Nachfolger der Achaimeniden ganz Persien zu beherrschen, von sich gewiesen.

In diesem Sinn antwortete Parmenion, als Alexander das Angebot des Dareios seinem Stab übermittelte und um seine Stellungnahme bat. »Wenn ich Alexander wäre, würde ich es annehmen.« Schließlich wisse niemand, und hier sei er wohl einer Meinung mit den anderen Generalen, wie schnell sich Kriegsglück wenden könne, auch seien 10 000 Talente eine ungeheuerliche Summe, die zurückzuweisen unklug wäre.

»Wenn ich Parmenion wäre, würde ich das Angebot auch annehmen«, antwortete Alexander.

Selbst wenn die Antwort nur anekdotisch wäre, die beiden Lager mit ihren gegenteiligen Standpunkten charakterisiert sie, wie es guten Anekdoten zu eigen ist, in stupender Einfachheit: hier die unter Philipp in vielen Kämpfen ergrauten konservativen Makedonen, dort die Jüngeren, bereit mit ihrem Halbgott bis an das Ende der Welt zu gehen. Alexander lehnte das zweite Angebot in ähnlich verletzender Form ab wie schon das erste: Er sei es nicht gewohnt, sich mit Almosen abspeisen zu lassen; das Gebiet, das ihm Dareios anbiete, gehöre ohnehin bald ihm; eine Erlaubnis zur Verehelichung mit einer Tochter des Großkönigs brauche er nicht, und das Angebot von ein paar tausend Talenten komme einer Beleidigung gleich. Im übrigen möge der Großkönig bei künftigen Vorschlägen doch, bitte, persönlich vor ihm erscheinen.

»Was wäre geschehen, wenn ...?« Eine Frage, die bei der ge-
strengen Historikerzunft als unwissenschaftlich abgelehnt wird.
Man spekuliere nicht über ungeschehene Geschichte; man be-
schäftige sich nicht damit, wie es *auch* hätte kommen können.
Was ins Unbeweisbare, Uferlose führe, möge man Phantasten
oder Träumern überlassen. Bekräftigt durch Nietzsche, der hier
eine Kardinalfrage der Historie sah, ermuntert von dem Univer-
sitätsprofessor Alexander Demandt mit seinen geradezu diabo-
lischen Fragen »Was wäre, wenn ... (Arminius im Teutoburger
Wald nicht gesiegt hätte; Pilatus Jesus begnadigt hätte; Hitler
1938 gestorben wäre; Die Schüsse von Sarajewo im Juni 1914
nicht gefallen wären ...)« wollen wir dieses Gedankenspiel doch
einmal spielen.

Also: Was wäre geschehen, wenn Alexander das Angebot des
persischen Großkönigs angenommen hätte?

»Die Frage ist berechtigt, ob die Beschränkung auf die natür-
lichen Grenzen des Mittelmeerraums nicht ein realistischeres
Ziel war als Alexanders weitgespannter Eroberungsgedanke«,
meint der Alexander-Biograph Siegfried Lauffer dazu. »Es ließe
sich denken, daß ein makedonisches Reich, das sich auf diesen
Raum beschränkt hätte und innerlich gefestigt werden konnte,
von größerer Dauer gewesen wäre als die hellenistische Staaten-
welt, die aus dem Alexanderreich hervorging.«

Und Ulrich Wilcken bemerkt zu diesem Problem: »Daß
Philipps beschränktere Politik für das *makedonische* Volk
segensreicher gewesen wäre, kann wohl kaum zweifelhaft sein.
Auch daß bei Beschränkung auf die Euphratgrenze die griechische Kultur im vorderen Orient noch intensiver und dauerhaf-
ter hätte verbreitet werden können, wird man nicht bestreiten
können.«

Schachermeyr schließlich spricht von einem Angebot weiser
Staatskunst. »Denn der Bereich bis zum Euphrat umfaßte gerade
die Reichweite des Mittelmeerkreises wie die des künftigen
Hellenismus. Das bestätigte nachher die römische Zeit, in wel-

cher durch Jahrhunderte der Euphratbereich die Grenze vom mittelmeerischen zum asiatischen Weltkreis bildete.«

Nun, Alexander war nicht Parmenion, und er entschloß sich anders. Es war ein Entschluß, der zur Schicksalsstunde der antiken Welt werden sollte ...

Nach der Eroberung von Tyros war Alexander auf seinem Zug nach Ägypten noch einmal auf überraschenden Widerstand gestoßen. Überraschend deshalb, weil er nach dem schrecklichen Exempel, das er auf den Trümmern der alten Phönikierstadt statuierte, geglaubt hatte, jede Stadt würde ihm nun so eilfertig wie ängstlich die Tore öffnen. Gaza, die in Syrien gelegene Grenzfestung, tat das nicht. Ihr persischer Befehlshaber Batis verteidigte die Festung zwei Monate lang mit seinen Arabern, bis auch der letzte Mann gefallen war. Alexander wurde von einem Pfeil getroffen, erlitt eine weitere Verwundung durch einen Messerhelden, der vortäuschte, sich zu ergeben, und hier schlug zum erstenmal sein Zorn in Raserei um, dergestalt, daß er dem tapferen Batis ein grausiges Ende bereitete, sich an den zweiundzwanzigsten Gesang der *Ilias* erinnernd, der vom Sieg des Achilleus über Hektor berichtet:

Achill sprach's und schändlichen Frevel ersann er dem göttlichen Hektor.
Beiden Füßen nun durchbohrt er hinten die Sehnen,
zwischen Knöchel und Fers', und durchzog sie mit Riemen von Stierhaut,
band am Wagen sie fest und ließ den Kopf dabei schleifen.
Auf hob er dann die berühmten Waffen und stieg auf den Wagen,
schwang die Geißel und rasch hinflogen die Rosse.
Um den Geschleiften wirbelte Staub, die schwarzblauen Haare
fielen herab, das Haupt, das vorher so lieblich,
lag nun ganz im Staube.«

Homer aber hatte Hektor vorher sterben lassen, Batis dagegen lebte, als man ihn an den Streitwagen band. »Gefährlich scheinen die Bücher Homers, wenn sie den Mächtigen solche Gedanken geben«, bemerkte Kallisthenes dazu. Eine Bemerkung, die Alexander hinterbracht wurde. Noch sollte es für den Hofhistoriographen keine Konsequenzen geben ...

Militärexperte York von Wartenburg fand die Reise an den Nil so überflüssig wie einen Kropf. Sie sei ohne militärisches Motiv gewesen, monierte er, eine ebenso überflüssige wie gefährliche Abschweifung, die Dareios Zeit gegeben habe, ein neues Heer aufzustellen. Andere meinten, daß die Besetzung Ägyptens notwendig gewesen sei, weil damit die Mittelmeerküste endgültig gesichert war. Außerdem habe Alexander damit die Kontrolle über den Weizenexport erlangt und mit einem Getreideembargo ein Druckmittel gegen Athen und das wieder rebellierende Sparta in die Hand bekommen. Auch hätte der dort herrschende persische Satrap jederzeit den Makedonen in den Rücken fallen können.

Das Land am Nil zu erobern hätte Alexander natürlich auch einem seiner Generale überlassen können, denn abgesehen von der Überquerung der berüchtigten Küstensümpfe war das militärische Risiko gering. Das haben ihm auch einige seiner altmakedonischen Generale geraten, doch gerade dieser Ratschlag war für Alexander unannehmbar. Denn Ägypten, dieses »Leuchtfeuer im umnachteten Meere der Urzeit«, das Geschenk des Nils, von dem es in einem Hymnus aus der 19. Dynastie heißt: »Du läßt den Weizen keimen, läßt die Früchte auf den Bäumen wachsen, füllst die Speicher im oberen und im unteren Land und schützest die Armen vor dem Hunger. Wenn deine Arme ruhen, trauert alles; aber wenn deine Wasser überfließen, jauchzt die Erde und Misraim weint vor Glück«; dieses Land mit seinen Pyramiden, Tempeln, Sphingen, Palästen, das den Völkern des Mittelmeers als Wiege der ehrwürdigsten und ältesten unter den Kulturen galt, von dem besonders die Griechen glaubten, hier hätten jene Menschen gelebt, die sie einst gelehrt hatten zu bauen, zu malen, zu philosophieren, zu dichten, zu erfinden, Handel zu treiben, dieses Ägypten, dem gegenüber sich Respekt und Hochachtung mit dem Schauer des Unerklärbaren-Undeutbaren mischten, denn zu allen Zeiten war das Land der Pharaonen von einem Schleier des Geheimnisvollen umgeben – wie hätte ein Alexander darauf verzichten können, dieses Märchenland zu gewinnen?

Militärisch war die Besetzung in der Tat ein Spaziergang. Der persische Statthalter Mazakes beeilte sich, dem Makedonen die alte Hauptstadt Memphis zu übergeben, die Staatskasse auszuliefern und ihm die Truppen zu unterstellen. Das Volk bejubelte ihn als den Befreier von den Persern, die so barbarisch gewesen wären, den heiligen Stier Apis zu schlachten, und auch sonst Sitten und Gebräuche der Einwohner nicht geachtet hätten. Der Jubel steigerte sich, als Alexander im Ptah-Tempel zum Pharao gekrönt wurde. Da er wußte, daß Religion stärker ist als Politik, und es wichtig war, die Priester für sich einzunehmen, befahl er, in Karnak Tempel zu errichten. Er versäumte es nicht, den ägyptischen Göttern regelmäßig Opfer zu bringen. Die Fremdenführer in Luxor führen den Besucher heute gegen ein Bakschisch vor ein Wandrelief, auf dem der Makedone dem Fruchtbarkeitsgott Min, der mit aufgerichtetem Phallos vor ihm erscheint, die Ehre erweist.

8000 Talente hatte der Heeresschatzmeister Harpalos in der Staatskasse vorgefunden, um die 200 Millionen DM also. Der ewig geldgierige Mann, einziger Zivilist in der engeren Umgebung des Königs, wollte sie für die Anwerbung neuer Truppen verwenden. Das empfahl auch Eumenes, ein Grieche aus Kardia, der im Hoflager die »Ephemeriden« führte, die Tagebücher. Aristandros aber, der als Seher und Zeichendeuter großen Einfluß besaß, war anderer Meinung. Dem König war im Traum Homer erschienen und hatte die Verse zitiert: »Eine der Inseln liegt im wogenstürmenden Meere vor des Ägyptos Strom, und Pharos wird sie geheißen.« Genau dort solle Alexander eine Stadt aus dem Boden stampfen und ihr seinen Namen geben – als Geschenk an die Völker Ägyptens.

Wie legendär die Überlieferung auch sein mag, Alexander hatte sich des längeren mit dem Gedanken getragen, an der Mündung des Nils eine Stadt zu gründen: als Drehscheibe zwischen Ägypten und den Mittelmeeranrainern, dem Handel dienend und den Wissenschaften. Zu Beginn des Jahres 331 segelte er auf einer der pharaonischen Luxusbarken den Nil abwärts und ließ die einzelnen Arme im Delta auf ihre Eignung prüfen. Pharos, die »erträumte« Insel, erwies sich als zu klein, der sandige Streifen aber, eine Art Nehrung zwischen dem Meer und einem Binnensee, schien ideal. Der Flußschlamm konnte sich hier nicht mehr ablagern, die Insel würde die Stadt vor der Meeresbrandung schützen und bot überdies zwei Häfen, einen westlichen und einen östlichen – der eine für die Flußschiffahrt, der andere für die Seeschiffahrt geeignet. Ein neues Tyros sollte hier entstehen!

Der König ging mit der ihm eigenen Begeisterungsfähigkeit sogleich an die Arbeit. Mit Gerstenmehl wurde der Verlauf der Stadtmauern in den dunklen Boden gezeichnet, die Stellen markiert, wo der Markt hinkam, das Viertel der Juden und Syrer, das der Ägypter und Griechen, der Tempel für die hellenischen Götter und der für die Ägypter, der Bezirk für die makedonischen Veteranen und der für die Kriegsgefangenen; und die Lage des Dammes, der Pharos mit der Siedlung verbinden sollte. Kein Geringerer als Deinokrates von Rhodos, der berühmteste unter den damaligen Architekten, übernahm die Planung und Ausführung. Rechtwinklig schnitten sich die Straßen, von denen einige bis zu dreißig Meter breit und vier bis fünf Kilometer lang waren.

So entstand Alexandria, die größte und erfolgreichste der vielen Städte, die der König in den nächsten zehn Jahren gründen würde und die seinen Namen trugen. Alexandria in Ägypten wuchs zu einer der blühendsten Städte des Altertums empor, groß durch Handel wie keine sonst, als Sitz der Wissenschaften berühmter als alle anderen. Hier stand das weltberühmte Museion, die alexandrinische Bibliothek mit ihren 900 000 Schriftrollen (ihre Vernichtung ist für immer mit dem Namen Cäsar verbunden), das Serapeion, nächst dem Kapitol das prachtvollste Gebäude seiner Art; hier flammte das Feuer auf dem 113 Meter hohen Leuchtturm, erbaut aus weißem Marmor und tausend Jahre lang bestaunt. 300 000 Einwohner zählte die Stadt im 1. Jahrhundert vor Christus, und nur Rom war größer. Als das herrlichste und dauerndste Denkmal ihres Gründers, als ein Brennpunkt des geistigen Lebens für Jahrhunderte, hat man Alexandria bezeichnet, in dem die Verschmelzung des Orients mit dem Okzident lebendige Wirklichkeit wurde.

Aristandros hatte diese Entwicklung natürlich vorausgesehen. Als die Vögel in Schwärmen geflogen kamen, das Gerstenmehl zu fressen, und sich alle entsetzten wegen eines solchen doch offensichtlich bösen Omens, hatte er sie beruhigt: Das konnte nur heißen, daß die Stadt einst vielen Nahrung und Brot bieten würde. Was der *Seher* nicht *sah*: daß nur zehn Jahre später Alexander feierlichen Einzug halten sollte in seine Stadt – geborgen in einem Sarkophag aus rotem Gold ...

DIE MACHT DES MAGISCHEN

»In der weiten Einöde Libyens, an deren Eingang das verwitterte Felsenbild der hütenden Sphinx und die halbversandeten Pyramiden der Pharaonen stehen, in dieser totenstillen Wüste, die sich vom Saume des Niltals abendwärts in unabsehbare Ferne erstreckt und deren Flugsand in glühendem Mittagswind die Spur des Kamels verweht, liegt wie im Meere ein grünes Eiland, von hohen Palmen überschattet, von Quellen und Bächen und dem Tau des Himmels getränkt, die letzte Stätte des Lebens für die rings ersterbende Natur, der letzte Ruheplatz für den Wanderer in der Wüste; unter den Palmen der Oase steht der Tempel des geheimnisvollen Gottes, der auf heiligem Kahn vom Lande der Aithiopen zum hunderttorigen Theben gekommen, der dann von Theben durch die Wüste gezogen war, auf der Oase zu ruhen und dem suchenden Sohn sich kundzutun in geheimnisvoller Gestalt. Ein frommes priesterliches Geschlecht wohnt um den Tempel des Gottes, fern von der Welt, in heiliger Einsamkeit, in der Zeus Ammon, der Gott des Lebens, nahe ist; sie leben für seinen Dienst und für die Verkündigung seiner Orakel, die zu hören die Völker nah und fern heilige Boten und Geschenke senden ...«

So poetisch hat Johann Gustav Droysen vor anderthalb Jahrhunderten die Oase Shiwa geschildert, und wer sie heute besucht, wird feststellen, daß die Jahrtausende fast spurlos an ihr vorübergegangen sind – aber nicht das letzte Jahrzehnt! Nachdem Ägyptens Präsident Husni Mubarak das Besuchsverbot der in einer militärischen Sperrzone liegenden Oase gelockert hatte, um es schließlich ganz aufzuheben, beginnt der Tourismus seine Krakenarme auszustrecken. *Darb el Mahashas* – »Die Straße des Verglühens« besteht heute aus einem dreihundert Kilometer langen Asphaltband, das aus den zehn Tagen, die die Kamelkarawanen brauchten, um von der Mittelmeerküste bei Marsa Matruk bis zur Oase zu kommen, vier Autostunden macht. Sieben kleine Hotels sind entstanden. Auf den alten Wohnburgen aus luftgetrockneten Lehmziegeln ragen die ersten Fernsehantennen. Abdou, der Besitzer *des* Restaurants, meint: »Bald werden viele von euch kommen.« Vorläufig sind es nur ein paar Dutzend Rucksacktouristen, die hier unter Dattelpalmen wandeln und sich an den überall aus dem Boden springenden Quellen laben.

Akhir bilad al-muslimyin, dem »letzten Land der Muslime« ist noch eine Frist gewährt, sich einigermaßen so zu bewahren, wie die Makedonen es vor über zwei Jahrtausenden erlebt haben. Noch tragen wie damals die jungen Mädchen ihre farbenfrohen Gewänder in Gelb, Rot und Orange, flechten sie das Haar in viele Zöpfe, sind ihre Mütter vom öffentlichen Leben ausgeschlossen, gibt es noch die alten Männerbünde, fahren Eselskarren und keine Autos. Was es mit dem Orakeltempel, von dem nur noch Reste existieren, auf sich hatte, davon wissen die Einwohner kaum etwas. Den Namen Alexander der Große haben sie immerhin schon einmal gehört ...

Das priesterliche Geschlecht der Oase schwebte in den höheren Regionen seines Gottes Ammon, doch nicht so hoch, daß es darüber die Realität vergessen hätte. Die Agenten der Priester hatten berichtet, daß der Makedone mit einer kleinen ausgewählten Schar die Küste entlangzog, in Paraitonion (Marsa Matruk) mit den griechischen Gesandten der Kyrene zusammentraf, die ihm zum Zeichen ihrer Unterwerfung Geschenke überbrachten und für die nun vor ihnen liegende Strecke durch die wasserlose Wüste libysche Führer stellten; Männer, die es überdies verstanden, die Kamele mit den Pferden zu versöhnen, was selten glückte. Dann hörte man in der Oase viele Tage lang nichts mehr von der Karawane. Sandstürme schienen sie aufgehalten zu haben. Man erinnerte sich an den Perserkönig Kambyses, der ein Heer nach Shiwa entsandt hatte, um die Priester wegen ihrer ungünstigen Sprüche zu züchtigen: Das Heer war in der Höllenglut des Samuns untergegangen.

Eines Tages meldeten die Kundschafter, daß ein Reitertrupp sich nähere. Es waren die Makedonen, geführt von Alexander und Ptolemaios (der einst als Pharao ganz Ägypten beherrschen wird). Erschöpft von den Strapazen, ausgemergelt vom Durst, berichteten sie, nur ein Wunder habe sie die Oase erreichen lassen: ein Wunder in Gestalt eines plötzlichen Regenschauers. Und dennoch wären sie verloren gewesen, hätten ihnen nicht schließlich zwei Raben den Weg gewiesen. Wem unter den Soldaten die Raben nicht *wunderbar* genug waren, der erzählte von zwei sprechenden Schlangen als Wegweisern. Das größte aller Wunder jedoch war nach dem langen Marsch über Salzsümpfe und Muschelfelder, durch schwarze Schluchten und über hohe Dünen, durch die Labyrinthe der Wadis und den tückischen Flugsand die Oase selbst. »Shiwa, Shiwa!« schrien sie und stürzten sich in die glasklaren Teiche, tranken aus den Quellen, wälzten sich in den blumenübersäten Wiesen, stopften sich mit Datteln voll, berauschten sich am Palmwein.

Bevor die weißgekleideten Priester zur Begrüßung von ihrem auf einem Hügel erbauten Tempel herabstiegen, werden sie sich noch einmal gefragt haben, was wohl des fremden Königs eigentliches Anliegen sei. Antworten zu bekommen, natürlich, das war der Grund aller Besucher, von denen jedes Jahr mehr kamen, und immer berühmtere. Shiwa hatte den Orakelstätten von Delphi und Dodona den Rang abgelaufen, denn Shiwa irrte sich nicht. Was man über Alexanders Beweggründe, den lebensgefährlichen Ritt durch die Wüste zu wagen, in Erfahrung hatte bringen können, war eher verwirrend.

Er komme, weil auch Herakles und Perseus, die er bekanntlich zu seinen Ahnen zähle, einst hierher gekommen seien. Nein, sich zu überzeugen, ob hier die bewohnte Welt ende, das sei der Sinn seiner Fahrt. Zu erfahren, ob wirklich alle Mörder seines Vaters ihre gerechte Strafe gefunden hatten. Falsch, er habe vielmehr wissen wollen, ob Philipp wirklich sein Vater sei, denn es kursierten immer noch Gerüchte, die, von Olympias gefördert, kolportierten, der eigentliche Erzeuger sei einer der höchsten Götter gewesen. War nicht ein Blitz flammend in ihren Schoß gefahren? Vor allem aber wollte er wissen, ob ihm die Herrschaft über die Welt zufallen werde … Von all diesen Vermutungen mögen einige zutreffend gewesen sein, andere aber nicht. Es ist deshalb verständlich, meint Schachermeyr, »wenn gerade dieses Begebnis die Forschung besonders anzog, ja wenn es das meistbehandelte und eifrigst umstrittene Problem der Alexandergeschichte darstellt«.

Was den Priestern ein unbekannter Begriff war, das war der *pothos*, die unstillbare Sehnsucht nach dem Unbekannten-Ungenannten-Grenzenlosen, wie wir es schon umschrieben haben, die Begierde, Nie-Gewagtes zu wagen, jene dämonische Kraft eben, die Alexander immer wieder ergriff und antrieb. Und noch etwas kam hinzu: Der König wollte, wie Arrianus es ausdrückte, Genaueres über sich erfahren. Hatte er die bisherigen Siege tatsächlich den Göttern zu danken, war er ihr Günstling, ja, war er vielleicht noch mehr; floß in seinen Adern jener weiße Saft, der mit Blut nicht vergleichbar war? Und: Würden ihm die Olympier auch weiterhin helfen, wenn er nach der Weltherrschaft griff, oder würden sie ihn der Hybris zeihen, der Überschreitung der den Menschen gesetzten Grenzen, und ihn verderben?

Der Anblick der berühmten Orakelstätte muß Alexander enttäuscht haben. Das kaum zwanzig Meter lange und zehn Meter breite schmucklose Gebäude mit seinem kümmerlichen Vorhof hatte den römischen Epiker Lukan seufzen lassen: »Keinen Tempel der Pracht erbauten ihm Libyens Völker. Arm, nach früherer Zeit geheiligter Sitte bewohnet, nicht von Schätzen entehrt, der Gott uralter Geschlechter: ein bescheidenes Haus ...«

Alexander wurde von den Priestern empfangen und durfte als einziger, ohne sich umzukleiden, die heilige Kammer betreten, einen Raum von etwa zwanzig Quadratmetern, der mit Palmstämmen überdacht war. Hier stellte er dem Oberpriester seine Fragen. Als er nach geraumer Zeit wieder herauskam, bedrängten ihn die Freunde und wollten wissen, welche Antworten er auf welche Fragen bekommen habe.

Er sagte: »Was ich zu erfahren begehrte, habe ich erfahren, und es war nach meinem Herzen.«

Eine Auskunft, die von des Königs oft bewiesenem psychologischem Geschick zeugt: Jetzt mochte sich jeder selber seinen Vers darauf machen. Die Aura des Geheimnisvollen und Rätselhaften machte sich immer gut. Er dachte nicht daran, den Schleier zu lüften. Auch die Historiker konnten ihre Wißbegier nicht befriedigen. Alexander hatte der Mutter geschrieben, er habe einiges gehört, was für sie von hohem Interesse sei, doch eigne sich das Gehörte nicht für eine schriftliche Mitteilung; er werde es ihr erzählen beim nächsten Wiedersehen. Er hat sie nicht wiedergesehen.

Eine Frage allerdings – und die Antwort darauf – ist uns

bekannt. Als er auf seinem Weg nach Asien vom Indusdelta auf das Meer hinaussegeln wollte, sagte er: »Nun opfere ich den Göttern, die mir von Ammon in Shiwa genannt worden sind.« Bald bemächtigte sich die Phantasie des »Falles Shiwa«, dann die Fama, schließlich der Klatsch, und die griechischen Klatschbasen waren Meister ihres Fachs; den Rest steuerten die in den Soldatenlagern kursierenden Latrinenparolen bei. Niemand, so hieß es, werde Alexander besiegen können, er sei der künftige Herrscher der Welt, er könne Wunder vollbringen, verkehre nächtens mit den Göttern, sei selbst ein Gott, denn als er die Priester gefragt, ob alle Mörder seines Vaters bestraft worden seien, bedeuteten sie ihm: »Niemand wäre imstande, deinen *Vater* zu töten.« Die Mörder *Philipps* aber seien samt und sonders der irdischen Gerechtigkeit anheimgefallen.

Daß Alexander göttlichen Geblütes sei, dafür hätte es weder der Fama noch des Klatsches bedurft, es gab eine Anzahl von Ohrenzeugen. »Heil sei Dir, Sohn des Ammon!« Mit diesen Worten war er vom Oberpriester willkommen geheißen worden. Für den heiligen Mann eine rein protokollarische Angelegenheit. Alexander war in Memphis zum Pharao gekrönt worden, und jeder Pharao war der von Ammon Geliebte, vom Sonnengott Râ Gezeugte. Da die Griechen in Ägypten und Kleinasien, zum Teil auch im Mutterland, Ammon mit Zeus gleichsetzten, war er damit auch Sohn des höchsten Olympiers. Wie rasch sich eine Mund-zu-Mund-Nachricht verbreitete, zeigte sich hier wieder: Wenige Wochen nachdem er nach Memphis zurückgekehrt war, erschienen dort die Delegationen aus Didyma und Erythraia, konkurrierenden Weihestätten, die ihm mitteilten, daß auch ihre Orakel ihn als Zeussohn bestätigt hatten.

Hat Alexander sich selbst für den Sohn des Zeus gehalten? Über diese Frage haben sich viele Gelehrte für immer zerstritten, wäre einmal sogar Blut statt Tinte geflossen. Plutarch, der klug wägende, immer einen sicheren Standpunkt wahrende Biograph, hat darüber geschrieben: »Als Alexander von einem Pfeil getroffen und verwundet war und heftige Schmerzen litt, sagte er: ›Was da fließt, ist Blut und nicht jener Saft, wie er lauter und rein fließt in den Adern der Götter.‹ Und als es einmal fürchterlich donnerte und alle erschrocken zusammenfuhren, meinte der Philosoph Anaxarchos zu ihm: ›Das war doch nicht etwa dein Werk, Sohn des Zeus?!‹ Alexander antwortete lachend: ›Nein, ich will meinen Freunden keine Furcht einjagen, wie du das gern von mir hättest.‹«

Er hat sich nicht als Sohn des Zeus Ammon anreden lassen, selbst von seinen Schmeichlern nicht. Daß seine Soldaten ihn dafür hielten, dagegen hatte er nichts. Diesen Glauben förderte er sogar: Von einem Gott in die Schlacht geführt zu werden, konnte dem Kampfesmut und der Kampfeswut nur förderlich sein. Mit den Makedonen und Griechen seiner engeren Umgebung allerdings kam es später zu schweren Konflikten. In Sparta und Athen erntete seine propagierte Gottähnlichkeit nur beißenden Spott. Von Demosthenes wird die Bemerkung überliefert: »Wenn er ein Gott sein möchte, beim Zeus, so soll er doch!«

Ob Alexander selbst glaubte, ein Gott zu sein, diese Frage läßt sich schwer beantworten bei einem Mystiker, der so praktisch veranlagt, bei einem Romantiker, der so sehr Realist war wie er. Vielleicht kann man es mit einem Theaterbesucher zu erklären versuchen, der davon überzeugt ist, daß dort auf der Bühne Ödipus agiert oder Hamlet oder Faust, und gleichzeitig weiß, es ist der Schauspieler Schulze. Er hat sich kaum jemals auf seinen »Vater« berufen, und wenn es dennoch geschah, dann war es Kalkül. Daß er ein Werkzeug des Gottes war, davon allerdings war er durchdrungen.

Jedenfalls kehrte er befriedigt nach Memphis zurück. Er wußte zumindest, daß die Götter auch in Zukunft gutheißen würden, was er tat. Er fühlte sich geläutert und mit seinem Gewissen im reinen. Napoleon hat ihn um seinen Ruf, ein Gott zu sein, beneidet. Nach seiner Krönung zum Kaiser in Paris sagte er zu einem ausländischen Diplomaten: »Ja, ich gebe zu, meine

Karriere war nicht übel. Ich habe ein gutes Stück Weges zurückgelegt. Doch welch ein Unterschied zu Alexander! Als er sich dem Volk als Jupiter vorstellte, da glaubten ihm das alle. Wollte ich mich heute Sohn des Allmächtigen nennen, jedes Marktweib würde mich auszischen. Die Völker sind heutzutage einfach zu aufgeklärt. Ich bin zu spät gekommen, es ist nichts wirklich Großes mehr zu machen ...«

Wieder in Memphis, wartete Alexander so lange, bis die von ihm nilaufwärts ausgesandte Expedition zurück war. Sie sollte erkunden, warum der gewaltige Strom alljährlich im Sommer mit solcher Pünktlichkeit das Land überschwemmte; eine Frage, über die griechische Wissenschaftler sich seit langem die Köpfe zerbrochen hatten. Aristoteles, der in Mieza Alexanders Wißbegierde erweckt hatte auf alles, was da kreucht und fleucht und was die Erde birgt, war beim König eigens in dieser Angelegenheit vorstellig geworden. Als die Boote endlich den Fluß hinabkamen, überbrachte Kallisthenes das Ergebnis der gefährlichen Reise, aufgezeichnet in einer Schriftrolle: Der große Regen, der im Sommer auf das abessinische Hochland niedergeht, sei wohl die Ursache der »Nilschwelle«. Womit er das herausgefunden hatte, was die moderne Forschung später im wesentlichen bestätigte. Als Aristoteles im fernen Athen die Nachricht erfuhr, notierte er mit der tiefen Befriedigung des Wissenschaftlers: »Also, das wäre kein Problem mehr.«

Bevor Alexander das Land verließ, in dem Milch und Honig flossen, ernannte er zwei Verwalter, den einen für Oberägypten, den anderen für Unterägypten, eine Einteilung, die seit Jahrtausenden üblich war. Wie immer nahm er bei der Ernennung Rücksicht auf die nationalen Gefühle der unterworfenen Völker. Beide Herren entstammten der einheimischen Aristokratie. Doch da schon damals Vertrauen gut war, Kontrolle aber besser, stellte er ihnen zwei makedonische Militärs zur Seite. Die Finanzverwaltung übergab er einem mit allen Salben gesalbten Griechen. Kleomenes, dem auch die Entwicklung Alexandriens übertragen worden war, ließ die Steuern mit sanfter Tücke eintreiben und hatte den Staatsschatz bald so angehäuft, daß er zum eigentlichen Herrscher des Nillands wurde. Vielleicht war er ein wenig zu erfolgreich. Als Ptolemaios nach dem Tod Alexanders sich in Memphis zum neuen Pharao krönen ließ, lud er auch Kleomenes ein – um ihn nach dem Fest diskret umbringen zu lassen.

HIMMLISCHE SCHAUMGEBORENE APHRODITE

Im Frühling trafen die Makedonen wieder in Tyros ein, in dessen Mauern die neu angesiedelten Griechen, nach der Vertreibung aller Phönikier, sich an den Wiederaufbau gemacht hatten. Die Stadt war immerhin so weit wiederhergestellt, daß Alexander das Hoflager installieren konnte. Auf dem Marsch nach Phönikien hatte er in Samaria rasch einen Aufstand niedergeschlagen, die Rädelsführer, die ihren makedonischen Gouverneur bei lebendigem Leibe verbrannt hatten, in ihren Höhlenverstecken aufgespürt und kreuzigen lassen. Vor einigen Jahren hat man im Wadi Dalayeh ihre Gebeine entdeckt, ein Fund, der, wie so viele, davon zeugt, wie blutig die Spur des Menschen seit jeher gewesen ist.

Alexanders Hoflager war glanzvoll, nicht, was den Luxus betraf, sondern den Kreis der Persönlichkeiten, die sich hier versammelten, teils vom König gebeten, teils aus eigenem Entschluß. Apelles, der Maler, gehörte dazu, Lysippos, der Bildhauer, der Baumeister Deinokrates (dem, wie erwähnt, gerade der Bau von Alexandria übertragen worden war); die Philosophen Anaximenes und Onesikritos, die als Repräsentanten des Diogenes die Welt verachteten und sich nicht daran störten, daß ihr König diese Welt erobern wollte, in ihrer kosmopolitischen Einstellung aber mit ihm eines Sinnes waren; dann Anaxarchos aus der demokritischen Schule, der, von brennendem Wissensdrang getrieben, klaglos die Strapazen des Kriegszugs auf sich nahm; der Historiker und Aristoteles-Neffe Kallisthenes, dessen Aufgabe es war, seines Herrn Kriege der Nachwelt zu überliefern, und der dennoch nicht zum Schmeichler verkam (»Der Ruhm Alexanders«, sagte er selbstbewußt, »hängt allein von mir und meinem Geschichtswerk ab!«); ferner die Dichter Agis, Choirilos, Aischrion, die Alexander verachtete, weil sie nicht Homer glichen, dem »einzigen, der würdig gewesen wäre, meine Taten zu feiern«; die Schauspieler Lykon, Timotheos, Euios, die jeweils mit ihrer Theatergruppe aus Griechenland und Kleinasien gekommen waren, Namen die niemand mehr kennt, denn dem Mimen flicht bekanntlich die Nachwelt keine Kränze; die Ärzte Philippos, Glaukias, Kritobulos, Drakon, viel belobigt und gut bezahlt von ihren hochgestellten Patienten, die unter Klima, Ernährung, Strapazen, Verletzungen, Schlangenbissen litten; und die Verwandten der besiegten Fürsten, die kriegsgefangenen adligen Frauen, die Gefährtinnen der makedonischen Generale und Beamten, die Vornehmeren unter den Hetären; und last but not least jene Adligen, die wie Perdikkas, Parmenion, Ptolemaios, Nearchos, Hephaistion, Seleukos, Leonnatos, Krateros, Kleitarch, Kleitos, Philotas, Peukestas, Lysimachos, Eumenes »die großen Helfer Alexanders« genannt wurden.

Der Aufenthalt in Tyros gehörte zu den ruhigen Zeiten, den Wochen ohne Krieg und Kriegsgeschrei. Es herrschte ein ständiges Kommen und Gehen, und das Hoflager glich tagsüber einem Bienenschwarm: Hohe Offiziere erschienen zum Rapport, der Stab versammelte sich zu Konferenzen, die Finanzexperten legten ihre Abrechnungen vor, ausländische Gesandte erschienen, Delegationen der unterworfenen Städte entrichteten ihren Tribut, Gerichtsverhandlungen unter Vorsitz des Königs wurden anberaumt sowie Audienzen für jene, die zu empfangen wichtig war.

Dazu gehörte zweifellos die Abordnung Athens, gekommen mit einer kostbar eingerichteten Prunkgaleere, geführt von einem Vornehmen namens Achilleus, beauftragt, endlich die Freilassung der am Granikos und bei Issos gemachten athenischen Gefangenen zu erwirken. Mit dem Namen Achilleus zu taktieren, bekanntlich einem der Ahnen des Königs, schien ein wenig plump, aber Alexander ignorierte die Absicht und gab sich nicht verstimmt. Athen gegenüber bewahrte er sein Leben lang eine Art Haßliebe. Er verabscheute die Athener wegen ihrer Arroganz und ihrer Treulosigkeit, und er beneidete sie um ihre Kultur, ihre Geschichte, ihre großen Männer. Spötter behaupteten, er hätte viel darum gegeben, hätte ihm sein Intimfeind Demosthenes nur einmal anerkennend auf die Schulter geklopft. Und während des Indienfeldzugs seufzte er einmal: »Ach, ihr Athener, werdet's ihr wohl glauben, was für Gefahren ich auf mich nehme, nur damit ihr mich lobt?!« Jedenfalls durften die Kriegsgefangenen zurück in ihre Heimat. Mit Ausnahme der Seeleute auf den zwanzig athenischen Trieren, die weiterhin als Geiseln zurückgehalten wurden. Eine notwendige Maßnahme, denn noch immer drohten Griechen, wie der Spartanerkönig Argis, den allgemeinen Aufstand in Griechenland zu entfesseln.

Auch die Kommandeure der im Hafen eingelaufenen Flotte erwarteten einen ehrenvollen Empfang. Die Gesandten aus Rhodos beschwerten sich über die Übergriffe der makedonischen Besatzer und wurden mit Geld beschwichtigt; die von der Insel Chios hielten wegen der gleichen Beschwerden die Hand auf, und die von Lesbos wollten mit Landbesitz entschädigt werden. Die zyprischen Potentaten, die sich alle König nannten, obwohl sie Zaunkönigen glichen, erinnerten nachdrücklich daran, daß sie nicht umsonst abgefallen seien; was sie wörtlich meinten. Schließlich kamen die Priester des tyrischen Herakles-Tempels und mahnten, dem Gott zu opfern, wolle man seine Gunst nicht verscherzen. Das uralte *do ut des* kostete Alexander diesmal ein goldenes Mischgefäß und dreißig silberne Trinkschalen.

Am wichtigsten waren jene Männer, die, meist in der Abenddämmerung, von staubbedeckten Pferden sprangen und sich sofort im Königszelt melden ließen. Sie gehörten als berittene Kundschafter zur militärischen Feldaufklärung, eine etwas hochtrabende Bezeichnung. Wenn es im makedonischen Heer einen Schwachpunkt gegeben hat, dann war es der Mangel an geschulten Aufklärungstruppen, die die Lage beim Gegner erkundeten, seine Stärke, seine Stellung, die Bewaffnung. Bei Issos hatten sich die Makedonen im Eilmarsch die Küstenstraße entlangbewegt, ohne zu wissen, daß die Perser zur selben Stunde in der Gegenrichtung parallel an ihnen vorbeizogen. Auch diesmal lauteten ihre Meldungen eher diffus: Der Großkönig habe begonnen, jenseits des Flusses Euphrat ein gewaltiges Heer aufzustellen. Das Hauptquartier befinde sich in Babylon. Bald trafen neue Meldungen ein, wonach Dareios unbedingt eine Entscheidungsschlacht schlagen wolle. Eine Entscheidung – die wollte der Makedone auch, aber erst dann, wenn die Perser den letzten Mann rekrutiert hatten. Es galt, sie diesmal derart zu schlagen, daß kein weiteres Treffen mehr nötig war. Er beschloß, alles auf eine Karte zu setzen und, entgegen seiner Gewohnheit, zu warten. Das war doppelt gefährlich.

Man schrieb den April 331, und seit Issos, also seit zwei Jahren, hatten seine Soldaten, von kleineren Gefechten abgesehen, den blutigen Ernstfall nicht mehr geprobt. Sie waren in ihren Lagern kaserniert, empfingen Verpflegung, säuberten die Latrinen, exerzierten auch, aber die Langeweile kroch in die unwirtlichen Zelte und begann die Disziplin aufzuweichen. Die Nerven lagen ohnehin bloß, wie immer, wenn Menschen auf engem Raum zusammenleben müssen, jeder jeden bis in seine letzten Lebensäußerungen kennt; weiß, was für Geschichten er erzählt, wie er riecht, rülpst, seine Notdurft verrichtet. Der Mann aus dem makedonischen Hochland begann den aus der Ebene zu hassen, der Thessalier den Thraker, der Agriane den Ionier, und alle gemeinsam haßten sie ihre Vorgesetzten.

Wie gefährlich Müßiggang für die Moral der Truppe ist, wußte Alexander, und er tat etwas dagegen. Gymnische Spiele wurden anberaumt, bei denen es, wie in Olympia, um den Sieg ging im Wagenrennen, Fünfkampf, Ringen, Faustkampf, Waffenlauf.

Auch Parteien wurden gebildet, hier die »Freunde«, dort die »Feinde«. Geführt von einem »Alexander« und einem »Dareios« droschen sie mit Holzschwertern und Lanzen so lange aufeinander ein, bis Blut zu fließen begann und aus dem Scherz Ernst wurde. Sieger war natürlich der Alexander, was für ihn kein Vergnügen war, denn die Krieger salbten ihn mit Schafskot, setzten ihn verkehrt herum auf einen Esel und paradierten mit Spottliedern an ihm vorbei.

Am Wettlauf mit Waffen nahm auch der König teil, obwohl er zu seinem Vater das stolze Wort gesagt hatte, in Olympia würde er nur auf die Bahn gehen, wenn auch die anderen Läufer Könige wären. Er erwies sich immer noch als schnell, doch schneller als er war der Sizilianer Krisson. Der jedoch wußte aus Erfahrung, wie hohe Herren reagieren, wenn man sie im Wettkampf besiegt, und ließ sich kurz vor dem Ziel überholen.

Als auch die Wettkämpfe die Zeit nicht mehr totschlugen, kamen die Schauspieler zum Zug, die sich aus Unteritalien, Zypern, Griechenland, Kleinasien zu Hunderten eingefunden hatten, angelockt vom Ruf des makedonischen Königs, ein Freund ihrer Künste zu sein und großzügig dazu. Dessen Kasse jedoch wies, wieder einmal, Fehlbestände auf, und er überließ den ehrgeizigen zyprischen Kleinkönigen die Ehre, Theateraufführungen, Dichterlesungen, Chorgesänge zu veranstalten – und zu bezahlen. Den Höhepunkt bildete der Wettstreit zwischen den beiden Stars Athenodoros und Thessalos, wer von ihnen der beste Tragöde sei. Alexanders Favorit war letzterer, und um den Ausgang zu beeinflussen, äußerte er, lieber die Hälfte seines Königsreichs hinzugeben, als eine Niederlage des Thessalos zu erleben. Die Jury jedoch, zu ihrer Ehre sei's gesagt, ließ sich nicht unter Druck setzen und erkannte Athenodoros den Lorbeerkranz zu. Der König akzeptierte das Urteil: »Ich, der ich gewohnt bin, mir alles zu unterwerfen, unterwerfe mich hier der Gerechtigkeit.«

Das ist eine Erfindung, nicht erfunden jedoch ist des Athenodoros Antwort auf Alexanders Angebot, er möge sich eine Gunst

14 Grausam und mitleidig, maßlos und bescheiden, die Götter herausfordernd und tief gläubig, berechnend und großzügig, argwöhnisch und vertrauensselig – und versehen mit der Gabe, eines Freundes Freund zu sein: Alexander der Große war ein Herrscher, wie ihn die Antike bis dahin nicht gekannt hatte.

15 Die Schlacht an den Ufern des Flusses Granikos. Das erste
Treffen von Makedonen und Persern zeigte Alexander als schlechten
Strategen, aber tollkühnen Haudegen. Sein Einsatz in vorderster Linie,
von den Militärexperten als dilettantisch verurteilt, brachte
die Entscheidung.

16 Der Tempel der Artemis (Diana) im ionischen Ephesos gehörte zu den antiken Weltwundern (oben). 356 v. Chr., im Geburtsjahr Alexanders, wurde er von Herostratos angezündet, der damit seinen Namen der Nachwelt überliefern wollte.
17 Artemis (unten) spendete Leben und forderte Menschenopfer.
Als Geburtsgöttin war sie zugegen, als Olympias mit Alexander niederkam.

erbitten: »Bezahlt meine Schulden, die ich in Athen gemacht habe, o König.« Und die stellten sich als ziemlich hoch heraus.

Thessalos durfte zum Trost zu den Klängen der Flöte des Timotheos den orphischen Hymnus an Aphrodite vortragen, den Roger Peyrefitte entsprechend hymnisch wiedergibt: »Himmlische, liederreiche, holdlächelnde Aphrodite! – Meergeborene, Göttin der Zeugung. – Reine, Freundin nächtlicher Feiern, – Nachtgöttin ..., – Freundin festlicher Liebesstunden, – Ehesenderin, Mutter der Sehnsucht, – Verführerin zum Lager der Liebe, – Geheimnisvolle reizspendende Herrin! Unsichtbare, Erscheinende, – Lieblich Gelockte, Edelgeborene ... – Komm, Kypros' göttlicher Sproß! – Ob du nun weilst im Olymp ... – Ob zu Syriens Sitz, den weihrauchreichen umwandelst ... Sei's auch im kyprischen Hochland ...«

Jedem im Lager war sie vertraut, die Göttin, der Paris den Apfel hatte zukommen lassen als der Schönsten überhaupt; die mit dem goldenen Lächeln, das ein wenig spöttisch wirkte, so jedenfalls stellten viele Künstler sie dar; die ihrem Mann, dem hinkenden Schmied Hephaistos, das Leben vergällte mit ihren Seitensprüngen; die mit einem zauberischen Gürtel geschmückt war, um ihre Verführungskunst unwiderstehlich zu machen. Jeder kannte natürlich die Geschichte ihrer Geburt. Kronos hatte seinem tyrannischen Vater Uranos, um die Mutter vor seiner Brutalität zu schützen, die Geschlechtsteile abgeschnitten und ...

»... das Gemächte aber, als er die Tat gewagt«, fuhr Thessalos in seinem Vortrag fort, »und es mit der Sichel aus Feuerstein abgeschnitten und vom Himmel in die viel wogende See geworfen, trieb so in die Weite lange Zeit. Ringsum aber erhob sich weißer Schaum aus dem unvergänglichen Samen. Und aus dem wuchs ein Mädchen heran. Zuerst trieb es nahe an das hochheilige Kythera. Von da kam es zum ringsumbrandeten Zypern. Und heraus schritt da die verführerische Göttin. Unter dem Tritt ihrer schlanken Füße erblühten die Blumen ...«

Für die großen Dramatiker wie Aischylos, Sophokles, Euripides interessierten sich die Soldaten nicht sonderlich. Um so mehr für den Mimos, ein Possenspiel mit Gebärde, Tanz und Gesang, in dessen Mittelpunkt der Alltag stand: Liebesschmerz und Ehekrach, Kuppelei und Diebstahl, Kauf und Betrug. Unglaublich derb ging es dabei zu, wenn die Schauspieler mit erigiertem Lederphallos den Koitus ausübten, Zoten gerissen, die Frauen verprügelt wurden. Auf dem als Bühne dienenden Gerüst wurde uriniert, defäkiert, onaniert; die Schauspielerinnen übertrafen die Männer an Obszönität, tanzten eine Art wilden Cancan mit entblößter Scham. Bekannte Persönlichkeiten wurden lächerlich gemacht, verhöhnt, in den Schmutz gezogen. Beim Mimos war alles von derart hemmungsloser Niedertracht, Bösartigkeit, Roheit, wie es in der Geschichte des Theaters ganz einzigartig ist.

Die Aufführung der Tragödie bewirkte laut Aristoteles bei den Zuschauern die Katharsis, eine Reinigung ihrer Seele, weil die Handlung in ihnen Jammer, *eleos*, und Schauder, *phobos*, auslöste. Psychotherapeutisch gesehen war das ein Vorgang befreienden Verströmens von Affekten, die sonst eine schädigende Wirkung hätten haben können. Der Mimos löste eine Art komischer Katharsis aus, bei der die Soldaten sich abreagieren konnten: ihre Wut, ihre Trauer, ihr Heimweh und – ihre Angst. Jedenfalls war diese Spielart von Fronttheater damals so wirkungsvoll wie in unserer Zeit.

Kultivierter ging es in dem Prunkzelt zu, das der Großkönig in Issos bei seiner Flucht zurückgelassen hatte. Alexander hielt hier allabendlich Tafel. Den engeren Kreis bildeten die »Großen Helfer«, ergänzt von den jeweils Eingeladenen: am Hofe eingetroffenen Fürsten, vornehmen Gesandten, berühmten Schauspielern, Dichtern, die gerade en vogue waren, Rhetoren, die aus Athen die neuesten Bücher mitbrachten. Frauen waren selten Gäste, es sei denn die Generale brachten ihre Hetären mit, was vom Gastgeber mißbilligt wurde, aber dennoch geschah. Wer eingeladen wurde, fühlte sich beglückt; wer nicht, zweifelte an der Gerechtigkeit. Dabei war es nicht immer ein Vergnügen, an der Tafel zu weilen.

Wie alle Großen sprach Alexander am liebsten selbst. Auch rezitierte er lange Passagen aus hellenischen Dichtungen wie aus der *Andromeda* des Euripides oder dem sophokleischen *König Ödipus*. Er liebte es, die Philosophen, die sich gegenseitig verabscheuten, zu Streitgesprächen zu provozieren. Gesprochen wurde griechisch, nicht makedonisch, was den alten Generalen aus dem Hochland Makedoniens mißfiel. Von der Bildung Blässe nicht angekränkelt, verachteten sie das ganze Griechenpack mit seiner Eloquenz, seinem Hang, dem König zu schmeicheln oder sich ihm ständig anzupassen, und spürten ihrerseits sehr wohl, wie geringgeschätzt sie von den Gebildeten wurden.

Eröffnet wurde das Symposion mit der Götterspende, wobei eine Schale mit Wein von Mund zu Mund ging. In den Anfangsjahren, als die Symposien noch nicht zu wüsten Trinkgelagen ausgeartet waren, wurde der Wein mit Wasser vermischt, meist im Verhältnis eins zu eins. Die Mundschenke überprüften das Mischungsverhältnis, bevor sie das Getränk mit dem Schöpflöffel in die Becher füllten. Die griechischen Weine waren schwer, besonders dann, wenn man sie mit Gewürzen und Honig anreicherte, wobei Aristoteles mit seiner Behauptung, eine Fünfliterkanne vom feinsten Samos reiche aus, ein Dutzend Männer zu berauschen, gewiß übertrieben hat. Wie heute auch beriefen sich die Zecher auf die gesundheitsfördernde Wirkung des Rebensafts und zitierten Hippokrates, vergaßen aber meist, was er noch gesagt: »Vorausgesetzt, der Wein werde sinnvoll und im rechten Maße genossen, der Konstitution des einzelnen entsprechend.«

Nach der Götterspende servierten die Pagen das Abendessen. Gegessen wurde das, was das Land, in dem man biwakierte, hergab. Fische, ob aus dem Meer oder dem Fluß, überließ man den einfachen Soldaten zusammen mit dem Gerstenbrei, der Zukost aus Saubohnen, Zwiebeln, Rüben und den mit Fett und Blut gefüllten Ziegendärmen, die gute Magennerven bedingten. Man zog das Fleisch von Rind und Schaf vor, briet es am Spieß und bestäubte es mit Mehl. Auch Schweinefleisch wurde gegessen, das der Ferkel verschmähte man; ein fetter Esel dagegen galt als Delikatesse. Geflügel wurde geschätzt, auch der Schwan und der Pfau, noch mehr aber Amseln, Stare, Nachtigallen, Wachteln. Das durch eine Komödie des Aristophanes uns überlieferte Schlemmermenü besteht aus acht Gängen: Hasenpfeffer, Salzfische, gefüllte Drosseln, gebratene Tauben, Blutwurstmagen, mit Honig beträufelte kleine Kuchen, Feigen und Birnen, Schafskäse mit Oliven. Da Alexander ein leidenschaftlicher Jäger war, kam immer wieder Wildbret auf den Tisch.

Das gegenseitige Zutrinken war an der königlichen Tafel eine Form der Höflichkeit, später wurde sie, da zu häufig befolgt, zur Unsitte, die die Trunkenheit beschleunigte. Die frischen Äpfel, die in großen Weidenkörben auf den Tischen standen, waren keine sonderlich gute Unterlage für den Alkohol.

DIE ENTSCHEIDUNG

Im Mai 331 brach das Heer zu einem langen, fast vier Monate dauernden Marsch auf. Nach dem, was die Kundschafter berichteten, hätte längeres Warten keinen Gewinn mehr gebracht. Eine Million Krieger zu Fuß und vierzigtausend Reiter habe Dareios jetzt unter Waffen; die Pfeile seiner Bogenschützen verdunkelten die Sonne; und die Sichelwagen mähten nieder und die Elefanten zertrampelten, was sich ihnen in den Weg stelle, – Nachrichten, die Alexander seinen Soldaten vorenthielt. Es gab ohnehin genug Verdruß. Als die Makedonen von der phönikischen Küstenstraße landeinwärts abschwenkten, um zwischen dem Libanon und dem Antilibanon nach Norden zu ziehen, stellte sich heraus, daß der Satrap von Syrien die vorgesehenen Verpflegungslager nicht beschickt hatte. Der König setzte ihn auf der Stelle ab und war dem Chef der Intendantur dankbar, daß er darauf bestanden hatte, die Zahl der Verpflegungswagen zu verdoppeln. Über die Straßen rollten nun fast zweitausend Wagen, gefertigt von den Stellmachern aus dem Holz der Wälder um Tyros, Wälder, die schon das Material für die Schiffsbauten geliefert hatten, für die Palisaden, die Brückenbauten, die Belagerungstürme, Rammböcke, Schildkröten, Sturmleitern und die Stollengänge. Damals begann der Raubbau, der den Waldboden den Stürmen preisgab, dem Regen und dem Schnee, bis er zu Tal geschwemmt war und jene trostlos kahlen Berge zurückließ, wie wir sie heute aus diesen Regionen kennen.

Bei Thapsakos zogen die Makedonen über den Euphrat, der von einem Vorauskommando der Pioniere durch zwei Brücken, sprich durch mit Eisenketten verbundene Flösse, passierbar gemacht worden war. Den Fluß abwärts würde man nach Babylon kommen, doch die Späher meldeten, daß die Dörfer auf dieser Strecke in Flammen stünden, angezündet von den persischen Reitern unter Mazaios, der nun die Taktik der verbrannten Erde anwandte, um Alexander dorthin zu zwingen, wohin man ihn haben wollte. Diesmal würde Dareios das Schlachtfeld bestimmen! Alexander bog nach Nordosten ab, um auf der alten Karawanenstraße über Harran und Nisibis die nordmesopotamische Steppe zu durchqueren. Am Rand der armenischen Berge würden zwar nicht Milch und Honig fließen, dafür aber genug Trinkwasser für seine Männer, für die nach Tausenden zählenden Pferde, die Kamele, die Esel, das Schlachtvieh. Es war Juli, und die Steppe, die sich zwischen den beiden Flüssen Euphrat und Tigris fünfhundert Kilometer weit erstreckt, flimmerte in der wabernden Glut. Forscher, die hier Alexanders Spuren gefolgt sind, maßen Mittagstemperaturen zwischen 65 und 68 Grad in der Sonne, und Schatten gibt es nicht. Der von den Windhosen aufgewirbelte Staub verdunkelte den Himmel. Myriaden von Fliegen, eine typische Erscheinung im Zweistromland während der Sommermonate, krochen in Mund und Ohren, wurden eingeatmet. Sie übertrugen Gelbsucht, Bronchitis und infizierten die Augen. Nicht umsonst tritt Nergal, der mesopotamische Gott der Seuchen, in Insektengestalt auf. Am härtesten litten die Pezhetairen, die Schwere Infanterie, mit ihren über fünf Meter langen Stoßlanzen, dem Helm, den Beinschienen, dem Lederkoller. Marschiert werden konnte nur in den Stunden nach Sonnenaufgang und in der Abenddämmerung.

Eines Tages brachte man gefangene Reiter, die zur Erkundungsabteilung des Satrapen Mazaios gehörten, vor den König. Sie sagten aus, daß Dareios von Babylon aufgebrochen sei, entschlossen, die Makedonen beim Übergang über den Tigris zu vernichten. Eine falsche Aussage; als das Heer, die Marschroute ändernd, den Fluß bei Ninive erreichte, war von den Persern nichts zu sehen. Der Strom floß so schnell, wie sein Name besagt, denn *tigra* heißt auf altpersisch der Pfeil, und die vierzigtausend Fußsoldaten und siebentausend Reiter brauchten Tage, bis sie das andere Ufer gewannen. Für die Perser eine nicht wiederkehrende Chance, die Makedonen zu dezimieren. Sie wurde nicht genutzt.

Die Männer waren erschöpft, deprimiert, und die Stimmung wurde nicht besser, als in der Nacht etwas geschah, das die Wachen Alarm blasen ließ. Das Licht des vollen Mondes begann sich zu verdunkeln, eine häßliche Blutfarbe überzog ihn, bis seine Scheibe sich gänzlich verfinsterte. (Es war eine partielle Mondfinsternis, die unsere Astronomen auf den Abend des 20. September 331 berechnet haben.) »Die Gemüter befiel maßloser Kleinmut«, schreibt Quintus Curtius Rufus in seiner lateinischen Monographie, »gegen der Götter Willen verschleppe man sie in die äußersten Winkel der Erde, wüste Gegenden und Einöden lägen vor ihnen. Für eines einzigen Mannes Ruhmsucht würde das Blut so vieler Tausender vergossen, eines Mannes, der in seinem eitlen Wahn den Himmel erstrebe und sich von seinem Vaterland längst losgesagt habe.«

Besagter Mann, der das Himmelhochjauchzen und Zutodebetrübtsein seiner Kinder, wie er sie nennt, genau kennt, läßt seine aus Ägypten mitgeführten Sternenseher kommen, die im Hinblick auf die Gestirne als die Kundigsten gelten, und bittet sie um Deutung. Die Ägypter, die so gut wie wir wußten, warum der Mond sich zu bestimmten Zeiten verfinsterte, spüren, daß man *das* von ihnen nicht wissen will, und so sagen sie, die Sonne sei das Gestirn der Griechen, der Mond aber das der Perser. Verliere nun der Mond seinen Glanz, so werde auch das Persische Reich seinen Glanz verlieren.

»Nichts wirkt mächtiger auf die Massen als der Aberglaube«, fährt der Römer Curtius Rufus fort, »sonst unfähig, sich zu beherrschen, ungestüm und wankelmütig, folgen sie, wenn sie ein törichter Wahn gefangenhält, Wahrsagern eher als ihren Führern, ziehen sie die Unvernunft der Vernunft vor. So richtete die unter der Menge verbreitete Antwort der Ägypter die Mutlosen wieder zu neuer Hoffnung und Zuversicht auf.«

Drei Tage darauf kam es zur ersten Feindberührung mit der Kavallerie, nachdem die Makedonen am linken Ufer des Tigris entlang flußabwärts gezogen waren. Auf die Aussagen der Gefangenen gab man diesmal nichts, um so mehr auf die dreier griechischer Söldner, die übergelaufen waren: Dareios stehe nicht weit südwärts eines Ortes namens Gaugamela, in einem Gelände, das eben sei wie ein Tisch und zusätzlich von Dorngestrüpp, Baumstümpfen, Steinhaufen gesäubert worden sei; ja selbst kleine Sandhügel habe man abtragen lassen für den Einsatz der Grauen erregenden Sichelwagen. Die Entfernung schätzten sie auf etwa 100 bis 110 Stadien (1 Stadion = Länge der Rennbahn = 178 Meter). Das waren zwar noch etwa zwanzig Kilometer, soviel wie ein Läufer in einer Stunde zurücklegen konnte, dennoch befahl der König, zu biwakieren und das Lager mit Gräben und Palisaden zu befestigen. (Was die römischen Legionäre später grundsätzlich taten, die Makedonen aber sonst nie.) Vier ganze Tage ließ er die Truppen rasten und die vielen Kranken pflegen. Auch der Troß, der hier zurückblieb, mußte sein Lager umzäunen. Das alles zeigte, wie ernst er die Situation diesmal einschätzte.

Seine Befürchtungen bestätigten sich, als er die Truppen im Morgengrauen des fünften Tages nach einem Nachtmarsch auf die Hügelkette führte, von der aus man in die Ebene am Tell Gomel hinabblicken konnte. Ein dumpfes Tosen dröhnte von Ferne herüber, so, als sprächen Zehntausende von Menschen miteinander, überlagert von einzelnen Kommandorufen, dem Wiehern von Pferden, dem Rasseln von Wagen, von Hufgetrappel und einem trompetenden Geräusch, das von Elefanten stammen mußte. Als die Sonne aufging, erkannte man, daß die Perser damit begonnen hatten, ihre Reihen für die Schlacht zu formieren.

Dort am linken Flügel, das mußten die Baktrier und Skythen sein, die als die besten Reiter des Erdkreises galten, während die Elefanten zusammen mit den Sichelwagen bei der Garde des Dareios ihren Platz hatten. Vor dem rechten Flügel schirmte die armenische und kappadokische Kavallerie die Front ab. Die kampferprobten griechischen Söldner standen links und rechts vom Zentrum, zusammen mit medischen Bogenschützen, Babyloniern, Albanern, Parthern, Massageten, Sogdianern, Armeniern, Indern, Syrern ... Laut Arrianus waren es insgesamt vierundzwanzig Völkerschaften.

»Schrecken ergriff Alexanders Soldaten, und sie begannen, als seien sie außer sich, zu zittern, und eine geheime Furcht durchschauerte alle Herzen. Der König bemerkte die Bestürzung seiner Männer. Er ritt durch ihre Reihen und ermahnte sie, sich nicht schrecken zu lassen von der Vielzahl der Feinde, von ihrer Körpergröße oder ihrer ungewohnten Hautfarbe. Nur daran sollten sie denken, daß sie jetzt schon zum drittenmal auf die gleichen Gegner stießen, und gewiß seien diese nicht besser geworden, trügen sie doch jetzt schwer an der Erinnerung ihrer früheren Niederlagen und an den Tod so vieler ihrer Kameraden. An Zahl sei Dareios ihnen überlegen, aber nicht an der wahrer Männer. Die von Gold und Silber funkelnden Schlachtreihen sollten sie geringachten, die ja mehr Beute denn Gefahr biete, und der Sieg werde nicht durch Schmuck und Zierat gewonnen, sondern durch Eisen und Tapferkeit.«

Markige Worte, die uns Pompeius Trogus überliefert hat. Sie verhehlen nicht, daß Alexander sich zum erstenmal nicht wohl in seiner Haut fühlte. Eine Niederlage wäre für das riesige Perserreich noch immer keine Katastrophe, für die Makedonen dagegen würde sie das Ende bedeuten. Man würde sie verfolgen mit dem letzten Hauch von Mann und Roß und Wagen, durch ein wildes wüstes Land, und niemand lebend die Küste erreichen lassen. Als Parmenion vorschlug, die Schlacht um einen Tag zu verschieben und erst einmal das Gelände zu erkunden, war der König sogleich einverstanden.

Die Kommandeure der persischen Truppen hatten den Feind auf dem etwa dreißig Stadien entfernten Höhenrücken längst ausgemacht. Sie wunderten sich maßlos: War dieser kleine Haufen dort das gefürchtete Heer, von dem sie zweimal besiegt worden waren? Sie beobachteten, wie ein Trupp Reiter in die Ebene hinabritt und nach einigen Stunden wieder in die Stellungen zurückkehrte. Die Krieger da drüben schienen sich zur Schlacht aufgestellt zu haben. Ein Angriff aber erfolgte nicht. Waren sie durch den Anblick des gewaltigen persischen Aufgebots verstört?

Die Siegessicherheit der Perser wuchs: Der Emporkömmling da drüben, der seinen Vater ermordet hatte, dessen Feldherrnkunst allein vom Glück gespeist wurde, der ein Land im tiefsten Frieden überfallen hatte, sah sich zum erstenmal einem persischen Reichsheer gegenüber, gebildet aus den tapfersten Kriegern und den besten Reitern, ausgerüstet nun mit längeren Schwertern, größeren Schilden, die Kavalleristen mit der Stoßlanze statt mit dem Wurfspieß, ihre Pferde gepanzert; unterstützt von den mit Sicheln bewehrten Kampfwagen und den Kriegselefanten. Am Granikos waren sie zwischen Fluß und Steilufer eingekeilt gewesen, und bei Issos hatten Meer und Vorgebirge sie an der Entfaltung ihrer Kavallerie gehindert, so hatten sie diese

Schlachten verloren. Diesmal würde er ihre Flügel nicht umfassen können; das hier war *ihre* Walstatt, wie geschaffen für ein überlegenes Reiterheer. Die Sonne begann zu sinken, und noch regte sich da drüben nichts. Wollte der Feind sie des Nachts angreifen? Die Kommandeure befahlen, die Männer unter Waffen zu lassen, die Pferde gezäumt, die Wagen einsatzbereit. Zwölf Stunden lang fanden sie so keinen Schlaf.

Einen Nachtangriff hatte Parmenion tatsächlich vorgeschlagen; angesichts Zehntausender von Wachfeuern, die von der persischen Seite herüberleuchteten und eine gewaltige Übermacht signalisierten. »Ein Alexander stiehlt sich seinen Sieg nicht wie ein Dieb in der Finsternis«, sagte darauf der König, was Plutarch tadelnd kommentiert.

»Diese Antwort erschien manchen kindisch und töricht, als ein schlechter Scherz angesichts einer so großen Gefahr.« Die Antwort war jedoch für die Soldaten bestimmt. Alexander wußte, wie unberechenbar eine derartige nächtliche Unternehmung war. Zusammen mit seinen Generalen zog er sich in das Königszelt zurück und besprach den Angriffsplan für den nächsten Tag. Er überraschte sie mit einer Änderung: Da die Überlegenheit des Feindes diesmal größer sei als bei Issos, die Frontlinie also länger, müsse mit einer Umfassung beider makedonischen Flügel gerechnet werden. Um einer Einkesselung zu begegnen, werde er hinter der Phalanx der Sarissenträger eine zweite Truppenabteilung postieren mit der Instruktion, im Falle einer Umzingelung kehrtzumachen, wobei ein Karree entstehen würde. Taktisch war das ein völlig neuer Gedanke, und die Offiziere brauchten eine Zeitlang, ihn zu begreifen.

Alexander lag indessen bereits in tiefem Schlaf, was für seine guten Nerven am Vorabend eines über Sein oder Nichtsein bestimmenden Kampfes sprach. Eine Stunde vor Morgengrauen begannen die Soldaten Aufstellung zu nehmen, ihr Kommandeur aber lag noch auf seinem Lager. Parmenion betrat schließlich das Zelt und rief dreimal seinen Namen. »Du schläfst den Schlaf des

Siegers«, sagte er, »die Lorbeeren aber hast du noch nicht geerntet.«

Alexander lächelte. »Glaubst du nicht, daß wir schon gesiegt haben, mein Alter? Wo wir Dareios nun endlich gestellt haben und ihm nicht mehr hinterherjagen müssen in diesem Land, das er verwüstet und verbrennt.«

Er zog seinen gegürteten Waffenrock an, eine sizilische Arbeit, und den doppelten Leinenpanzer aus der Beute von Issos. Der Helm mit dem eisernen Halskragen und den eingelegten Edelsteinen stammte aus der Werkstatt des Meisters Theophilos. Das dreifach gehärtete und verblüffend leichte Schwert war das Produkt einer zyprischen Waffenschmiede. Die Stoßlanze mit der Metallklinge an der Spitze war aus dem harten Holz der Kornelkirsche gefertigt. Ein Reitknecht wartete vor dem Zelt mit dem Bukephalos. Er wurde nur zur Schlacht geritten, auf dem Marsch trugen andere Pferde den König.

»Alexander schwang sich in den Sattel ...«, kann man in historischen Romanen lesen. Das war nicht möglich, weil es noch keinen Sattel gab. Auch die Steigbügel wurden erst viel später erfunden (bei dem Nomadenvolk der Samarten trifft man sie zum erstenmal an). Als Otto der Große die Magyaren auf dem Lechfeld besiegte, verdankte er das nicht zuletzt dieser Erfindung, die seinen Reitern Halt gab und ihren Lanzen Stoßkraft. *Ohne Steigbügel eine Attacke zu reiten, den Gegner vom Pferd zu stoßen, blitzschnell nach links oder rechts zu schwenken, verlangte eine zentaurische Einheit von Roß und Reiter.* Die Pferde, vornehmlich aus den Ebenen Thessaliens stammend, waren kräftig, temperamentvoll, aber ziemlich klein. Das in der griechischen Kunst dargestellte Pferd erreichte, bis zum Widerrist gemessen, eine Höhe von knapp eineinhalb Metern. Philipp hatte diesen Mangel zu beheben versucht, indem er zwanzigtausend hochgewachsene skythische Stuten zur Zucht importierte.

Die Reiter schwangen sich aus dem Stand auf ihre Pferde oder benutzten, wenn sie Rüstung trugen, die Lanze als Stütze, falls sie nicht einen Sklaven als lebende Aufstiegshilfe vorzogen. Sporen waren bekannt, sollten aber nur in Momenten der Gefahr benutzt werden. Aus dem Buch *Peri Hippikes*, »Über die Reitkunst«, verfaßt um 400 v. Chr. vom griechischen Reiterführer und Historiker Xenophon, wissen wir, daß die Pferde die halbe Pirouette beherrschten, eine schnelle Kehrtwendung auf der Hinterhand, und die Levade, zwei in der Schlacht wichtige Bewegungen.

HANNIBAL, CÄSAR, FRIEDRICH DER GROSSE, NAPOLEON

Es fällt auf, daß der König trotz der zur Schau getragenen Zuversicht zum erstenmal dem Phobos und dem Deimos opferte, die den Schrecken und die Furcht verkörperten. Wenn der Kriegsgott Ares einen Sturm der Raserei entfachen wollte, um die Soldaten gierig nach Blut und Gemetzel zu machen, dann brauchte er dazu seine beiden Söhne. Noch auffälliger war, was der König zu seinen thessalischen Reitern sagte, die er von allen Griechen am höchsten schätzte: »Wir werden siegen. So wahr ich der Sohn des Zeus Ammon bin!« Daß er glaubte, sich in diesem Moment auf seinen »Vater« berufen zu müssen, zeigt seinen seelischen Zustand.

Die Militärhistoriker haben die Schlacht in der Ebene von Gaugamela, etwa fünfunddreißig Kilometer nordöstlich von Mossul, immer wieder geschlagen. Gebeugt über ihre Sandkästen, die farbigen Klötzchen der beiden Heere gegeneinander verschiebend, wunderten sie sich zweitausend Jahre später immer noch, wie die Perser diese Schlacht haben verlieren können. Sie verfügten über eine fünf- bis sechsfache Überlegenheit, hatten die besseren Pferde (aus den klassischen Zuchtgebieten Mediens, Armeniens, Kappadokiens), geritten von den wilden Steppenreitern Mittelasiens; als Kampfplatz ein Gelände von idealem Zuschnitt für Kavallerieangriffe; die Front so lang, daß der Gegner mit beiden Flügeln umfaßt und eingekesselt werden konnte. Die Experten wiesen nach, daß Alexander die Schlacht gar nicht hätte gewinnen können, folgte man ihren Plänen, den Zeichnungen mit den vielen Pfeilen, den gestrichelten und den punktierten Linien, den schraffierten und den geschwärzten Flächen.

Eine Schlacht zu rekonstruieren, selbst eine aus jüngerer Zeit, ist ein schwieriges Unterfangen. Bei einer, die über zwei Jahrtausende zurückliegt, scheint es nahezu unmöglich. Der britische Alexander-Forscher Lane Fox schreibt sarkastisch, daß man Gaugamela nur bis zu jenem Punkt beschreiben könne, zu dem die Gegner aufeinandertrafen, weil anschließend jedes Manöver von dichten Staubwolken verhüllt wurde, die allenfalls eine Sichtweite von vier bis fünf Meter zuließen. Selbst ein Beobachter auf einem hochragenden Hügel hätte nichts aussagen können über die einzelnen Truppenbewegungen. Wie immer herrschte ein Chaos aus Staub, Gefechtslärm, Schlachtgebrüll, Schmerzensschreien, Pferdegetrappel, in dem mündliche Befehle und Trompetensignale untergingen.

Wir müssen uns demnach an die wenigen Tatsachen halten, die, von der modernen Forschung erhärtet, keinem Zweifel mehr ausgesetzt sind: daß Alexander, diesmal die Schiefe Schlachtordnung anwendend, mit dem linken Flügel angriff, den rechten unter Parmenion zurückhielt, die gefürchteten Wagen mit den wirbelnden Messern an den Radnaben durch die sich öffnenden Reihen der Sarissenträger hindurchließ, die Lenker herunterschoß und irgendwann die Lücke erspähte zwischen der persischen Mitte und ihrem linken Flügel, mit Urgewalt hindurchstieß, Dareios und seine Leibgarde der Unsterblichen direkt attackierte, woraufhin der Großkönig, wie bei Issos, die Flucht ergriff; und damit eine Schlacht verlorengab, die er noch hätte gewinnen können, nachdem seine indischen Reiter die Thessalier über den Haufen geritten, das Lager gestürmt und eine allgemeine Panik in Parmenions Truppe getragen hatten.

Alles andere kann der gewissenhafte Chronist nur mit dem Wörtchen *soll* versehen: Alexander soll über Parmenion empört

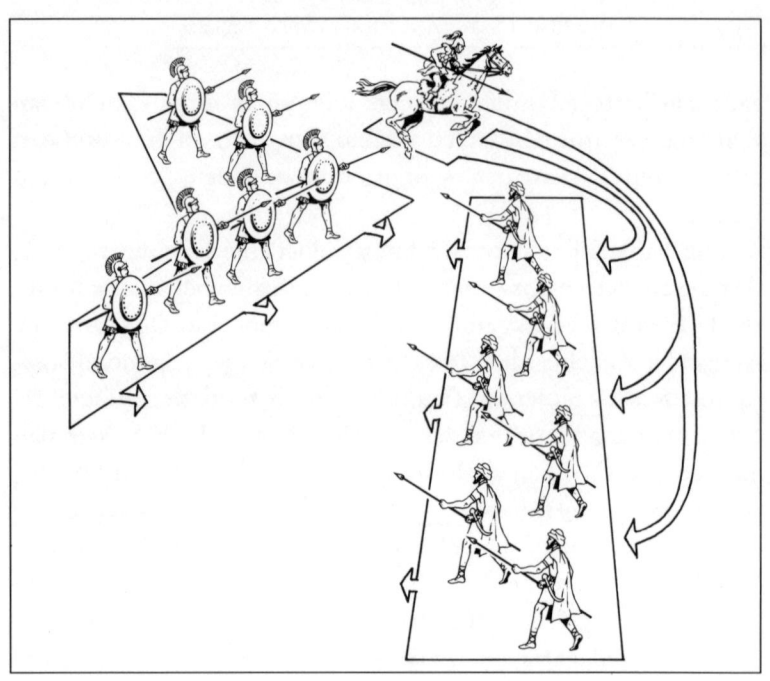

4 Die Schiefe Schlachtordnung, eine von Alexander erfolgreich angewandte Taktik.

gewesen sein, weil er, auf dessen Hilferuf herbeieilend, dadurch an der Verfolgung des Dareios gehindert wurde (Motiv: Sündenbock); des Großkönigs Mutter Sisygambes soll sich einer Rettung durch plötzlich vor ihrem Zelt erschienene iranische Reiter entzogen haben, weil sie den ritterlichen Alexander in ihr Herz geschlossen hatte (Ritterromanze); die Perser sollen dreihunderttausend Gefallene beklagt haben, die Makedonen dagegen nur dreihundert (Kriegerlatein). Und so fort ...

Alexander hatte mit Gaugamela den dritten Sieg auf persischem Boden gegen einen überlegenen Gegner errungen. Qualifizieren ihn diese Lorbeeren, in das Kabinett der großen Feldherren aufgenommen zu werden, zusammen mit Hannibal, Cäsar, Gustav Adolf von Schweden, Prinz Eugen, Friedrich dem Großen, Napoleon?

Nicht wenige Militärhistoriker haben diese Frage verneint. Für sie war der Makedone ein Haudegen, der, berauscht von der

Wollust des Kampfes, seine Gefährten wie ein Wolfsrudel führte, gierig vor Verlangen, dem feindlichen Anführer an die Gurgel zu gehen, Verwundungen und Tod verachtend, aber auch achtlos für alles, was sich auf anderen Teilen des Schlachtfelds abspielte. Sich selbst jedesmal in Lebensgefahr zu bringen, nötige zwar Respekt ab, sei aber eines Feldherrn nicht gemäß, denn wie könne man eine Schlacht lenken, wenn man sich des Überblicks selber beraube, sich ins Getümmel stürze, anstatt von einer rückwärtigen Position aus das Geschehen zu leiten? Letztlich sei er eben doch nichts weiter gewesen als ein tollkühner Narr, der das Schicksal jedesmal herausforderte und sich darauf verließ, daß ihm Tyche, die Göttin des Glücks, ihre Gunst schenkte.

Und warum hat er dennoch Großes erreicht? Weil er ein von seinem Vater geschmiedetes Heer geerbt habe, meint Karl Julius Beloch, schärfster Alexander-Kritiker, und einen Parmenion als Generalstabschef. »Daß es Parmenion ist, der die großen Schlachten des Perserkriegs gewonnen und diesen Krieg auch strategisch geleitet hat, unterliegt keinem Zweifel. Zu sagen, daß es Alexander war, würde genauso richtig oder falsch sein, als wenn jemand König Wilhelm den Sieger von Königgrätz und Sedan nennen wollte.« Beloch kommt zu dem überraschenden Fazit: »Er hat seine entscheidenden Siege mit 21–25 Jahren errungen; es ist klar, daß man in diesem Alter noch kein bedeutender Stratege und Taktiker sein kann.«

Im ersten Drittel des 19. Jahrhunderts schrieb ein preußischer General, Carl von Clausewitz, eine philosophische Abhandlung über das Wesen des Krieges, die zum Standardwerk der Militärs in ganz Europa wurde. Wer es studiert hat, sich besonders die proklamierten *Grundlagen der Strategie* vor Augen hält, muß zu einer anderen Beurteilung der militärischen Qualitäten Alexanders gelangen. Der Feldherr müsse, so heißt es, »seine Macht da, wo die Hauptschläge geschehen sollen, so viel als immer möglich konzentrieren, sich auf anderen Punkten Nachteilen aussetzen, um auf dem Hauptpunkt des Erfolges um so sicherer zu sein«.

Und: »Durch Schnelligkeit werden hundert Maßregeln des Feindes im Keim erstickt.« Und: »Die Überraschung ist das wirksamste Prinzip zum Sieg.«

Was am Granikos sich abspielte, in Issos und Gaugamela, vermittelt den Eindruck, als habe der Makedone die Grundsätze des Preußen vorweggenommen. Konzentration der Macht auf einen Punkt, Schnelligkeit und Überraschung führten bei allen drei Treffen zum Sieg. Selbst der vierte Grundsatz des Carl von Clausewitz in jenem Buch *Vom Kriege,* nämlich: »Das Verfolgen des geschlagenen Feindes gibt allein die Früchte des Sieges«, ist von Alexander antizipiert worden.

Napoleon, der auf St. Helena viel Zeit hatte, Strategie und Taktik seiner Vorgänger zu studieren, erteilte Alexander die endgültigen Weihen, als er schrieb: »Er eroberte mit einer Handvoll Leuten einen Teil des Erdballs, aber handelte es sich bei ihm nur um einen Vulkanausbruch, eine Art Sintflut? Nein, alles ist gründlich berechnet, verwegen ausgeführt, geschickt gelenkt.«

4 Orient und Okzident

Der Turm zu Babel

»Welche Stadt ist wie eine große Stadt ... Die große Stadt, die angetan war mit Linnen und Purpur und Scharlach und übergoldet mit Gold und Edelsteinen und Perlen! ... Das große Babylon, die Mutter der Buhlerinnen und der Greuel der Erde.«

So spricht die Geheime Offenbarung des Neuen Testaments, und so dachte die ganze antike Welt über die größte ummauerte Stadt, die je von Menschenhand errichtet worden ist. Das ungeheure Ganze, so wie es König Nebukadnezar wiederaufgebaut hatte, bedeckte einen Raum von 490 Quadratkilometern (viermal so groß wie das London um 1900), wurde von einer über zwölf Meter hohen und drei Meter dicken Mauer mit zweihundertfünfzig Türmen und hundert Toren umschlossen. Herodot berichtete, daß auf der Mauerkrone zwei vierspännige Wagen aneinander vorbeifahren konnten. Die Ausgräber stellten später fest, daß der griechische Globetrotter diesmal nicht übertrieben hatte. Wenn es damals schon den Herrn Baedeker gegeben hätte, zwei Sehenswürdigkeiten wären ihm drei Sterne wert gewesen. Da gab es den für Vermessenheit und Selbstüberhebung sprichwörtlich gewordenen Turm zu Babel, woselbst der Herr strafend eingegriffen hatte, indem er der Menschen Sprache verwirrte und sie in alle Länder zerstreute. 192 Meter hoch war er, laut Herodot, und barg an seiner Spitze eine Zelle, in der auf goldenem Ruhebett eine jungfräuliche Priesterin nächtens den Gott Marduk erwartete. Und da gab es die Hängenden Gärten, eine von gewaltigen Säulen getragene, kunstvoll bewässerte Anlage, deren mit Bleiplatten abgedichtete Terrassen einem blühenden Paradies glichen. Nebukadnezar hatte sie für seine medische Gemahlin gebaut, die sich nach den grünen Tälern ihrer Heimat sehnte.

Als die Makedonen und Griechen Mitte Oktober vor Babylon erschienen, war der einstige Glanz der Millionenstadt schon verblaßt, die Befestigungen marode, Etemenanki, *der* Turm, lag in Trümmern, in den Tempeln des Gottes Marduk hausten Bettler und wilde Hunde. Xerxes war es, der nach seiner Rückkehr aus Griechenland hier gewütet hatte in ohnmächtigem Zorn über die erlittenen Niederlagen. Der Anblick Babylons war dennoch gewaltig genug, um die Soldaten Alexanders in fassungsloses Staunen zu versetzen: Eine solche Stadt hatte noch niemand von ihnen erblickt. Von Gaugamela waren sie gekommen, geflohen vor den Bergen Zehntausender von Leichen, die in der Hitze zum Himmel stanken und Seuchen verbreiteten. Sie hatten ein Land durchquert, dessen Schlickböden, selbst wenn man sie nicht bearbeitete, dutzendfache Ernten brachten, verglichen mit den kargen Äckern Griechenlands.

Die Tore Babylons waren geschlossen, auf den Zinnen zeigten sich Krieger. Ptolemaios lobte sich, die Soldaten in Kriegsformation aufgestellt zu haben, einen Ausfall erwartend. Da öffnete sich ein Torflügel, dann ein zweiter, heraus kamen blumengeschmückte Soldaten, hohe Beamte und Militärs, weißgekleidete Priester, Frauen und Kinder, ein festlicher Zug, von Chören begleitet. An der Spitze ging der Satrap Mazaios, der bei Gaugamela zu den Tapfersten gehört hatte, und entbot die Proskynese, den Fußfall, die vier neben ihm knienden Söhne als Unterpfand seiner Unterwerfung anbietend. Alexander hob ihn auf, erleichtert darüber, daß er Babylon nicht, wie befürchtet, belagern mußte. Es schien sich auszuzahlen, daß er dem

Mithrenes von Sardes damals Rang und Ehren gelassen hatte. Auch glaubte Mazaios, seinem zum zweitenmal geflüchteten Herrn nichts mehr schuldig zu sein.

Der König übergab sein Pferd einem Pagen, denn nur Eroberer pflegten hoch zu Roß in eine Stadt einzuziehen. Auf dem bei Issos erbeuteten Wagen des Großkönigs stehend, fuhr er die dreiundzwanzig Meter breite Prozessionsstraße entlang, die einer steinernen Schlucht glich mit ihren sieben Meter hohen Mauern auf beiden Seiten. Die Mauern waren geschmückt mit den farbigen Reliefs von einhundertzwanzig Löwen, und vom Tor der Göttin Ischtar, das durch die Stadt zur Königsburg hinaufführte, drohten die Bilder von drachenflügligen Ungeheuern.

Hier einzuziehen in die Stadt der Weltwunder, umwölkt vom Weihrauch, der von den silbernen Altären aufstieg, umbrandet vom Geschrei des Volkes, das sich wie gewohnt der »aufgehenden Sonne« zuwandte, muß selbst für einen Alexander einer der großen Momente seines Lebens gewesen sein. Den römischen Cäsaren stand bei ihren Triumphzügen ein Sklave zur Seite, der ihnen zuflüstern mußte: »Bedenke, daß du sterblich bist. Bedenke, daß du sterblich bist ...« Die Gefahr, daß Alexander das vergaß und in frevelhaftem Übermut – die Hybris galt als größte Verfehlung des Menschen – den Zorn der Götter herausforderte, bestand nicht. Noch nicht ...

Im Gegensatz zu den Persern, die nach der Eroberung der Stadt so töricht gewesen waren, die fremde Religion nicht zu achten, ließ er sich noch am selben Tag von den Priestern weisen, wie dem großen Marduk zu opfern sei. Er versprach ihnen den Wiederaufbau der zerstörten Heiligtümer, wohl wissend, daß sie die grauen Eminenzen waren, ohne die es sich schlecht herrschen ließ. Auch wies er seine Intendanten an, den Schutt aus dem Tempelbezirk wegräumen zu lassen. 10 000 Arbeiter schufteten in den nächsten beiden Monaten mit Schippen, Körben und Karren, wofür der Finanzdirektor Harpalos zähneknirschend 600 000 Tagelöhne bezahlte.

Er hätte keinen Grund gehabt für seinen Geiz. Sein König war über Nacht zum reichen Mann geworden und sollte bald der reichste Herrscher der Welt werden. Außer den Sklaven und Sklavinnen, den Landgütern, Gestüten, Vorratshäusern, Viehherden, den Kunstschätzen, Silbergeschirren, dem Elfenbein, Schildpatt, Email, den Porzellanen, Seidenstoffen, Purpurballen, Straußenfedern, Pantherfellen, Teppichen, Edelhölzern, Gewürzen, Weihrauchbündeln, den Elefanten, Löwen, Tigern fiel ihm die Schatzkammer des Dareios in die Hand. In langen Reihen ruhten dort die Amphoren mit dem eingeschmolzenen Gold, die Truhen mit den Saphiren, Smaragden, Rubinen, den Diamanten und Perlen – dieser ganze ungeheuerliche, für madekonische Bauern und Hirten unvorstellbare Reichtum orientalischer Großkönige, den sie in Jahrhunderten erworben, geraubt, erpreßt, erbeutet hatten. Zusammen mit den Goldreserven in Susa und Persepolis betrug der geschätzte Wert allein des Edelmetalls 4,5 bis 5 Milliarden DM.

Harpalos, mit der Ausmünzung des Goldes betraut, schrieb bei der Bestandsaufnahme ellenlange Listen, und es gab Tage, da er dem Anblick der Goldmassen nicht mehr gewachsen war und sich in einer Mischung aus Gier und Verzweiflung die Haare raufte: »Wohin damit, wohin, wohin, wohin, ...«

Sein König wußte es. Jeder Reiter bekam 550 Drachmen (1 Drachme etwa 4 DM), jeder Sarissenträger 190, jeder Reiter der verbündeten Truppen 460, jeder Söldner den doppelten Monatslohn; die Offiziere entsprechend mehr, die Generale noch mehr und den Löwenanteil jene, die wir als die *Großen Helfer* kennengelernt haben. Auch Aristoteles erhielt eine bedeutende Summe für seine Forschungsarbeiten. Alexander vergaß seine Mutter nicht, als er Order gab, ihr einen Mantel aus Straußenfedern, Tigerfelle und Purpurgewänder zu schicken. Die Städte, die sich beim Einfall des Xerxes besonders ausgezeichnet hatten, bekamen, nach nunmehr anderthalb Jahrhunderten, bedeutende Summen überwiesen. Die Einwohner von Kroton auf Sizilien werden sich darüber gewundert haben, hatten doch die meisten von ihnen längst vergessen, daß einer ihrer Mitbürger für die Schlacht von Salamis auf eigene Kosten ein Schiff ausgerüstet hatte. Der König aber vergaß es nicht, wollte er doch seiner Rolle als Rächer Griechenlands für die Verwüstungen des Perserkrieges treu bleiben. Als er die Bronzestatuen der Volkshelden Harmodios und Aristogeiton, die Xerxes aus Athen entführt hatte, in Susa entdeckte, ließ er sie sogleich nach Athen zurückbringen. (Der Sockel, auf dem sie sich dort wieder erhoben, wurde vor einigen Jahren unweit der Akropolis entdeckt.)

Er residierte, von den Babyloniern zum Herrscher der vier Weltgegenden ausgerufen, im alten Palast Nebukadnezars, einem Labyrinth von sechshundert Zimmern, die alle fensterlos waren. Die Sonne heizte den Ziegelbau dennoch so stark auf, daß man des Nachts auf Ziegenhäuten schlief, die mit kühlem Quellwasser gefüllt waren. (Das Wasserbett ward erfunden – wurde vergessen und als modische Neuheit in unseren Tagen wieder auf den Markt gebracht.) Seinen Kriegern gönnte er fast fünf Wochen Ruhe, um ihre Krankheiten zu kurieren – es gab mehr Kranke als Verwundete –, Verletzungen auszuheilen und, nicht zuletzt, sich zu vergnügen.

Babylon war – nun, ein Sündenbabel. Die Chronisten zeigten sich empört über die Sittenlosigkeit, eine Empörung, die die Soldaten nicht teilten. Für sie waren es paradiesische Zustände. Noch im europäischen Mittelalter hatte man sich darüber nicht beruhigen können. In der *Alexandreis* des Walter von Châtillon, die so verbreitet war, daß sie sogar als Schulbuch diente, heißt es:

»... denn nichts ist ärger dort als die Verderbnis. Nichts ist eher geeignet als sie, dem käuflichen Übel schmutziger Liebe zu dienen, sobald erst die Sinne vom vielen Weine erglühen; und bietet man gar für bittere Schande Geldgaben an, dann zwingen nicht nur die Gatten die Gattin, auch Eltern die Kinder, sich Gästen zur Lust zu verkaufen. So ist Babylons Pracht, in solchem müßigen Treiben halten dreißig Tage und vier den König gefangen. Drum auch würde sein Heer, das Länder zu zähmen bestimmt ist, jetzt zu kraftlos sich zeigen, wofern es träge nach faulem Mahl den rasenden Feind im Angriff zurückwerfen wollte.«

DIE BEUTE

Walter von Châtillon hatte seine Quellen studiert, denn die berichten übereinstimmend, wie schlecht es um Manneszucht und Gehorsam stand. Alexander handelte rasch. Er setzte Mazaios wieder zum Satrapen ein, gab ihm einen Bruder Parmenions zur Seite mit siebenhundert makedonischen Veteranen und dreihundert Söldnern, dazu als Steuereintreiber ebenfalls einen Landsmann, und verließ die Stadt in Richtung Susa. Und Aristandros, der soviel vorausgesehen hatte und noch mehr zu wissen vorgab, sah eines nicht voraus: daß sein Herr in Babylon sterben würde ...

Schon auf dem Marsch begann der König, die Truppe zu disziplinieren. Er erhöhte die Marschleistung auf 25 bis 30 Kilometer pro Tag, gab nachts Alarm, jagte die Männer aus ihren Lederzelten und legte Waffenappelle ein. Er selbst schonte sich nicht, ließ sich immer wieder vom Pferd gleiten, lief zwei, drei Stadien in scharfem Dauerlauf, sprang wieder auf, übte sich im Bogenschießen, im Speerwurf; und wenn er im Wagen fuhr und das Gelände es erlaubte, las er oder diktierte, wie später Cäsar, den Schreibern.

Ein Brief ging an Aristoteles mit der Schilderung des perfekten metrischen Systems, nach dem die Babylonier rechneten, und der überlegenen astronomischen Kenntnisse ihrer Priester. Er war beeindruckt von dieser uralten Kultur, von den Angehörigen der verschiedensten Völkerschaften, die sie trugen und friedlich miteinanderlebten. Wenn er an seine Makedonen dachte, an die Thessalier, Ionier, Thraker, Päonen, Agrianen in seinem Heer, an ihre geringe Zahl und das gewaltige Reich, das er zu erobern im

Begriff stand, dann kam ihm immer derselbe Gedanke: Verschmelzung.

Bliesen die Trompeter zum Halt und waren die Zelte aufgeschlagen, ließ der König Eumenes kommen und sich die *Ephemeriden* vorlegen. Das waren amtliche Aufzeichnungen mit minuziöser Darlegung des Tagesverlaufs, der Regierungshandlungen, der politischen und militärischen Vorgänge, der Korrespondenzen, der vorgenommenen Opferhandlungen und so fort. Mit Hilfe von Abschriften wurden die Satrapen und abwesenden hohen Offiziere über alle Vorgänge auf dem laufenden gehalten. Sie sind fast gänzlich verlorengegangen – einer jener Verluste, die Historiker in Verzweiflung stürzen können; denn was für ein umfassendes Bild Alexanders und seiner Zeit ließe sich aus diesen »Tagebüchern« erschließen! Kallisthenes dienten sie als Hauptquelle für seine Alexander-Geschichte, Ptolemaios bediente sich ihrer. Doch auch ihre Werke sind uns nicht im Original erhalten.

Nachdem das Heer von Babylon aufgebrochen war, hatten sich die *Bematisten* im Hauptquartier gemeldet, die »mit Schritten Abmessenden«. Sie informierten den Stab, wie viele Stadien es bis Susa waren, in wie vielen Tagesmärschen das Ziel zu erreichen sei, wie das Gelände beschaffen, welche Siedlungen am Wege lagen, welche Pflanzen dort wuchsen, welche Tiere dort lebten, wo die Brunnen lagen. Ihre Berichte waren klar, nüchtern, von äußerster Genauigkeit und wurden ebenfalls in ein Journal eingetragen. Alexander kontrollierte die Eintragungen mit eigener Hand und las immer wieder darin, denn das, was ihn Aristoteles gelehrt hatte, wissenschaftliche Erkenntnisse durch Erfahrung zu gewinnen, kam hier zur Erfüllung. Er ließ Auszüge anfertigen und an Wissenschaftler schicken. Theophrastos, der Begründer der Botanik, benutzte das Bematistenjournal; Plinius entnahm ihm für seine *Historia naturalis* naturwissenschaftlich-geographische Angaben wie auch Strabo für die siebzehnbändige *Geographica*.

Die Bematisten sind, was ihre körperliche Leistung betrifft, nur mit modernen Hochleistungsathleten vergleichbar. Durchtrainiert, unempfindlich gegenüber Strapazen, Hunger und Durst trotzend, bewältigen sie 550 Stadien (fast 100 Kilometer) in zehn Stunden. Dem Kreter Philonides wurde in Olympia eine Inschrift geweiht, die ihn als *Tagesläufer und Schrittmesser* ausweist. Er war berühmt geworden durch seinen Distanzlauf von Sykion nach Elis, bei dem er 160 Kilometer in siebzehn Stunden bewältigte.

Am Mittag des zehnten Tages zeigte sich am Horizont die Staubwolke, die in diesem Gelände jeden sich nähernden Truppenverband verriet. Keine Feinde aber waren es, sondern Freunde, die sehnlich erwarteten Verstärkungen aus der Heimat unter Führung des Amyntas. Sie anzuwerben und auszuheben war nicht schwierig gewesen. Die Siege und, vor allem, die Siegesbeute waren überzeugendere Argumente als jedes Handgeld. Lediglich die verweichlichten Jünglinge aus der Entourage der Olympias hatte er zwingen müssen, was ihm gewiß ein Vergnügen gewesen ist. Wie die meisten makedonischen Adligen mochte er die Königin nicht.

Fünfzehntausend Mann stark war die Truppe, darunter ein Kontingent Thraker, deren Landsleute bisher so tapfer und so grausam gekämpft hatten (noch bei den römischen Legionären kam die Entsendung nach Thrakien einem Himmelsfahrtskommando gleich) und fünfzig Knaben aus den adligen Familien des Hochlands, die im Feldlager zu Pagen erzogen werden sollten. Sie konnten nicht wissen, welch furchtbares Los einige von ihnen treffen würde.

Die Makedonen überbrachten Grüße, kleine Geschenke und Briefe, die den Analphabeten unter ihnen laut vorgelesen wurden. Auch Alexander wurde ein Brief übergeben. Er stammte von seiner Mutter Olympias, die sich, wie immer, über den Statthalter Antipatros beklagte und den Sohn, wie immer, vor jenen warnte, die er für seine Freunde hielt. Ein anderes Schreiben enthielt die Nachricht vom vernichtenden Sieg eben jenes Antipatros über die Spartaner bei Megalopolis.

»Mäusekrieg«, meinte der König achselzuckend und gab dem verständnislos dreinblickenden Amyntas das Blatt zurück.

Eine Bemerkung von phantastischem Hochmut. Er hätte besser wissen müssen, wie wichtig gerade dieser Sieg war. Hätten nämlich die »Mäuse« gesiegt, sprich die Spartaner, wäre ganz Griechenland von ihm abgefallen, und das nächste Angriffsziel der Hellenen wäre Makedonien gewesen. Wie viele seiner Truppen hätten dann den umgekehrten Weg über den Hellespont gehen müssen, um Antipatros zu helfen. Und damit hätte der ganze Persienfeldzug auf dem Spiel gestanden.

Wohin die Gedanken seines Königs flogen, konnte der getreue Amyntas, der sich am Granikos, vor Halikarnassos und bei Issos ausgezeichnet hatte, am zwanzigsten Tag nach dem Auszug aus Babylon miterleben. An diesem Tag saß Alexander auf dem Thron des Dareios zu Susa. Nach dem Speerwurf an den Gestaden des Hellespont ein weiterer symbolischer Akt: Das speergewonnene Land war ihm nun untertan. In der »Lilienstadt« hatten die großen Herrscher aus der Dynastie der Achaimeniden residiert: Kyros der Große, Kambyses, Dareios II., Xerxes. Drei der vielgerühmten Königsstraßen verbanden sie mit den wichtigsten Zentren des Landes, darunter die nach Sardes mit ihren 121 Raststationen. Hier waren jahrhundertelang die Delegationen der griechischen Stadtstaaten erschienen, um Unterstützung zu suchen beim Großkönig für ihr Land oder gegen ihr Land, waren Bündnisse geschlossen, Friede ausgehandelt, Kriege angezettelt und beendet worden. Und immer wieder hatten die aus der Heimat Verbannten um Asyl nachgesucht, darunter so bedeutende Männer wie König Demaratos, den die Spartaner verjagt hatten; Themistokles, der Sieger von Salamis, den die Athener aus ihren Mauern gewiesen; Pausanias, einer der Sieger von Plataia; Alkibiades, den Perikles erzog und Sokrates unterrichtete; Pelopidas, der die Heilige Schar bei Leuktra anführte.

Ihren König auf dem Thron zu sehen, wo einst Xerxes saß, der Zerstörer Griechenlands, dieser Anblick rührte besonders die

Griechen in Alexanders Umgebung: Niemand könne sagen, er habe *gelebt*, wer das nicht *erlebt* habe! Und sie beklagten selbst jene, die im Elysium wandelten und nicht mehr Zeugen sein konnten, daß Dareios, einer aus der Dynastie der Achaimeniden, die sich angemaßt hätten, Herren aller Menschen zu sein von Sonnenaufgang bis Sonnenuntergang, heute nicht mehr um die Herrschaft über andere kämpfte, sondern nur noch um das eigene nackte Leben. Späteren Geschlechtern werde das alles wie ein Märchen erscheinen.

Wie es in Susa einst zuging, darüber findet sich im Alten Testament ein ganzes Kapitel. Es sei hier in der Sprache des Doktor Martin Luther wiedergegeben: »Zu Zeiten Ahasveros [Xerxes], der da König war von India bis an Mohrenland über hundertundsiebenundzwanzig Lender, und der da auf seinem königlichen Stuel sas zu schlos Susan im dritten jar seines Königreichs machet er bey sich ein Festmal allen seinen Fürsten und Knechten, nemlich den Gewaltigen in Persen und Meden den Landpflegern und Obersten seiner Lender, daß er sehen ließe den herrlichen Reichthum seines Königsreichs und die köstliche pracht seiner Maiestet – viel tage lang nemlich hundertundachtzig tage. Und da die tage aus waren, macht der König ein Mahl allem volck, das zu schlos Susan war, Großen und Kleinen sieben tage lang im hofe des Garten am Hause des Königs. die bencke waren gülden und silbern auff pflaster von grünen weißen gelben und schwartzen marmeln [Marmor] gemacht. Und das getrenck trug man in gülden Gefessen und imer andern und andern gefessen und königlicher Wein die menge. Und man setzte niemand etwas vor, was er trincken solt. Denn der König hatte allen Vorstehern in seinem Hause befohlen, das ein jeglicher solt thun, wie es ihm wolgefiel.«

Nur etwas dürfte die weihevolle Stimmung im Palast des Dareios gestört haben: Alexander war nicht groß genug, um seine Füße auf den elfenbeinernen Schemel stellen zu können, der unterhalb des Thronsitzes sich befand. Sie baumelten ins Leere.

Philotas nahm kurzerhand einen der mit Emaille ausgelegten Eßtische und schob ihn dem König unter die Füße. Der Haushofmeister brach daraufhin in Tränen aus. »Es schmerzt mich«, sagte er, »deine Schuhe dort zu sehen, wo meines Herren Becher und Schüssel gestanden, wenn ich ihm auftrug.«

Was den Wert des Goldes und des Silbers in den Schatzkammern ausmachte, so übertraf Susa noch Babylon. Wer es für eine Fama gehalten hatte, daß Dareios unter seiner Fußbank und unter seinem Kopfkissen Millionen aufbewahrte, wurde eines Besseren belehrt. Kissen und Bank bestanden aus zwei mannshohen Truhen, die oberhalb und unterhalb des königlichen Prunkbettes standen und bis zum Rand mit Goldmünzen gefüllt waren. Auch die sagenhafte Platane, deren Stamm, Blätter und Früchte aus Gold gearbeitet waren, ein Symbol ewigen Reichtums, fand sich in den Schlafgemächern; wie auch der Weinstock mit seinen Trauben aus Rubinen. Harpalos überschlug rasch den Schätzwert und kam allein bei der Platane auf 25 bis 28 Millionen Drachmen (etwa das Fünffache in DM), den Kunstwert nicht gerechnet. Perdikkas meinte nachdenklich, daß es ihm manchmal scheine, als überträfen die Barbaren an handwerklicher Kunst die Griechen. Leonnatos begann die Feinheit der Lebensformen zu bewundern. Und Peukestas sagte, Griechisch sprächen die Leute zwar nicht, aber ihre Kultur sei zweifellos älter.

Am anderen Tag meldete sich der Satrap und fragte, ob er dem König den Harem mit seinen 365 Frauen vorführen dürfe. Alexander verzichtete, zur Enttäuschung seiner Begleitung, auf diesen Genuß, hätten ihm doch schon in Damaskus beim Anblick der vielen schönen Perserinnen die Augen gebrannt. Die Vorführung der schönen Knaben, die sämtlich beschnitten waren, überließ er Hephaistion. Viel mehr interessierte er sich dafür, warum Abulites die Stadt seines Herrn ohne Kampf ausgeliefert hatte. Mithrenes, Mazaios, Abulites waren Männer, die ihm mißfielen, auch wenn ihm ihr Verrat gefallen hatte. Abulites antwortete, daß es kein Verrat sei, einen König zu verlassen, den das Glück verlassen hatte.

In einem der Paläste auf der mittleren Terrasse brachte Alexander die Familie des Großkönigs unter, die sich noch immer bei seinem Troß befand, und versah sie mit dem vorgeschriebenen Personal für ein standesgemäßes Leben. Sisygambes bat ihn, er möge den Kindern erlauben, ihre Dankbarkeit zu zeigen. Die beiden jungen Mädchen mit ihren Trauerschleiern aus weißer Gaze und der zehnjährige Sohn entboten ihm die Proskynese.

Alexander meinte nach kurzem Zögern: »Es wäre mir angenehm, wenn sie die griechische Sprache lernten.«

Die Königinmutter meinte, so solle es geschehen, zeigte sich aber bestürzt, als der König ihr anderntags eine aus Babylon mitgeführte makedonische Weberin schickte, um sie die Kunst des Teppichwebens zu lehren. Wolle er sie nun doch zu Sklavinnen herabwürdigen? Sein Einwand, in Griechenland gehöre das Weben zu den Beschäftigungen der edlen Frauen, fruchtete nichts. Für eine Perserin gehöre das zu den niedrigsten Arbeiten. Er entschuldigte sich bei ihr als gehorsamer *Sohn*, denn ihn so zu nennen, darum hatte sie gebeten.

Nichts hat Alexanders Kampfgefährten so irritiert wie sein Verhalten gegenüber der Familie des Großkönigs. Aus der Verwunderung wurde Befremdung, schließlich Spott, als ihr König bei der Bestattung der an den Strapazen des Marsches verstorbenen Dareios-Gemahlin Stateira in Tränen ausbrach. Die Frauen des Besiegten gehörten dem Sieger, so war es Kriegsbrauch, und mußten das Bett mit ihm teilen. Wenn *er* von ihnen keinen Gebrauch machen wollte, hätte er sie *ihnen* überlassen sollen. Für Ritterlichkeit hatten die Makedonen wenig Sinn, und für das, was wir als »romantisch« in Alexanders Wesen bezeichnen, schon gar nicht. Irritierter beinah noch war Dareios selbst. Es klingt glaubwürdig, wenn man liest, was er zu Bessos, dem Satrapen von Baktrien, in einer Mischung aus Respekt und Resignation geäußert hat: »Mich auf dem Schlachtfeld zu besiegen, ist ihm nicht genug. Er muß mich auch an Großmut übertreffen und an hohem Sinn. Was für ein Mensch ...«

Susa, eine seit den ersten Tagen menschlicher Zivilisation blühende Siedlung, die zur Weltstadt aufstieg, gleicht heute einer Mondlandschaft, aus der sich bis zu dreißig Meter hohe Hügel aus Sand, Steinen und Trümmern erheben. Ihre Paläste und Tempel sind zerfallen, die aus luftgetrockneten Ziegeln erbauten Wohnhäuser machten Regen und Hitze wieder zu Erde. Eine Art Wahrzeichen dieser Trümmerlandschaft ist das weithin sichtbare Château de Suse, keine Kreuzritterburg, wie man im ersten Moment vermuten könnte, sondern ein festungsartiger Bau, den sich die französischen Ausgräber hier errichtet hatten: zu ihrem Schutz und zum Schutz der aus der Erde ans Licht geholten Kostbarkeiten. Sie gaben den einzelnen Ruinenhügeln die Namen wie *Apadana, Akropolis, Ville royale, Ville des artisans*. Die schönsten Funde birgt nicht von ungefähr der Louvre: die Schmelzfarbe-Malereien auf den Wandziegeln, die Reliefarbeiten mit den Abbildern der Palastgarden, der Stiere, der Löwen.

Auch die dreisprachige Inschrift in Babylonisch, Elamitisch und Persisch, die Dareios I. in den Stein hauen ließ, findet sich in Paris: »Dies sind die [Volks-]Namen der Handwerker, die gewirkt am Palast: Meder und Ägypter schmiedeten das Gold; Sarden schnitzten das Elfenbein; Babylonier und Ionier backten die Ziegel für die Mauern; Meder und Ägypter richteten die großen Mauern; die Leute aus dem Land, das sie Gebirge [Libanon] nennen, bearbeiteten die Zedern. ICH sage: Alles, was ICH in Susa tat, auf Befehl von Ahuramazda tat ICH es, dem Gott. Vor jeglichem Feind möge Ahuramazda mich beschützen mit meinem Volk und meinem Vater und meinem Land.«

»Das Land der Perser ist furchtbar, furchtbar zu Fall gebracht.«

Als Alexander Ende 331 Susa verließ, zeigte sich ihm auf dem Marsch die Fratze des Krieges in ihrer erschreckendsten Form. Der Anblick, der sich ihm bot, ließ ihn erschauern, und er schwieg, als ihm die Hetairoi vorwarfen, er habe sie zu täuschen versucht, indem er ihnen die Perser immer als Menschen von Sitte und Kultur geschildert habe. Dabei seien sie doch nichts anderes als blutrünstige, ekelhafte, grausame Barbaren.

»... denn es kamen an die achthundert Griechen ihnen entgegen, welche zur Strafe, als man sie gefangen, die Verstümmelung eines Teils ihres Leibes hatten erdulden müssen. Sie flehten den König an, er möge sie nun vor weiteren Grausamkeiten der Feinde beschützen. Ihnen wurde die Möglichkeit geboten, in die Heimat zurückzukehren, sie aber wollten lieber Land haben zum Bebauen, um nicht mit ihrer Rückkehr den Verwandten daheim weniger Freude als Schande und Abscheu über ihren Anblick zu bieten.« (Pompeius Trogus)

Vielen von ihnen war eine Hand abgehackt, anderen ein Fuß zerquetscht, wieder anderen waren Nase und Ohren abgeschnitten worden, oder sie trugen Brandmale auf der Stirn; die Bemitleidenswertesten tasteten sich mit einem Stock voran, da man sie geblendet hatte.

Die Männer bedrängten ihren Feldherrn, den Verantwortlichen für diese Greuel, Dareios, zu verfolgen, zu stellen und seiner gerechten Strafe zuzuführen. Der König der Könige hatte sich mit dem intakten Teil seines Heeres nach Medien zurückgezogen, ein im Nordwesten des heutigen Iran gelegenes schwer zugängliches Gebiet. Alexander jedoch wollte so rasch wie möglich in die Persis vorstoßen, in das Kernland des Weltreiches der Perser, zu den legendenumwobenen, den Mittelmeervölkern unbekannten Städten Persepolis und Pasargadai, gelegen auf einer gewaltigen, von vier- bis fünftausend Meter hohen Bergmassiven umrahmten Hochebene. Hier hatte vor zweihundert Jahren der indogermanische Völkerstamm der Perser die Herrschaft über den Iran gewonnen: Unter dem Schutz und dem Segen ihres obersten Gottes Ahuramazda, der das Licht verkörperte und den Dämon der Finsternis, Ahriman, in Schach hielt. Dieses Land Parsa war, wie der erste Dareios inschriftlich bekannte, paradiesisch schön, die Heimat edler Pferde und guter Männer und mußte sich vor keinem Feind fürchten. War Susa das Verwaltungszentrum, das Hirn des Weltreichs, so bildete Persepolis das Herz. »König von Asien« – diesen Titel hatten Alexander die Babylonier verliehen, doch war er nichts wert, solange er nicht die Persis besaß.

Der Weg dahin erwies sich als gefährlicher denn vermutet. Die Uxier, einer jener Bergstämme, die nie zu bezwingen gewesen waren, denen selbst die Großkönige Tribut gezollt hatten, wenn sie das Stammesgebiet durchqueren wollten, stellten sich den Makedonen in den Weg und verlangten das Doppelte des Wegezolls. Aus der Beute von Susa hätte man ihn leicht begleichen können, doch wäre damit ein Präzedenzfall geschaffen worden, auf den sich andere Stämme hätten berufen können. In einem überraschenden Nachtangriff wurden sie verjagt, und wenn sie in ihren Dörfern bleiben durften, verdankten sie es der Fürbitte der Königin Sisygambes. Anstatt zu zahlen, bat Harpalos sie zur Kasse. Er begnügte sich, da sie kein Geld besaßen, mit der Lieferung von 30000 Schafen, 300 Packtieren, 100 Pferden.

Solche Siege erfocht Alexander im Vorbeigehen. Das änderte sich, als er, nachdem Parmenion mit der Hälfte des Heeres und dem immer schwerfälliger werdenden Troß auf die große Reichsstraße eingeschwenkt war, mit seinen leichten Truppen vor der Persischen Pforte stand. Von hier aus wäre Persepolis in ungleich kürzerer Zeit zu erreichen, hatte man ihm berichtet, als auf der Königsstraße, und das war notwendig, wollte man die dortigen Schatzkammern unversehrt übernehmen.

Wieder einmal erweist sich die mangelhafte Feindaufklärung

als die Achillessehne des makedonischen Heeres. Die Truppen stoßen in der Paßenge völlig unvorbereitet auf eine aus granitenen Blöcken aufgetürmte Mauer, die die beiden Hänge zu einem unüberwindlich scheinenden Hindernis miteinander verband. Der Versuch, sie zu erstürmen, endet unter den Steinlawinen, die die Perser von den Höhen herabdonnern lassen, während gleichzeitig ein Pfeilhagel aus Dutzenden von Katapulten über sie hereinbricht. Die Hörner blasen zum Rückzug, und der wird zur Schmach, denn die Gefallenen müssen unbegraben liegengelassen werden.

Sie schlagen ein Lager auf und werten die Berichte der Gefangenen aus, denen zufolge jenseits der Mauer vierzigtausend Mann standen, beauftragt, den Zugang zur Persis mit ihren Leibern zu schützen. Den Vorschlag, Persepolis auf einem mehrere Tagesmärsche kostenden Umweg zu erreichen, lehnt Alexander ab. Sein Nimbus der Unbesiegbarkeit, der seine Feinde schon vor Beginn der Schlacht lähmte, was ihm viel Blut erspart hatte, stand auf dem Spiel. Ariobarzanes, der Satrap der Persis, *mußte* geschlagen werden! Könne man den Engpaß nicht umgehen und in den Rücken der Perser gelangen? Man verhört die Gefangenen, befragt sie immer wieder, ob das möglich sei: Nein, das sei unmöglich. Die Berge links und rechts des Passes sind mit von Unterholz verfilzten Eichenwäldern bedeckt, überdies jetzt tief verschneit, also gänzlich unwegsam, besonders für Bewaffnete mit Schild, Speer, Schwert, Rüstung.

Dann tritt, gleichsam als *deus ex machina*, jener Hirte auf, der den Gang der Weltgeschichte im Altertum gelegentlich zu beeinflussen pflegt, indem er als Kenner von Weg und Steg Soldaten in den Rücken anderer Soldaten führt – oder bewußt ins Verderben. Der berühmteste, besser der berüchtigtste, unter ihnen hieß Ephialtes und lieferte bei den Thermopylen die Spartaner ans – persische – Messer. Unser Hirte ist namenlos geblieben. Man weiß nur, daß er aus Lykien stammte, einst in persische Gefangenschaft geraten war und das Griechische beherrschte. Es gebe,

18 Alexander mühte sich nicht weiter, sondern rief: »Es kommt auf eins heraus, *wie* man ihn löst!« und zerhieb den Knoten von Gordion mit dem Schwert. Die Herrschaft über ganz Asien würde ihm nun, so das Orakel, für alle Zukunft gebühren.

19 Drei, drei, drei, – die berühmte Schlacht bei Issos. Der
Vernichtungswille, der aus den Augen Alexanders springt, und der
Schrecken im Gesicht des Großkönigs Dareios zeigen sich
eindrucksvoll in dem Mosaikbild aus Pompeji. Das 5,82 Meter mal
3,13 Meter große, aus anderthalb Millionen Steinchen bestehende
Mosaik wurde 1831 im »Haus des Fauns« aufgedeckt.

20 Mit den Insignien des Pharao versehen, erweist
Alexander dem altägyptischen Gott Min die Ehre. Min galt
als Herr der Zeugungskraft. Das Relief befindet sich
heute in der Alexanderkapelle zu Luxor.

so sagt er aus, sehr wohl einen Pfad, nur ihm bekannt, weil er dort oben seine Ziegen gehütet habe.

Soll man, darf man ihm trauen? Es bleibt den Makedonen nichts anderes übrig, wollten sie die Schmach der Persischen Tore tilgen. Alexander versorgt seine besten Männer mit einem Dreitagesproviant, befiehlt, die Wachfeuer im Lager Tag und Nacht zu schüren, um den Feind zu täuschen, bricht dann nachts auf in der Zuversicht, den 2250 Meter hohen Kamm des Bolsoru zu erreichen. Bei eisigem Ostwind, der ihnen den Schnee entgegenpeitscht, stolpern sie durch das Unterholz, kriechen an jähen Abstürzen entlang, stürzen schließlich in eine Schlucht, die einer riesigen Falle ähnelt. Hat der Lykier sie doch verraten? Einige wollen ihm an die Kehle, doch da öffnet sich die Schlucht an einem Wasserfall, und nach zwei Tagen und zwei Nächten stehen sie auf dem Kamm und sichten die feindlichen Vorposten. Alexander ist so erleichtert, daß er den Hirten protokollwidrig umarmt.

Das mit Ptolemaios vereinbarte Hornsignal wird geblasen. Von beiden Seiten greifen die Makedonen nun an – talaufwärts und talabwärts. Überraschung und Schnelligkeit, Alexanders Tugenden als Feldherr, geben wieder den Ausschlag: Als die Perser erkennen, daß der Feind in ihren Rücken gelangt ist, kommt es zur Panik. Ariobarzanes gelingt mit einigen hundert Reitern der Durchbruch nach Persepolis. Die Stadtväter jedoch verschlossen dem Satrapen die Tore. Sie wußten bereits vom Sieg Alexanders, und es erschien ihnen klüger, mit dem Sieger zu gehen als mit dem Besiegten. Auch hier war Verrat nur eine Frage des Zeitpunkts.

Wenig später erschien der Sieger und wurde eingelassen. Was sich in den nächsten Wochen hier ereignete, ließ die Stadtherren daran zweifeln, ob es nicht besser gewesen wäre, Ariobarzanes aufzunehmen: Denn die Stadt zu verteidigen hätte vielleicht weniger katastrophale Folgen gezeitigt, als sie zu übergeben.

Von den Bergen kommend durchritt Alexander die blühende Ebene Marv-i-Dasht und sah im Glast der aufgehenden Sonne eine gewaltige, von einem doppelten Mauerring bewehrte Terrasse, eine Felsbastion, auf der sich Paläste erhoben, die alles übertrafen, was er in Babylon und Susa gesehen, die sogar die Akropolis, die er einmal besucht hatte, in den Schatten stellten. Die himmelhohen Säulen, die Leuchtkraft der Farben, die Ausdehnung der ganzen Anlage – das alles ließ ihn erstarren.

Der Eindruck verstärkte sich, als er noch am selben Tag die zweiläufige Monumentaltreppe emporstieg, und zwar zu Pferde, denn die hundert Stufen waren so gearbeitet, daß Reiter sie bequem passieren konnten. Er übergab Bukephalos einem Reitknecht, schritt durch das Tor aller Länder mit den geflügelten Dämonen und den Stierkapitellen, überquerte einen freien Platz und stand vor dem eigentlichen Wunderwerk, dem Thronsaal, Apadana genannt. Treppensockel und Mauern trugen Relieffriese mit den Darstellungen der Unsterblichen, den Soldaten der Königsgarde, mit Kämpfen zwischen Löwe, dem Symbol des Sonnengottes, und dem Stier, der die Finsternis verkörperte. Einmal im Jahr, so hatte man Alexander berichtet, kämen die Gesandten aller unterworfenen Völker – dreiundzwanzig insgesamt – nach Persepolis und zollten dem Herrscher ihren Tribut.

Auf den Basisreliefs waren sie abgebildet in ihrer Kleidung und was sie darbrachten: die Parther, die ein Kamel führten, die Ägypter mit ihren Stieren, die zipfelmützigen Skythen mit Rössern, die Äthiopier mit Elefantenstoßzähnen und einer Giraffe, die Inder mit Körben auf den Schultern, Lydier mit Purpurstoffen, Assyrer mit Wisenten, Somalier mit Widdern, Arachosier mit silbernen Schalen, Araber mit Weihrauch und – Rufe des Staunens wurden laut – die Makedonen in voller, genau nachgebildeter Rüstung. Auch die Griechen waren dabei: Sie schleppten Wolle.

Die Bematisten hatten inzwischen die Maße des Apadana abgeschritten: 112 Meter im Geviert (nach unserem Maß). Sie zählten 72 je 18 Meter hohe Säulen, die das Dach aus Zedernholzbalken trugen. Der benachbarte Palast des Dareios war ein

45 mal 45 Meter messendes Quadrat mit 100 Säulen. Die gesamte Anlage mit dem Thronsaal, dem Palast des Dareios, dem Palast des Xerxes, dem Hundertsäulensaal, dem Tripylon, dem Heiligtum, dem Schatzhaus, Beamtenwohntrakt, der Palastküche, der Bibliothek, dem Harem, dem Marstall und der Garnison umfaßte ein Quadrat von 400 mal 400 Metern. Ob Alexander das alles »schön« fand im griechischen Sinne: edel in den Maßen, harmonisch in der Komposition, ästhetisch? Oder ob es für ihn nur pompös war, übersteigert, monumental? Der Makedone besaß einen erlesenen Kunstverstand. Dem Artemision zu Ephesos, dem Athene-Tempel in Priene (den er eingeweiht hatte), dem Parthenon, dem Tempel des Zeus in Olympia gehörten in erster Linie seine Bewunderung.

Fassungslos allerdings standen die Architekten und Ingenieure des Hoflagers vor der Technik, deren sich die Perser beim Bau des Apadana bedient haben mußten – und sie erregt noch heute die Bewunderung der Experten. Das Dach der 25 Meter hohen Halle ist die komplizierteste und aufwendigste Konstruktion, die im Orient je verwirklicht wurde. Um die Last der 85 Tonnen zu tragen, bedurfte es der Erfindung des Sattelkapitells, auf dem ein dreigeteilter Balken, ebenfalls ein neues Prinzip, auflag. Dreigeteilt deswegen, weil selbst die mächtigsten Zedern keine Einzelbalken von der benötigten Höhe und Breite hergaben. Auf den Sattelkapitellen legte man also drei Balken von je 0,70 Meter Breite und 1,04 Meter Höhe auf. In der Praxis bedeutete das (hier folgen wir den Untersuchungen von Leo Trümpelmann): Für jeden einzelnen Hauptbalken des Thronsaals mußte eine etwa vierhundert Jahre alte Zeder gefunden, gefällt, unter unendlichen Mühen zum Bauplatz transportiert werden, »und das zu einer Zeit, als schon lange die Wälder des Libanon und des Tauros für die Ansprüche der damaligen Welt ausgeräubert worden waren«. Umweltzerstörung vor 2300 Jahren. Es geschieht nichts Neues unter der Sonne, wußte Prediger Salomo.

In Persepolis mußte Alexander zum erstenmal erleben, daß

seine Soldaten zu murren begannen. Sie seien, so ließen sie durch ihre Sprecher verlauten, Zehntausende von Stadien marschiert, hätten glorreiche Siege errungen, entsprechend belohnt worden seien sie aber nicht für ihre Tapferkeit und ihren Opfermut. Was nach Kriegsbrauch allen Soldaten zustünde, die eine Stadt erobert hätten, sei ihnen verwehrt worden. Keinen Palast im reichen Babylon hätten sie anrühren dürfen, kein Haus im prunkstrotzenden Susa, von den Städten an der ionischen Küste und im Innern Kleinasiens zu schweigen.

Der König wußte, was sie im Sinn hatten, und es fiel ihm nicht schwer, ihnen entgegenzukommen. Persepolis, so führte er vor seinem Stab aus, sei die hassenswerteste Stadt ganz Persiens, die Brutstätte allen gegen Griechenland gerichteten Übels; hier sei der Überfall auf Hellas beraten, hier habe man beschlossen, die Griechen, wo immer sie auch lebten, zu versklaven; diese Stadt habe die härteste Strafe verdient. Aber sie habe doch freiwillig ihre Tore geöffnet, warf man ein. Gleichviel. Er gab die Metropole zur Plünderung frei. Nichts anderes war ihm übriggeblieben.

In den nächsten Tagen geschah, was in der Antike nach der Eroberung von befestigten Plätzen zum schauerlichen Ritual gehörte. Die Soldateska drang in die Häuser ein, plünderte sie aus, schlug die sich Wehrenden tot und auch die, die sich nicht wehren konnten, warf die Fackel in die Wohnungen; sah gleichgültig zu, wenn Frauen zusammen mit ihren Kindern sich von den Dächern stürzten, den Tod der Sklaverei vorziehend.

Thraker, Agrianen, Illyrer hausten besonders schrecklich, doch bedurfte es ihres Beispiels nicht, um die Griechen und Makedonen barbarischer erscheinen zu lassen, als es die von ihnen so genannten Barbaren je gewesen sein mögen. Als sie sich beim Streit um die Beute gegenseitig an die Gurgel zu gehen begannen, machte der König dem mörderischen Treiben ein Ende.

Die Stadt lag nun verödet, doch der Rachedurst der Sieger schien noch nicht gestillt. Rache, will sie munden, sagt der

Volksmund, muß heiß genossen werden, die aber hier war nach anderthalb Jahrhunderten künstlich belebt worden und diente nur als Vorwand für das, was nun geschah.

»... weilte Alexander immer häufiger bei Gelagen, denen auch Frauen beiwohnten, zwar nicht solche, denen zu nahe zu treten unrecht gewesen wäre, sondern Dirnen, gewohnt mit Soldaten auf freiere Manier zu verkehren als schicklich. Eine von diesen, namens Thais, versicherte, er werde sich bei allen Griechen den größten Dank verdienen, wenn er Befehl gäbe, die königliche Residenz der Perser in Brand zu stecken: es erwarteten das die, deren Städte die Barbaren zerstört hätten. Der trunkenen Dirne, die über eine Sache von solcher Wichtigkeit ihre Meinung abgab, stimmte der eine oder der andere der Gäste, ebenfalls betrunken, zu. Auch der König war in mehr leidenschaftlicher als ruhiger Stimmung. ›Warum also‹, rief er, ›rächen wir nicht Griechenland und werfen die Brandfackel?‹ Zuerst warf *er* das Feuer in den Königspalast, dann die Gäste, Dirnen und Diener. Die Halle war größtenteils aus Zedernholz erbaut, das schnell entflammt das Feuer weithin verbreitete ... Dieses Ende nahm die Herrscherresidenz des gesamten Ostens, von wo sich ehedem so viele Völker Recht holten, die Wiege so vieler Könige. Alexander soll seine Tat, nachdem er die durch die Trunkenheit verdüsterte Besinnung wiedererlangt hatte, bereut haben ...«

So weit der Bericht des Römers Quintus Curtius Rufus, der sich in seiner *Historia Alexandri Magni* vornehmlich von Kleitarch ernährte, einem alexandrinischen Historiker, der zwar nicht am Feldzug teilgenommen hatte, bald nach Alexanders Tod aber begann, Offiziere, Soldaten, Hofleute des Feldzugs auszufragen, Tagebücher sammelte, Briefe, Berichte, sich auch unter Griechen umhörte, die auf persischer Seite gekämpft hatten. Die Lücken füllte er mit seiner Phantasie, so daß man nicht mehr weiß, wann die Historie aufhört und der historische Roman beginnt. Das mindert nicht den Wert des Werkes, zumal es brillant geschrieben ist. Droysen allerdings, unser Altmeister in

Sachen Alexander, warf dem Kleitarch vor, er habe auf Kosten der Geschichte Geschichten erfunden, die von einer Reihe späterer Schriftsteller so oft wiederholt wurden, daß sie mit der Zeit zu historischer Gewißheit geworden seien.

Im Fall Thais', der teuren Hetäre, die später die Frau eines Pharao wurde – eine beachtenswerte Karriere für ein Mädchen aus Athen –, wird er recht haben. Es ist in der Tat nicht anzunehmen, daß Alexander sich von einer Betrunkenen zu einem derart barbarischen Akt anstiften ließ. So schildert Arrianus die Brandstiftung und wie es dazu kam auch ganz anders. Er hatte, neben anderen Quellen, Ptolemaios benutzt, ihn ausgeschrieben, wie man damals sagte. Der Generaladjutant des Königs hat wie alle hohen Militärs seine Erinnerungen, als er in Ägypten zur Feder griff, hier und da geschönt, doch verdankt ihm die Nachwelt die verläßlichsten Nachrichten über den großen Krieg, basierten sie doch nicht zuletzt auf den *Ephemeriden*, den offiziellen Tagebüchern.

»Die persische Königsburg«, heißt es nun bei Arrianus, »brannte er nieder trotz dem von Parmenion gegebenen Ratschlag, er solle diese erhalten, sei es doch töricht, das zu zerstören, was einem bereits gehöre. Auch würden ihm die Völker Asiens nicht mehr soviel Sympathie entgegenbringen, weil sie ihn nicht mehr als einen wahren Herrscher ansähen, sondern als einen bloßen Eroberer, der in ihre Länder eingefallen sei. Er antwortete jedoch, er müsse sich an den Persern dafür rächen, daß sie auf ihrem Zug nach Hellas Athen zerstört und die Heiligtümer niedergebrannt, sowie für alles, was sie sonst noch den Griechen angetan – und dafür gelte es, die Strafe zu vollziehen.«

Hat Alexander nun bei seiner Tat in dionysischem Taumel gehandelt oder kühl und vorbedacht? Über diese Frage wird bis heute zwischen den Befürwortern von Rufus/Plutarch und denen des Arrianus gestritten. Eine Antwort darauf haben die Archäologen gegeben.

Spuren des Brandes fanden sich vornehmlich im Apadana und

im Hundertsäulensaal, wo die Säulen geborsten waren, die Ziegel ausgeglüht, der Boden bedeckt mit einer hohen Schicht aus Holzasche. Die anderen Gebäude, wie der Palast des Xerxes, wiesen überwiegend mechanische Beschädigungen auf, so im Xerxes-Palast, wo man die Säulen mit Hilfe von Rammen zum Einsturz gebracht hatte. Wie aber war es möglich, eine derart gewaltige Halle in Brand zu setzen? Es genügte nicht, Teppiche, Vorhänge, die hölzernen Fensterrahmen, Läden und Türen anzuzünden und zu warten, bis das Feuer die zwanzig Meter hohe Decke aus Zedernholz erreicht hatte. Man hätte vergeblich gewartet. Folgt man Friedrich Krefter aus der Grabungsequipe des Oriental Institute in Chicago, wäre es nötig gewesen, einen riesigen Scheiterhaufen im Apadana aufzuschichten: aus den in den angrenzenden Palästen herausgerissenen Balken und dem Bauholz eines noch eingerüsteten Tores. Nur der Thronsaal, das Symbol des persischen Weltreichs, und der Palast des gehaßten Xerxes, sollten brennen. Die anderen Gebäude versuchte man durch Brandschutztruppen zu sichern.

Noch ein anderes Indiz für eine sorgfältig inszenierte Brandstiftung ergab der archäologische Befund: Alle Wertgegenstände müssen zuvor aus den beiden Sälen herausgebracht worden sein, die Ausgräber fanden nichts von den Kostbarkeiten, die hier zweifellos vorhanden gewesen sein müssen.

Die Archäologen also geben Arrianus recht – und dem Quintus Rufus nicht unrecht. Das ist nur ein scheinbarer Widerspruch. Denn: War auch die Tat geplant, verwirklicht wurde sie im Rahmen eines dionysischen Festes. Wie es nun in Wahrheit gewesen sein mag: Der Brand von Persepolis galt der antiken Welt als Apotheose und Fanal. In seinen Flammen ging eine Ära unter, eine neue Welt stieg aus der Asche. Ein solches Feuerzeichen zu geben, war Alexanders Absicht. »Das asiatische Land, o König und Herr, ist furchtbar, furchtbar zu Fall gebracht«, heißt es in den *Persern* des Aischylos.

Schiras, die Stadt der Rosen, der Dichter und der Nachtigallen

– jedenfalls war sie es einmal –, ist heute der Ausgangspunkt zu einem Besuch der Ruinen. Das Taxi braucht für die achtzig Kilometer eine gute Stunde, der Postbus erheblich mehr. Die letzten zehn Kilometer führen pfeilgerade auf die Terrassenanlage zu, die sich an den Kut-i-Ramath, den Berg der Gnade, anlehnt. Im glasklaren Licht, das über der weiten Ebene liegt, scheinen die Säulen der Königshalle in den Himmel zu wachsen. Beim Näherkommen stellt man fest, daß es noch dreizehn sind von einst zweiundsiebzig, die das Dach trugen. Auch diese dreizehn waren in Gefahr, als radikale Revolutionswächter sie 1979 mit der ganzen Anlage sprengen wollten. Denn alles, was es vor dem Islam im Iran gegeben hatte, war für sie des Teufels. Die Bewohner der benachbarten Dörfer haben sich damals mit ihren Schrotflinten auf den Freitreppen postiert und die Barbarei verhindert. Sie fürchteten, daß damit der einträgliche Fremdenverkehr zum Erliegen kommen würde.

Der Anblick von Persepolis ist immer noch bewegend. Die insgesamt siebzig Meter langen Friese, die Stümpfe des Hundertsäulensaals, die Sattelkapitelle mit den Protomen der Stiere, Löwen und Greife, die jene drei Zedernholzbalken trugen; die Reliefs in den Palästen des Dareios und des Xerxes mit dem thronenden, von Ahuramazda beschützten König (die einst in vielen Farben leuchteten); das Tor der Länder mit den Stierkolossen – über allem liegt ein Hauch vergangener Größe. Die Zerstörungen sind so stark, daß es der ganzen Kraft der Phantasie bedarf, um sich in die ferne Vergangenheit zurückzuversetzen. In jenes Damals, da die Achaimeniden Paläste bauten, von denen sie glaubten, daß sie ihrem Reich Ewigkeit verliehen.

Als Alexander von einem Marsch nach Pasargadai zurückkehrte, der zweiten Residenz der Großkönige, wo er dem Grab des großen Kyros seine Verehrung entboten, erblickte er, wohl zum erstenmal mit Bewußtsein, die rauchgeschwärzten Ruinen des Apadana. Am Abend ließ sich einer der persischen Priester bei ihm melden, der seine Haare ausgerauft und seine Kleider zerrissen hatte, und fragte, ob er wisse, daß mit den Palästen auch die Bibliothek verbrannt sei mit den Tausenden von Tontäfelchen und Papyrusrollen, darunter den auf 1200 Kuhhäuten geschriebenen heiligen Büchern, die die Lehre des Zarathustra enthielten, des Propheten von Ahuramazda?!

DER KÖNIGSMÖRDER WIRD GEJAGT

Nach der Besetzung von Persepolis und Pasargadai, den beiden Königsstädten, erklärte Alexander den Rachekrieg offiziell für beendet und entließ die Truppen, die ihm der Korinthische Bund hatte stellen müssen. Während er die griechischen Fußtruppen, denen er nie so recht getraut hatte, rasch verabschiedete, trennte er sich von den thessalischen Reitern schweren Herzens: Ob am Granikos, bei Issos, auf den Feldern von Gaugamela, auf den langen Märschen durch feindliches Land – ihrer Treue und Tapferkeit war er stets sicher gewesen. Er stellte es ihnen frei, weiter unter ihm zu dienen, bei dreifachem Sold. Nicht wenige verpflichteten sich aufs neue, sie konnten sich kein anderes Leben mehr vorstellen und fürchteten das Wiedersehen mit der Heimat. Die Heimkehrwilligen wurden reichlich entlohnt: Jeder Fußsoldat bekam 1000 Drachmen (etwa 4000 DM), jeder Reiter 6000 Drachmen.

Alexander gab dem Führer der Rückkehrer, dem Makedonen Epokillos, Geschenke mit für die Mutter; und einen Brief. Es hätten viele Briefe sein müssen, denn die meisten ihrer Schreiben hatte er nicht beantwortet. Immer wieder mahnte sie, warnte sie, machte sie ihm Vorhaltungen. Besonders wegen seiner an Verschwendung grenzenden Großzügigkeit, von der man ihr berichtet hatte.

»Gib doch deinen Freunden«, schrieb sie, »deine Gunst und Wertschätzung auf andere Weise zu erkennen. Es ist gefährlich, sie alle gleichfalls zu Königen zu machen und ihnen damit eine

Gefolgschaft zu verschaffen.« Ihre Klagen über den Statthalter Antipatros rissen nicht ab: Er lasse sie ständig im ungewissen und intrigiere gegen sie. Warum verbiete ihr der Sohn nach wie vor jegliche Beteiligung an den Staatsgeschäften in Makedonien?

Alexander wußte, warum. Seiner Liebe zu ihr taten die vielen Vorwürfe keinen Abbruch. Als Antipatros sich wieder in einem Brief heftig über Olympias beschwerte, ja, sie verdächtigte, ein Attentat gegen ihn zu planen, antwortete er knapp: »Verdopple die Zahl deiner Leibwächter. Und ansonst: Weißt du nicht, daß eine einzige Träne einer Mutter Tausende solcher Briefe wie den Deinigen auslöscht?!«

Der König war in der Tat verschwenderisch, wenn es um seine Helfer und Freunde ging. Allein der Hirte, der ihn zu den Persischen Toren geführt hatte, erhielt zehn Talente. (Das entspräche etwa 250 000 DM, wobei noch einmal betont werden muß, wie problematisch es ist, die Kaufkraft von Währungseinheiten vergangener Epochen genauer bestimmen zu wollen.) Hohe Offiziere machte er zu Millionären, Generale zu Multimillionären. Er konnte es sich leisten. Das von den Persern vornehmlich thesaurierte Edelmetall wurde in Umlauf gebracht. Barrensilber verwandelte sich in die mit dem Bild des Herakles verzierten Tetradrachmen, Gold in die schon, wenn auch in geringer Zahl, umlaufenden Dareiken und in Stater. Die Beschenkten machten davon den unvernünftigen Gebrauch, wie es Neureiche zu tun pflegen. Sie befestigten die Sohlen an ihren Schuhen mit Silbernägeln, benutzten zum Baden und Salben mehr Myrrhenöl als früher einfaches Öl, beschäftigten Leibköche, Kammerdiener, Masseure und hielten sich immer teurere Hetären. Leonnatos ließ sich für seine athletischen Übungen Arenen errichten, die mit Wüstensand aus Ägypten, von Kamelen herbeigeschafft, aufgeschüttet wurden. Der Sand persischer Wüsten war ihm zu grob. Menelaos hatte sich für seine Hetzjagden Netze aus der unteritalienischen Stadt Kyme kommen lassen mit einer Gesamtlänge von 120 Stadien (gut 21 Kilometer). Ein anderer General trank nur Wasser aus dem

Kara-Su, einem Fluß, aus dem der Großkönig sein Trinkwasser bezog. Die Soldaten reinigten und schärften nicht mehr selbst ihre Rüstungen und Waffen, sie beschäftigten einen Sklaven.

»Der König mußte erleben«, schreibt Plutarch tadelnd, »daß seine Umgebung in jedem nur erdenklichen Luxus schwelgte und in unwürdiger Weise verschwenderische Pracht in ihrer Lebensweise und all ihrem Aufwand an den Tag legte. Bisweilen wies er sie ruhig zurecht und fragte sie, ob sie nicht erkennten, verglichen sie ihre frühere Art zu leben mit der der persischen, daß nichts sklavischer sei als im Wohlleben zu erschlaffen, nichts aber königlicher als den eigenen Körper zu zähmen? Wißt ihr nicht, daß es die Grundlage unserer Herrschaft sein muß, nicht dasselbe zu tun, was die Besiegten getan haben?«

In einem ist sich sowohl die alexanderfreundliche als auch die alexanderfeindliche Überlieferung einig: Er besaß die rare Gabe, eines Freundes Freund zu sein. Als Peukestas, einer seiner Leibwächter, von einer Krankheit genesen war, schickte er dessen Arzt ein Dankschreiben. Mit dem Arzt Pausanias beriet er, wie Krateros am besten zu behandeln sei. Sein Interesse für die Heilkunst, von Aristoteles geweckt und gefördert, erstreckte sich auf die Zusammenstellung von Diäten (Magen- und Darmerkrankungen kamen, bedingt durch Klima und ungewohnte Ernährung, bei den Soldaten am häufigsten vor) und die Bereitung von Gegengiften bei Schlangenbissen. Obwohl selbst auf dem Krankenlager, schickte er seinen Leibarzt auf die Reise, weil ein Freund von einem Löwen schwer verletzt worden war.

Bei der Verfolgung des Dareios lehnte er, obwohl halb verdurstet, einen Krug mit Wasser ab, den ihm ein Bauer brachte. »Wie könnte ich trinken, wenn sie nichts haben?« sagte er mit einem Blick auf die Gefährten.

Als Hephaistion beim Ritt durch die Ausläufer des Hindukusch vor Kälte zittert, reicht er ihm seinen Mantel.

Seinen Jugendfreunden hielt er die Treue, auch dann, wenn sie sich etwas zuschulden kommen ließen. Harpalos, der Hinkende,

187

vor der Schlacht von Issos wegen dunkler Dinge geflüchtet, wurde nicht nur in Gnaden wieder aufgenommen, sondern auch zum Verwalter der Kriegsschätze in Ekbatana erkoren.

Hofleuten, die sich bei ihm Liebkind machen wollten, indem sie andere verleumdeten, verschloß er sein Ohr. Doch konnte er nicht immer unterscheiden zwischen Schmeichlern, Denunzianten und Freunden. »Der Mensch beginnt, die Barbaren zu lieben«, habe Kallisthenes gesagt, wie ihm hinterbracht wurde. »Er ist ein *margites*, ein Jüngelchen«, habe Philotas neulich geäußert. »Und seine Siege verdankt er dem Parmenion«, wurde ihm ebenfalls zugespielt. Nach dem schon damals gültigen Motto, wonach etwas immer hängenbleibe.

Die Makedonen blieben vier Monate in Persepolis. Zu kurz für die Soldaten, die sich's hier wohl sein ließen mit ihren Kebsweibern. Zu lang für ihren Feldherrn, der um ihre Moral fürchtete. 120 Tage waren in der Tat ungewöhnlich lang für eine Ruhepause, auch wenn man berücksichtigt, daß es Winter war, eine Jahreszeit, in der antike Feldherren keine Kriege zu führen pflegten. Aber das hatte schon für Philipp nicht gegolten, der zum Entsetzen seiner zahlreichen Feinde die Nacht zum Tage und den Dezember zum Mai gemacht hatte. Alexander schien auf etwas zu warten.

Er hatte Mithrenes zum Satrapen gemacht, Mazaios auf seinem Posten in Babylon gelassen, auch in Susa den dortigen Satrapen bestätigt, hatte die persischen Herrscherstrukturen nicht zerschlagen, sondern toleriert, vorausgesetzt natürlich, daß man ihn als den absoluten Herrscher Asiens anerkannte. Nichts anderes hatte er auch von Dareios verlangt in seinen beiden Briefen, es aber nicht ausgeschlossen, dem Gegner bei einem Friedensangebot den Thron zu lassen. Wie er später die indischen Fürsten behandelte, so wäre er auch mit dem Großkönig verfahren. Ein Friedensfühler aber wurde ihm von dort nicht entgegengestreckt. Im Gegenteil.

Der Großkönig hatte sich nach der Niederlage von Gaugamela

mit den ihm verbliebenen Verbänden, darunter dreitausend baktrischen Elitereitern, – auch seine griechische Söldnertruppe
schien noch intakt – nach Medien zurückgezogen und war, wie
Alexander erfuhr, in Ekbatana mit Feuereifer dabei, ein neues
Heer aufzustellen, unterstützt von dem ihm treu gebliebenen
Kern des persischen Adels (darunter Bessos, der Satrap von Baktrien), von den königlichen Verwandten und vor allem von Artabazos, der bei den Soldaten das höchste Ansehen genoß. Reiterstafetten waren unterwegs zu den kriegerischen Stämmen von
Turan und Arian, auch mußten jeden Tag einige tausend Skythen, eigentlich die Erbfeinde des Iran, im Lager eintreffen –
Krieger, die selbst von den Makedonen gefürchtet wurden. Die
Nachrichten aus Griechenland besagten überdies, daß die anti-
makedonische Partei, trotz Issos, trotz Gaugamela, nicht am
Boden liege, sondern es nur einer einzigen Niederlage Alexanders
bedürfe, um sie zur beherrschenden Kraft zu machen.

Diese Niederlage, sprach Dareios zu den Großen des Reiches –
man schien den als Zauderer, Versager, ja Feigling verschrienen
König nicht wiederzuerkennen –, werde man den makedonischen Landräubern vor den Toren Ekbatanas bereiten, und es
werde eine vernichtende, eine endgültige sein. Seine Zuversicht
wurde durch die Tatsache bestärkt, daß man von Alexander seit
vielen Wochen nichts gehört hatte, er sich anscheinend mit dem
eroberten Gebiet begnügte oder die Plünderungen seine Truppen,
wie es oft geschah, entzweit hätten.

In die optimistische Stimmung, die ein neues Morgenrot ver-
hieß, platzte die Nachricht, daß die Makedonen von Persepolis
mit dreißigtausend Mann zur Verfolgung aufgebrochen seien. Mit
einem Schlag wurde offenbar, wie dünn die Fäden schon waren,
die die iranischen Lehnsträger mit ihrem obersten Lehnsherren
verbanden. Dieser König war seiner Pflicht, Treue um Treue zu
vergelten, nicht nachgekommen – außerdem hatten ihn alle
guten Götter verlassen. Ahriman, der Geist des Bösen, schien sich
seiner bemächtigt zu haben. Sie trauten ihm nicht mehr, und sie

trauten einander nicht. Nabarzanes, der Reichswesir, machte sich zum Sprecher der Unzufriedenen und gab zu bedenken, daß es nun eines Mannes bedürfe, der das Vertrauen der Ostiraner besitze, der Skythen, der Inder, und das sei Bessos. Dareios möge ihm, bis der Feind besiegt sei, den Thron abtreten.

»Ich weiß, daß meine Meinung deinen Ohren nicht angenehm klingen wird, aber auch die Ärzte heilen schwere Krankheit durch starke Mittel, und der Steuermann, wenn er den Schiffbruch fürchtet, sucht durch Überbordwerfen das, was sich retten läßt, zu sichern.«

Curtius Rufus berichtet weiter, der Großkönig habe voller Zorn seinen Säbel gezogen, um den Wesir zu töten. Die Wahrheit ist, daß er gar nichts unternahm, sondern lediglich Bessos und Nabarzanes als Verräter beschimpfte, um dann mitansehen zu müssen, wie sie mit ihren Truppen aufbrachen, ohne auf seine Befehle zu achten. Als auch die Skythen, die Turaner, die Arianer nicht eintrafen, folgte er zögernd den anderen in Richtung Rhagai. In einer Aufwallung letzten Stolzes lehnte er den Ratschlag des Artabazos ab, sich von den griechischen Söldnern beschützen zu lassen, seien das doch die einzigen, die ihm treu bleiben würden. Nein! Griechen wollte er sein Leben nicht verdanken ...

Zwölf Tage nur brauchte Alexander, um von Persepolis nach Ekbatana zu kommen. Anstelle des Dareios und seiner Armee, die sich zum letzten Gefecht stellen wollten, traf er auf einen verängstigten Stadtkommandanten, der ihm die Tore öffnete und ihn wissen ließ, daß der Großkönig inzwischen Thara erreicht haben müßte, was einen gewaltigen Vorsprung bedeutete. *Speyde bradeos* – »Eile mit Weile« blieb bei aller Schnelligkeit, mit der er zu handeln pflegte, seine Maxime: Er *eilte* nicht Dareios nach, sondern *weilte* in Ekbatana. Hier trafen sich die Nachschublinien von Süden und Westen, hier war ein zentraler Stützpunkt zu installieren, wollte man weiter nach Osten vordringen.

Die Zitadelle mit dem siebenfachen Mauergürtel und den zwischen ihnen liegenden Löwengehegen wurde zur Schatzkammer ausgebaut, einem Fort Knox der Antike, dazu bestimmt, die Milliardenbeute an Goldbarren und Silberblöcken aufzunehmen, die noch in Babylon, Susa, Persepolis, Pasargadai lagerten. Zu ihrem Transport wurden zweitausend Kamele sowie fünftausend Pferde und Maultiere benötigt. Sechstausend Makedonen bildeten die Hüter des Schatzes unter dem Kommando des Parmenion, der damit einen so verantwortungsvollen wie ruhigen Posten erhielt und gleichzeitig als der lästige Kritiker Alexanders auf elegante Weise kaltgestellt war. Verwaltet wurden die Milliarden von Harpalos, der seine Behörde in den oberen Räumen der Burg einrichtete, einem Mann, der neben Alexander und Hephaistion dank der ihm anvertrauten Gelder die meiste Macht besaß. Er sollte sie schändlich mißbrauchen ...

Bei den Persern haben sich inzwischen die Ereignisse zugespitzt. Auf dem Marsch ist es dem Führer der griechischen Fußkämpfer endlich gelungen – nachdem ihn die Baktrier immer wieder abgedrängt hatten –, in die Nähe des Großkönigs zu kommen. Er beschwört ihn, sich endlich dem Schutz seiner Leute anzuvertrauen, wolle er sein Leben nicht aufs Spiel setzen. Die Unterhaltung wird auf Griechisch geführt, das die Baktrier nicht beherrschen. Bessos aber erkennt an der Mimik der beiden, was hier vorgeht, und er beschließt zu handeln. Bei der Rast in Thara dringt er zusammen mit Nabarzanes in das Zelt des Dareios ein, macht die Wachen nieder, schnürt den Großkönig zusammen und packt ihn wie ein Bündel in einen Wagen. Die Königstreuen und die Griechen resignieren angesichts der baktrischen Übermacht und ziehen nach Parthien ab, den Großkönig seinem Schicksal überlassend.

Den Gefangenen den Makedonen auszuliefern, ihn einzutauschen gegen die Gunst Alexanders, ja, gegen die Zusage, von weiterer Verfolgung abzusehen und ihm den Besitz des östlichen Teils des Reichs zu garantieren, war Bessos' Plan. Wie schlecht kannte er den makedonischen König.

Der ist in diesem Moment zu einer der dramatischsten Verfolgungsjagden der Kriegsgeschichte unterwegs. Nachdem er die

300 Kilometer von Ekbatana bis Rhagai in scharfen Märschen – doppelt so schnell wie Dareios – bewältigt hat und am Ziel erfährt, daß der Großkönig bereits die Kaspische Pforte passiert hat, ist er gezwungen, seinen erschöpften Männern eine Rast zu gönnen, denn allzu viele sind am Wegesrand liegen geblieben, zu viele Pferde sind zuschanden geritten. Nach wenigen Tagen aber bricht er erneut auf, nun auch den Rest der Bagage zurücklassend, durchschreitet den berühmten, allgemein als Schlüsselloch Asiens bezeichneten Engpaß, vom Feind nicht behindert, um so mehr vom Gelände, das aus schmalen, an steilen Bergflanken sich entlangwindenden Pfaden besteht, bis er erneut rasten muß, denn die siebzig Kilometer bis zu den Pässen hat er ohne Unterbrechung zurückgelegt, und die Lebensmittel sind so knapp, daß er Koinos zum Fouragieren ausschickt. Vor ihm liegt eine Salzwüste, in der es keine Brunnen gibt, wie ihm Einheimische versichern.

Alexander, der seinen Truppen unter normalen Verhältnissen nicht mehr als eine Tagesleistung von 20 Kilometern abverlangte, hatte die Marschgeschwindigkeit diesmal von Etappe zu Etappe gesteigert. Marschierten seine Männer von Ekbatana nach Rhagai in elf Tagen je 30 Kilometer, so waren es von dort bis zur Pforte schon über 50 Kilometer pro Tag, und von dort bis zur Einholung des Bessos legten die Reiter in fünf Tagen sogar fast 350 Kilometer zurück. Waffen, Rüstung, Gepäck wurden natürlich auf Wagen mitgeführt. Bei der Hitze im Juli, dem Mangel an Wasser, den Tücken des Geländes stellt das einen unvorstellbaren Kraftakt dar; zu vergleichen nur mit den Marschleistungen Hannibals (den man nicht umsonst Barkas, den Blitz, nannte) und mit denen von Cäsars Legionen während des Bürgerkrieges.

Zu Beginn jener höllischen fünf Tage hatte der Feldherr fünfhundert Kavalleristen absitzen lassen und auf ihre Pferde ausgewählte Infanteristen gesetzt, Offiziere in der Mehrzahl. Die konnten zwar nicht so gut reiten, waren aber als »Doppelkämpfer« geeigneter, wenn es zum Kampf gegen die griechischen Hopliten, die schwerbewaffneten Fußsoldaten, kommen würde. Bei der

Ortschaft Thara stießen zwei babylonische Adlige zu ihm, berichteten von der Gefangennahme des Dareios, dem Abzug der Griechen und der Absicht des Bessos, die Staatsgewalt an sich zu reißen.

Im Morgengrauen des fünften Tages zeigt sich am Horizont eine Staubfahne: die Karawane des Bessos! Alexander jagt, als habe er die Flügel des Hermes an seinen Fersen, auf sie zu, so jäh in seinem Ungestüm, daß er sich nicht umschaut. So weiß er nicht, daß ihm gerade noch sechzig seiner Reiter zu folgen vermögen – und die Perser dort vorn sind in vielfacher Übermacht. Der Ruf »Iskander naht« – so nennen die Perser den Unbesiegbaren – wirkt in geradezu magischer Weise. In panischer Flucht löst sich die Kolonne auf. Wer nicht flieht, wird vom nachfolgenden Gros der Makedonen niedergehauen. Doch wo ist der Großkönig? Die Wagen werden durchsucht. Nun kommt die Stunde des Reiteroffiziers Polystratos, der auf der Suche nach einem Brunnen einen goldverzierten Reisewagen entdeckt, dessen Fahrer zusammen mit den Zugpferden erschlagen im Sand liegt; er reißt die Plane hoch, findet einen Krug mit einer Neige schalen Wassers; als er ihn zum Trinken ansetzt, hört er ein Stöhnen: unter Schaffellen verborgen liegt ein Sterbender, die Hände gefesselt mit goldenen Ketten, das Gewand blutbesudelt. Polystratos wäscht ihm das Gesicht ab und erkennt Dareios. Der König aller Könige ist beim Herannahen der Makedonen ermordet worden.

Seine letzten Worte an den Offizier sind legendär, doch kann die Legende, ebenso wie die Anekdote, eine Art höherer Wahrheit zum Ausdruck bringen. In unserem Fall heißt das: Dareios hat es nicht so gesagt, könnte es aber gesagt haben, vergleicht man es mit dem, was er, den historisch verbürgten Quellen nach, von Alexander hielt und wie er ihn einschätzte.

»Wer du auch sein mögest, ich beschwöre dich bei dem Schicksal aller Menschen, von dem die Könige nicht ausgenommen sind, eine Botschaft an Iskander zu überbringen, im Namen eines Unglücklichen, von den Göttern Geschlagenen. Er möge meine

Mutter und meine Kinder weiterhin beschützen und sie so leben lassen, wie es ihrer Würde und ihrem Stand entspricht. Meine Mörder soll er richten, nicht, um mich zu rächen, sondern aus Abscheu vor dem Frevel und auf daß nicht ihre Straflosigkeit auch anderen Königen – und ihm selbst! – verderblich werde.«

Dann streckte er seine Rechte aus und bat, seinen Handschlag an Alexander weiterzureichen als Pfand seiner königlichen Ergebenheit und seines Vertrauens. (Curtius Rufus)

Auch ohne die Botschaft erhalten zu haben, tat Alexander nun, was ihm die Achtung vor dem verblichenen Feind gebot. Er nahm seinen purpurnen Mantel von den Schultern und legte ihn über den Leichnam. Eine Geste, die ihm gewiß aus dem Herzen kam. Gleichzeitig aber war sie, wie wir des öfteren bei ihm beobachtet haben, eine politische Demonstration: Ich verbeuge mich vor dem letzten Achaimeniden und ehre damit die Völker, über die er geherrscht hat; der neue König aber bin ICH, Alexander von Makedonien, Sohn Philipps aus dem Haus der Argeaden, Nachkomme des Achilleus und des Herakles.

Im übrigen schien er erleichtert. Ein toter Dareios war ihm genehmer als ein lebender. Mit einem Herrscher, der bei Issos und bei Gaugamela seine Krieger im Stich gelassen hatte und schmählich abgesetzt worden war, wäre denn doch kein Staat mehr zu machen gewesen; das heißt, selbst als König von Alexanders Gnaden wäre er, da er sein Gesicht verloren hatte, nicht einzusetzen gewesen. Ihn in Alexanders Gefolge aufzunehmen, wie mit anderen persischen Noblen geschehen, hätte ein Sicherheitsrisiko bedeutet. Allein seine Existenz hätte den Persern tagtäglich vor Augen geführt, welche Schmach sie erlitten hatten und wie sie zu tilgen sei. Alexander ist glücklich zu preisen, schreibt Droysen, daß ihm nur die Frucht, nicht auch die Schuld dieses Mordes zugefallen ist; er habe sich um der Perser willen nun das Ansehen geben können, als beklage er ihres Großkönigs Tod.

Der Leichnam wurde auf einem Prunkwagen nach Persepolis übergeführt, wo ihn Sisygambes, die Mutter, in einem Grab bestattete, das niemand mehr kennt. Mit Dareios III. erlosch im Jahre 330 die ruhmreiche Dynastie der Achaimeniden. Seinen Tod als tragisch zu bezeichnen, wie früher geschehen, ist zu hoch gegriffen. Es wäre aber auch falsch, ihn als Feigling ohne Ehr' und Würde zu verdammen, wie es die Neueren tun. Ein mittelmäßiger Herrscher, von Natur aus harmlos, weich, kriegerischen Auseinandersetzungen nicht gewachsen, war auf einen Mann getroffen, wie ihn die Geschichte nur alle paar Jahrhunderte hervorbringt, – das ist alles.

AM ENDE DER WELT

Irgendwo östlich der Kaspischen Pforte war es, am Rande einer Salzwüste, deren Trostlosigkeit durch die im Norden aufragenden schneebedeckten Gipfel des Elbrusgebirges nicht gemildert wurde, als sich plötzlich der Soldaten, die in ihren Zelten von den Strapazen der Parforcejagd ausruhten, eine ungeheure Aufregung bemächtigte. Einige rannten durch die Lagergassen und suchten nach ihren Pferden; andere beluden die Wagen mit ihrem Gepäck; wieder andere versammelten sich vor Alexanders Zelt, der Ruf pflanzte sich fort von Lagergasse zu Lagergasse: »Es geht nach Hause ..., nach Hause ..., nach Hause!!! Der König selbst wird uns führen!« Heim in die grünen Wälder der Hochebenen mit ihren silbrigen Wasserfällen, heim in die gastlichen Städte am blauen Thermäischen Golf, heim in das von Homer besungene liebliche Emathien mit seinen Hainen, Gärten und Feldern, heim nach Pella, Aigai, Philippi, Mieza. Strapazen, Todesangst, Not würden ein Ende haben, mit Beute beladen würden sie heimkehren, jubelnd empfangen von ihren Frauen, Kindern, Bräuten, Müttern, Geschwistern, Freunden, um den Rest ihres Lebens als reiche Männer auf Landgütern zu leben.

Rauschhaft war diese Vorstellung, und wie ein Rausch hatte es alle gepackt. Um so deprimierender war der Katzenjammer, der ihm folgte. Weil noch einige griechische Söldner auf die Heimreise geschickt worden waren, einige Thessalier verspätet aufbrachen, war ein Gerücht entstanden, das den Wunsch zum Vater hatte.

Alexander sah sich gezwungen, seine Offiziere und Veteranen zusammenzurufen. Nachdem er ihre Taten geschildert und die Stätten ihrer Lorbeeren aufgezählt, sein Verständnis geäußert hatte, daß sie sich nach Ruhe sehnten, fuhr er fort: »Hielte ich den Besitz der Länder, die wir eroberten, für gesichert, dann, ihr Männer, würde auch ich heimkehren, um dort meines Ruhmes zu leben. Noch aber ist es nicht soweit, die Besiegten werden nur durch unsere Waffen in Zaum gehalten, nicht durch ihre Gesinnung: noch lebt Bessos, der seinen König gemordet, um sich selbst an dessen Stelle zu setzen, noch werden wir von den Skythen bedroht, den Baktriern, Sogdiern, Massageten, Parthern, Arachosiern, Sakern, Indern. Sobald wir ihnen unseren Rücken zeigen, werden sie über uns herfallen wie über einen Haufen alter Weiber. Bei allen Göttern, wir stehen an der Schwelle des Sieges. Wer von euch würde ihn leichtfertig verschenken wollen?!«

Nach einer Minute des Schweigens kamen nun die Rufe: »Führe uns, führe uns, wohin immer du willst, und wäre es bis an das Ende der Welt.« (Diodoros)

Auf das Ende der Welt mußten die Soldaten noch eine Weile warten. In den nächsten Monaten waren sie mit Streifzügen und Gefechten in den hyrkanischen Wäldern an der Südküste des Kaspischen Meeres beschäftigt. Es galt, die hier hausenden Stämme zu unterwerfen und die persischen Adligen aus der Eskorte des Dareios zu stellen, die bei ihnen Unterschlupf gesucht hatten. Die meisten von ihnen, darunter zwei Satrapen und der am Königsmord beteiligte Wesir Nabarzanes, kamen freiwillig und wurden begnadigt. Artabazos, der dem Großkönig bis zum bitteren Ende die Treue gehalten hatte, erhielt eine ehrenvolle Stellung im Gefolge; seine drei Söhne waren schon deshalb willkommen, weil sie wie ihr Vater, der einst in Pella bei Philipp

Zuflucht gesucht hatte, Griechisch und Persisch sprachen; willkommene Dolmetscher also, an denen es stets mangelte. Die vier
wurden von einer Delegation der griechischen Söldner begleitet,
die ihre Kapitulation anboten. Man nahm sie an unter der Voraussetzung, daß sie ihre Schwerter von nun an für Makedonien
führten. Alexander brauchte jeden Mann. Undenkbar, daß er sie,
wie noch am Granikos, in die Bergwerke geschickt hätte. Die für
den weiteren Vormarsch so wichtigen Gebiete zwischen Kaspi-
schem Meer und den zentralasiatischen Salzwüsten waren damit
befriedet.

Eine vom Klima überreich beschenkte Landschaft breitete
sich am Südufer des meerartigen Gewässers aus. Der Regen und
die Wärme hatten einen wahren Dschungel wachsen lassen mit
Eichen von nie gesehener Größe, »Honig« absondernden Ahorn-
bäumen, ganzen Wäldern von Rhododendren, Oleandern. Noch
mehr staunten die Bematisten, die ja nicht nur Schritte zählten,
über die hier lebenden Tiger und Leoparden, über Weingärten,
deren Trauben bis zu einem Meter lang wurden, über Feigen-
bäume, die vier Zentner Früchte lieferten, Weizenfelder, die sich
immer wieder von selbst aussäten. Die Freude am »Glücklichen
Hyrkanien« wurde nur einmal getrübt, als plötzlich Bukephalos,
der von einem Reitknecht am Zügel geführt worden war, denn
er ließ sich von niemand anderem reiten als von seinem Herrn,
geraubt wurde. Der thessalische Rappe mit dem weißen Stern
bedeutete dem Feldherrn mehr als nur ein Pferd, er war ein vom
Olymp gesandter Glücksbringer. Alexander bekam einen Anfall
seines gefürchteten achilleischen Zorns und ließ den räube-
rischen Bergkriegern durch einen Parlamentär übermitteln, er
würde sie ausrotten mit Stumpf und Stiel, brächten sie den
Bukephalos nicht zurück. Ein paar Tage später stampfte er mit
lautem Wiehern vor dem Königszelt und beugte die Vorhand, wie
man es ihn gelehrt hatte, um seinen Reiter aufsitzen zu lassen.

Der Anblick der unendlich erscheinenden Wasser des Hyrkanischen Meeres, wie das Kaspische Meer hieß, faszinierte die den

Feldzug begleitenden Geographen und ließ sie sich fragen: Stand das Gewässer mit dem Asowschen Meer in Verbindung, wie Aristoteles lehrte, war es kleiner oder größer als der Pontos Euxeinos (das Schwarze Meer) oder bildete es gar einen Golf des den Kontinent Asien umfließenden Weltmeeres? Stimmte letzteres, dann standen sie hier am Ende der Welt, und das war in der Tat ein ungeheuerlicher Gedanke. Daß ein karischer Seemann im Auftrag der Achaimeniden vor zweihundert Jahren die Nordküste des Sees erreicht und damit bewiesen hatte, daß es *nicht* der Weltozean war, hatte man inzwischen wieder vergessen. Die Geographen mußten ihre Wißbegier zügeln und sich mit der Vertröstung begnügen, das Gewässer werde man später gründlich erforschen. Bis dahin sollten sie eine neue köstliche Speise genießen: die schwarzen und braunen Eier eines Fisches, des Störs.

Hier am Kaspischen Meer erschien eines Tages die Amazonenkönigin Thalestris mit dreihundert Kriegerinnen, ließ sich bei Alexander melden und äußerte, nachdem sie ihre Enttäuschung angesichts der ihr nicht ausreichend erscheinenden Körpergröße des Königs überwunden hatte (»...denn alle Barbaren halten niemand großer Taten fähig, den die Natur nicht auch groß gestaltet hat«), geradeheraus ihren Wunsch. Sie wolle mit Alexander ein Kind zeugen, denn nur sie sei es wert, ihm einen Erben seines Reiches zu gebären. »Die Frau, heftiger in ihrer Begierde als der König, veranlaßte ihn, einige Tage haltzumachen, und nachdem dreizehn Nächte bis zur Erfüllung ihres Wunsches vergangen waren, kehrte sie in ihr Reich zurück.« (Curtius Rufus)

Wir haben die kriegerische Dame bereits kennengelernt. Es hat sie nicht gegeben, so wenig wie ihre reitenden und schießenden Untertaninnen. Da es aber so schön unheimlich und symbolkräftig ist, von Frauen zu erzählen, die sich die rechte Brust ausbrennen, um den Bogen besser spannen zu können; sich einmal im Jahr von unbekannten Männern schwängern lassen, die Knaben nach der Geburt umbringen und die Mädchen aufziehen, wird es sie immer geben. Entstanden ist der Mythos wohl,

weil am Ostufer des Pontos Völker lebten, bei denen das Matriar-
chat herrschte. Ihre Königin mit dem König der Könige zusam-
menzubringen, war für einen Schriftsteller wie Q. Curtius Rufus
zu verlockend. Bereits seine Zeitgenossen zweifelten daran, daß
er der Wahrheit die Ehre gegeben. Doch, um mit Giordano Bruno
zu reden: »Se non è vero, è ben trovato.«

Bessos im fernen Baktrien, dem Norden des heutigen Afghanistan, aufzuspüren, zu fangen und zu richten, bot sich zwangsläufig als die nächste Aufgabe; einen Mann, der eigentlich eine
Belohnung verdient hätte, hatte er doch das Problem Dareios auf
eine für Alexander bequeme Weise aus der Welt geschafft. Der
Mord an einem König aber mußte um des Königtums willen
gerächt werden. Außerdem hatte Bessos inzwischen als Artaxerxes IV. die Tiara angenommen und alle, die eine Waffe zu tragen
vermochten, zum Widerstand aufgerufen. Denn der wahre Nachfolger sei *er*, in dessen Adern das Blut der Achaimeniden fließe,
und nicht der fremde Eindringling. Bessos als Freiheitsheld mit
seinen Rittern, Reitern, Bauern, Nomaden gegen das makedo-
nisch-griechische Raubgesindel, so hieß die Losung der Baktrier,
Sogdier, Hyrkanier, Skythen, Arachosier, Arianer, Parther. Wenn
diese Stämme zum Volkskrieg antraten, dann verteidigten sie
ihre *Heimat* und nicht, wie bisher, von ihren Königen eroberte
Länder. Was das hieß, davon hatte man im Stab Alexanders keine
rechte Vorstellung – ein Mangel an Phantasie, der sich rächen
sollte.

Artabazos, Nabarzanes, Phratraphernes, Autophradates, Satibarzanes, Oxyartes, Abulites, Mazaios – die Zahl der persischen
Würdenträger, die in ihrer Position belassen oder in das Gefolge
Alexanders aufgenommen wurden, mehrte sich von Satrapie zu
Satrapie. Es waren Namen, die nicht nur ihrer Fremdartigkeit
wegen mißtönend in den Ohren der makedonischen Fürsten
klangen. Mit Männern sollten sie gemeinsam das Kriegshand-
werk betreiben, die man noch vor kurzem als ihre Todfeinde
hingestellt hatte; an denen eine Untat zu rächen war; die besiegt,

ja vernichtet werden sollten. Nicht mehr Verachtung war ihnen entgegenzubringen, sondern Hochachtung. Menschen, denen als Besiegte kein Recht mehr zustand, denn so war es Brauch seit Jahrtausenden, waren jetzt gleichberechtigt.

Man begegnete ihnen auf dem Marsch, wo sie ihre mit Schuppenpanzern und goldenem Zaumzeug geschmückten Pferde ritten; im Lager, wenn sie die transportablen Feueraltäre errichteten, um ihre »Götzen« zu ehren; an der Tafel, wo sie den Feinschmecker spielten und klug daherredeten; bei den Beratungen, wenn sie ihren neuen Herrn mit sklavischem Fußfall begrüßten, ein für jeden ehrlichen Makedonen unerträglicher Anblick. Von Adelsstolz geschwollen, hochmütig, herablassend gebärdete sich diese ganze Barbarenclique. Unerträglich war das alles, besonders für jene, die Philipp noch erlebt hatten, die Verkörperung echt makedonischer Art, makedonischer Tradition, makedonischen Freiheitsbewußtseins.

Was aber war mit seinem Sohn geschehen? Den Eingang zu seinem Zelt ließ er, achaimenidischem Protokoll gemäß, von Stabträgern bewachen, bei denen man sich anmelden mußte. Eumenes hatte den Auftrag bekommen, einen Harem einzurichten. Briefe siegelte er mit dem Ring, den man dem toten Dareios vom Finger gezogen. Gekleidet war er neuerdings persisch: mit der purpur und weiß gestreiften Tunika, einem golddurchflochtenen Gürtel und dem Stirnband. Ein Wunder, daß er den langärmeligen Mantel und die plumpen, bis zu den Knöcheln reichenden Hosen noch nicht trug.

Was war mit ihrem König geschehen, der doch von seinem Lehrer Aristoteles wissen mußte, daß man Barbaren wie Tiere und Pflanzen behandeln solle, daß man Herr über die zu sein hatte, denen es gebühre, als Sklaven zu leben? Er schien von Tag zu Tag immer weniger ein Makedone zu sein und immer mehr ein Perser zu werden.

Alexander hatte versucht, seine Männer durch Freundschaft an sich zu binden, durch Geschenke zu beschwichtigen, durch

Worte zu überzeugen. Aus gutem Grund. Er brauchte sie, aber er brauchte auch die von ihnen Besiegten.

Ein so gewaltiges Reich war auf Dauer nicht zu beherrschen durch Gewalt und Unterdrückung. Es galt deshalb, wenn nicht die Liebe, so doch die Zuneigung der künftigen Untertanen zu gewinnen. Sie sollten lernen, ihre neuen Herren als Beschützer ihres Lebens, Bewahrer ihrer Tradition und Religion, ja, als ihre Freunde zu betrachten. Bald durfte es keine Sieger mehr geben und keine Besiegten, keine Schranken zwischen den Eroberern und den Eroberten. Wollte man sie zu Mitträgern des zu errichtenden Reiches machen, mußte man sie versöhnen. Das gebot schon die Vernunft: wie gering war die Zahl der Makedonen und Griechen, wie groß die der Perser, Meder, Baktrier, Parther, um nur sie zu nennen! »Gelang es ihm, die Bewohner dieses weiten westöstlichen Reiches so zu einem Volk zu verschmelzen, daß sie sich mit ihren Begabungen und Mitteln gegenseitig ergänzten und ausglichen, ihnen inneren Frieden und sichernde Ordnungen zu schaffen ..., so konnte man meinen, ein großes und wohltätiges Werk geschaffen zu haben, eines, wie es, nach des Aristoteles Wort, zur wahren Begründung des Königtums notwendig ist. War es sein Ehrgeiz, sein Siegespreis, sein Enthusiasmus, *die* Monarchie zu begründen, so wies ihm die Notwendigkeit der Dinge mit jedem Tag deutlicher und zwingender die Wege, die er einschlagen müsse, das begonnene Werk auszuführen.« (Droysen)

Solche Wege erschienen einigen unter den engeren Gefährten Alexanders nicht gangbar, ja, an ihrem Ende würde, so fürchteten sie, ein Despot stehen, dem Feind *und* Freund ausgeliefert wären. Sie verstanden nicht, wohin er wollte und was er wollte; selbst Hephaistion nicht, der ihn liebte, und Krateros nicht, der ihn verehrte. Es waren harte Männer, Tod und Teufel nicht fürchtend, rücksichtslos in der Verfolgung ihrer Ziele, beutegierig, brutal, doch als militärische Führer so begabt wie als Organisatoren fähig.

Ein Alexander, den Generale und hohe Offiziere nicht mehr

begriffen, weil ihnen seine Ziele und seine Entscheidungen ver-
worren erschienen, mußte ihnen unheimlich werden. Die meisten von ihnen schwiegen. Es war ein unheilvolles Schweigen.
Weil es den Nährboden bildete, aus dem die Drachensaat entsproß ...

REBELLION IN DER STEPPE

Im frühen Herbst 330 trafen die Makedonen in Phrada (heute
Farah) ein, der Hauptstadt der Satrapie Drangiane (Afghanistan).
Es gab hier einen halbverfallenen Palast, eine Zitadelle, einige
Häuser, Straßen, Brunnen – alles in allem eine jammervolle
Metropole. Zu Ende war die Zeit, in der sie durch fruchtbare
Landschaften gezogen waren, vorbei an wohlgebauten Siedlun-
gen, reichen Städten, bewohnt von gut genährten Menschen. Das
östliche Iran war kein Land der Städte, sondern der Dörfer, der
Festungen, der endlosen Steppen und Salzwüsten, aus denen
urplötzlich Oasen auftauchten. Die Dreißigtausend waren durch
das winddurchfegte Seistan marschiert: erschöpft, malade, mit
Pferden, die sich an den Wolfsmilchgewächsen krank gefressen
hatten, und immer noch zornig auf ihren Feldherrn. Der hatte bei
Meshed die Wagen in einem Kreis aufstellen und anzünden
lassen, was sich im Laufe der letzten Monate dort an Beute
angehäuft hatte: Kleider, Schuhe, Stoffballen, Gewürze, Weihrauch, golddurchwirkte Kissen, Tische, Bücher, Flöten, Trompe-
ten, Statuen, Gemälde, Kannen, Krüge, Porzellane, Teppiche,
Betten, Kisten und Kästen. Auf seine Wagen hatte er die erste
Fackel geworfen und dann zur Peitsche gegriffen, um die nach
Tausenden zählenden Hetärchen, Lustknaben, Wahrsager, Geld-
wechsler, Quacksalber, Beutelschneider zu vertreiben. Mit
einem solchen Heer konnte man keinen Feldzug mehr führen;
schon gar nicht in einem Land, in dem »das Stundenglas der
Weltgeschichte seit Urzeiten stillstand«.

So mißgelaunt die Soldaten waren, so schlecht war auch die Stimmung unter den hohen Offizieren und Generalen. Satibarzanes von Areia war, nachdem er sich fußfällig unterworfen wie alle Satrapen bisher, in seinem Amt bestätigt worden, hatte aber, kaum daß die Makedonen abgerückt waren, die ihm unterstellten Thessalier gemetzelt und einen allgemeinen Aufstand angezettelt – für die Kommandeure eine Bestätigung ihrer Ansicht, daß man Barbaren nicht trauen dürfe und ihres Feldherrn Politik der Toleranz versagt habe.

Hier in Phrada geschah das, was die Historiker als eine der drei Katastrophen bezeichnen, von denen der Alexander-Feldzug heimgesucht wurde. Plutarch, Arrianus, Diodoros, Q. Curtius Rufus, Justinus haben darüber berichtet; teils knapp, teils ausführlich, oft widersprüchlich. Es bedarf kriminalistischen Scharfsinns, um den Tathergang zu rekonstruieren.

Zu den Mißvergnügten in der engeren Umgebung des Königs gehört Dimnos, einer der Hetaroi. In Phrada beschließt er, endlich das in die Tat umzusetzen, was etliche hohe Offiziere wollen, aber nicht wagen: ein Attentat auf Alexander. Er versichert sich einiger von ihnen als Mitverschworene, darunter so prominenter wie Nikanor, Amyntas, Demetrios, weiht aber auch Nikomachos ein, mit dem er nicht nur den Tisch teilt. Der Jüngling, der unter der Last des ihm Mitgeteilten leidet, vertraut sich wiederum seinem Bruder Kebalinos an, und der hat nichts Eiligeres zu tun, als zum Palast zu gehen und den Kommandeur der Adelsreiterei, Philotas, der gerade vom König kommt, zu bitten, den Mordplan zu enthüllen. Philotas teilt dem ihn Drängenden anderntags mit, er habe keine Gelegenheit gefunden, das Thema zur Sprache zu bringen, fertigt ihn auch am nächsten Tag so kurz ab, daß Kebalinos nun den Pagen Metron informiert, von dem er weiß, daß er unangemeldet beim König erscheinen darf.

Als Alexander von dem Komplott erfährt, befiehlt er seinen Leibwächtern, den Dimnos zu ergreifen, die aber bringen nur seine Leiche. Ob er sich selbst ins Schwert gestürzt hatte oder von

Mitverschworenen, die jetzt um ihr Leben fürchten mußten, umgebracht wurde, steht dahin. Philotas, zum König gerufen und befragt, warum er so lange geschwiegen habe, antwortet: »Auf eines Buhlknaben Geschwätz gab ich nichts«, und fragt seinerseits, ob Alexander etwa an seiner Treue zweifele. »Nein«, sagt Alexander, reicht ihm versöhnlich die Hand beim Abschied, ruft aber zur Sicherheit Perdikkas, Leonnatos, Hephaistion, Krateros, um ihre Meinung zu hören.

Die haben keine gute Meinung. Hephaistion ist ohnehin auf jeden eifersüchtig, wenn es um Alexander geht; selbst auf Bukephalos. Krateros neidet dem Kommandeur der Adelsreiterei seit langem Rang und Erfolg. Er sagt: »Genug äußere Feinde gibt es noch. Schirme deine Brust vor denen im eigenen Lager.« Sie rennen mit ihrem Verdacht offene Türen ein. Alexander traut Philotas, der das höchste militärische Amt innehat, schon lange nicht mehr.

Im Morgengrauen wird der des Hochverrats Verdächtige verhaftet und vor die Heeresversammlung gestellt, die bei todeswürdigen Verbrechen angehört werden muß. Alexander selbst unterbreitet den Soldaten den Tatbestand in allen Einzelheiten und läßt die blutige Leiche des Dimnos herbeibringen. Kebalinos, Metron, Nikomachos treten als Zeugen auf. Die Soldaten und Offiziere scheinen noch nicht überzeugt von der Schuld des Philotas. Die Zeugen haben lediglich bekundet, daß er ein geplantes Verbrechen verschwiegen habe, nicht aber, daß er sich an dem Verbrechen beteiligen wollte.

Alexander läßt nun einen aufgefangenen Brief verlesen, den Parmenion an den Sohn geschrieben hat. »Sorge erst für dich«, heißt es da, »dann werden wir erreichen, was wir bezwecken.« Er schildert die aufrührerischen Prahlereien, die ihm immer wieder zugetragen worden sind, und wie der Angeklagte seiner Hetäre gegenüber gehöhnt habe über das Königs Gottähnlichkeit.

»Was für eine Gesinnung«, fragt Alexander, »muß ein Mann haben, der darüber schweigt, daß gegen seinen König ein Mordanschlag verübt werden soll? Eine mörderische Gesinnung. Über die Blüte der edelsten Jünglinge habe ich ihn zum Anführer gesetzt, mein Leben seinem Schutz anvertraut. Oftmals, Soldaten, habt ihr mich gebeten, daß ich mein Leben schone. Zu eurem Arm, zu euren Waffen flüchte ich mich nun ...«

Unsere Gewährsmänner berichten, daß die Soldaten nun zu schluchzen begannen, daß sich Bestürzung in Zorn verwandelte, Zorn in rasende Wut, daß einige zu Steinen griffen. Alexander hält sie zurück. Erst müsse dem Angeklagten Gelegenheit gegeben werden, sich zu verteidigen. Er selbst verläßt die Versammlung, um durch seine Gegenwart niemanden zu beeinflussen.

Philotas beteuert seine Unschuld, verweist auf seine Verdienste um Makedonien und auf die seines Vaters, betont noch einmal, daß es unter seiner Würde gewesen sei, mit dem Geschwätz eines Buhlknaben einen König zu belästigen; noch dazu, da solche Denunziationen öfter an ihn und andere Generale herangetragen würden. Im übrigen habe Alexander ihm durch Handschlag verziehen, daß er die Nachricht nicht weitergegeben. Keiner der Zeugen habe ihn als *Haupt* einer Verschwörung bezeichnet. Und das sei er auch nicht, sondern das *Opfer* einer Verschwörung.

Das Mitleid, das die Soldaten empfinden, als der einst so prächtige, stolze Marschall vor ihnen steht – gefesselt, in ein sackähnliches Gewand gehüllt –, verfliegt bald. Zu unbeliebt hatte sich Philotas in den vergangenen Jahren gemacht durch seinen Hochmut, seine Verschwendungssucht, seine Eitelkeit und, vor allem, durch die Verachtung, die er dem einfachen Soldaten immer entgegengebracht hatte. Obwohl er nicht überführt werden konnte, lautete das Urteil der Heeresversammlung: Tod durch Speerung.

Krateros und Hephaistion empfehlen dessenungeachtet, den Delinquenten vorher zu foltern, damit er seine Mitverschworenen verrate. Sie brennen ihn mit Fackeln, renken ihm die Glieder aus, schlagen ihn mit bleidurchflochtenen Peitschen. Sie erfahren, was sie hören wollen: Ja, er habe seinen König ermorden wollen, und sein Vater Parmenion sei derjenige, der das Komplott geschmiedet habe. Der Gefolterte wird zusammen mit jenen, »die seiner Verschwörung Vorschub geleistet« haben, von den Soldaten mit Speeren getötet.

Das Urteil wirft Fragen auf. Eine Verschwörung war tatsächlich im Gange gewesen. Philotas aber hatte damit nichts zu tun. Wenn er dennoch schuldig war, so deshalb, weil er den Mord begrüßt hätte. Er war ein potentieller Attentäter und wäre irgendwann zur Tat geschritten. Weil Alexander das wußte und die Gelegenheit durch des Philotas Unterlassungssünde günstig schien, der gesamten altmakedonischen Fronde eine blutige Warnung zukommen zu lassen, brachte er ihn um. Vorsorglich sozusagen, aber durch die Justiz. *Wie* die Heeresversammlung entscheiden würde, wußte er allerdings so gut wie alle Diktatoren, die ihre Gegner vor Gericht stellen. »Unter den Makedonen pflegte ein König, der, um sicher zu gehen, abwartete, sich selbst als erste Leiche vorzufinden«, meint Lane Fox sarkastisch.

Hatte Alexander im Falle Philotas den Schein des Rechts gewahrt, bei der Aktion gegen Parmenion ließ er alle Rücksichten fahren. Wie er jetzt vorging, haben ihm selbst wohlwollende Biographen nicht verzeihen können. Der alte Marschall verfügte über starke Truppenverbände, über die Verpflegungsdepots und über die Millionenschätze aus Babylon, Susa, Persepolis, mit deren Überführung nach Ekbatana er gerade beschäftigt war. Er war, im Gegensatz zu seinem Sohn, bei den Soldaten beliebt, bei den Offizieren hoch angesehen, selbst von seinen Feinden geachtet. Er war seinem König ergeben, auch viel zu klug, um jemals seine Hand zum Hochverrat zu reichen. Würde er auch noch treu sein, wenn ihn die Nachricht vom gewaltsamen Tod seines letzten Sohnes – zwei hatte der Krieg schon verschlungen – in Medien erreichte? Die Antwort auf diese Frage abzuwarten hieß für Alexander, ein hohes Risiko eingehen. Um es auszuschalten, galt es, schneller als das Gerücht zu sein.

Noch am Vormittag des Hinrichtungstags wird der Stratege Polydamas zusammen mit zwei Beduinen auf die lange Reise nach Ekbatana geschickt. In den Satteltaschen seines Rennkamels stecken Briefe des Königs an den Marschall und seine Unterfeldherrn Kleander, Sitalkes, Menidas und ein fingierter Brief des Sohnes an den Vater. Den Inhalt der Schreiben kennt Polydamas nicht. Wäre er ihm bekannt gewesen, er hätte trotzdem reisen müssen. Er ist für diese Mission gewählt worden, weil er ein Freund des Hingerichteten war. Die drei Männer passieren ausgetrocknete Seen, reiten über hohe Dünenkämme, durchqueren Salzwüsten, darunter die berüchtigte Dasht-i-Lut, in denen es kein Leben gibt, quälen sich über windumtoste Pässe.

Eine Landschaft, die mit Pferden nicht zu bewältigen gewesen wäre. Kamele jedoch können selbst in der Wüstenglut siebzehn Tage ohne Wasser auskommen, brechen auch dann nicht zusammen, wenn sie ein Viertel ihres Körpergewichts durch Wassermangel verloren haben. Die langbeinigen, schnellfüßigen Meharis, eine besonders edle Rasse, bewältigen die über siebenhundert Kilometer lange Strecke, für die eine Karawane gut vier Wochen braucht, in elf Tagen. Sofort nach ihrer Ankunft überreicht Polydamas den drei Unterfeldherrn das vom König gesiegelte Schreiben und läßt sich zusammen mit ihnen zur Audienz bei Parmenion eintragen.

Der Marschall empfängt sie im Garten der Zitadelle, umarmt freudig den Freund seines Sohnes, erbricht zuerst das königliche Siegel, liest und sagt: »Ein neuer Feldzug steht bevor. Dabei sollte der König, nachdem er so hohen Ruhm errungen, doch sein Leben schonen.« Als er den Brief des Sohnes öffnet, stößt ihm Kleander sein Schwert in die Seite, Menidas und Sitalkes zerreißen seine Brust mit ihren Dolchen. Parmenion stirbt, ohne erfahren zu haben, warum er sterben mußte. Ein Meuchelmord à la Shakespeare: Oh schwere blut'ge Tat ...

Die Nachricht vom Tod des Marschalls verbreitete sich wie ein Steppenbrand. Bald war der Park umringt von Soldaten, die das Blut der Attentäter trinken wollten. Kleander verlas aus dem Brief die Passage, in dem der Verrat des Philotas und seines Vaters von Alexander detailliert geschildert wurde. Die Männer waren dennoch nur schwer zu besänftigen: Parmenion galt ihnen als ein Vater. Schließlich forderten sie den Leichnam, damit er ein fürstliches Begräbnis erhielte. Die drei Generale sahen sich gezwungen, der Forderung nachzukommen, ließen aber vorher den Kopf abschneiden, damit ihn Polydamas seinem Herrn überbringe zum Beweis, daß der Auftrag befehlsgemäß ausgeführt worden sei.

ALEXANDER, DER STÄDTEGRÜNDER

Bevor Alexander Phrada verließ, taufte er die Stadt um: Prophthasia sollte sie von nun an heißen; ein bezeichnender Name, er entspricht dem griechischen Wort für Vorgefühl, Vorahnung. Im Heer gab es jetzt zwei neue Hipparchen, Hephaistion und Kleitos. Sie teilten sich den Oberbefehl über die Reiterei, den Philotas innegehabt hatte. Einem Mann allein wollte Alexander das wichtigste militärische Kommando über seine Elitetruppe, die bisher alle Schlachten entschieden hatte, nicht mehr anvertrauen. Eine neue Einheit gab es auch; in ihr wurden jene Männer zusammengefaßt, die nicht mehr zuverlässig erschienen. Sie hatten gegenüber ihren Kameraden oder in heimlich geöffneten Briefen an die Angehörigen ihre Empörung über den Mord an Parmenion geäußert, auch ihre Unzufriedenheit über den nicht enden wollenden Feldzug. Die Strafkompanie bekam den Namen »Die Unbotmäßigen« und war (wie vergleichbare Einheiten im Zweiten Weltkrieg) für Himmelfahrtskommandos bestimmt.

Prophthasia bekam den Zusatz Alexandreia. Sie sollte zu einer seiner Städte werden. Deshalb war der Befehl ergangen, das Gelände um die Zitadelle weiträumig abzustecken, eine Stadtmauer hochzuziehen, die Straßenzüge durch Stangen zu markieren und

21 Auf einer Felswand an der Straße von Babylon nach Ekbatana
(Hamadan) finden sich unter dem Zeichen des Lichtgottes Ahuramazda die
Taten der persischen Großkönige in Stein gehauen. Mit einem Seil
um den Hals als Zeichen der Unterwerfung werden die im Kampf besiegten
rebellischen Fürsten vor den Thron geführt (oben).

22 Die *Proskynese*, eine Kußgeste mit tiefer Verbeugung vor dem
Herrscher, gehörte zum persischen Hofzeremoniell (unten). Alexanders
Versuch, die Proskynese auch an seinem Hof einzuführen,
scheiterte am Stolz der Makedonen und Griechen.

SPECTACVLA BABYLONICA

SIC VIRTVS
EVEHIT

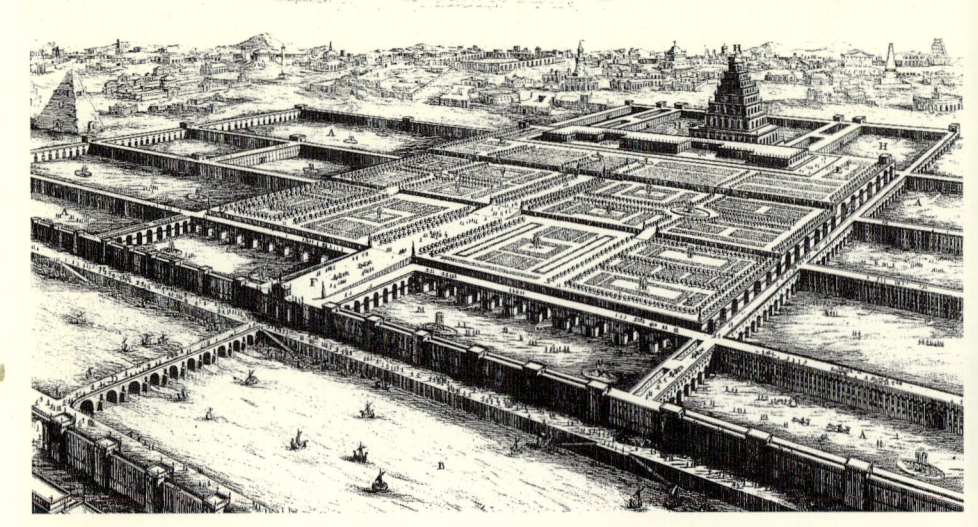

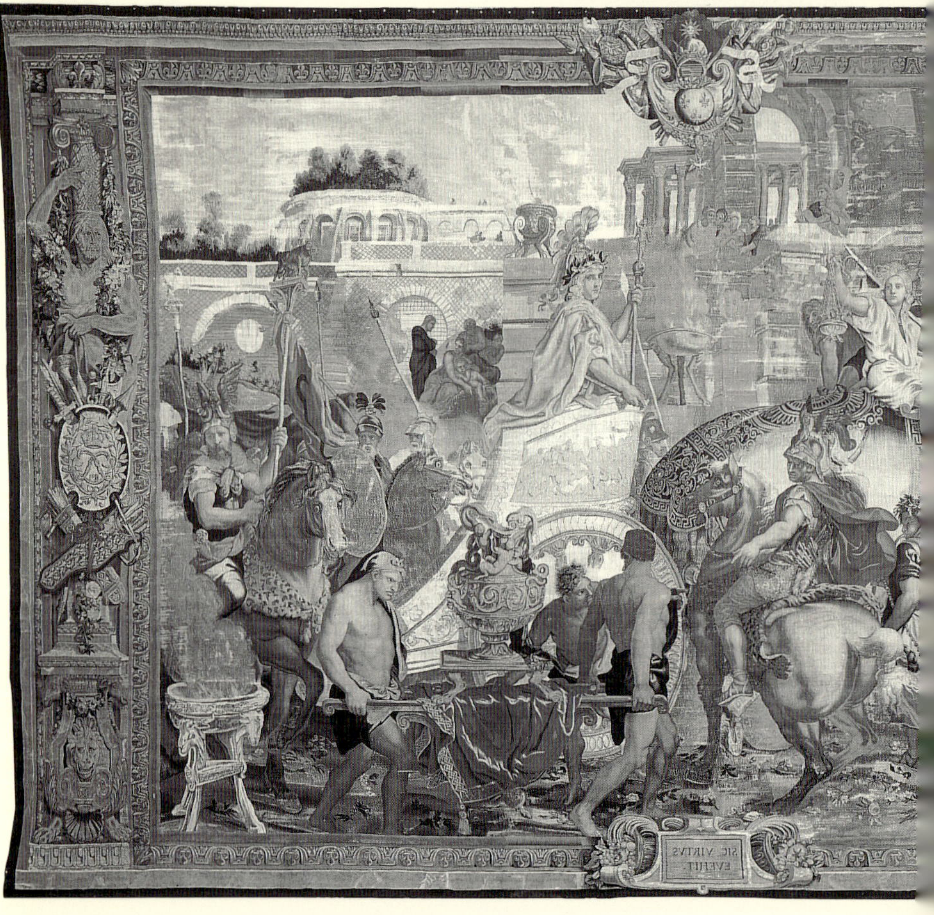

23 »Babel, Babylon, größte Stadt des Erdkreises, Mutter der Buhlerinnen und Greuel der Erde ...« war gekrönt von jenem Turm, der für Vermessenheit und Selbstüberhebung sprichwörtlich geworden ist (oben links).

24 Alexanders triumphaler Einzug in Babylon nach seinem Sieg bei Gaugamela: für den Makedonen einer der großen Momente seines Lebens (links).

25 Persepolis war mit seinen Palästen steingewordenes Symbol des persischen Weltreichs (oben: der große Thronsaal, Apadana genannt); Alexander ließ die Stadt in Brand setzen: als ein Fanal für den Untergang einer alten Welt und den Beginn einer neuen.

26 Der Thronsaal wird von den Soldaten der königlichen Garde bewacht. Als »Revolutionswächter« die Relief-Friese 1979 zerstören wollten, traten ihnen die Bewohner der umliegenden Dörfer mit der Waffe entgegen.

27 Alexander ehrt den sterbenden Dareios. Der italienische Renaissancemaler Antonio Pellegrini verlieh dem Makedonen weiche, fast weibliche Züge.

die Stellen, wo später die Agora zu erbauen war, das Gymnasium, die Akropolis, die Palaistra, das Theater, das Stadion, die Villen der Vollbürger, die Häuser der Mitbewohner (Metoiken), die Unterkünfte der Sklaven. Eine Stadt also ganz nach dem Muster, wie es sie in Griechenland zu Hunderten gab. Griechische Söldner, makedonische Veteranen, Thraker und Angehörige der umwohnenden Stämme sollten die Stadt erbauen und anschließend darin wohnen.

Die Polis hatte sich, was ihre Funktionsfähigkeit betraf, in Griechenland und in den Kolonien hundertfach bewährt und vermittelte in der Fremde ein Stück Heimat. Auch ihre Verfassung erhielten diese Städte nach dem bewährten Muster mit Rat, Volksversammlung und städtischen Beamten – aber keine volle Autonomie; die behielt sich der König vor. Ursprünglich hat man angenommen, daß siebzig Alexanderstädte, von Ägypten bis zum Indus, gegründet worden seien, eine zweifellos übertriebene Zahl. Wie viele es auch gegeben haben mag, sie alle waren wichtige Zentren: für den militärischen Nachschub, für die Aufrechterhaltung der Ordnung, für die Förderung des Handels und des Verkehrs, für die Ausbreitung der hellenischen Kultur, und, nicht zuletzt, für die Vermischung der Griechen und Makedonen mit den Einheimischen. Letzteres geschah geradezu zwangsläufig, denn an griechischen und makedonischen Frauen fehlte es, also verband man sich mit den Schönen des Landes. Die Kinder, die aus diesen Ehen hervorgingen, sprachen die Sprache ihrer Väter und wurden griechisch erzogen, eine Generation, von der man hoffen durfte, daß sie ihre Umgebung hellenisieren und, wichtiger noch, den Unterschied zwischen Siegern und Besiegten einst vergessen machen würde.

Alexander war eine zu kurze Lebensspanne beschieden, als daß sein grandioses System sich hätte weiterentwickeln können. So griechisch seine Städte auch gestaltet waren, vielen Hellenen konnten sie die Heimat auf die Dauer doch nicht ersetzen. Kamen Besucher aus Griechenland, so wurde die Sehnsucht unerträglich nach den rinderreichen Weiden Euböas, dem glasklaren Licht der Kykladen, den Weingärten von Epidauros, nach den Olivenhainen, den Eichenwäldern, den Rosengärten. Als im Jahre 323 die Nachricht vom Tode Alexanders die Siedlungen in den weltverlorenen Regionen Arachosiens, Baktriens, Sogdaniens erreichte, machten sich Tausende auf den Weg nach Hause. Und Perdikkas brauchte eine ganze Armee, um sie mit Waffengewalt daran zu hindern.

Sechs Alexanderstädte haben sich über die Jahrtausende hinweg, wenn auch unter anderen Namen, erhalten. Alexandria in Ägypten, Alexandreia in Areia (heute Herat), Alexandreia in Arachosien (Ghazni oder Kandahar), Alexandreia in Margiane (Merv), Alexandreia am Oxos in Sogdien (Termez) und Alexandreia-Eschate am Jaxartes (Chodjend). Weitere sieben sind heute nicht mehr Städte, existierten aber Jahrhunderte lang in anderer Form weiter. Dazu gehören die Polis in Susiane, in Baktrien, am Kaukasus, am Chenab, in Makarene, am Jhelam (wo Bukephala entstand, benannt nach dem Leibpferd, das hier verendete) und das von Alexander neugetaufte Prophthasia (das später zur Metropole des Ostparthischen Reiches wurde).

Die Alexander-Städte waren Neugründungen oder Erweiterungen bereits bestehender Siedlungen, die meist nur aus einer Burg, einem Palast und einigen Häusern bestanden – doch mit sicherem Blick immer so gewählt, daß sie an großen Verkehrsstraßen lagen, an der Mündung eines Flusses in den anderen, an einer geschützten Bucht, am Schnittpunkt von Handelswegen, in fruchtbaren Tälern.

Es ist eine faszinierende Vorstellung, daß mehrere tausend Kilometer von der Ägäis entfernt in diesen Städten Griechisch gesprochen wurde. Daß ihre Bewohner in die Theater gingen, um zusammen mit Gedrosiern, Persern, Baktriern, Susianern die Tragödien des Sophokles zu erleben; um auf der Agora über Sokrates zu diskutieren; auf der Akropolis die Nachbildungen der Werke eines Lysippos zu bewundern; sich in der Palaistra im Ringkampf zu üben; im Stadion an den gymnischen Spielen teilzunehmen und sich zu bemühen, die Regeln der in Delphi am Tempel verewigten Wahrsprüche der Sieben Weisen zu befolgen.

Die Alexanderstädte waren mehr als bloße militärische Außenposten, wie man ursprünglich angenommen hatte. Die Ausgrabungen der letzten Jahrzehnte haben bewiesen, daß sie so gebaut waren, wie beispielsweise die Ionier an der kleinasiatischen Küste bauten. »Je tiefer wir in die Erde dringen, um so griechischer wird es«, äußerte sich einer der Ausgräber. Es waren bis auf einige Ausnahmen tatsächlich alles kleine Polis. In Alexandreia-in-Sogdia fand man eine Marmortafel mit einem der delphischen Gebote: »Sei in der Kindheit schicklich, in der Jugend beherrscht, im Mannesalter gerecht, im Alter weise und fürchte im Tod den Schmerz nicht.«

Zweihundert Jahre nach Alexanders Tod waren seine Städte von den Parthern und den Nomaden Zentralasiens erobert, ihre Verfassungen außer Kraft gesetzt, die städtischen Beamten abgesetzt, die Volksversammlungen verboten. Sein Reich zerfiel, aber die griechische Kultur überdauerte den Zerfall des Reiches.

VOLKSKRIEG IM OSTIRAN

Ende des Jahres 218 vor Christus überstieg der karthagische Feldherr Hannibal mit 50 000 Mann zu Fuß, etwa 90 000 Mann zu Pferd und 37 Kriegselefanten die Alpen und fiel in Oberitalien ein. Er schaffte damit etwas, was bis dahin, nach Meinung der Zeitgenossen, noch niemand gewagt hatte: ein tief verschneites Gebirge mit einem Heer zu überwinden. Die Bewunderung der Völker und ewiger Nachruhm waren ihm sicher. Die panische Furcht der Römer wurde zum Geflügelten Wort: »Hannibal ad portas!« Daß er bei dem Übergang die Hälfte seines Heeres verlor und die meisten Elefanten, interessierte nur noch am Rande. Man schien auch vergessen zu haben, daß gut hundert Jahre zuvor bereits ein Gebirgsmassiv von Soldaten bezwungen worden war, das mit seinen zwanzig Siebentausendern die Alpen wie ein Vorgebirge erscheinen läßt. Es war der Hindukusch, der »Hindutöter«, so genannt, weil auf seinen Pässen ein großer Teil der aus Indien geholten Sklavinnen den Tod fand.

Auf 45 000 Mann war die Armee Alexanders inzwischen angewachsen – durch die in Makedonien ausgehobenen Rekruten, die in Griechenland angeworbenen Söldner und einheimische Kontingente. Mit 32 000 Mann unternahm er den Marsch über den 3548 Meter hohen Chawakpaß. Auch er besaß nun Elefanten, aber die hatte er klugerweise in Arachosien gelassen, in einem neugegründeten Alexandreia. Es war noch zu früh im Jahr, es schneite stark, und die Soldaten machten zum erstenmal die Erfahrung, daß man am Schnee erblinden konnte. Auch gegen Erfrierungen war man ungenügend geschützt. Waren die Füße erst einmal erfroren, durch Eselsurin waren sie nicht zu heilen. Manchmal half Ziegentalg, mit dem man sich vor dem Marsch die Füße einrieb. Doch bald hatte man keinen Talg mehr. Viele mit Lebensmitteln beladene Lasttiere glitten, obwohl man ihre Hufe mit Stroh umwickelt hatte, aus und stürzten ab. Hufeisen gab es noch nicht. Der Hunger machte die Kälte noch unerträglicher. Soldaten erfroren in ihren Zelten, verirrten sich im Nebel, und wer sich verirrte, war zum Tode verurteilt. Man schlachtete Maultiere und verzehrte das Fleisch roh, denn Holz zum Kochen gab es hier oben nicht. Die blutigen Fetzen würzte man mit dem Saft der Terpentinpflanzen, um sie überhaupt genießbar zu machen.

Wenn der Nebel sich einmal hob und die Wolkendecke aufriß, müssen die Berge einen überwältigend schönen Anblick geboten haben. »Ein dünner Purpurschleier zog sich alltäglich über den östlichen Himmel. Die Wolken flammten blutig auf, die schneebedeckten Gipfel erglühten, während eine tiefe und unerklärliche Sehnsucht mich durch und durch erfüllte«, schwärmte der deutsche Forschungsreisende Emil Trinkler in seinem Reisebericht *Durch das Herz Afghanistans.* Es ist nicht anzunehmen, daß

Alexanders Soldaten ähnliche Empfindungen hatten. Sie werden sich nur danach gesehnt haben, irgendwo unterzukriechen; in eine Höhle der Einheimischen zum Beispiel, um nach Eßbarem zu fahnden; doch die schwiegen sich über ihre Vorräte aus, auch unter der Folter. Wenn abends in den Lederzelten der Kitharöde zu seinem Instrument griff und von den im Mondlicht silbrig schimmernden Olivenhainen Attikas sang, kamen vielen die Tränen. Nicht nur wegen des Heimwehs, sondern auch wegen des Öls, das ihnen der Sänger unwillkürlich in Erinnerung rief. Das Olivenöl war etwas, das die Griechen auf dem ganzen Feldzug am meisten vermißten. In ihren Briefen kam das Wort am häufigsten vor. Des Sophokles Wort »Viel Gewaltiges lebt, doch nichts Gewaltigeres als der Mensch«, hatten sie längst ergänzt durch den Satz »... der ohne Olivenöl auskommt«.

Wo man genau war, wußte niemand so recht, denn dazu war das vorhandene Kartenmaterial zu dürftig. Jedenfalls konnte man von den Gipfeln nicht das sehen, was Aristoteles versprochen hatte: den das Weltende begrenzenden Ozean. Eines Tages aber wußte man es doch. Die einheimischen Führer meldeten sich beim Stab und erklärten aufgeregt, sie müßten den Herren etwas zeigen, das alle Not des Marsches aufwiegen würde: den Felsen, an den Prometheus geschmiedet gewesen sei. An Ort und Stelle fand sich auf wundersame Weise das Nest des Adlers, der tagtäglich erschienen war, um dem Gefesselten die Leber herauszuhacken (die nachts wieder nachwuchs); auch die Reste der Ketten und Spuren der Adlerkrallen lagen dort. Prometheus, ein Titan, hatte dem Zeus das Feuer gestohlen, das der Götterfürst den Menschen vorenthalten wollte, und wurde auf diese Art gezüchtigt. Bis zu jenem Tag, da Herakles erschien, den Adler mit dem Pfeil erschoß und die Ketten des Gefangenen sprengte. Der mythische Schauplatz des Dramas war der *Kaukasus*. Und genau dort befand man sich jetzt, kolportierten die Offiziere, und Alexander, des Herakles Sproß, war gern bereit, das zu glauben.

Was, beim Zeus, wollte Alexander eigentlich in diesem gottverlassenen Land mit seinen Hungersteppen, Salzwüsten; über die die Staubstürme rasten; mit seinen sengendheißen Tagen, bitterkalten Nächten, Myriaden von Fliegen, fauligen Brunnen; einem Land, das seit Jahrhunderten heimgesucht wurde von immer wieder einfallenden Nomaden, von plündernden Horden, halbwilden Stämmen; bewohnt von Menschen, die ihre Toten den Geiern zum Fraß überließen und ihre Alten aussetzten? Das werden sich die Soldaten gefragt haben, als sie nach dem beschwerlichen Aufstieg den bis an die Grenze ihrer Kräfte gehenden Abstieg bewältigt hatten. Dabei konnten sie von Glück sagen, daß Bessos seine Chance nicht genutzt hatte, just in diesem Moment über sie herzufallen, als ihre Kräfte erschöpft, ihre Pferde lahm, ihre Führer mutlos waren. Er hatte sich damit begnügt, in den Tälern, in die sie hinabstiegen, die Dörfer anzuzünden, die Felder niederzustampfen, die Obstbäume zu fällen, die Brunnen zu vergiften, das Vieh wegzutreiben.

Bessos: um ihn ging es bei diesem Marsch in die Nordostecke des Persischen Reichs. Solange er lebte und die um sich scharte, die mit ihm den neuen Aufstieg der Achaimeniden erhofften oder die Fremden haßten, weil sie das Land überfallen hatten, oder einfach Beute machen wollten, solange dieser Mann lebte, der sich als Artaxerxes IV. für den wahren Nachfolger auf dem persischen Thron hielt, war Alexanders Herrschaft nicht gesichert, seine Flanke nicht geschützt und das große Abenteuer, das er zu wagen längst beschlossen hatte, der Zug nach Indien, undenkbar.

Also wurde Bessos gejagt, von Baktra an den Oxos (Amudarja), durch eine Wüste, deren Glut die in Mesopotamien erlittene Hitze noch übertraf, bis eines Morgens zwei baktrische Reiter erschienen und den Makedonen meldeten, sie könnten den Bessos haben, wenn sie ihn wollten; sie selbst wollten ihn nicht mehr, habe er doch ihre Heimat kampflos geräumt und alle ihre Landsleute im Stich gelassen. Sprachen es und nannten den Namen des Dorfes, in dem sie ihn zurückgelassen hatten.

Ptolemaios wurde abkommandiert, ihn abzuholen und nackt an einen Pfahl neben einer Wegkreuzung zu binden.

Dort erschien Alexander anderntags, ritt an ihn heran und fragte: »Welcher Bestie Wut hat dich gepackt, als du es wagtest, einen König zu morden?« Bessos antwortete: »Wir taten es, um deine Gunst zu gewinnen.«

Der Makedone befahl, ihn auszupeitschen und ihm Nase und Ohren abzuschneiden, denn so sei es hierzulande Sitte – eine Bestrafung, die schon Arrianus als blinde Nachahmung barbarischer Sitten und eines Alexanders unwürdig getadelt hatte. Man schaffte den Verstümmelten nach Ekbatana, wo die Perser und Meder unter Vorsitz eines Bruders des Dareios über ihn richten sollten. Das Urteil stand von vornherein fest, die Art der Vollstreckung nicht. Man beschloß, ihn mit den Gliedmaßen an zwei niedergebogene junge Bäume zu binden und die Kronen hochschnellen zu lassen: Sein Körper wurde in vier Teile zerrissen. Schon bald jedoch sollte Alexander sich fragen, ob es nicht besser gewesen wäre, ihn leben zu lassen. Denn der Mann, der an Bessos' Stelle trat, wurde seinen Soldaten zum Alptraum. Er hieß Spitamenes.

Der vornehme Baktrier, dem eingesessenen Hochadel entstammend, etwa vierzig Jahre alt, tat etwas, was seine Standesgenossen bisher aus gutem Grund vermieden hatten, er verbündete sich mit den jenseits des Jaxartes (Syr-darja) lebenden nomadischen Stämmen, die als Reiter so kühn waren wie als Räuber gefährlich; die Gefahr bewußt eingehend, den Beelzebub nicht mehr loszuwerden, wenn der Teufel besiegt worden war. Und er gewann die sogdischen und baktrischen Fürsten, indem er ihnen klarmachte, daß es kaum von Vorteil sei, persische Unterdrücker gegen griechisch-makedonische Tyrannen einzutauschen – denn darauf liefe alles hinaus –, der Augenblick dagegen günstig sei, durch einen Volkskrieg Ketten jeglicher Art für immer zu sprengen. Und so machte er aus wirren Rebellen glühende Patrioten.

Spitamenes, der begriffen hatte, daß man in offener Feldschlacht gegen Alexanders moderne Armee chancenlos war, im Kleinkrieg, heute Guerilla genannt, aber durchaus nicht, tauchte mit seinen Reitergeschwadern im Morgengrauen auf, überfiel die Lager, den Troß, fouragierende Trupps, an Zahl unterlegene Einheiten auf dem Marsch und zog sich wie ein Spuk zurück in die Steppe, wohin ihm die Fremden nicht zu folgen wagten, denn sie kannten die Lage der Brunnen nicht. Er wurde kühn und kühner. So griff er die feindlichen Besatzungen in den Städten an, machte sie nieder und nahm schließlich sogar Marakanda (Samarkand) ein. Als sich ein zweieinhalbtausend Mann starker makedonischer Heeresverband, von Alexander zum Entsatz in Marsch gesetzt, näherte, ergriff er die Flucht – und ließ sich so lange verfolgen, bis er die von der Verfolgung erschöpften griechischen Söldner am Fluß Polytimetos in der Falle hatte. Nur wenige kamen mit dem Leben davon.

Der Sieg über Alexander war ein Fanal: Zeus Ammons Sohn war eben doch nicht unverwundbar! Man konnte ihn besiegen, wenn man nur klug genug vorging und sich von der Gloriole der Unbesiegbarkeit nicht von vornherein entmutigen ließ. Beflügelt von dieser Erkenntnis, breitete sich der Aufstand aus. Am anderen Ufer des Jaxartes begannen sich die Saken zu sammeln. Die Massageten zerstörten eine makedonische Grenzfestung. Die Skythen lockten die Griechen aus Baktra heraus und brachten ihnen starke Verluste bei.

Alexander verlor zum erstenmal seine sonst unbeirrbare Siegeszuversicht. Er wurde unsicher und war aufs Äußerste gereizt. So ließ er zehn Überlebende der Schlacht am Polytimetos kurzerhand an den Schandpfahl binden und in der Sonnenglut umkommen, weil sie erzählt hatten, wie jämmerlich ihre Kameraden dort krepiert waren. Er erließ ein absolutes Schweigegebot. Der Krieg eskalierte. Niemand durfte mehr auf Pardon hoffen, wenn eine der mit Mauern aus gebranntem Lehm umbauten Städte erobert war: Die Männer verfielen dem Schwert, Frauen und Kinder wurden von den Sklavenhändlern aufgekauft. Das Absatzgebiet lag zum Teil vor der Tür. Die mit Kriegsgefangenen, Veteranen und Einheimischen besiedelten neuen Städte brauchten Sklaven jeglichen Alters und Geschlechts. Je größer die eigenen Verluste waren, um so rücksichtsloser ging man vor. Blanker Terror sollte die Aufstände brechen.

Geführt wurden die Truppen von einem König auf der Trage. Beim Sturm auf das von Kyros dem Großen gegründete Kyropolis war Alexander an der Spitze einer Sturmabteilung durch ein unterirdisches Kanalsystem in die Stadt gelangt und von einem Stein am Hals getroffen worden. Kaum genesen von einer dadurch verursachten Blindheit, traf ihn ein Pfeil und verletzte sein Schienbein. Eine leichtere Verwundung, doch schwer genug, wenn es zum Wundbrand kam. Wie nun seine Krieger zu Fuß und die zu Pferde sich zu streiten begannen, wem die Ehre zukam, den König tragen zu dürfen, und wie schließlich entschieden wurde, daß man ein um den anderen Tag wechselte, zeigt, wie sehr die Männer noch an ihrem König hingen.

Bald waren achtzehn Monate eines immer erbarmungsloser werdenden Guerillakriegs vergangen, der wenig Lorbeeren brachte und kaum Beute, dafür Krankheit, Not und Plagen. Das waren keine Perser, die ihnen hier widerstanden: Die Ostiraner waren zäher, gaben nie auf, achteten das eigene Leben gering. Auch fehlte jede Erfahrung, wie den Skythen jenseits des Jaxartes zu begegnen war. Mit ihrer Art zu kämpfen, waren schon die Achaimeniden nicht fertig geworden. Es gab hierfür einfach kein taktisches Vorbild. Schlachtenpläne waren das Pergament nicht wert, weil die Skythen sich nicht zur Schlacht stellten; Angriffe auf den Befehlshaber und seinen Stab stießen ins Leere, weil es so etwas bei ihnen nicht gab; die Zerstörung der Städte und Dörfer, der Basis also, konnte nicht stattfinden, weil Nomaden keine festen Siedlungen haben.

Alexander lernte durch die anfänglichen Mißerfolge rasch zu. Die skythischen Einheiten pflegten ihre Feinde zu umzingeln, ihre Pfeile abzuschießen und sich bei jedem Gegenstoß aufzulösen, worauf dasselbe tödliche Spiel noch einmal begann. Eine Taktik, die die Militärexperten als *fliegendes Gefecht* bezeichnen. Es kam darauf an, sie auszumanövrieren, indem man eine schwache Reiterabteilung nach vorn warf, sich umzingeln ließ, leichte Infanterie nachzog, wodurch der Kreis eingedrückt wurde, und schließlich mit der Schweren Kavallerie die Einkreiser selbst einkreiste. Solche Manöver waren nur mit einer disziplinierten, gut geschulten Truppe auszuführen. Darüber verfügte Alexander trotz des langen Feldzugs und der dezimierten makedonischen Verbände immer noch.

Wenn es noch eines Beweises bedurft hätte, daß Alexander ein Feldherr *kat exochen* war, die Tatsache, wie er sich taktisch umzustellen vermochte und ein Reitervolk bezwang, das Kyros den Großen das Fürchten gelehrt hatte, spricht für ihn. Die Skythen, anfangs erstaunt, dann fassungslos, schließlich mutlos, schickten bald ihre Abgesandten, dem König Frieden und Freundschaft anzutragen.

Friede in Baktrien und in der Sogdiane war dennoch nicht. Vielleicht wären die Kämpfe noch jahrelang weitergegangen, hätten sich nicht eines Nachts drei Männer beim Hoflager eingefunden, die sich als Abgesandte des Massageten auswiesen. Sie übergaben einen blutgetränkten Weidenkorb, der den Kopf eines Mannes enthielt. »Spitamenes«, sagten sie, »Spi-ta-me-nes.« Es war in der Tat der Baktrier; nach Dareios und Bessos der dritte Fürst, den die eigenen Männer geopfert hatten, nachdem sie annehmen mußten, daß sein Stern im Sinken sei. Bei einem verlustreichen Gefecht mit dem Makedonen Koinos in der Nähe von Marakanda hatten die Skythen mangels Beute die Habe ihrer Kampfgenossen, der Baktrier und Sogdier, zu plündern begonnen und sich schließlich, den Atem ihrer Verfolger im Nacken spürend, auch des Spitamenes entledigt. Alexanders härtester Gegner sollte, und das ist die Ironie der Geschichte, zum Stammvater einer der berühmtesten Dynastien des Orients werden: der Seleukiden, deren Reich von den Dardanellen bis nach Indien sich erstreckte. Seine Tochter Apame nämlich wurde mit Seleukos verheiratet, einem makedonischen Adligen und späteren Diadochen.

Von den Furien gehetzt

»In Marakanda [Samarkand] war es, als eines Tages ein Händler kam, der dem König Äpfel und Trauben brachte, die an Ioniens Küsten gereift waren. Er staunte, weil die Früchte so frisch und schön waren, und ließ den Kleitos rufen, um sie mit ihm gemeinsam zu verzehren. Der war gerade dabei, den Göttern ein Opfer zu bringen, machte sich aber sofort auf den Weg, und drei der Schafe, bereits mit dem weihenden Wasser besprengt, liefen ihm nach.« So idyllisch schildert Plutarch den Beginn eines Dramas, an dessen Ende Totschlag, Trauer und Tränen standen und das die Welt des Alexander ein andermal erschütterte.

Wir haben Kleitos kennengelernt, als er in der Schlacht am Granikos den zum tödlichen Schlag erhobenen Schwertarm eines Persers zerschmetterte und damit Alexander das Leben rettete; und bei Gaugamela, wo er die Ile Basilike, die vornehmste Schwadron, führte. Wie Philipp, den er verehrte, war er ein in der Wolle gefärbter Makedone, tollkühn und tapfer, rauh und jähzornig; dazu erzkonservativ, den neuen Günstlingen am Hof und der Nachäffung ihrer Kleider und Gebräuche wenig geneigt. Dennoch blieb er ein getreuer Gefolgsmann. Da seine Schwester, die von Alexander geliebte Lanike, den König einst an ihrer Brust genährt hatte, verband die beiden auch ein persönliches Band. Nach dem Tod des Philotas zusammen mit Hephaistion zum Oberkommandierenden der Gardekavallerie bestimmt, hatte ihn Alexander zum Satrapen von Baktrien gemacht und der Sogdiane (die das heutige Usbekistan und Teile von Tadschikistan, Kirgisien und Turkmenien umfaßte); eine Auszeichnung, doch eine scheinbare nur. Der Schwarze, wie man ihn nannte, fühlte sich abgeschoben zu den Hinterwäldlern, mit denen er sich herumschlagen würde, während sein König mit den anderen in das Märchenland Indien zog, neuen Abenteuern entgegen. Geben wir Plutarch das Wort, dem der Bericht eines Augenzeugen vorlag:

»Man traf sich an jenem Tag zum Mahle, und es wurde scharf gezecht, der schwere baktrische Wein unverdünnt, da niemand ihn mit dem brackigen Wasser verdünnen wollte; und Spottlieder wurden angestimmt auf jene Strategen, die gerade zu Paaren getrieben worden waren [am Polytimetos]. Die Älteren begannen sich darüber zu beschweren und wollten den Sängern den Mund verbieten. Der weinselige König aber ermunterte sie, noch einige Strophen anzuhängen. Kleitos, dem der Wein ebenfalls zu Kopf gestiegen war, rief entrüstet: ›Es ist nicht vornehm, wenn in einem Kreis von Barbaren [den an der Tafel mitzechenden Persern] Makedonen verhöhnt werden. Männer, die selbst im Unglück noch edler sind als jene, die sie gerade verlachten.‹

›Redest du etwa in eigener Sache, wenn du Feigheit als Unglück hinstellst?‹ So der König.

Kleitos sprang auf und schrie: ›Dieser Feigheit verdankst du dein Leben. Durch das Blut der Makedonen und durch unsere Narben bist du so groß geworden, daß du dich dem Ammon aufdrängen konntest und den Philipp verleugnetest.‹

Nun war es an Alexander, in Wut zu entbrennen. ›Du elender Geselle, wie lange glaubst du noch ungestraft so über mich herziehen zu können und die Makedonen aufzuhetzen?!‹

›Wir sind schon jetzt gestraft genug, wenn wir mitansehen müssen, wie Makedonen mit medischen Ruten gepeitscht werden, und wir persische Wächter bitten müssen, uns zu unserem König vorzulassen. Glücklich sind die Toten, denen solche Schmach erspart blieb.‹

Alexanders Gefährten erhoben sich jetzt und forderten Kleitos auf, endlich aufzuhören mit seinen lästerlichen Reden, während ältere besonnene Gäste Öl auf die Wogen zu gießen suchten. In die plötzliche Stille hinein hörte man, wie Alexander zu seinen beiden griechischen Tischnachbarn bemerkte: ›Mich dünkt, daß ihr euch manchmal vorkommen müßt wie Halbgötter unter Tieren.‹

Kleitos erwiderte: ›Sag uns offen, was du meintest, Alexander, und wir werden das Gleiche tun. Wenn du aber keine Männer mehr an deiner Tafel dulden möchtest, die ein offenes Wort nicht scheuen und selbst frei zu reden gewohnt sind, dann begnüge dich mit Knechten, die vor deinem persischen Gürtel und deinem purpurgesäumten Gewand den Fußfall entbieten.‹

Wie von der Viper gestochen sprang Alexander nun auf, warf seinem Gegner einen Apfel an den Kopf und griff nach seinem Dolch. Den aber hatte einer der adligen Leibwächter vorsorglich aus der Scheide gezogen. Von den anderen Hetaroi umringt, die ihn zu besänftigen suchten, schrie er auf makedonisch [und makedonisch sprach er nur in Momenten höchster Erregung] nach der Palastwache und befahl dem Trompeter, Alarm zu blasen. Als der Mann zögerte, schlug er ihn mit der Faust.

Den Kleitos hatten andere inzwischen hinausgeschafft auf den offenen Umgang der Zitadelle, doch von der Nachtluft eher gereizt denn beruhigt, erschien er wieder im Saal und deklamierte laut die Verse aus der *Andromache* des Euripides.

Wehe, welch faule Sitte herrscht in Griechenland!
Hat auch das Heer die schönsten Siege errungen,
Rechnet man die Tat nicht jenen an, die doch gekämpft,
Nein, nur der Feldherr allein maßt sich des Ruhmes an,
Der mehr jenen zukäme, die ihn in Wahrheit verdient.

Mit einer raschen Bewegung entriß Alexander einem der Palastwächter die Lanze und stieß sie dem Kleitos durch die Brust. In das tödliche Schweigen hinein hörte man das Seufzen und Stöhnen des Sterbenden, und als Alexander Miene machte, sich die Lanze in den Hals zu stechen, hielten ihn die Gefährten fest und brachten ihn mit Gewalt in seinen Schlafraum.«

Daß Alexander hier von seinem »achilleischen Zorn« gepackt

wurde, der so bekannt war wie gefürchtet, wird verständlich, wenn man die Worte wägt, die Kleitos ihm entgegengeschleudert hatte. Sie waren wohlgezielt und trafen ihn dort, wo er am empfindlichsten war. Nichts schmerzte ihn mehr, wenn man sein Sohn-Vater-Verhältnis zu Zeus Ammon verspottete; die Maßnahmen bekrittelte, Griechen-Makedonen mit den Orientalen zu versöhnen, ja zu verschmelzen; ihn verdächtigte, er schmälere die Verdienste Philipps und erhöhe die eigenen, die alte Wunde der Haßliebe damit wieder aufreißend; ihm unterstellte, an seiner Tafel sei kein offenes Wort mehr erlaubt.

Gerade der letzte Vorwurf war unberechtigt. Wenn Alexander auch Widerspruch nur schlecht vertrug, »man müßte wohl lange in den Geschichtsbüchern blättern, bis man einen Herrscher fände, an dessen Tafel der Ton so freimütig war, der sich soviel hätte sagen lassen wie Alexander von Kleitos, ehe das Maß dessen, was er für erträglich hielt, überschritten war«. Und einen Herrscher, so muß man Peter Bamm ergänzen, der eine Tat so bitterlich bereute.

Drei Tage lang hielt er seine Tür verschlossen, ließ niemanden zu sich, selbst Hephaistion nicht, aß nichts, trank nichts. Die mit bangen Gesichtern harrenden Freunde hörten, wie er jammerte, klagte, sich in seinem Schmerz wälzte. »O Lanike, welch einen Lohn habe ich dir gezahlt für deine Liebe!« »Ach Kleitos, du hast mir das Leben gerettet und ich nahm es dir. Mein Freund …« Nachts suchten ihn die Erinnyen heim, die drei weiblichen Rachegeister: *Allekto* – die Nie-Endende, *Megaira* – die Neidische, und *Tisiphone* – die Mordrächende. Aus dem Tartaros aufsteigend, dem tiefsten Teil der Unterwelt, peinigten sie jene, die den Vater gemordet hatten, den Bruder, den besten Freund, sorgten mit ihrer Rache, daß die Gesetze der Natur und die Ordnung der Menschen gewahrt blieben.

Alexanders Reue, seine abgrundtiefe Verzweiflung war nicht gespielt, wie manche ihm vorwarfen. Das hätte seinem Charakterbild nicht entsprochen. Noch weniger als die mörderische Tat verzieh er sich, daß er gegen die *areté* verstoßen hatte, gegen das sittlich Werthafte, das den Menschen vom Tier unterschied: so handelte kein König, so verhielt sich der niedrigste Sklave nicht. Von endlosen Selbstanklagen erschöpft, ließ er es endlich zu, daß man die Tür gewaltsam öffnete.

Herein kam Kallisthenes, der ihn fragte, ob er nicht wisse, was ihn Aristoteles in Mieza gelehrt: daß ein unumschränkter Herrscher auch durch Gesetze nicht beschränkt werden könne. Herein kam Anaxarchos, der Philosoph, mit harten Worten: »Das also ist der Alexander, auf den die Welt schaut, ein Stück heulenden Elends. Dabei ist er allein doch die Richtschnur für Gut und Böse.« Herein kam Aristandros, der Seher, und er erst vermochte ihn auf bewährte Art zu trösten, indem er darauf aufmerksam machte, daß man jüngst vergessen hatte, das Fest des Dionysos zu feiern; und nun habe der beleidigte Gott sich gerächt auf seine Weise – durch den Wein, über den er bekanntlich gebiete.

Den Mord an Kleitos, besser den Totschlag, als bloßes Trunkenheitsdelikt zu bezeichnen, wäre falsch. Alexander schätzte den alten Haudegen, aber er wußte auch, daß er zu jenen gehörte, die seinem eigentlichen Ziel nicht mehr zu folgen vermochten. Ein lebender Vorwurf, das war er, so wie die anderen Altmakedonen auch. Insofern hatte es den Richtigen getroffen. Wer psychologisieren will, mag hier das Unterbewußtsein ins Spiel bringen.

Am vierten Tag nach dem Tod des Freundes empfing Alexander eine Delegation seiner Soldaten, die sich redlich mühten, ihm auch den letzten Rest von Schuldbewußtsein zu nehmen. Ihnen war Kleitos gleichgültig. Ein alternder Kommandeur hatte sich um Kopf und Kragen geredet. Sei's drum! Es starben so viele Menschen Tag für Tag, und nun gab es einen General weniger. Wer sollte sie wieder herausbringen aus diesem gottverdammten Ende der Welt, ja, wie würden sie jemals die Heimat wiedersehen ohne Alexander? Er dankte ihnen erleichtert. Wichtig schien manches, am wichtigsten aber war ihm die Treue seiner Soldaten. Mit ihnen wollte er nach Indien. Auch Baktrien und die Sogdiana waren trotz des Todes von Spitamenes nicht gänzlich befriedet: besonders in den Bergen von Paraitakene existierten noch Burgen, beherrscht von mächtigen Fürsten und als Widerstandszentren nicht zu unterschätzen.

ROXANE DIE SCHÖNE

Eine der Burgen, der »Sogdische Fels« genannt, sei, so erfuhr Alexander durch seine Kundschafter, nahezu uneinnehmbar, und als er zu Füßen der Burg eintraf, glaubte selbst er es. Auf nacktem Granit thronte ein mit Türmen, Mauern, Zinnen bewehrtes Felsennest, angesichts dessen man sich fragte, wie denn überhaupt die Burgbesatzung dort hinaufgekommen war. Er sehe, so ließ er dem Kommandanten durch Unterhändler übermitteln, wie schwer der Fels zu erobern sei, doch letztlich würde es doch gelingen; denn ihm, Alexander, sei, wie alle Welt wisse, nichts unmöglich, und deshalb sei es besser, zu kapitulieren und das Leben der Verteidiger und ihrer Familien zu retten, was hiermit versprochen werde. Der Sogdianer antwortete voller Hohn: »Groß ist euer König und über vieles gebietet er, was er aber nicht hat, das sind Soldaten mit Flügeln.« Der Mann ahnte nicht, daß man eines auf gar keinen Fall tun durfte: Alexander herausfordern.

Makedonien ist, wir erinnern uns, ein Land der Ebenen, der Wälder und der Berge. Wer von den Männern aus den Bergen stammte, wußte, wie man sich im verschneiten Fels bewegte, und genau solche Männer wurden jetzt gebraucht. Man rüstete sie aus mit Seilen, eisernen Zeltpflöcken, die als Mauerhaken dienten, und zerlegbaren Leitern. Bevor sie in der schneeglänzenden Nacht in die Wand einstiegen, handelten sie Geldprämien aus. Danach sollten die drei, die als erste den Gipfel erstiegen hatten, je zehn Talente bekommen; die nächsten Kletterer würden gemäß der von ihnen erreichten Höhe belohnt. Von den dreihundert Freiwilligen stürzten vierzig in den Tod, die anderen erreichten das Felsband oberhalb der Burg und gaben das verabredete Zeichen.

Alexander ließ seinen Stentor kommen (der von Troja besaß laut Homer die Stimmkraft von fünfzig Männern) und zu den Belagerten hinaufrufen: »Will euer Herr fliegende Soldaten erleben, so möge er nach oben schauen!!«

Auch jetzt wäre der Sogdische Fels kaum zu stürmen gewesen, der Anblick der gespensterhaft auf den Felsen hockenden Krieger jedoch wirkte schockartig! Wenige Stunden später wurden von den Türmen die weißen Fahnen geschwenkt. Unter den Gefangenen war ein junges Mädchen, das selbst unter den bekannt schönen sogdianischen und baktrischen Mädchen auffiel. Befragt, wer sie sei, antwortete sie: »Man nennt mich Roxane, ich bin des Fürsten Oxyartes Tochter.« Sternchen, wie der Name in der Übersetzung lautet, wurde nach Baktra gebracht (dem heutigen Balkh im Norden Afghanistans) und zusammen mit ihrem Vater vor den König geführt. Die Dreizehnjährige war nicht nur eine Schönheit, sondern, wie Curtius Rufus mit römischem Dünkel schreibt, »von einem bei Barbaren seltenen Zauber der Erscheinung«.

Alexander, der den Knaben als die schönste Manifestation menschlichen Wesens ansah, wurde diesmal in den Bann eines jungen Mädchens geschlagen. Da er Verliebtheit aber immer als eine menschliche Schwäche bezeichnet hatte, fühlte er sich bemüßigt, seinen Generalen zu sagen: »Ich werde Roxane zu meiner Gemahlin erheben. Nur durch Ehebündnisse zwischen Makedonen und Perserinnen vermögen wir den Besiegten die Scham ihrer Niederlage zu nehmen und den Siegern ihren Hochmut.«

Die Hochzeit fand auf einer der Felsenburgen tatt. Zelebriert nach iranischem Ritus und besiegelt durch den gemeinsamen Verzehr eines Brotes, das der Bräutigam mit seinem Schwert zerteilte als Symbol der fleischlichen Vereinigung. An der Festtafel saß auch Oxyartes, der unter den Gästen wohl der glücklichste war. Aus einem dem Henker Verfallenen – denn er hatte mit

Bessos gemeinsame Sache gemacht – war über Nacht ein königlicher Schwiegervater geworden.

Der zeitgenössische griechische Maler Aëtion hat das Hochzeitsfest in einem Gemälde festgehalten. Unter dem Titel *Alexanders Hochzeit mit Roxane* wurde es bei den Festspielen in Olympia preisgekrönt. Wie alles, was griechische Maler schufen, ging auch dieses Werk verloren. Zur Freude der Kunsthistoriker existierte diesmal wenigstens eine Beschreibung. Sie war so präzise, daß sie den Renaissancemaler Sodoma zu einem Fresko anregte, das wir in der Villa Farnesina in Rom bewundern können.

Die Kunde von der Hochzeit Alexanders drang auch nach Griechenland. In den Wandelgängen der Agora zu Athen, wie auch anderswo, wurden Nachrichten aus Persien zum willkommenen Stoff für den Klatsch: eine Barbarin hat er also geheiratet, ein halbes Kind noch (nun, schließlich ist er selbst auch ein Barbar); und noch während der Hochzeitsfeierlichkeiten sei dieser Hephaistion gekommen und habe ihm zugeflüstert: »Du bist Vater eines Sohnes geworden.«

Sah man vom geschilderten Zeitpunkt ab, so stimmte das sogar. Barsine, die Witwe des Rhodiers Memnon, war, wie wir uns erinnern, nach der Schlacht von Issos in Gefangenschaft geraten und dem König zugeführt worden. Mit ihrem Prunkwagen bildete sie auf allen Wegen und Umwegen die Spitze des Trosses; tapfer, klaglos, ihrem Geliebten treu. Die Hetäre Thais, die in Persepolis bei der Brandlegung beteiligt war, gehörte zu ihren Konkurrentinnen. Weitere 364 kamen hinzu, als Alexander dem Drängen seiner persischen Ratgeber endlich nachgab und sich einen Harem zulegte. Ein Großkönig sei, so argumentierten sie, ohne seine 365 Haremsdamen in den Augen der Untertanen kein rechter Herrscher.

Natürlich spottete man auch darüber in Athen, auf Herakles verweisend, Alexanders Ahnherrn, von dem jedermann wußte, daß er die fünfzig Töchter des Thestios nacheinander geheiratet und für die Entjungferung nur sieben Tage benötigt habe. Was selbst für einen Halbgott eine respektheischende Leistung bedeutete. Das Kind, das Barsine zur Welt brachte, war ein Sohn und wurde natürlich Herakles genannt. Wie wenig *nomen* hier *omen* war, zeigte sich nach dem Tod seines Vaters in unheilvoller Weise.

Wenn die Waffen ruhten, zog Alexander sich vornehmlich nach Baktra zurück, wo er hofhielt, Delegationen aus den eroberten Ländern empfing, Kundschafter aus den noch zu erobernden Gebieten befragte, Satrapen, die sich bewährt hatten, reich belohnte und jene, die sich als unfähig erwiesen, bestrafte.

Sein Augenmerk und seine Fürsorge galten dem Heer. Die Verluste während des sich über zwei Jahre hinstreckenden Krieges in Baktrien und in der Sogdiana waren groß, wobei mehr Soldaten an Krankheiten gestorben waren als an Verwundungen; so groß, daß die einzelnen Truppenteile nicht mehr durch Landsleute aufgefüllt werden konnten. In Makedonien schien nun auch der letzte Rekrut ausgehoben worden zu sein. Die Kontingente der neu geworbenen Söldner aus Griechenland und Kleinasien, und das waren immerhin zwanzigtausend Mann, reichten nicht aus. Immer mehr rein iranische Truppenverbände mußten aufgestellt werden. Nicht genug damit, ließ Alexander dreißigtausend junge Männer aus den ersten Familien des Landes, Freiwillige fast durchweg, auf besonderen Truppenübungsplätzen konzentrieren, wo sie mit makedonischen Waffen und in makedonischer Kriegführung ausgebildet wurden. Nach dem Exerzieren paukten sie Griechisch in Wort und Schrift. Waren das die Offiziere, denen sie in Zukunft gehorchen mußten? fragten sich die Makedonen hinter vorgehaltener Hand.

Bei den Kavallerieschwadronen fehlte es nicht nur an Reitern, es fehlte noch mehr an Pferden. Ihre Kadaver hatten die Wege markiert in den Wüsten, wo sie verdurstet, an den Pässen, wo sie erfroren waren, in den Steppen, wo man sie bei Gewaltmärschen zu Tode geritten hatte – von jenen abgesehen, die von Pfeilen getroffen, von Lanzen aufgeschlitzt, von Schwertern verstümmelt worden waren. Ohne Pferde war nicht nur kein Staat zu führen, sondern auch kein Feldzug.

... UND ASIEN EROBERTE ALEXANDER

Der Bestand der medischen Pferde war dezimiert worden. Sie wurden in Nisaia und Ferghana gezüchtet, im Nordwesten des Iran, und galten wegen ihrer Schnelligkeit und Ausdauer als die besten der Antike. Wenn es Persien gelungen sei, zur Weltmacht aufzusteigen, behauptet Elwyn Hartley Edwards, Brite mit Pferdeverstand, so verdanke es diesen Aufstieg nicht zuletzt dem Nisäischen Pferd.

Trotz der Verluste gelang es, die Sollstärke der Kavallerie relativ rasch wieder zu erreichen. Vor den Toren Baktras und Marakandas lagen die Zuchtgebiete der Baktrier und Sogdianer; jenseits des Oxos weideten die Nomadenpferde der Skythen. Alexander legte Wert darauf, daß gekauft wurde und nicht beschlagnahmt. Am begehrtesten waren Remonten, junge noch halbwilde Pferde, die man erst zureiten mußte. Die Thessalier, mit dem »Einbrechen« am besten vertraut, werden die beiden Handbücher Xenophons gekannt haben, das bereits erwähnte *Peri Hippikes*, »Über die Reitkunst«, und den für Militärs wichtigen *Hipparchikos*, die Anweisungen für einen Reiterobersten.

Xenophon, der zwischen 430 und 354 v. Chr. lebte, mußte es wissen. Er hatte die griechischen Soldaten in jenem berühmten Zug vom Euphrat zum Schwarzen Meer zurückgeführt und dabei fast fünftausend Kilometer auf dem Pferderücken verbracht. Das Pferd nicht zu zwingen, sondern zur Mitarbeit einzuladen, gehörte zu seinen Grundsätzen; denn alles, was mit Peitschen und Sporen erreicht werde, bringe keine Früchte. Ein Pferd werde über breite Gräben und hohe Hecken springen, überhaupt alles tun, was der Reiter verlange, wenn man ihm nach der Ausführung

Lob und Ruhe gewähre. Und: »Verliere beim Umgang mit diesen Tieren nie die Beherrschung; dies ist die wichtigste Regel für jeden Reiter.«

Unsere Hippologen bemängelten, daß Xenophon nicht ein einziges liebevolles Wort über die Pferde verschwende, ja nicht einmal vorschlage, der Reiter solle doch im eigenen Interesse versuchen, die Zuneigung seines Pferdes zu gewinnen. Nun, von Tierliebe konnte nicht die Rede sein, so wenig wie in all den Jahrhunderten danach. Das Pferd war immer Nutztier. Man verwertete sein Fleisch, sein Fell, seine Hufe, seine Sehnen, spannte es vor einen Wagen oder stieg auf seinen Rücken. Könige verdankten ihm ihre Reiche, Feldherren ihre Siege, Handelsherren ihre Gewinne, Bauern ihre Existenz, Fliehende ihr Leben. Das Pferd wurde zu allen Zeiten gebraucht, meist mißbraucht, auf dem Weg, den die Menschheit von damals bis heute gegangen ist. Es gibt kein verlogeneres Wort als das Wort vom »Kamerad Pferd«. Ob Alexander seinem Bukephalos Tierliebe in unserem Sinn entgegengebracht hat? Wir wissen es nicht, doch ist es anzunehmen – hoffnungsloser Romantiker, der er war; einer, der zum Befremden seiner Umgebung sogar seinen Hund liebte.

Des Königs nie erlahmender Tätigkeitsdrang, seine vielfältigen Interessen, zeigten sich aufs neue, als er auf den Viehweiden erschien und tagelang die Herden besichtigte. Wie ein Landwirt stand er da, diskutierte mit den Hirten, gab Ratschläge und nahm Rat an. Die besten Stiere und Kühe wurden schließlich zu einer Herde vereint und auf die unendliche Reise nach Makedonien geschickt. Die einheimische Zucht zu verbessern, war die Absicht. Dreihundert Rinder über Tausende von Meilen zu treiben, ließ die baktrischen Viehbarone am Verstand des großen Mannes zweifeln. Sie hatten sich ausgerechnet, daß die Tiere über ein Jahr unterwegs sein würden. Das waren sie auch – und sie kamen an.

Zu den Vergnügungen, mit denen sich die grauen Winter im Lager überstehen ließen, gehörte die Jagd. Die Wälder waren reich an Wild: an Hirschen, Rehen, Sauen und Gefiedertem. Gefährlich war es, den Bären zu jagen, riskanter noch den Löwen; denn ihm hatte der Jäger, bewaffnet mit Speer und Kurzschwert, allein gegenüberzutreten, Auge in Auge. Jagdunfälle waren häufig, tödliche Verletzungen nicht selten. Der Preis, sich wie weiland Herakles mit dem Löwenfell zu schmücken, wog jedes Risiko auf. Wenn sich die Jäger abends im Königszelt versammelten, wurde gewiß soviel Jägerlatein gesponnen, wie es heute noch unter Waidmännern üblich ist.

Den Gästen eines Jagdessens wurde einmal, bevor der Wein eingeschenkt war, ein neues Getränk angeboten, gebraut aus den Blättern einer in China wachsenden Pflanze. Es wurde heiß serviert, was bei der Kälte begrüßenswert gewesen wäre, doch die meisten spien das Getränk auf den Boden, nachdem sie es gekostet hatten. Schwarzen Tee mochten sie nicht. Was kein Wunder war, denn die Einheimischen tranken ihn so, wie er noch heute in Tibet und in der Mongolei getrunken wird: mit Salz, Gerstenmehl und ranziger Butter vermischt. Mit den gebrühten Blättern hatte der baktrische Koch keinen Erfolg, um so mehr mit anderen orientalischen Leckerbissen wie Kamelhoden, Löwenschenkeln in Wein, gegrillten Bärentatzen, Pfau in geronnener Milch, Huhn mit Mangos und einer unendlichen Vielfalt süßester Nachspeisen.

Orientalische Lebensführung begann den Hof mehr und mehr zu überfremden: wenn nicht bei den einfachen Soldaten, so doch bei denen, die sie an oberster Stelle befehligten. Alexander und seine Freunde schliefen nicht mehr auf Stroh oder auf Rinderfellen, sondern auf Pelzen; Hephaistion sogar auf einer mit Schwanendaunen gefüllten Matratze, die vor dem Schlafengehen mit Rosenwasser parfümiert wurde. Vor dem Zelt patrouillierten hochgewachsene persische Jünglinge in farbenglühenden Gewändern, mit diamantenen Äpfeln verzierte Wurfspieße in der Rechten. Die Generale trugen jetzt goldene Krummschwerter wie zu Zeiten der Großkönige, die sie als besondere Auszeichnung verliehen bekommen hatten; dazu mit Silber eingefaßte Helme und Brustpanzer. Selbst Bukephalos blieb von der grassierenden

Prunksucht nicht verschont; es ist nicht anzunehmen, daß er, wie berichtet, stolz gewiehert habe, als man ihm eine golddurchwirkte Decke auflegte.

Alexander selbst, der früher auf einem Stuhl gesessen, wenn er Recht sprach oder Abordnungen empfing, hatte sich einen mit edlen Steinen ausgelegten Thron in das Königszelt stellen lassen. Ein neu ernannter Zeremonienmeister sorgte für die Einhaltung des Protokolls und war bemüht, eine Aura des Unnahbaren zu schaffen. Wozu auch der Altar mit dem Heiligen Feuer gehörte, ein für Dareios und seine Vorgänger unverzichtbares Requisit.

»In der ersten Hälfte seiner Regierung eroberte Alexander Asien«, schreibt Georges Radet über *La personne et le génie*. »In der zweiten Hälfte eroberte Asien Alexander.«

Die alte Kultur Asiens mit ihrem verschwenderischen Lebensstil brachte nicht wenige Makedonen und Griechen in Gefahr zu erschlaffen, das harte Brot des Kriegers zu verschmähen. Alexander blieb nicht frei davon: Er genoß den Luxus. In keinem Moment jedoch wurde er ihm untertan. Er teilte auch in Zukunft, wie die kommenden Feldzüge beweisen werden, alle Gefahren mit den Soldaten, blieb in ihrem Kreis bedürfnislos und spartanisch. In den Winterlagern verging keine Woche, in der er in den Quartieren der Mannschaften nicht zu sehen gewesen wäre. Er beteiligte sich am Würfelspiel, ließ sich ihre Briefe aus der Heimat vorlesen und hörte ihnen zu, wenn sie von ihren Heldentaten erzählten.

Das waren die Männer, die sein Vater aus ihren wilden Wäldern und vergessenen Bergtälern geholt hatte, wo sie arm und unbehaust mit ihren Schafherden umhergezogen waren, den Überfällen der Thraker, Illyrer, Triballer wehrlos ausgeliefert. Statt Ziegenfelle – in der Antike das Zeichen von Primitivität – gab er ihnen Wolle und Leinen; siedelte sie in den Ebenen an oder in neu gegründeten Städten; verlieh ihnen Gesetze, die Recht und Ordnung schufen; öffnete ihnen die Bergwerke, erschloß ihnen den Handel in den Küstenstädten; machte sie schließlich zu

Herren über die, von denen sie einst ausgeplündert worden waren.

Die Älteren von ihnen hatten noch unter Philipp gekämpft und den Jüngeren erzählt, was sie ihm verdankten. Seinem Sohn waren sie alle ergeben. Sie hatten nicht vergessen, wie er beim Übergang über den Hindukusch seinen Platz am Feuer für sie frei machte; in den Wüsten Baktriens am Wegrand auf den letzten Nachzügler wartete; bei der Verfolgung des Bessos kein Wasser trank, bevor sie nicht getrunken hatten. Doch der Tag kam, an dem sich trotz aller Verehrung auch die einfachen Soldaten zu fragen begannen, wie lange der König *ihr* König bleiben würde und ob sie nicht eines Tages jenen gehorchen müßten, die sie besiegt hatten.

Die Verschwörung der Pagen

Proskynein heißt auf Griechisch »zuküssen«, und *proskynesis* stellt eine Art Handkuß dar, den man in Persien mit bestimmten Körperhaltungen, meist einer Verneigung, dem Herrscher darbrachte. Sie variierte in ihrer Ausführung gemäß dem Rang und Stand des Untertanen. Die Vornehmen verbeugten sich leicht, küßten ihre Fingerspitzen, dem König den Kuß gleichsam zuwerfend, wie auf den Reliefs in Persepolis zu sehen ist, und empfingen anschließend von ihrem König einen Kuß. Weniger Hochgestellte sanken tiefer, beugten die Knie, knieten gar. Auf Händen und Füßen pflegten sich nur Bittsteller dem König zu nähern oder jene, die nicht mehr in seiner Gnadensonne standen. Die persischen Offiziere und die Beamten im makedonischen Hoflager ehrten Alexander, ihren neuen Großkönig, so wie sie es unter Dareios gewohnt waren: mit der Proskynese.

Den Griechen und Makedonen erschien diese Sitte verächtlich. Nur Barbaren konnten sich derart knechtisch verhalten. Ein freier Mann war allenfalls bereit, vor den Göttern zu knien. Tat er es vor einem Menschen, so verlor er seine Würde. Griechische

Gesandte oder Flüchtlinge, die in der Vergangenheit zur Audienz vor den Großkönigen erscheinen mußten, hatten mit allerhand Tricks versucht, sich vor der Proskynese zu drücken, indem sie etwa einen Ring fallen ließen und sich wie zufällig danach bückten. Gelang ihnen das nicht, so vergaßen sie diese Demütigung nicht mehr in ihrem Leben. Der bloße Anblick der sich tief vor Alexander verneigenden Perser bereitete ihnen Unbehagen, und einige retteten sich bei besonders eifrigen »Fußfallern« in lautes Gelächter.

Dem König konnte das nicht gefallen. Die Orientalen mit den Makedonen und Griechen zu verschmelzen, blieb sein vornehmstes Ziel. Es konnte nur erreicht werden, wenn gleichen Rechten auch gleiche Pflichten gegenüberstanden. Warum begrüßten die eigenen Untertanen ihren König ohne jede Ehrerbietung – mußten die Perser sich das nicht fragen? Wenn er den Orientalen gegenüber nicht auf der Proskynese bestand, wäre der Gleichheitsgrundsatz allerdings wiederhergestellt gewesen. Alexander war schon zu sehr in seine Rolle als König der Könige hineingewachsen, als daß er auf eine derartige Ehrerweisung hätte verzichten wollen. Doch wie brach man den immer wieder zutage tretenden Widerstand seiner Männer?

Hephaistion mußte helfen. Zusammen mit dem Zeremonienmeister Chares veranstaltete, besser: inszenierte er ein Bankett, zu dem nur Gäste gebeten wurden, die bereit waren, die Proskynese zu vollziehen. Eine solche Demonstration, so glaubte er, würde beispielhaft wirken. Auch Kallisthenes wurde eingeladen. Eine Einladung, die Verwunderung erregte: Der Neffe des Aristoteles erfreute sich keiner besonderen Gunst mehr. Zu den Gastmahlen erschien er selten. Kam er doch, schwieg er, wenn der König gefeiert wurde, und widersprach öfter, als es selbst einem Philosophen zukam.

Der letzte Skandal, den er heraufbeschworen hatte, war gerade eine Woche alt. Beim abendlichen Wettbewerb der Rhetoren hatte er eine Rede gehalten über die Tugenden der Makedonen.

Kränze wurden ihm zugeworfen, Blumen; auch der König applaudierte und forderte ihn auf, nun eine Schmährede zu halten. »Zu loben ist leicht bei so gutem Volke«, sagte er. »Es herabzusetzen, dünkt mich schwerer. Und doch ist es notwendig. Nicht das Lob, der gerechte Tadel zeigt uns unsere Fehler.«

Der Aufforderung nachzukommen, war nicht ungefährlich: Es konnte eine Falle sein. Die Gefahr schien den Hofchronisten nicht zu schrecken. Seine Schmährede übertraf an Brillanz die Laudatio. Die Zuhörer spürten, daß ihm diesmal die Worte aus dem Herzen gekommen waren. Sie murrten, warfen die Kelche um, und die Tafel wurde aufgehoben. (Als Aristoteles davon erfuhr, meinte er: »Ein großer Redner, dieser mein Neffe, nicht sonderlich klug jedoch ...«)

Als Historiker des Feldzugs blieb Kallisthenes dennoch ein wichtiger Mann, und für die Jungen war er ein Vorbild. Wenn eine solche Persönlichkeit, so die Überlegung des Hephaistion, die Proskynese vollzog – und daran war eigentlich nicht zu zweifeln, hatte er doch die Gottessohnschaft des Königs immer propagiert –, dann wäre die Wirkung doppelt stark.

Bevor an jenem Abend der König zum Gastmahl eintraf, erbat verabredungsgemäß der Philosoph Anaxarchos das Wort, ein Virtuose im Fach der Schmeichelei, »dieses steten Unglücks der Könige, deren Macht öfter durch die Schmeichler gestürzt worden ist als durch den Feind« (Curtius Rufus). Er sollte die Gäste einstimmen, indem er die Helden Homers, ja selbst Herakles als Männer herabstufte, die keinen Vergleich aushielten mit seinem König, denn Alexander sei ein Gott schon zu seinen Lebzeiten, und ihm stehe zu, was einem Gott gebühre. Vor ihm die Knie zu beugen, die Proskynese zu vollziehen, sei deshalb ein Gebot.

Der Klang der Hörner verkündet das Eintreffen des Königs. Er trägt die persisch-medische Tracht, füllt den großen Kelch mit Wein und läßt so viele Tropfen zu Boden rinnen, wie sie den Göttern zukommen. Er reicht den Kelch einem persischen Adligen. Der Perser trinkt, beugt die Knie, küßt die Fingerspitzen seiner Rechten und tritt dann an den König heran, um sich, ganz nach dem Zeremoniell am Hof des Dareios, den Kuß auf die Wange zu holen. Reihum geht die goldene Schale, und jeder vollzieht, nachdem er getrunken, die Proskynese.

Auch Kallisthenes trinkt, als die Reihe an ihm ist, verneigt sich aber nicht, geschweige denn, daß er die Knie beugt, sondern geht auf Alexander zu, sich den Kuß zu holen. Da ertönt die Stimme eines jener kriecherischen Höflinge: »Küsse ihn nicht, o König, er ist der einzige, der dir die Verehrung versagte.«

Alexander verweigert den Kuß. In das betretene Schweigen hinein hört man die Worte des Philosophen: »Nun denn, so gehe ich eben um einen Kuß ärmer von dannen ...«

Der König hat nie wieder versucht, den Griechen und Makedonen die Proskynese aufzuzwingen. Er vergaß aber auch nicht, wer ihrem stummen Widerwillen als einziger Stimme gegeben und damit die Einführung der Proskynese verhindert hatte.

Bei einem Jagdausflug unweit von Baktra stellten die Treiber einen Eber mit starken Hauern. Alexander hob den Arm zum Wurf, um das Prachtexemplar zu erlegen, als das Tier plötzlich zusammenbrach: vom Speer getroffen – doch war es nicht des Königs Speer. Einer der Jagdgenossen war der Schütze. Er hatte damit gegen ein ungeschriebenes Gesetz verstoßen, wonach dem König der erste Wurf zukam. Er gab Befehl, dem Schützen das Pferd zu nehmen und ihn von einem Sklaven auspeitschen zu lassen.

Nun war Hermolaos, wie er hieß, kein gewöhnlicher Soldat, er gehörte zum Korps der Pagen. Sie entstammten den vornehmsten Familien, kamen mit zwölf Jahren an den Hof, um dem König bei Tisch aufzuwarten, seine Waffen zu pflegen, ihm das Leibroß vorzuführen, mit ihm zu jagen und seinen Schlaf zu bewachen. Eine Pflanzschule für künftige Kommandeure und Intendanten war dieses Korps; nicht umsonst haben viele ihrer Schüler später führende Positionen in Armee und Verwaltung eingenommen.

Hermolaos fühlte sich gedemütigt. Die Schande, ausgepeitscht zu werden, noch dazu von einem Sklaven, konnte nur mit Blut abgewaschen werden. Zur Demütigung kam der Groll, daß sein Vater, ein prominenter Reitergeneral, ohne ersichtlichen Grund verabschiedet worden war. Auch Sostratos, der Freund und Liebhaber, litt darunter, daß *sein* Vater, unschuldig in den Verdacht des Verrats geraten, den Tod im Kampf gesucht hatte. Die drei anderen, die man noch gewann, besaßen ein ähnliches Motiv: Ihre Verwandten waren einer der Säuberungsaktionen zum Opfer gefallen.

Die Verschworenen beseelte noch ein Gedanke. Was war mit diesem König, der sich mit Speichelleckern umgab, kein freies Wort mehr duldete, sich als Sohn des Zeus aufführte und Anbetung verlangte?! Er hatte sich zu einem Tyrannen entwickelt. Die Welt von einem solchen Mann zu befreien, würde sie unsterblich machen. So unsterblich wie Harmodios und Aristogeiton, denen die Athener einst ein Denkmal gesetzt, weil sie den despotischen Hipparchos erdolcht und den Bürgern wieder zu einem Leben in Freiheit verholfen hatten.

»Tod der Tyrannis!« Eine Losung, von romantischem Überschwang und jugendlichem Enthusiasmus geprägt. Doch hätte der Mann, dem das Attentat galt, im Alter von fünfzehn Jahren nicht anders gedacht – und gehandelt.

»Die Nacht, in der die Verschworenen auf Wache sein mußten, war da. Keiner war aus Furcht oder Hoffnung anderen Sinnes geworden, so sehr haßten sie den König. Sie standen am Eingang des Zeltes, in dem er zechte, um ihn beim Aufbruch wie gewohnt in sein Schlafgemach zu führen. Nach Stunden endlich, weit über die Zeit hinaus, wurde die Tafel aufgehoben, und Alexander begrüßte die Knaben. Gerührt darüber, daß sie so lange gewacht hatten, ließ er jedem fünfzig Sesterzen überreichen, lobte sie wegen ihrer Treue und wollte sich nun zu Bett begeben – als das babylonische Weib, von dem man bei Hofe glaubte, es sei prophetischen Gemütes, sich vor Alexander niederwarf und, in Blick und Gestik ihre Besessenheit kundgebend, ausrief: ›Bleibe deinem Ruhelager fern, wenn du dein Leben liebst!‹ Alexander, ohnehin noch trinklustig (der Efeukranz auf seinem Haar, den man trug, um nicht berauscht zu werden, hatte keine Wirkung gehabt), meinte lachend: ›Die Götter geben da einen guten Rat‹, und er rief die Freunde zurück.«

Soweit Curtius Rufus, der nicht umhin konnte, gelegentlich eine Wahrsagerin oder einen Seher auftreten zu lassen, was sich den Lesern gegenüber immer gut macht. In diesem Fall wird man ihm glauben. Alexander war der Mantik ergeben, der Kunst des Sehens, die sich auf eine ekstatische Erfahrung des Einsseins mit dem Göttlichen stützte. Er beschäftigte eine ganze Anzahl von Auguren, die sich regelmäßig zum Consilium trafen, ihre Sprüche aufzeichneten, die Wunderzeichen, Visionen, Träume zu deuten suchten. Auf diese Weise glaubte er, wie viele seiner Zeitgenossen, Kenntnis zu erlangen von dem, was die Himmlischen im Schilde führten. Besonders hingezogen fühlte er sich zur dunklen Mystik der babylonischen Sternenseher.

Der König suchte erst im Morgengrauen sein Bett auf. Die Wache war inzwischen von anderen, nicht eingeweihten Pagen übernommen worden. Der Mordanschlag mußte so lange verschoben werden, bis die Dienstliste die Fünf wieder gemeinsam auf Posten sah. Es stellte sich heraus, daß das *zu* lange war. Wieder wurde einer der Verschworenen, wie im Falle des Philotas, schwach, erzählte es einem Freund, und der erzählte es seinem Bruder, und der lief zu den Leibwächtern. Am Ende stand die Verhaftung, die Folter, der Tod durch Steinigung – und die Belohnung des Verräters mit gemünztem Gold.

Eines jedoch wollte der König, bevor die Heeresversammlung ihr Urteil fällte, noch von ihnen wissen. »Wodurch habe ich es verdient, daß ihr eine so furchtbare Tat gegen mich ausgeheckt?«

Die Antwort, die ihm Hermolaos gab, gilt als ein großartiges Beispiel hellenisch-makedonischen Freiheitswillens. »Wodurch, Alexander? Weil du dich anschicktest, uns nicht mehr wie Freigeborene zu behandeln, sondern wie Sklaven. Attalos, Philotas, Parmenion, Kleitos – sie deckten dich mit ihrem Schilde, erlitten ihre Wunden für deinen Ruhm. Ihre Hinrichtung hast du zu einem Schauspiel für die gemacht, die sie besiegt hatten. Das war die Belohnung für Makedonen, deren Blut du, als wäre es etwas Gemeines, vergeudetest! All das wäre zu ertragen gewesen, hättest du nicht nach einem ganz neuen Brauch die Sieger unter das Joch der Besiegten geschickt. Dir gefallen Gewand und Lebensweise der Perser, die vaterländischen Sitten hast du längst verraten. Und vor dir sollten wir die Knie beugen?! Einen Perserkönig also, nicht den makedonischen, wollten wir töten, einen Verräter, der nach dem Kriegsrecht den Tod verdient hat.

Du hast nun gehört, was frei geborene Männer nicht zu ertragen vermögen. Männer, die lieber unbefleckt in ihrer Ehre sterben wollen als, und das wäre trauriger als der Tod, in Knechtschaft zu leben. Es bleibt mir noch eine Bitte: Schone unsere Eltern und belaste nicht ihr der Söhne beraubtes Alter mit Sippenhaft. Laß uns alsdann abführen, damit wir, was wir durch deinen Tod zu erlangen hofften, durch unseren Tod erreichen …«

Vor ihrer Hinrichtung wurden die Delinquenten peinlich verhört. Sie sollten die Namen derjenigen nennen, die sie zu ihrem Verbrechen angestiftet hatten. War es denn denkbar, so fragten sich nicht nur Hephaistion und Krateros, daß die Pagen, halbe Kinder noch, eine so ungeheuerliche Tat geplant hatten ohne den Rat und die Unterstützung von Männern aus der Umgebung des Königs? Die Gefolterten gaben trotz ihrer Qualen keinen Namen preis.

BLUTIGE SPUREN

Und was sei mit dem Mann, der sie bei jedem Unterricht aufgefordert hatte, nie einen Tyrannen zu dulden? Der das Wort verbreitete »Wie wird man der Allerberühmteste? – Indem man den Berühmtesten umbringt!« Wenn damit ihr Lehrer Kallisthenes gemeint sei, so die Pagen, der sei unschuldig.

Alexander aber hielt ihn für schuldig. Die Freunde bestärkten ihn in seinem Verdacht; und die Feinde des Kallisthenes, an denen kein Mangel war, schürten ihn bei jedem Symposion. Sie erinnerten ihn daran, was der Philosoph einmal gesagt hatte: Er sei nicht gekommen, um berühmt zu werden durch Alexander, sondern um Alexanders Ruhm zu begründen. Schließlich wurde er verhaftet, verhört und, ohne daß man ihn hätte überführen können, in einen Käfig gesperrt. Monatelang schleppte man ihn mit, bis man eines Tages seinen Tod meldete. Eine Krankheit sei die Ursache gewesen, so lautete das offizielle Bulletin des Hofes; des Königs Plan, ihn vor der Korinthischen Bundesversammlung anzuklagen, sei damit leider gegenstandslos geworden.

Ptolemaios wußte es besser, wenn er schrieb, daß man den Historiker irgendwann irgendwo auf dem Weg nach Indien beseitigt hatte. Die Version »Krankheit« habe dazu gedient, Alexander zu entlasten. Er sollte nicht als Mörder eines Mannes dastehen, der mit Aristoteles verwandt war.

Die Eintracht zwischen Alexander und Kallisthenes war seit langem gestört gewesen. Doch in Ungnade war so mancher am Hof, dennoch blieb er am Leben. War nicht der Historiker stets der Lobredner des Königs gewesen, ein Panegyriker, wie er im Buche steht? Hatte er ihn nicht gefeiert als Sohn des Zeus Ammon, vor dem sich sogar die Wellen verneigten? Ihn gleichgestellt mit den Heroen Achilleus und Herakles? Den Mord an Kleitos schöngeredet? In seinem Buch über den Alexander-Zug steht sein Titelheld stets im Mittelpunkt. Trotz allem zeigte der Daumen des Herrschers nach unten. Ausschlaggebend war wohl des Königs Devise: Wer nicht für mich ist, ist gegen mich. Und das hieß in erster Linie: gegen seine Bestrebungen, den Orient mit dem Okzident zu versöhnen, Makedonen und Perser miteinander zu vereinen.

Denn: »Wollen wir Asien besitzen, nicht nur erobernd durchstreifen, so müssen wir seinen Völkern Anteil an unserer Huld gewähren. Nur dann werden sie uns vertrauen und unsere Herrschaft ewig machen. Anders läßt sich ein so ungeheures Reich nicht wohl beherrschen, als wenn wir sie manches lehren, manches aber wieder von ihnen lernen.« Der Spruch, den ihm Aristoteles ans Herz gelegt hatte vor seinem Aufbruch: »Behandele die Griechen wie ein Herr, die Barbaren aber wie ein Tyrann!« galt schon lange nicht mehr.

Alexander und Aristoteles korrespondierten während des Feldzugs miteinander. Was der ihn begleitende Gelehrtenstab entdeckte, erforschte, erarbeitete auf dem Gebiet der Geographie, Botanik, Zoologie wurde dem Philosophen und seinen Schülern nach Athen übermittelt. Nach dem Kallisthenes-Streitfall kam es zur Abkühlung zwischen ihm und Alexander. In einem, allerdings umstrittenen Brief (doch gibt es keine *nicht* umstrittenen Briefe Alexanders) schrieb der König: »Die Pagen haben ihre Strafe erlitten durch Steinigung. Den Sophisten aber [Kallisthenes] werde ich selber strafen, gleich ihm auch die anderen, die ihn gesandt und die meinen heimlichen Feinden in den Städten Griechenlands Asyl gewähren.« Das war gegen Aristoteles gerichtet, den er indirekt dafür verantwortlich machte, daß sein Neffe als Anwalt hellenischer Freiheitsliebe aufgetreten war. Bei einer anderen Gelegenheit fuhr es aus ihm heraus: »Das ist wieder eine der Spitzfindigkeiten des Stageiraten [Stageira war der Geburtsort des Philosophen]: Der versteht es gut, Worte im Winde zu drehen.«

Der König spürte, daß sich dieser Mensch ihm überlegen fühlte, Schüler Platons, der er war, und über alle Kenntnisse der griechischen Wissenschaft verfügend. Und er wußte, daß für den einstigen Lehrer Barbaren Barbaren blieben, auch wenn sie Perser hießen; unfähig, sich selbst zu regieren, auf die Führung durch Hellenen angewiesen. Ein, im heutigen Sinne, Chauvinist also, nicht bereit, den Hellenendünkel aufzugeben, und deshalb auch gegen jede Art von Verschmelzung der Völker eingestellt. Zum offenen Bruch ist es dennoch nicht gekommen. Alexander vergaß nicht, was er seinem einstigen Lehrer verdankte. Für die Statue,

28 »Erst eroberte Alexander Asien, dann eroberte Asien Alexander.«
Auf dieser persischen Miniatur zeigt sich der Makedone als
Nachfolger der Achaimeniden; ein persischer König nun, kein
makedonischer mehr.

29 Alexander, der Verliebtheit immer als
»menschliche Schwäche« angesehen hatte, verfiel
urplötzlich dem Zauber der dreizehnjährigen
Roxane. Das römische Wandgemälde aus augustä-
ischer Zeit feiert die Hochzeit des Makedonen mit der
Iranerin (oben).   30 Die Vermählung Alexanders
und Roxanes ist ein Motiv, das die Maler von
jeher reizte. Hier ein Ausschnitt aus dem Gemälde
von Rubens (rechts).

31 »Du wirst die Welt beherrschen, Alexander.«
Auf der Münze aus dem 4. Jahrhundert v. Chr.
trägt der König die Widderhörner des ägyptischen
Gottes Ammon, den er in der Oase Shiwa
nach der Zukunft befragte.

32 Alexander, edler Ritter und gerechter König.
Immer mehr wird seine Gestalt zu einer Person auch der
orientalischen Geschichte. Wie hier auf der türkischen Miniatur
aus dem 16. Jahrhundert.

die er ihm in Athen errichten ließ, entwarf er die Inschrift: »Dem göttlichen Aristoteles, der alle Weisheit besitzt.«

Die Hinrichtung des Kallisthenes hat erst die Nachwelt gerächt. Die Schüler des Aristoteles, Peripatetiker genannt, weil sie im Peripatos, der Wandelhalle, lehrten, haben ein düsteres Bild Alexanders geprägt, das Bild eines Tyrannen, der alles seinem Glück verdankte und am Größenwahn zugrunde ging. Sie machten aus Kallisthenes einen Märtyrer, der um seines Gewissens willen in den Tod ging. Theophrastos beklagte in seinem Pamphlet (*Kallisthenes oder Über die Trauer*) seinen Freund, den das Schicksal einem König begegnen ließ, der seine hohen Gaben mißbrauchte. Ephippos prangerte die Ausschweifungen des Makedonen an, seinen Hang zu exzessivem Luxus und vor allem seine Trunksucht (»… so rächte sich Dionysos für die Zerstörung Thebens«).

Die Peripatetiker begründeten das, was die Historiker »die ungünstige Tradition über Alexander« nennen. Schon im Altertum spürbar, blieb sie über die Zeiten hinweg wirksam. Selten war Nemesis, die Rachegöttin, die das Unrecht vergilt, erfolgreicher.

Attalos, Philotas, Parmenion, Kleitos, Kallisthenes – das sind blutige Spuren. Sie zeigen, daß totale Macht korrumpiert und Gewaltherrschaft fortzeugend immer neue Gewalt gebären muß. Auch ein Alexander war diesem düsteren Gesetz ausgeliefert. Erkenntnisse, die *wir* uns in Jahrhunderte währenden schmerzlichen Prozessen errungen haben – wir betonten es bereits –, sollten wir nicht als Maßstab anlegen an die Geschichte ferner Zeiten. Zu einer Verurteilung taugt nichts weniger als das Podium der Gegenwart, wo der Historiker als Prophet der Vergangenheit alles besser weiß. Dennoch beschleicht einen ein leises Unbehagen, wenn man im Zusammenhang mit dem Mord an Parmenion in einem Standardwerk lesen muß: »Uns steht ein Urteil vom Standpunkt bürgerlicher Moral, wie man es in neuerer Zeit zu fällen für nötig befunden hat, nicht zu; es wirkt hier wie allen Ausbrüchen Alexanders gegenüber kleinlich und lächerlich.«

5 Der Marsch nach Indien

Taxiles Omphis, der Radscha

»Die Inder sind vom Osten, vom Aufgang der Sonne her, das erste Volk Asiens, das wir kennen und von dem wir bestimmte Nachrichten haben. In Indien gibt es viele verschiedene Stämme, die auch verschiedene Sprachen sprechen. Einige sollen folgende Gebräuche haben ... Wenn ein Mitglied des Stammes krank wird, so wird es, wenn es ein Mann ist, von den nächsten männlichen Freunden getötet. Denn, sagen sie, die Krankheit zehrt sein Fleisch aus, so daß es uns verloren geht. Auch wenn er seine Krankheit ableugnet, töten und verzehren sie ihn, ohne auf ihn zu hören. Ist es eine Frau, die krank wird, so tun die nächsten weiblichen Verwandten dasselbe mit ihr. Und wer alt wird, den opfert man feierlich und frißt ihn ebenfalls. Doch bringen es nicht viele bis zum Alter. Die meisten werden schon vorher, bei Gelegenheit einer Krankheit, umgebracht.

Bei all den genannten indischen Stämmen geschieht die Begattung öffentlich wie bei dem Vieh. Sie haben auch alle die gleiche Farbe wie die Äthiopier. Auch der Samen, den sie den Weibern einspritzen, ist nicht weiß wie bei den anderen Völkern, sondern schwarz wie ihre Haut.«

Soweit Herodot aus Halikarnassos, der Viel- und Weitgereiste, über Indien. Der *pater historiae* hat das, was er selbst erlebt, scharf beobachtet und meist richtig dargestellt; dort jedoch, wo er auf die Erzählungen anderer angewiesen war, auf das Hörensagen, mischte sich Märchenhaftes mit Unglaublichem – was im Falle

Indien seinen Höhepunkt erreichte mit der Schilderung der Riesenameisen, die im Sand der Wüste nach Gold graben. Was die Reisenden berichteten, die vor oder nach Herodot das Fünfstromland kennenlernten, sei es als Krieger, Kaufleute, Seefahrer, war von ähnlicher Qualität. Auch hier wimmelte es von rotäugigen Einhörnern, dreihundert Jahre alten Eremiten, singenden Greifvögeln, feuerspeienden Bäumen, von Schattenfüßlern, von Menschen mit Hundeköpfen, von einer um das Zehnfache größeren Sonne. Da nach dem griechischen Mythos Herakles und Dionysos den Indus überschritten hatten, verwoben sich deren Abenteuer zu einem bunten Teppich, der den Namen trug: Wunderland Indien.

Der Eindruck war so stark, daß ein nüchterner Seemann, der Flottenchef Nearchos, die Mär von den Goldgräberameisen glaubte. Er selbst habe sie, zwar nicht lebend, zu Gesicht bekommen, aber ihre Bälge seien ihm von den Jägern gebracht worden. Einer der Bematisten hatte in einem Himalaya-Hochtal eine Begegnung mit einem Monster, dessen Füße in zwei verschiedene Richtungen zeigten. (Yetis gab es also auch schon, doch damals gelang es genausowenig wie heute, einen davon einzufangen.)

Die Verbindungen, die das Abendland einst mit Indien gehabt hatte, existierten seit langem nicht mehr. Die beiden Welten waren einander so fremd wie zwei Planeten, die, Lichtjahre voneinander entfernt, durch den Raum schweben. Lebensformen, Gewohnheiten, Kultur, Religion, Klima und Landschaft waren extrem verschieden. Indien war Wunderland und Gegenwelt zugleich. Indien war *terra incognita*.

Hatte Alexander den Ägyptenzug damit begründet, der verwundbare Rücken seiner Armeen müsse geschützt werden, für einen Marsch nach Indien gab es keine militärische Notwendigkeit – auch eine politische nicht. Gewiß, Dareios der Große hatte einst Nordwestindien unterworfen, seine Nachfolger aber hatten die Gebiete aufgegeben; sie wieder zu erobern, würde somit die endgültige Eroberung des Persischen Reichs bedeuten. Es ist jedoch unwahrscheinlich, daß solche Überlegungen ausschlaggebend gewesen sind für Alexanders Entschluß.

In Baktrien und in der Sogdiana gab es nichts mehr zu erleben. Mit den immer wieder einfallenden Nomaden, den Aufständen hier und der Tributverweigerung dort mochten sich die herumschlagen, die er als Besatzung zurückließ. Das, was die Griechen *pothos* nennen und wir seine romantische Seele, die ewig wache Neugier des Entdeckungsreisenden, das war es vornehmlich, was ihn dazu bewog, den Indus zu überschreiten und bis an den Rand der *oikumene*, der bewohnbaren Welt, vorzustoßen.

Unser Romantiker war wie immer Realist genug, den Feldzug bis ins Detail vorzubereiten. Seine Armee wurde gründlich reformiert. Die fünf Meter langen Spieße der Fußkämpfer, die die Phalanx undurchdringbar gemacht hatten, taugten nicht mehr für einen Krieg im gebirgigen Gelände und wurden durch Schwerter ersetzt. Die Infanterie teilte man in kleinere Einheiten auf, dergestalt, daß sie mit der ebenfalls aufgeteilten Kavallerie neue gemischte Kampfverbände bildeten, die je nach der taktischen oder strategischen Lage operieren konnten. Zusammen mit den Königlichen Schildträgern, den Bogenschützen zu Fuß, den zum erstenmal eingesetzten Bogenschützen zu Pferd aus den Nomadengebieten Nordostirans und den technischen Truppen, den Pionieren, bildeten sie ein Heer von hoher Beweglichkeit und rascher Anpassung. Das erste wirklich moderne Heer der Kriegsgeschichte, das Philipps Armee noch übertraf, war dank des organisatorischen Genies ihres Feldherrn geschaffen, doch bedurfte es vieler Monate des Exerzierens und der Manöverübungen, die den Ernstfall mit blutigem Realismus probten, bis es einsatzbereit war.

Fünfzigtausend Mann mögen es gewesen sein, die im Frühsommer des Jahres 327 über den Hindukusch zogen, diesmal in umgekehrter Richtung und über einen gangbareren Paß; ein Heer, in dem bereits jeder dritte ein Orientale war, aus Baktrien stammend, aus der Sogdiane, aus Persien, Gedrosien, Arachosien,

Drangiane, Areia, Parthien, vom Hindukusch und aus den Gebieten jenseits des Jaxartes. Noch hatte man es nicht gewagt, sie Seite an Seite mit Griechen und Makedonen kämpfen zu lassen, noch bildeten sie selbständige Einheiten, doch befehligt wurden sie bereits von ihren eigenen Leuten. Wenn andere Quellen von einer 120 000 Mann starken Armee sprechen, die sich auf den Indus zu bewegte, so liegt das daran, daß hier der immer stärker angewachsene Troß hinzugerechnet wurde. Das sei kein Heer mehr, sondern ein wandernder Vielvölkerstaat, bemängelten deshalb die Generale bei der Stabsbesprechung. Sie taten es so lange, bis ihr Chef das Kommandeurszelt verließ und – wieder einmal – brennende Fackeln in die Wagen werfen ließ; dann zündete er die Königswagen an; bald brannten auch die der Pezhetairoi, der Hypaspisten, der Hetairoi; und in einem wahren Rausch warfen die Soldaten alles, was sie für eine überflüssige Last hielten, in die Scheiterhaufen.

Das Land, in das die Kommandeure ihre Männer führten, war ihnen fremd. Daß es ihnen nicht unbekannt war, dafür hatten zwei Radschas gesorgt. Der eine, Sasigupta mit Namen, war früher mit Bessos gezogen, um dann den Besiegten mit dem Sieger zu tauschen. Abend für Abend hatte er den Stab der Generale über das informiert, was ihn diesseits und jenseits des Indus erwartete. Informationen, die, da es keine Landkarten gab, lebenswichtig werden konnten. Er schilderte die Straßen und das Gelände; warnte vor den wehrhaften Bergstämmen und ihren festungsartigen Städten; ermutigte sie, als er ihnen vom ewigen Streit der kleinen Fürsten mit den großen Fürsten erzählte, von gegenseitiger Eifersucht, Fehden, vom ständigen Wechsel der Bündnisse – Verhältnisse, die ein Eroberer für sich ausbeuten könne.

Der andere Radscha, Taxiles Omphis, war Herr über das fruchtbare, zwischen Indus und Hydaspes gelegene Fürstentum Taxila und hatte bereits Kontakt mit Alexander in der Sogdiane aufgenommen, wo er ihm Bündnis und Gefolgschaft anbot, in der Erwartung allerdings, daß seine Feinde künftig auch die des

Alexander sein würden. Am Fluß Kophen (heute Kabul) erschien er an der Spitze von fünfundzwanzig Elefanten mit einer derart großen Leibgarde, daß die Makedonen, an einen Überfall glaubend, sich zur Verteidigung formierten. Auch Taxiles lieferte wichtige Informationen über Land und Leute. Woran aber beide Radschas nicht dachten, vielleicht weil es ihnen zu selbstverständlich erschien, war die Erwähnung des Klimas: In Indien nämlich war man im Land des Monsuns, dort, wo zu gewissen Zeiten der Große Regen stärker war als die irdischen Mächte ...

In dem kurz zuvor gegründeten Alexandreia-im-Kaukasus wurde das Heer noch einmal schlanker: Die Kranken, die von ihren Verwundungen noch nicht Genesenen und jene, die bei ihren Vorgesetzten als Drückeberger galten, wurden mit der Aufgabe betraut, die Stadt auszubauen und im Notfall zu verteidigen. Gleichzeitig räumte der König mit eiserner Faust unter denen auf, die diese Aufgabe bis dahin strafbar vernachlässigt hatten. Der verantwortliche Statthalter wurde abgesetzt und eingekerkert. Es war ein Perser, der achte von Alexander eingesetzte orientalische Satrap nun schon, den er seiner Unfähigkeit halber hatte degradieren müssen. Es sollte nicht der letzte sein; und wenn er die Gesichter seiner Makedonen sah, wußte er, was sie dachten, aber seit Baktra nicht mehr zu sagen wagten.

Erst im Frühherbst zog man weiter: die Soldaten wohlgenährt, mit neuen Waffen ausgerüstet und kampfeslustig wie seit langem nicht mehr. Die Landschaft mit den blühenden Feldern und Gärten trug zur gehobenen Stimmung bei. Als Alexander der Athene feierlich opferte, wußte jeder, daß damit ein neuer Feldzug begonnen hatte. Doch vorher, am oberen Kophen, wurde auf Anraten der Radschas das Heer geteilt. Hephaistion und Perdikkas bekamen die Order, mit der Hälfte der Adelsreiterei, der Söldnerkavallerie, einem Teil der Schweren Infanterie und dem Troß den Kabul abwärts zu ziehen und die Peukelaotis (Peschawar), sei es mit Milde oder Gewalt, zu befrieden. Taxiles würde sie über den Khyberpaß führen, der seit eh und je das Einfallstor von Zentralasien nach Indien bildete (berühmt, besser berüchtigt, wurde er im 19. Jahrhundert, als der Paß, wo das Blut Tausender bei den Strafexpeditionen der Briten gegen die Afghanen floß). Dort, wo der Kabul in den Indus mündete, sollten sie mit dem Bau einer Brücke beginnen.

Charakteristisch für Alexander war, daß er sich den schwierigeren Teil des Unternehmens vorbehalten hatte. Es galt, die Bergstämme des Swat-Hochlands, in Kafiristan und Bajur, zu unterwerfen, denn es bestand die Gefahr, daß sie die lebenswichtige Verbindungslinie zum Iran hin unterbrechen würden. Warnungen, wonach die Landschaft mit ihren Schluchten, Felsabbrüchen, reißenden Wassern für ein militärisches Unternehmen schwierig, die Aspasier und Assakener von außergewöhnlicher Wildheit seien und ihre Städte schwer befestigt, waren ihm immer wieder zugegangen. Die Wirklichkeit sollte sie übertreffen. Es begannen zähe, erbarmungslose Auseinandersetzungen mit Stammeskriegern, die nie aufgaben und sich nie ergaben, ihre Siedlungen eher verbrannten, als sie dem Feind zu überlassen.

Vor Arigaieon mußte Ptolemaios seinen König heraushauen, geriet dabei in einen Zweikampf mit einem der Radschas, wurde verwundet, konnte seinen Gegner aber töten. Auch sein König wurde verwundet. Als er den Pfeil aus der Schulter zog, näherte sich ihm ein Hofbeamter, den es an die Front verschlagen hatte, und meinte angesichts des aus der Wunde strömenden Bluts: »Das ist Ichor, o Sohn des Zeus Ammon.« Alexander – wie wir von Plutarch schon erfahren haben – herrschte ihn an: »Kein Göttersaft, du Narr! Gemeines Blut ...«

Dreimal griffen die Königlichen Schildträger die Mauern der Stadt Massaga im Hochland von Swat an, dreimal holten sie sich blutige Köpfe. Auch vor den Katapultgeschützen, einer ihnen unbekannten Waffe, wichen die Söhne der Berge nicht. Erst als ein Pfeil ihren Fürsten niederstreckte, gelang die Eroberung. Den indischen Söldnern, die die Stadt mitverteidigt hatten, schenkte man das Leben; vorausgesetzt, sie dienten von nun an unter makedonischen Feldzeichen. Sie erklärten, daß sie den Eid schwören würden, doch als ihnen klar wurde, daß sie dann gegen ihre eigenen Landsleute kämpfen mußten, zögerten sie. Zu lange: man machte sie bis zum letzten Mann nieder. Gemäß seinem Grundsatz, wonach nicht nur die guten, sondern auch die bösen Taten der Nachwelt überliefert werden müßten, notierte Plutarch: »Das haftete als ein Makel auf seinen Kriegstaten, da er sonst immer unter Beachtung des Rechts, eben so, wie einem König geziemt, Krieg zu führen pflegte.«

Im Schutt einer der Festungen haben die Archäologen die Scherbe eines irdenen Topfes gefunden, der von den Soldaten zum Kochen ihres Getreidebreis benutzt worden war. »Dem Amyntas gehörend«, hatte jemand eingeritzt, wohl wissend, wie oft beim Militär etwas »wegorganisiert«, sprich geklaut, wurde.

In der Nordwestecke Indiens wie auch in abgelegenen Hochtälern des Hindukusch gibt es Einheimische, welche die makedonischen und griechischen Soldaten zu ihren Vorfahren rechnen. Andere gehen so weit, den großen Iskander persönlich als ihren Stammvater zu erklären. Im Swat-Tal hatte das sogar eine gewisse Berechtigung. Die Mutter des auf den Mauern Massagas gefallenen Fürsten, Kleophis mit Namen, eine wegen ihrer Anmut und Wohlgestalt berühmte Frau, hatte den König in seinem Schlafgemach aufgesucht und gefordert: »Gib nun zurück, was du mir genommen hast.« Neun Monate später erlebte sie die Erfüllung ihrer Forderung. Das Kind bekam den Namen Alexandros. Bei den Indern hieß sie von nun an nur noch die Königshure, ein Schimpfwort, das sie dem Neid zuschrieb: mit einem Weltbeherrscher zu schlafen, das hätten sich auch andere Frauen gewünscht. Im Gegensatz zu ihren antiken Kollegen haben unsere Historiker die ganze Geschichte als ein Märchen bezeichnet; immerhin wäre es ein schönes Märchen.

Am härtesten tobte der Kampf um die Bergfestung Aornos (heute Pir-Sar), in die sich das letzte Aufgebot der Bergstämme zurückgezogen hatte. Die Festung, deren Name soviel bedeutet wie »den Falken nicht erreichbar«, lag auf einem 2100 Meter hohen, steil aufragenden Felsplateau, zugänglich nur durch eine 180 Meter tiefe und 450 Meter breite Schlucht und verteidigt von Männern, die von Massaga her wußten, daß der fremde König kein Erbarmen kannte.

Sir Aurel Stein, der in den zwanziger Jahren Alexanders Feldzug an der Grenze zu Indien nachspürte, hat Aornos im Felsmassiv Pir-Sar westlich der Indusschleife bei Takot identifiziert. Er fand auch die Reste der Altäre, auf denen die Makedonen der Pallas Athene ihre Opfer darbrachten. »Ich war in Versuchung, der Göttin ebenfalls zu opfern, zum Dank dafür, daß sich die Hoffnung eines Forschers erfüllte, die von den meisten für einen Mythos gehalten wurde.«

Wie am Sogdischen Felsen, wir erinnern uns, wurden wieder die »Bergsteiger« eingesetzt, doch fanden sie den Tod in den von den Indern ausgelösten Steinlawinen. Die Versuche, den Pir-Sar von einer anderen Seite aus zu ersteigen, scheiterten ebenso wie das Unternehmen, die Katapulte und die Belagerungstürme einzusetzen. Alexander wollte sich bereits damit begnügen, die Festung einzuschließen und damit zu neutralisieren, als er hörte, wie Ptolemaios zu Eumenes sagte: »Nun, schließlich ist es auch Herakles nicht gelungen, Aornos zu erobern.«

Der Sohn des Zeus und der Alkmene war, dem Mythos zufolge, einst als Eroberer nach Indien gezogen; und für die Griechen und Makedonen war Mythisches gleichbedeutend mit Wirklichem. Für sie war Herakles so historisch wie für uns der Cherusker Arminius oder Otto der Große. Es seinem Ahnherrn gleichzutun, ja ihn zu übertreffen, war Alexanders ganzes Streben: Die Feste mußte, koste es, was es wolle, fallen!

Und sie fiel, weil Alexander nicht davor zurückschreckte, die Landschaft zu verändern! Die sich nach unten verjüngende Schlucht füllte er mit Bäumen, Zweigen, Strauchwerk und Erde in wochenlanger Arbeit so weit auf, daß er seine Maschinen – Katapulte, Steinschleudern, Belagerungstürme – in Stellung bringen konnte. Und er fand Einheimische, die die Bewohner von Aornos so gründlich verabscheuten, daß sie die makedonischen Stoßtrupps zur empfindlichsten Stelle führten.

Auch diese Eroberung endete in einem Blutbad. Schrecken zu verbreiten und all jenen ihr Schicksal vor Augen zu führen, die sich nicht ergaben, war offensichtlich das Ziel. Es gab keinen Pardon, auch die verbündeten Inder schonten keinen der Gefangenen. Wie weise klingen da die Worte des Radschas Taxiles: »Warum sollen wir Krieg miteinander führen, Alexander? Kamst du doch gewiß nicht, uns das zu nehmen, was wir zum Leben brauchen, Wasser und Weizen – die einzigen Werte, deretwegen Menschen zur Waffe greifen müßten. Was sonst uns wertvoll dünkt, Gold, Silber, schöne Frauen, davon will ich dir gern abgeben. Ich werde mich auch nicht schämen, von dir etwas anzunehmen, und dir dafür dankbar sein.«

Die großen Bergfestungen waren erobert, Forts wurden an strategisch wichtigen Punkten errichtet, Besatzungen zurückgelassen, die Bergstämme aber brachen immer wieder aus der Gebirgswildnis hervor, führten den Krieg weiter als Guerilleros. Ihr prominentestes Opfer wurde der als Statthalter eingesetzte Nikanor. Sie versuchten auch, ihre Viehherden zu retten, die ihren ganzen Reichtum ausmachten. Vergeblich. Über 200 000 Rinder trieben die Makedonen von den Bergweiden zu Tal; lebender Proviant, der das Heer viele Monate lang vom Nachschub aus dem Iran unabhängig machte. Bis nach Ekbatana, dem Hauptstützpunkt, reichte die Nachschublinie nun, das waren über 3000 Kilometer (die Entfernung von Hamburg nach Athen). Sie funktionsfähig zu halten, trotz aller Hindernisse einer Gebirgs- und Wüstenlandschaft, gegen eine Vielzahl feindlicher Stämme, gehört zu den großen Leistungen der Logistik.

Das für alle Armeen wichtigste Element, die Verproviantierung, wurde besonders fähigen Führern übertragen, wie Krateros und Koinos. Soldaten, die nichts im Magen hatten, waren keine guten Soldaten. Was durch Furagierung und Requirieren vor Ort nicht zu beschaffen war, mußte mit Wagen und Packtieren transportiert werden. Länger als sechs Tage hielten sich in heißen Zonen die Lebensmittel nicht. Der erwähnte »lebende Proviant«, die Herden, hatte den Nachteil, den Vormarsch elend zu verlangsamen. Bisweilen, wie beim ersten Übergang über den Hindukusch, mußten Zug- und Packtiere geschlachtet werden. Im ganzen gesehen war die Zahl der Soldaten, die an Hunger oder Durst starben, äußerst gering. Transportwege bildeten die von den Großkönigen angelegten Straßen. Sie waren so gut ausgebaut, daß später gespottet wurde: Ohne dieses Streckennetz wäre der Alexander-Zug bereits am Euphrat steckengeblieben. Nicht umsonst, so berichtet Weltreisender Herodot, waren die Kuriere der Achaimeniden schneller als die Kraniche. Für die 400 Kilometer von Susa nach Ekbatana (Hamadan) brauchten sie, Wechsel der Pferde und der Reiter an den Relaisstationen vorausgesetzt, 36 Stunden. Die Briefe der Olympias und die des Statthalters Antipatros im fernen Makedonien erreichten ihre Empfänger genauso wie die amtlichen Schreiben der Satrapen und Truppenkommandeure in den Garnisonen der besetzten Gebiete. Die Makedonen und Griechen selbst haben nichts zum Straßenbau beigetragen. Sie bewegten keinen Stein, karrten keine Fuhre Sand, fällten keinen Baum, im Gegensatz zu den Römern, die mittels ihrer Straßen ein Weltreich beherrschten.

Die Bewohner *einer* Stadt in jener Nordwestecke des heutigen Pakistan schonte Alexander nicht nur, er hofierte sie. Nysa nannten die Griechen die Siedlung. Als die Nysäer eine Abordnung schickten, staunten die Herren im Königszelt ob ihres Aussehens. Hochgewachsen, mit hellerer Haut und lichterem Haar, unterschieden sie sich auffällig von allen ihren Nachbarn. Aus weiter Ferne seien sie vor Urzeiten hierhergekommen, geführt von einem Gott, und seit jenem Tag hätten sie immer frei gelebt und seien niemandem untertan gewesen. »König, wir bitten dich, uns die Unabhängigkeit zu gewähren, im Namen jenes Gottes.« Alexander zögerte, doch als sie ihn zu ihren Weinbergen führten und zu den mit Lorbeer, wilden Olivenbäumen und Efeu überwucherten Hügeln, wurde er anderen Sinnes. Der Gott, von dem sie sprachen und den sie »Shiva« nannten, konnte nur Dionysos sein; denn woher sollte der Efeu kommen, den sie sonst nirgends in Indien angetroffen hatten, und woher die an Griechenland erinnernden Weinberge?!

Wie heimwehkrank Griechen und Makedonen bereits waren, zeigt, daß allein der Anblick von Hedera helix (der in Babylon partout nicht hatte anwachsen wollen) sie in eine Art Rausch versetzte. Sie flochten sich Kränze aus Efeu, feierten in den Wäldern dionysische Feste, errichteten Altäre; ja viele aus der engeren Umgebung des Königs schienen plötzlich vom Gott des Weines besessen und gerieten in bacchantische Raserei. Den mit Weinlaub geschmückten Thyrsosstab schwingend, jagten sie trunken durch den Wald; so wie Dionysos es in Begleitung der Silene und der die Fruchtbarkeit verkörpernden Satyrn zu tun pflegte. An ihrer Spitze der König in höchsteigener Person.

Nichts war ihm in dieser Zeit, da er spürte, daß das Heimweh seiner Männer größer wurde und ihre Kampfeslust geringer, wichtiger als der Glaube, daß der Gott Nysa gegründet hatte, daß er tatsächlich nach Indien gekommen war. Herakles, nun ja, der hatte Indien auch durchzogen, aber wer war er schon, verglichen mit dem Sohn des Zeus; ein Heros nur, der erst nach seinem Tod in den Olymp aufgenommen worden war. Herakles, uns besser als Herkules bekannt, schien in der Tat etwas verbraucht durch die ständige Berufung auf ihn und seine Taten. Er besaß keine Zugkraft mehr.

So wurde plötzlich Dionysos zum großen Idol, zum Wegbereiter für das Heldische. Daß Alexander ihn jetzt auf den Schild hob, ist eine jener Handlungen, wie wir sie von ihm des öfteren erlebt haben: gemischt aus Romantik und Realismus, aus Mythischem und Kalkuliertem, aus Überirdischem und Diesseitigem. Doch beutete er die Glaubensseligkeit seiner einfachen Männer damit nicht aus: Er glaubte selbst, was er die anderen glauben machte.

Die Nysäer glaubt man in den *Kafir Kalash*, den »Schwarzgewandeten«, wiederzuerkennen. Das ist eine kleine, heute nur noch nach Tausenden zählende Volksgruppe, die in den schwer zugänglichen Bergtälern des Hindukusch lebt. Sie weisen nicht nur die geschilderten körperlichen Merkmale auf. Sie sind weder Muslime noch Hindus, noch Buddhisten, noch Christen, sondern glauben noch an ihren *Schöpfergott* und sprechen einen Dialekt, in dem viele Wörter vorkommen, die man vom Indogermanischen her kennt. Die Kafir Kalash könnten also, so Linguisten, Nachkommen jener Völker sein, die Tausende von Jahren vor Alexander von Indien aus nach Europa zogen: die Indogermanen.

BRAHMANEN, SCHLANGEN UND SKORPIONE

»Die Männer, die das Fünfstromland beherrschen, mußt du nicht fürchten«, hatte zu den Ratschlägen des Taxiles gehört, »denn sie hassen sich gegenseitig mehr als einen fremden Eindringling. Was du aber fürchten mußt, das sind ihre Elefanten.«

Gelenkt von ihren Mahuts, bewegten sich die inzwischen zum Heer gehörenden Dickhäuter in dem nur ihnen eigenen wiegenden Gang. Elefanten schreiten auf Zehenspitzen, das tonnenschwere Gewicht mit den stoßdämpferartigen Fußsohlen so perfekt auffangend, daß auf jeden Quadratzentimeter Fußsohle nur sechshundert Gramm drücken. Es waren Prachtexemplare darunter mit einem Gewicht von hundert Zentnern, drei Metern Höhe und, von der Rüsselspitze bis zum Schwanzende gemessen, sechs Metern Länge. Elephas Asiaticus, der Asiatische Elefant, galt den

Alten als königliches Tier, in ihren Augen war er nicht nur klug, gelehrig, behutsam, gutmütig, dankbar und treu, sondern auch ehrliebend, gerecht, ja fromm.

Alexander hatte ein Expertenteam bilden lassen aus Griechen und Indern, um alles in Erfahrung zu bringen, was diese Tiere als Kriegswaffe auszeichnete. Auf dem Marsch vom Aornos hinab zu jener Stelle, wo der Kabulfluß in den Indus mündet, dem mit Hephaistion vereinbarten Treffpunkt, blieb den Mahuts Zeit zu zeigen, was ihre Lieblinge alles konnten. Sie räumten auf die Straße gerollte Felsen weg, legten Palisaden um, drückten Stadttore ein, dabei Kommandoworten gehorchend wie »Zerbrich das Hindernis!«, »Mache den Weg frei!«, »Gib die Kette hoch!« Etwa fünfundzwanzig Worte beherrschten die gelehrigsten Tiere. Pferde reagierten in ihrer Nähe panikartig. Stimmte es, daß die Elefanten ihrerseits sich vor Mäusen fürchteten? Es stimmte nicht; Kaninchen aber, die man auf sie zujagte, machten sie nervös.

Ihr Appetit ängstigte die makedonischen Proviantmeister, brauchten sie doch am Tag vierzig bis fünfzig Kilogramm Grünzeug, mit einigen Zugaben von Gerste, Rüben, Früchten, und siebzig bis neunzig Liter Wasser. Wenn sie ihr tägliches Bad nicht bekamen mit anschließendem gründlichen Schrubben, wurden sie mürrisch. Ihre Haut war so empfindlich, daß sie nach dem Stich von großen Insekten zu bluten begann. Sie legten sieben Kilometer in der Stunde zurück, auf kurze Zeit auch doppelt soviel, angetrieben von den Mahuts, die auf ihrem Kopf hockten, die Füße hinter den gewaltigen Ohren. Zu einem Trab, geschweige denn zu einem Galopp waren sie selbst von ihnen nicht zu bewegen. Vor Gräben scheuten sie, sumpfiges Gelände passierten sie ohne Schwierigkeiten.

Etwa dreißig Elefanten begleiteten am Anfang das Heer, später waren es über dreihundert; alle aus den Fängen, die die Inder im Auftrag der Makedonen ausführten. Aristoteles wurde darüber so gut informiert, daß er in seiner *Peri ta zoa historiai* schreiben konnte: »Die Inder besteigen einige abgerichtete Elefanten und verfolgen die wilde Herde. Sobald sie diese erreicht haben, befehlen sie ihren Tieren, mit den Rüsseln auf die wilden Artgenossen einzuschlagen, bis die sich vor Erschöpfung ergeben und in ein mit Baumstämmen umschlossenes Viereck treiben lassen. Tobenden Tieren fesselt man die Vorderfüße, damit sie ruhig werden.« So etwa fängt und zähmt man sie auch heute noch.

Alexander, der wie üblich nichts dem Zufall überließ, hielt Manöver ab, bei denen die Phalanx der Schweren Infanterie, die Schildträger und die Kavallerie gegen die Elefanten unter kriegsmäßigen Bedingungen vorgingen. Die Erfahrungen, die er daraus gewann, würde er bald benötigen; bei seiner letzten großen Schlacht. Er traf auf einen König, von dem es hieß, daß er seine Elefanten wie seine Söhne pflege und deshalb immerdar siegreich bleibe.

Die Einwohner der kleinen am Indus gelegenen Stadt Ohind staunten. Die fremden Soldaten hatten Werften errichtet und Schiffe gebaut, kleinere mit Segeln für den Transport von Lasten und größere, von vielen Rudern bewegte, für Truppen. Dazu eine Brücke, deren Bohlen und Bretter über Boote gelegt worden waren, die von steingefüllten Weidenkörben als Anker in der Strömung des Flusses Indus gehalten wurden. Um ihre Tragfähigkeit zu erproben, hatten sie Ochsenkarren hinübergeschickt, Pferde, Rinder und schließlich Elefanten. Die Brücke war fest geblieben, wie auch das doppelläufige Geländer an den Seiten. Die Leute von Ohind staunten auch, wie die Fremden auf einem sandbestreuten Weg sich trotz der Hitze bemühten, schneller zu laufen als andere; wie sie sich einrieben mit Fett und versuchten, sich gegenseitig auf den Rücken zu werfen; eine bronzene Scheibe durch die Luft wirbelten, die sie *diskos* nannten; mit Gewichten in den Händen weit zu springen versuchten, schließlich sogar mit Fäusten aufeinander losgingen. Wer von ihnen alles am besten konnte, dem setzte man einen Kranz aufs Haupt.

Alexander war also eingetroffen und hatte nach einer längeren

Ruhepause gymnische Spiele veranstaltet. Krateros und Hephaistion hatten ihm berichtet, daß die Barbaren sich freundlich gezeigt, mit ihren Elefanten beim Transport des Schiffsbauholzes geholfen hätten, ja daß Taxiles mit einer großen Getreidelieferung das ewige Proviantproblem erst einmal gelöst habe. Beängstigend sei dagegen, daß jeden Tag Hunderte von Kriegern von Schlangen gebissen wurden. Um das gesamte Lager herum brannten selbst am Tage die Wachtfeuer; auch grub man die Schilde als Schutzwall vor den Zelten ein: Es nutzte wenig. Die Ärzte konnten nicht helfen mit ihren Ratschlägen, den eigenen Urin zu trinken, die Wunde mit Hyänenfett zu bestreichen oder mit einer Mixtur aus Rhododendronsaft, Wolfsmilch und Vipernleber. Die Magier empfahlen, nach einem Biß unmittelbar den Geschlechtsverkehr auszuüben. Ein Rat, der von den Gebissenen so eifrig wie wirkungslos befolgt wurde. Der König, der von Aristoteles, wie wir erfahren haben, auch in der Heilkunst unterrichtet worden war und über Medizinisches immer wieder mit ihm korrespondierte, tat das Nächstliegende. Wenn jemand mit Schlangenbissen Erfahrung habe, dann doch nur die indischen Ärzte: Er rief sie zu einem Consilium zusammen und schickte die von Skorpionen und Schlangen Vergifteten in die eigens dafür errichteten Zelte zur Behandlung.

Man schrieb den April des Jahres 326, als die Vorausabteilung des Heeres 25 Kilometer nördlich von Attock über den Indus ging. Auf dem 3200 Kilometer langen Lauf vom südlichen Tibet bis zum Arabischen Meer durchbricht er die Gebirgskette des Karakorum und des Himalaya in 3000 Meter tiefen Schluchten, tritt nach der Einmündung des Kabul in das nördliche Tiefland ein und bildet mit seinen Nebenflüssen das Pandschab, das Fünfstromland. Seine Wasser prägten die Landschaft, machten sie zu einem früchtebringenden Paradies mit wohlgebauten Dörfern und reichen Städten. Taxila, die Residenz des befreundeten Radscha, gehörte dazu. Allerdings beschränkte sich der Reichtum auf den Palast, die Gärten, Parks und Stallungen. An den Häusern

fielen lediglich die vor den Toren postierten riesigen Rundbehäl-
ter auf, in die die Bewohner ihren Abfall warfen (der noch in den
mittelalterlichen Städten Europas auf die Straße geworfen
wurde).

Die Soldaten versuchten, mit ihnen in Kontakt zu kommen,
fragten auch nach Goldschätzen. Gold aber besaßen die einfachen
Leute nicht (die Geschichte mit den Ameisen war anscheinend
eine faustdicke Lüge), sie konnten sich noch nicht einmal Elfenbein leisten. Dafür färbten die Männer ihre langen Bärte in
verschiedenen Tönungen: Man sah feuerrote Bärte, quittegelbe,
meerblaue, ja grüne. Groß und stattlich gewachsen waren sie alle,
und ihre Frauen schön, aber – leider – sittsam. Nur ein Mittel gebe
es, schreibt Arrianus in seinem Indienbuch *Indiké,* sie vom Pfad
der Tugend abweichen zu lassen: »Wenn ein Mann einen Elefanten schenkt, gibt sich jede Frau sogleich hin. Denn es ist den
Indern kein Schimpf, wenn Frauen um eines Elefanten willen
beischlafen. Gilt es ihnen doch als eine Bestätigung, wie wertvoll
ihre Schönheit ist.«

Die Armen unter den Bewohnern trugen, wenn es darum
ging, ihre Töchter ohne Mitgift an den Mann zu bringen, die
kaum zehn Jahre alten Mädchen zu Markte, wo man sie auf ein
Podest stellte und, wenn ein Käufer sich interessiert zeigte, erst
den Rücken von Kopf bis Fuß enthüllte und, sollte er noch
zögern, die Brust und die Scham. Sklaven gab es erstaunlicher-
weise nicht.

Männer und Frauen trugen Kleider aus hellem Leinen (dessen
Ausgangsmaterial auf Bäumen wuchs); dazu Schuhe aus weißem
Leder mit dicken Sohlen, die sie noch größer erscheinen ließen,
als sie ohnehin schon waren, und sie banden die Haare zu einer
Kopfschleife. Die Mahuts trugen blaue Umhänge, weil die Elefan-
ten vor der Farbe Weiß scheuten; ein Blau von so intensiver
Leuchtkraft war das, wie man es in Griechenland nicht kannte.
Indigo hieß der Strauch, aus dem sie die Farbe gewannen.

Daß viele Witwen sich neben den Leichnam ihres Mannes auf

den Scheiterhaufen legten und sich lebendigen Leibes mitver-
brennen ließen, sahen die Kebsweiber und Hetären mit Schaudern. Schaudervoller noch war der Anblick der Leichen, die man
den Hunden und Aasgeiern zu überlassen pflegte, wie es die Sitte
gewissen Kasten vorschrieb. Schon im östlichen Iran hatten die
Griechen versucht, gegen diese in ihren Augen barbarische Be-
stattungsart vorzugehen.

Als man Alexander meldete, daß auf einer Dschungellichtung
unweit der Stadt eine Gemeinschaft von weisen Männern
wohnte, die dort, nackt wie Gott sie geschaffen, ihrem Glauben
lebten, schickte er Onesikritos, Seemann und Schriftsteller, zu
ihnen: sie möchten sich zum König bemühen – bei Zusicherung
einer Belohnung, wenn sie kämen, und der Androhung einer
Strafe, falls sie sich weigern sollten. Einer der ihren, Kalanos mit
Namen, der auf einem Haufen spitzer Steine lag, antwortete dem
Griechen, daß sie Geschenke nicht bräuchten und Strafen nicht
fürchteten. Die anderen lachten darüber, daß die Fremden in der
Glut des Tages wollene Umhänge trugen, breitkrempige Filzhüte
und Schaftstiefel. Warum täten sie es ihnen nicht gleich, zögen
sich nackt aus und legten sich neben sie. Onesikritos *setzte* sich
zumindest, mehr vor Erstaunen als aus Höflichkeit: Einer der
Weisen, die wir heute *Fakire* nennen würden, hatte sich bis zum
Hals in den Sand eingegraben; ein anderer hockte in der Astgabel
eines Eukalyptusbaumes; ein dritter stand auf einem Bein, einen
anderthalb Meter langen Holzbalken auf der Schulter; wieder ein
anderer lag in einer Dornenhecke.

Ein Dolmetscher übersetzte die Worte des Kalanos ins Persische, ein zweiter vom Persischen ins Aramäische, ein dritter
schließlich ins Griechische. Das war, als leite man klares Wasser
durch ein schlammiges Rohr. Immerhin begriff Onesikritos, daß
sie, als den Brahmanen zugehörige Gymnosophisten, nur Früchte
des Dschungels aßen, sich der Prophetie widmeten, die Natur
verehrten und mit der Weltseele eins zu werden suchten. Geschlechtsverkehr verdammten sie und hatten sich, um nicht in

Versuchung zu geraten, bronzene Ringe durch die Vorhaut gezogen.

»Von Diogenes habe ich gehört, auch von Sokrates und Pythagoras«, sagte Kalanos, »ehrenwerte Männer gewiß, doch zu geschwätzig und zu wenig der Natur ergeben.« Er gab dem Onesikritos eine Botschaft mit: Alexander sei der einzige Krieger, der ein Philosoph, und der einzige Philosoph, der ein Krieger sei, und deshalb bewunderten sie ihn.

Ob er nicht an der Seite eines solchen Mannes am Feldzug teilnehmen wolle?

Nein, das wolle er nicht. Eroberungen seien so sinnlos wie bedeutungslos. »Dein Herr kann nicht mehr besitzen als wir alle. Nämlich das Stück Boden, auf dem er steht.« Im übrigen habe Freundschaft mit Großen noch nie Bestand gehabt auf Erden.

Später gelang es dem Radscha Taxiles, ihn zur Teilnahme zu überreden. Schließlich habe er doch bereits siebenunddreißig Jahre in der Abgeschiedenheit verbracht. Der Gymnosophist gehörte von da an zum engeren Gefolge, sehr zum Verdruß der eifersüchtigen griechischen Philosophen in Alexanders Troß.

Onesikritos hatte des »schlammigen Rohres« wegen vom Hinduismus, vertreten durch die Brahmanen, beileibe nicht alles verstanden, was zum Verständnis einer komplizierten Lehre gehörte. Da er also des Kalanos Worte nicht auslegen konnte, so legte er ihnen – in seinem nach dem Feldzug verfaßten Alexander-Buch – etwas unter. Schüler des Diogenes, der er war, glaubte er in den Brahmanen eine Art von Kynikern zu erkennen, denn auch die waren wie Diogenes der Selbstgenügsamkeit verpflichtet, dem Verzicht auf Ehe, Liebe, Kleidung, Wohnung. Im Grunde ein ziemliches Mißverständnis, das sich als besonders zählebig erwies. Jedenfalls umrankten Legende, Sage, Romanhaftes mehr und mehr die Begegnung, was aber nicht heißt, daß sie nicht stattgefunden hätte.

Der Hinduismus war entstanden aus der Verschmelzung der vedisch-brahmanischen Religion der indogermanischen Einwanderer mit den Glaubensvorstellungen der im Indus-Tal lebenden nichtarischen Völker. Zu Beginn der zweiten Hälfte des ersten Jahrtausends hatte die neue Religion sich weitgehend durchgesetzt und ihre heutige Form erhalten. Den obersten Rang im Pantheon nehmen nun der Weltschöpfer Brahman ein, der Welterhalter Vishnu und der Weltzerstörer Shiva zusammen mit ihren Frauen Sarasvati (Gelehrsamkeit), Lakshmi (Glück) und Shakti (Ur-Energie). Die Gläubigen werden in Kasten eingeteilt, in die man hineingeboren wird, ohne sie jemals wieder verlassen zu können; sei man nun Priester, Gelehrter, Krieger, Bauer, Handwerker, Händler, Hirte, Knecht ... Im Laufe der Zeit haben sich durch Mischehen von Angehörigen verschiedener Kasten und durch Aufnahme fremder Gruppen immer neue Kasten herausgebildet, so daß ihre Zahl im heutigen Indien auf etwa dreitausend geschätzt wird. Auch Siddhartha Gautama, der den Ehrentitel Buddha, der Erleuchtete, trug, war schon seines Weges gezogen in den Jahrzehnten vor und nach 500 v. Chr. und hatte seine Lehre begründet. Bis zum Indus hatte sie sich noch nicht verbreitet, und so wird Alexander kaum führenden Buddhisten begegnet sein.

Was die Wunder Indiens betraf, die die Griechen, nachdem, was sie vorher gehört, zu erleben geradezu einen Anspruch hatten, so trug die Wirklichkeit zur Ernüchterung bei. Das Märchenland war keines. Es blieb der schwache Trost, daß man vieles richtigstellen konnte, sieht man von dem ab, was sie selbst nun ihrerseits neu zusammenfabulierten. Der griechische Einfluß auf Indien ist häufig überschätzt worden. Zwar hat Alexander das traditionelle Band zwischen Persien und Indien neu gefestigt, wurde die indische Baukunst mit iranischen Elementen bereichert, doch blieb der Feldzug, nehmt alles nur in allem, für das Land ohne große Bedeutung. Der Welteroberer war für die Inder keiner, denn, so fragten sie sich, *welche* Welt hatte er eigentlich erobert? Ihre begann ja erst am Indus. Sie erwähnten seinen Namen kaum in ihrer Literatur und in ihren Quellen.

»Eine geistige Brücke zwischen dem Mundus des Abendlands

und Indiens zu schlagen, war auch Alexander nicht vergönnt, denn hier hatten sich eine eigene Kultur und eine eigene Weltanschauung gebildet, die von der abendländischen grundverschieden war ... Für Indien kam der Makedone zu spät. Als er erschien, war das indische Volk in seiner Insichgekehrtheit längst zum Sonderling unter den Völkern geworden, von Lebensformen und Gewohnheiten des Denkens beherrscht, die für die Maßstäbe der nichtindischen inkommensurabel waren.« (Bengtson)

Das *divide et impera*, eine politische Maxime, mit der die Römer ihr Weltreich beherrschten, wandte Alexander auch gegenüber den Indern an. Die untereinander zerstrittenen, verfeindeten, sich gegenseitig nichts gönnenden größeren und kleineren Fürstentümer und Königreiche boten ein ideales Terrain, Macht durch Spaltung der Gegner zu gewinnen. Taxiles hatte sich nicht aus reiner Menschenliebe Alexander angeschlossen, sondern weil er mit Poros im Pandschab verfeindet war. Aufgefordert, sich zu unterwerfen, schickte dieser Radscha eine Huldigungsgesandtschaft mit Geschenken, erschien selbst aber nicht. Er ließ durch einen Boten ausrichten: »Ich werde den fremden Herrscher an der Grenze meines Reiches freundlich empfangen. Tribut jedoch kann ich ihm nur mit den Waffen entrichten ...«

DIE ELEFANTENSCHLACHT

Das bedeutete Krieg ...

Alexander reagierte nach seiner Gewohnheit so umsichtig wie schnell. Er schickte Kundschafter aus mit dem Auftrag, die Stärke des gegnerischen Heeres und seine Position festzustellen. Als er erfuhr, daß am Ostufer des Hydaspes (des heutigen Jhelum) eine gewaltige Streitmacht sich formiere, setzte er einen Satrapen in Taxila ein, stellte aus Kranken und Verwundeten eine Garnison zusammen und bestätigte Taxiles Omphis in seiner Königswürde –

verbunden mit der »Bitte«, er möge sich mit fünftausend seiner Soldaten und allen seinen Elefanten am Feldzug beteiligen. Eine Reiterstafette war bereits unterwegs zu Koinos, der noch am Indus war, mit der Order, die Schiffe in mehrere Teile zu zerlegen, auf Wagen zu verladen und an den Hydaspes zu transportieren, der das Reich des Poros nach Westen begrenzte. Der Monsun, der den Regen bringt, hatte einen Vorboten geschickt. Koinos wußte gut, daß man einem Alexander nicht mit einem »Unmöglich« kommen durfte; und so war er, wenn auch nach schwerer Mühsal und mit großer Verspätung, dort zur Stelle, wo er gebraucht wurde: am Hydaspes.

Alexander stand am rechten Flußufer und versuchte, unterstützt von seinen »Falken«, Soldaten, die für ihre scharfen Augen bekannt waren, die gegnerischen Truppen am anderen Ufer zu schätzen. Man kam auf 25 000 bis 30 000 Krieger zu Fuß und 4000 bis 5000 Reiter und 250 bis 300 Kampfwagen. Beängstigend war eher die Zahl der Elefanten, über 200 mochten es sein, deren wilde trompetenartige Schreie ins eigene Lager herüberdrangen und auch die Mutigsten erschauern ließen. Der achthundert Meter breite Strom floß schnell mit seinen braunen Fluten, und nirgendwo schienen seine Ufer einen Übergang zu gestatten. *Hin*über aber mußte Alexander, denn Poros würde seine vorteilhafte Position kaum aufgeben und *her*über kommen. Doch wie? Zwei Versuche mit einem Detachement Kavallerie scheiterten, als die Pferde die Elefanten zu wittern begannen. Man schlug ein Lager auf und schickte Erkundungstrupps stromauf, stromab.

Sie sollten nach einer Furt suchen, gleichzeitig aber durch Hörnerschall, Schlachtgesänge, donnernde Galoppaden, Feuerzeichen, Scheinübergänge den Feind in ständiger Alarmbereitschaft halten. Es dauerte lange, bis die Inder das Kriegstheater durchschauten und nicht mehr mitspielten. Sie suchten Schutz vor dem immer dichter fallenden Regen und zogen sich in ihre Zelte zurück, bestärkt in ihrem Gefühl der Sicherheit, als sie sahen, wie das feindliche Lager ausgebaut wurde, Provianttransporte eintrafen, die Soldaten zu exerzieren begannen. »Sie warten, bis der Fluß müde wird und der Himmel ruht«, hieß es im indischen Hauptquartier.

Sie derart einzulullen, war Alexanders Absicht. Er hatte die Zeit genutzt und etwa dreißig Kilometer stromaufwärts eine Stelle entdeckt, wo der Fluß eine Biegung machte und mit zwei schmalen Armen eine waldbedeckte Insel umfloß. Vom Hauptlager (das in der Nähe von Haranpur gelegen haben muß) zog er, gegen Sicht gedeckt durch den bis an das Ufer reichenden Dschungel, zu jener Biegung, wo seine Phönikier, Zyprer, Ionier bereits begonnen hatten, die Schiffe zusammenzubauen, Flöße zu zimmern, Ledersäcke mit Heu zu füllen. In einer mondlosen regengepeitschten Nacht ging Alexander mit seiner Leibschwadron, den dakischen berittenen Bogenschützen, skythischen Reitern, agrianischen Wurfspießkämpfern, Königlichen Schildträgern, den Besten der Besten also, über den Strom. Fünftausend Kavalleristen und zehntausend Kämpfer zu Fuß über einen schnell strömenden Fluß zu schaffen, und die Soldaten am anderen Ufer wieder zu sammeln, spricht für den makedonischen Generalstab.

Sein Plan, der ja immer eine Rechnung ist mit mehreren Unbekannten, ging nicht ganz auf. Der Fluß schwoll derart an, daß die Verbindung der Fußtruppen mit den bereits gelandeten Kavalleristen abriß, und Ptolemaios, Lysimachos, Hephaistion, Seleukos fragten, was zu tun sei: auf die Infanteristen warten oder mit der Kavallerie allein operieren? Sie hätten ihren Feldherrn kennen müssen. Er bestieg Bukephalos (den er wider den Rat seines Stallmeisters mitgenommen hatte, ging der Rappe mit dem weißen Stern doch auf das dreißigste Lebensjahr zu) und wies mit dem Arm flußabwärts: dorthin, wo der Feind zu vermuten war.

Poros, von seinen Vorposten über die überraschende Landung informiert, wägte und überlegte, ob er es mit einem Ablenkungsmanöver zu tun habe und der Hauptschlag von dem ihm gegenüberliegenden Lager erfolgen werde, ob also die Hauptstreitmacht dorthin zu führen sei oder nur die Hälfte der Truppen oder ein Viertel; er entschloß sich endlich, seinen Sohn mit 2000 Reitern, 20 Elefanten und 120 Kampfwagen flußaufwärts zu schikken mit dem Auftrag, den Feind in den Fluß zurückzutreiben. Poros junior erschien spät, doch zeitig genug, um die sich am Ufer sammelnden, noch nicht gefechtsbereiten Makedonen empfindlich zu treffen; aber er zögerte, wartete auf die Elefanten; seine Kampfwagen blieben in dem durch den Regen aufgeweichten Boden stecken, und ehe er sich's versah, waren die Makedonen über ihm und schlugen ihn gründlich.

Alexander wehrte die Glückwünsche der Generale ab. Hatten sie denn nicht bemerkt, wie die Pferde sofort in Panik gerieten, als die Elefanten, wenn auch verspätet, das Schlachtfeld erreichten? Seine Kavallerie war seine Hauptwaffe. Mit ihr hatte er am Granikos gesiegt, bei Issos, bei Gaugamela. Mit ihr wollte er an diesem Fluß siegen. Doch mit Reitern, denen ihre Pferde nicht mehr gehorchten? Die Königlichen Schildträger waren bei den Truppenübungen immer wieder gegen die Riesen eingesetzt worden; mit speziell dafür geschaffenen Waffen. Manöver aber war nicht der Ernstfall.

Als die Makedonen auf das Hauptheer des Königs Poros trafen, stiegen ihre letzten Fußkämpfer gerade an Land. Sie waren gezwungen, die Schlacht aus dem Anmarsch zu schlagen, was nur mit Truppen möglich war, die die einzelnen Manöver schulmäßig beherrschten, dergestalt, daß die im Laufschritt herangeführten Männer einschwenkten, sich formierten und Zeit zum Atemholen bekamen: Die aber brauchten sie angesichts der furchterregenden indischen Phalanx mit den von Infanteristen gedeckten Elefanten in der Mitte, den Reitern auf beiden Flügeln. Man hat die Dickhäuter nicht zu Unrecht mit den Tanks verglichen, die die Engländer zum erstenmal 1916 bei Bapaume eingesetzt haben. Mit geballten Handgranaten gegen ihre Laufketten vorzugehen, wie es die Deutschen damals taten, erforderte soviel kaltes Blut, wie es die Makedonen jetzt brauchten. Ihre Schildträger waren es letztlich, die die wichtigste Rolle spielten: Als Alexander in einem seiner Blitzangriffe, das »Elefanten-Zentrum« tunlichst meidend, den linken Flügel der Inder mit seinen Reitern überrannte, waren sie plötzlich zur Stelle und trennten mit langstieligen Äxten den Tieren die Sehnen der Hinterhand durch, während die dakischen Steppenreiter die Mahuts und die auf den Haudas (turmähnlichen Sitzen auf dem Elefantenrücken) postierten Bogenschützen unter Feuer nahmen.

»Manche jedoch, die die Tiere zu tollkühn angriffen, reizten durch die Wunden ihren Zorn und wurden zerstampft. Ein schrecklicher Anblick, besonders, wenn sie mit ihren Rüsseln die Männer hochschleuderten und auf den Boden schmetterten. Was sich hier abspielte, ist nicht in einem Atemzug zu nennen mit den früheren Schlachten. Die Elefanten stürmten gegen die makedonische Phalanx und durchbrachen sie an vielen Stellen.«

Dann geschah, was bei Elefantenschlachten häufiger passierte: ohne ihre Mahuts führerlos, durch den Blutverlust erschöpft, von Schmerzen gepeinigt, gerieten die Tiere in eine Art Raserei und stürzten sich auf Freund und Feind zugleich, eine Spur zertrampelter Leiber zurücklassend. Poros jedoch, ein Hüne von einem Mann, hatte seinen Elefanten noch in der Gewalt, lenkte ihn immer wieder ins Getümmel, die eigenen Leute anfeuernd, in keinem Moment bereit, den Kampf verloren zu geben; geschweige denn, wie Dareios an Flucht zu denken. Selbst noch als Krateros vom ursprünglichen Lager über den Fluß setzte und mit frischen Kräften eingriff, kämpfte er auf verlorenem Posten weiter.

»Sein Elefant bewies einen erstaunlichen Verstand in seinem Eifer, dem König zu helfen. Denn so lange dieser noch bei Kräften war, widerstand er den Angreifern und rammte sie mit seinen Stoßzähnen. Sobald er spürte, daß sein Herr, von vielen Wurfgeschossen getroffen, kraftlos geworden war, und er fürchten mußte, er würde zu Boden stürzen, ließ er sich sacht auf die Knie nieder, faßte behutsam mit dem Rüssel jedes einzelne Geschoß und zog es aus seinem Körper.« So Plutarch, der von dieser Szene so ergriffen gewesen sein muß, daß ihn seine sonstige Sachlichkeit im Stich ließ.

Verbürgt dagegen ist der Dialog zwischen dem Sieger und dem Besiegten. »Sage mir, Poros, wie du behandelt zu werden wünscht?!« fragte Alexander.

»Königlich«, lautete die Antwort.

»Gibt es noch etwas, was du begehrst?«

»Mit dem Wort königlich ist es gesagt.«

Zwei Welten traten einander gegenüber: der moderne Truppenführer mit einem hochgerüsteten, disziplinierten Heer, das im Zusammenspiel verschiedener Waffengattungen seiner Zeit weit voraus war, und ein König, der noch ein Ritter war mit einer tapferen, aber schwerfälligen Armee.

Alexander ließ ihm nicht nur sein Reich – auch hier gehörte Großmut zu seiner Politik –, er schenkte ihm Fürstentümer, die er noch gar nicht erobert hatte, in so großzügigem Maße, daß die Inder heute noch nicht glauben, der Makedone sei der Sieger am Hydaspes gewesen; pflegten doch Besiegte Land zu verlieren und nicht hinzuzugewinnen.

Ein Wermutstropfen mischte sich in den Freudenbecher Alexanders. Bukephalos, obwohl bei der Attacke nicht geritten, war von einem Speer getroffen, am Flußufer verendet. Der Rappe hatte ihn getragen von Pella über den Hellespont, durch Ionien, Phrygien, Syrien, Ägypten, Mesopotamien, Babylonien, durch die Persis, durch Parthien, Baktrien, Arachosien, über den Hindukusch, durch die Sogdiane, über den Khyberpaß. Sein Herr sorgte für seinen Nachruhm und gründete am Westufer des Flusses, dort, wo er übergesetzt war, eine Stadt und nannte sie Bukephala – eine Geste, die das ausdrückte, was der Makedone empfand. Kein Pferd ist jemals wieder so geehrt worden. Als Marco Polo anderthalb Jahrtausende später durch den Norden des heutigen Afghanistan zog, traf er in Baktra (Balkh) einen Herrscher, der sich rühmte, daß seine Pferde von Bukephalos abstammten ...

Dreißig Tage ruhten die Soldaten nun. Nach ihrer Gewohnheit errichteten sie Altäre, um den Göttern für den Sieg zu danken, und begruben ihre Toten. Gymnische Spiele wurden veranstaltet, Theateraufführungen, Dichterlesungen. Man forderte auch die Inder zu Wettkämpfen auf. Die Männer, die einander gerade mit dem Mordstahl in der Hand gegenübergestanden hatten, rangen nun um die Siegespalme im Reiterkampf.

Alexander, der im Palast des Poros Quartier genommen hatte, fragte den Inder: »Du kanntest den Ruhm meiner Taten und wähltest trotzdem die Waffen. Tausende von Kriegern und zwei deiner Söhne würden noch leben, hättest du gehandelt wie Taxiles.«

Von Poros wird die Antwort überliefert: »Auch du wirst erfahren, wie hinfällig das Glück ist.«

Die beiden grundverschiedenen Männer kamen sich näher, wobei der Besiegte dem Sieger in einer Mischung aus Bewunderung und Fassungslosigkeit begegnete. Was ist das nur für ein Mensch, fragte er seine Ratgeber immer wieder, oder ist er wirklich, wie sie behaupten, ein Gott?

Alexander wiederum staunte, wie diese indischen Fürsten zu leben pflegten. Frauen waren es, die des Poros Tage und Nächte bestimmten. Sie bereiteten ihm die Speisen, kosteten sie, bevor sie auftrugen; probierten auch den Wein, ob er nicht mit Gift versetzt war. Hatten sie ihn bei Anbruch der Nacht in den Schlaf gesungen, weckten sie ihn nach jeweils zwei Stunden und führten ihn in ein anderes Schlafgemach, um jene, die ihm vielleicht ans Leben wollten, zu täuschen. Sie wuschen ihn morgens, frisierten, massierten ihn und unterbrachen die Schönheitspflege nicht, wenn er fremde Gesandte empfing oder Recht sprach. In der Frühe gab es ein regelrechtes *lever du roi*, wie wir es von Ludwig XIV. kennen. Dem Herrscher zuzuschauen, wie er seine Morgentoilette verrichtete, gehörte zu den besonderen Auszeichnungen. Hochgeehrt fühlte sich auch der Untertan, der ihm nach der Hochzeit die eigene Frau für eine Nacht zuführen durfte.

Bei der Jagd verließen ihn die Frauen nicht, bildeten mit ihren

Pferden und Sänften einen Kordon um den juwelengeschmückten Elefanten und gestatteten den Leibwächtern nur den Platz in der zweiten Reihe. Im Wildgehege standen sie bei ihm, wenn er von einer Tribüne aus auf das Wild schoß. Bei der Tigerjagd reichten sie ihm die Pfeile, nachdem das Raubtier von allen Seiten eingekesselt war. Alexander verstieß bei einer solchen Jagd gegen die Hofetikette, als er sich von seinem Jagdelefanten herabgleiten ließ und den Tiger mit der Lanze anging.

In dieser Zeit war es, daß sich die nächtlichen Gelage des Makedonen immer länger hinzogen.

Der Wein wurde nur noch ungemischt getrunken. Alkoholische Getränke bei einem solchen Klima mußten sich im Laufe der Zeit verheerend auswirken. Er verspottete die Schmeichler, aber er duldete sie: wenn sie etwa verhinderten, daß man ein Insekt erschlug, das ihn gestochen hatte (trug es doch nun königliches Blut). Die Freunde erschraken angesichts seiner Unbeherrschtheit, seiner Launen und Ausfälle. Er selbst aber erschrak auch. Seine Generale waren ebenfalls nicht immer Herr über sich selbst in diesem wilden fremden Land, in dem die Gesetze der Natur und des Menschen auf den Kopf gestellt schienen. Krateros und Hephaistion griffen nach einem Wortgefecht zu den Schwertern und gingen tollwütig aufeinander los. Um sie zu trennen, bedurfte es der Kraft von acht Männern. Alexander befahl die beiden in das Königszelt und beschied ihnen: »Ich liebe euch, aber ich werde nicht zögern, euch zu töten, wenn das, was geschah, wieder geschieht.«

HYPHASIS – FLUSS OHNE WIEDERKEHR

Wie wild und fremd dieses Indien war, nicht zu vergleichen mit allen bisher durchquerten Ländern, sollten die Soldaten erst erfahren, als sie weiterzogen durch das Fünfstromland dem Hydraotes (heute Ravi) entgegen. Der Dschungel breitete sich über alles und war immer schwieriger zu passieren. Die dampfende Hitze, der gellende Schrei der Pfauen, das Schnattern der Affen, das so wenig aufhörte wie das Kreischen der Papageien; die mit angespitzten Pfählen bewehrten Tigerfallen, getarnte Gruben, in die ganze Trupps hineinstürzten; dazu all das, was Gott geschaffen hatte an kriechendem, fliegendem, saugendem, beißendem Kleingetier, dem gegenüber Elefanten und Tiger harmlos wirkten.

An Früchten lernten sie, neben vielen anderen, die Mangos kennen. Wer mit ihr den Hunger stillen wollte oder den Durst, bezahlte das mit Magenschmerzen. Die Banane, heute zur Krankenkost empfohlen, führte bei ihnen zu Darmkrankheiten. Wer die Früchte der hier wachsenden Palme aß, merkte erst am nächsten Tag, daß sie ungenießbar waren. Die Ärzte verboten schließlich den Genuß von Mangos, Bananen und Datteln.

Und dann begann es zu regnen. Das war kein Regen, wie die Griechen ihn kannten. Es schien, als bräche der Himmel, ganze Wasserwände stürzten herab, alles hinwegschwemmend, überflutend; trockene Flußbetten verwandelten sich in reißende Ströme und Straßen in rauschende Bäche. Der Große Regen, den der Monsun im Juni brachte, hatte begonnen. Die Soldaten verstanden jetzt, warum die Inder ihre an den Flüssen gelegenen Städte und Dörfer so hoch gebaut hatten. Das Wasser stieg einen Meter, zwei Meter, drei Meter, füllte die um die Lager gezogenen Abflußgräben, spülte die Zeltpflöcke heraus; die Troßwagen wurden zu Booten. Urplötzlich hörte der Regen dann wieder auf, die Sonne brannte herab, die Wasser dampften, Feuchtigkeit legte sich wie ein schweres nasses Tuch auf die Menschen und machte jede Bewegung beschwerlich.

Nicht nur die Soldaten flüchteten vor dem steigenden Wasser und kletterten die Hügel hinan. Auch die Skorpione. Und besonders die Schlangen. Die Nattern, Vipern, Ottern krochen in die Zelte, ringelten sich in den Kochtöpfen, in den Helmen, den Harnischen; verbargen sich unter den Decken der Pferde, den

Kutschböcken der Wagen. Sie wurden zur Plage, zu einer lebensgefährlichen Plage, denn die meisten von ihnen trugen Zähne, gegen deren Gift kein Kraut gewachsen schien. Und wenn, dann kannten es nur die einheimischen Medizinkundigen. Man spürte sie überall auf und bildete mit ihnen erneut Stationen, in denen nur Schlangenbisse behandelt wurden. Bei vielen Patienten kam die Hilfe zu spät. Sie starben auf ihrem Strohlager unter Qualen; bis zum letzten Atemzug ihr Schicksal beklagend und die Götter verfluchend: war doch der Strohtod, im Gegensatz zum Tod auf dem Schlachtfeld, wenig ehrenvoll.

Gegen die allgemeine Mißstimmung mußte, wie schon des öfteren, ein Mittel gefunden werden. Alexander fand es – ausgehend von einem Irrtum, der ungefähr so groß war wie der des Columbus, als er glaubte, in Indien gelandet zu sein. Beim Überschreiten des Indus hatten einige seiner Soldaten schwere Bißwunden davongetragen, andere waren in Ufernähe, wild um sich schlagend, im Wasser verschwunden. Die Ursache waren Krokodile. Man kannte sie vom Nil her, hier hätte sie niemand vermutet.

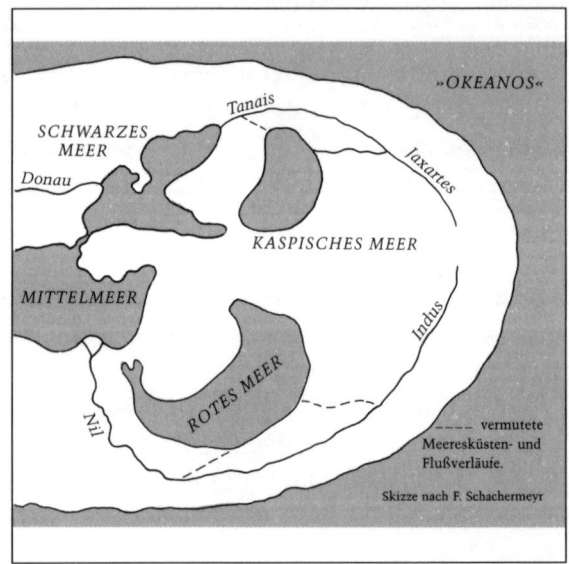

5 Als Alexander am Indus auf Krokodile stieß, glaubte er, die Quellen des Nils entdeckt zu haben. Ein Irrtum ...

Auf dem Marsch zum Hydraotes entdeckten die griechischen Botaniker einen Bohnenstrauch, der identisch schien mit dem in Ägypten wachsenden Strauch. Aufgeregt präsentierten sie am Hof ihren Fund, legten noch frisch gepflückte, für Ägypten typische Lotosblumen hinzu. Da auch andere Merkmale der Flora und Fauna der des Pharaonenlands entsprachen, kam Alexander zu der Überzeugung, daß der Indus nichts anderes sei als der Oberlauf des Nil, ja kühner noch, sein Quellgebiet; daß er zunächst nach Südwesten flösse und irgendwo in fernen Wüsten sich nach Norden wende, um in Oberägypten als Nil zu erscheinen. (Zu Alexanders geographischem Weltbild siehe unsere Skizzen).

Ergo würde niemand, wenn der Feldzug beendet war, in die Heimat zurückmarschieren müssen, sondern könne mit einem Schiff den Strom hinab beschwerdefrei bis nach Alexandria fahren – und von dort bis nach Hause sei es dann für Griechen und Makedonen nicht mehr weit. Daß eine Pionierabteilung, verstärkt durch Schiffszimmerleute und Seemänner, des längeren unterwegs war in den Wäldern des Himalaya-Vorgebirges, um

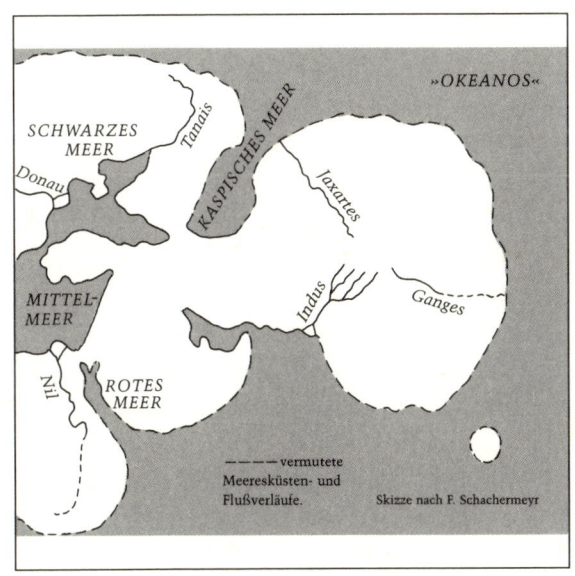

6 Im Laufe des Feldzugs gewann Alexander ein Weltbild, das der Realität näher kam.

dort Schiffsholz zu schneiden, wußte jeder. So war in den Zelten bald von nichts anderem mehr die Rede als von der fröhlichen Reise nach Alexandria.

Nach den anfänglichen Erfolgen am Akesines (Chenab), wo sich siebenunddreißig Städte unterwarfen, trafen sie auf Volksstämme, die nicht bereit waren, ihr Land den raubgierigen Fremden zu überlassen. Die Kathaier aus der Ebene von Lahore hatten einen Hügel vor ihrer Hauptstadt Sangala mit einem dreifachen Ring aus Planwagen umgeben, in der Absicht, die gefürchtete Reiterei des Feindes nicht zur Entfaltung kommen zu lassen. Es gelang ihnen auch, ihre Pfeile abschießend und von Wagen zu Wagen springend, die Makedonen mit ihrer Taktik zu verwirren. Deichsel für Deichsel mußten die zu Hilfe gerufenen Fußkämpfer voneinander lösen und die Besatzungen niederkämpfen. Den meisten gelang dennoch der Rückzug in ihre Stadt, deren aus Lehm gestampfte Mauern hart waren wie Granit.

Alexander mußte warten, bis Poros endlich eintraf mit seinen indischen Freiwilligen, den Elefanten und dem in Einzelteile zerlegten Maschinenpark. Nun fiel die Stadt so, wie hundert andere Städte vor ihr gefallen waren: durch die Untergrabung der Mauern, den Einsturz der Türme durch Rammböcke, die Übersteigung der Breschen mit Sturmleitern, die Öffnung der Tore von innen. Die Kathaier verteidigten sich auch innerhalb der Mauern so, wie es ihnen ihr Ruf gebot. Zwar unterlagen sie schließlich den besseren Waffen, doch blieb ihnen die Genugtuung, so viele ihrer Feinde getötet oder schwer verwundet zu haben, daß der makedonische Stab, als man die Erschlagenen und Blessierten gezählt hatte, entsetzt war. Waren schon die Verluste bei der Schlacht am Hydaspes ungewöhnlich hoch gewesen, diesmal überstieg die Zahl der Schwerverwundeten, darunter viele Offiziere, mit weit über tausend alles bisher Dagewesene. In den Sanitätszelten lagen sie mit gebrochenen Armen, zerschmetterten Beinen, ausgestoßenen Augen, herausquellenden Därmen, zertrümmerten Kiefern, blutigen Köpfen. Ihr König besuchte sie,

33 Der Marsch nach Indien. Mit 32 000 Mann
z Alexander im Frühjahr 329 über den Hindukusch,
militärische Leistung, die Hannibals Alpenübergang
verblassen läßt.

34 Indischer Kriegselefant auf einer
Pferdeschmuckplatte aus dem 3. vorchristlichen
Jahrhundert. Hinter den Ohren der Mahut
(Elefantentreiber) und auf dem Rücken die Hauda (ein
turmähnlicher Sitz für die Bogenschützen).

35 »Die Makedonen, welche die gewaltigen Tiere anzugreifen
wagten, wurden von den Rüsseln gepackt, hochgeschleudert, mit den
Stoßzähnen durchbohrt. Eine Spur zerstampfter Leiber zurücklassend,
stürmten die Elefanten vorwärts ...« (Plutarch). Alexander siegte
dennoch. Die Elefantenschlacht an den Ufern des Hydaspes brachte
die Entscheidung im indischen Feldzug; und aus dem geschlagenen
Maharadscha Poros wurde ein Verbündeter.

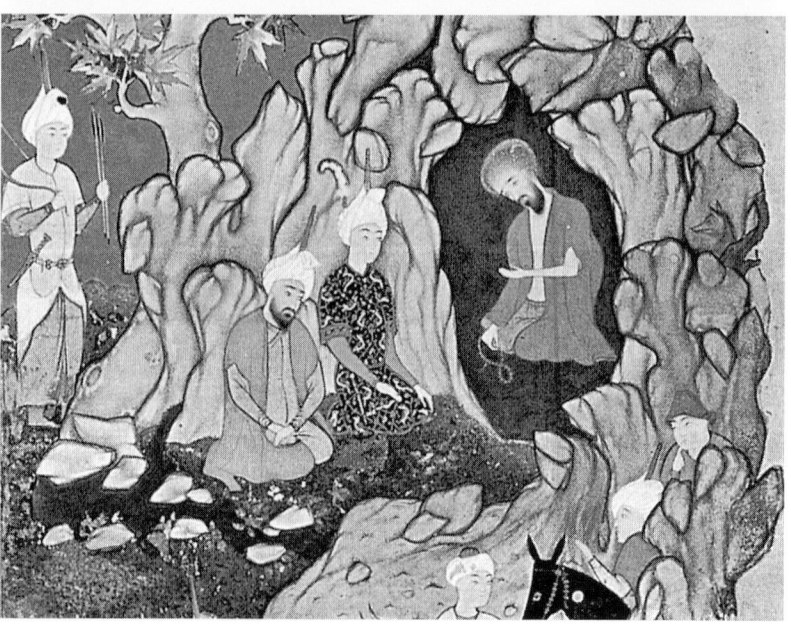

36 Alexander: »Sage mir, Poros, wie du behandelt zu werden
wünschst?« Poros: »Königlich.« Zwei Welten traten einander gegenüber:
der moderne Truppenführer und ein König, der noch ein Ritter
war (oben).   37 Iskandar – unter diesem Namen erscheint Alexander im
Orient als Moslem. Sein Name steht auch im Koran. Auf der
persischen Buchmalerei besucht Iskandar einen Eremiten (unten).

so wie er es immer tat nach einer Schlacht, versuchte sie zu trösten, aufzurichten, doch wirklich helfen konnte er ihnen so wenig
wie die Ärzte, deren Zahl gering war und deren Kunst begrenzt.

Sangala wurde zerstört, die Bewohner, man spricht von siebzig-
tausend, wurden in die Sklaverei verkauft. Die Absicht, damit jene
zu warnen, die gleichfalls an Widerstand dachten, mißlang diesmal. Die Botschaft an die mit den Kathaiern Verbündeten, ihnen
werde nichts geschehen, blieben sie nur friedlich in ihren Städten,
wurde von niemandem mehr geglaubt, nachdem die aus Sangala
Geflüchteten von der Erbarmungslosigkeit und dem Blutdurst der
Eroberer berichtet hatten. Weitere Exempel wurden statuiert,
sprich: wieder wurden Tausende von Menschen aus ihren Wohnstätten vertrieben, getötet, versklavt. Eine Blutspur zog sich durch
die eroberten Gebiete, hinterlassen von Kriegern, die immer
verbitterter und hoffnungsloser geworden waren und daran zu
zweifeln begannen, ob dieser Feldzug noch einen Sinn habe.

»Ein Ende des Kampfes aber gab es für ihren Feldherrn offensichtlich nicht, solange noch ein Feind übrig war«, schreibt
Arrianus.

Die Soldaten quälten sich über die morastigen Straßen. Sie
hatten keinen Blick für die bunten Vögel, die überall auf den
Bäumen hockten. Der Banyanbaum, der mit seiner ausladenden
Krone einer ganzen Schwadron Schutz vor der Sonne bieten
konnte, der wundersame Flamboyant mit seinen brennenden
Blüten waren ihnen gleichgültig. Sie hatten den Gluthauch Meso-
potamiens ertragen, den schneidenden Frost des Hindukusch, die
Steppenbrände der Sogdiane, die Schneestürme am Khyberpaß –
der Regen aber, der nun seit bald siebzig Tagen vom Himmel
rauschte, schien ihre Widerstandskraft buchstäblich aufzuweichen. Hoffnung kam auf, als einer der Fürsten, Sopheites mit
Namen, ihnen die Tore seiner Stadt öffnete, sie in bequemen – und
trockenen! – Quartieren aufnahm und von ausgesucht schönen
Frauen bedienen ließ. Schönheit ging bei diesem Volk anscheinend über alles.

»Ob ein neugeborenes Kind aufgezogen werden darf, entscheiden nicht die Eltern, sondern die Mitglieder eines eigens dafür eingesetzten Ärztegremiums. Stellt dieses fest, daß das Neugeborene an irgendeinem Körperteil mißgebildet ist, so lassen sie es töten. Auch werden Ehebündnise nicht nach den Prinzipien des Herkommens geschlossen, sondern nach denen der körperlichen Schönheit.« (Curtius Rufus)

Und der Tag nahte, da sie den Hyphasis (heute Bias) erreichten, den östlichsten der fünf Flüsse im Pandschab. Er wurde zum Fluß ohne Wiederkehr ...

Daß Historiker sich streiten, gehört zu ihrem Beruf. Schließlich liegt die Vergangenheit nicht wie ein offenes Buch vor uns. Je geringer das historische Material, je unklarer die Quellen, um so größer der Raum für Auseinandersetzungen. Ob Briefe echt sind oder gefälscht, ist ein gängiges Streitthema; ob Reden erfunden worden sind oder umgeschrieben oder nur ausgeschmückt oder ihrem Sinn nach verändert, ein anderes. Wer die Alexander-Geschichtsschreibung studiert, wird häufig auf Formulierungen treffen wie: »Völlig unverständlich, was W. W. T. hier vorschwebt«, und: »... bleibt gewiß G. D.'s Geheimnis«, und: »... X. versucht eine Neudeutung auf rein spekulativer Basis«, und: »... hat A. das Problem in erschreckender Weise verniedlicht«, und schärfer: »... erhebt sich die Frage, ob R. K. sein Handwerk jemals erlernt hat«, und: »... faßt man sich an den Kopf und fragt sich, wie H. St. ein Dokument derart mißdeuten kann.« Und so weiter und so fort.

Gestritten wird auch über die Rede, die Alexander am Flusse Hyphasis vor dem Offizierskorps gehalten hat, und die Antwort seines Feldherrn Koinos. Beide Reden sind Beispiele brillanter, die Zuhörer in Bann schlagender Rhetorik. Und es fiele schwer, den Begründungen zu folgen, wonach sie nicht gehalten worden seien. Es geht aber nicht um den genauen Wortlaut, sondern um den Inhalt. Schließlich war niemand Geringerer als Ptolemaios Ohrenzeuge, und auf seinem Werk beruht des Arrianus *Anabasis*.

Auch Quintus Curtius Rufus überliefert die beiden Reden, womit ein ihre historische Wahrscheinlichkeit untermauerndes Gegenstück existiert.

Alexander, der die sich zur Depression steigernde Mißstimmung der Soldaten immer stärker spürte, hatte umliegende wohlhabende Dörfer und reiche Städte, wider seine sonstige Gewohnheit, zur Plünderung freigegeben, auch an die Kebsweiber und Kinder im Troß mehr Proviant verteilen lassen, verbunden mit zusätzlichen Geldzahlungen. Der Versuch der Bestechung, denn nichts anderes war es, mußte scheitern, denn nach der Rückkehr von ihren Raubzügen erfuhren die Truppen, daß man am übernächsten Tage den reißenden Fluß passieren, in einem Zwölftagemarsch eine Wüste durchqueren werde, um schließlich an den Ufern eines Stromes einem feindlich gesinnten Herrscher zu begegnen, der ein gewaltiges Heer befehlige. Aufgeregt baten sie ihre Offiziere um Auskunft, ob diese Nachricht zutreffe oder ob es sich nur um eines der zahlreichen Gerüchte handele. Es war kein Gerücht. Ihr Feldherr sei in der Tat, so erfuhren sie, von dem indischen Fürsten Phegeus und von Poros höchstselbst informiert worden über die Wüste Tharr, über Indiens mächtigsten Strom, den Ganges, über König Xandrames, seine 200000 Infanteristen, 180000 Kavalleristen, 2000 Streitwagen, 4000 Elefanten.

Die Soldaten, von denen viele geglaubt hatten, hier am Hyphasis sei der Feldzug zu Ende, rotteten sich nun – enttäuscht, aufgebracht, zornig – zusammen, schrien im Chor, schlugen ihre Waffen gegeneinander, versammelten sich protestierend vor den Zelten ihrer Kommandeure. Der oft gebrauchte Ausdruck *Meuterei am Hyphasis* ist dennoch falsch. Sie hätten gar keine Kraft mehr gehabt, um zu meutern. Über 18000 Kilometer waren sie nun marschiert seit jenem Tag, da sie von ihrer Heimat aufgebrochen waren. (Eine gigantische Marschleistung, welche die Leistungen der napoleonischen Heere auf ihrem Weg nach Moskau weit übertrifft.)

Die Makedonen und die griechischen Söldner sind in einem bejammernswerten Zustand: ihre Gesichter ausgemergelt, von Krankheiten gezeichnet. Die Augen, stumpf und leblos, künden von körperlicher und seelischer Erschöpfung. Die Schwerter sind schartig, die Schilde zerbrochen, die Stiefel morsch. Von der Feuchtigkeit gefördert, hat der Rost die Schnallen, Gurte, Geschirre zerfressen und die Rüstungen porös gemacht. Die ewige Nässe ließ das Getreide in den Lebensmittelsäcken verfaulen, das Fleisch verschimmeln. Alles ist von einer grünlichen Schleimschicht überzogen. Jämmerlich auch das, was sie am Leibe tragen: hellenische Kleider hat niemand mehr; nur noch zusammengeflicktes Zeug, Lumpen aus erbeuteten orientalischen Gewändern.

Alexander befielt die Kommandeure und höheren Offiziere zu sich und zählt ihnen auf, welche Länder sie erobert haben, welche Völker sie besiegt, welche Schlachten sie geschlagen haben. Kehrten sie jetzt um, dann würde alles, was sie mit ihrem Blut erworben, wieder verlorengehen. »Wovor habt ihr Angst, nachdem ihr der ganzen Welt das Fürchten gelehrt?! Zählt ihr auf einmal die Feinde, die euch gegenüberstehen? Schrecken euch Kriegswagen, die ihr sonst verachtetet, Elefanten, die ihr in Panik versetztet? Ich vermag es nicht zu glauben, daß ihr wie faule Ackersleute die reifen Früchte aus euren Händen gleiten laßt.«

Die Gesichter der Offiziere bleiben verschlossen. Kein Zuruf ertönt, kein Beifall. Alle schauen schweigend zu Boden.

»Ich beschwöre euch, ja, ich bitte euch«, fährt Alexander erregt fort, »euren Kameraden, um nicht zu sagen euren König, nicht in dem Augenblick im Stich zu lassen, da er nach den Grenzen menschlicher Wohnstätten vorzudringen im Begriff ist. Es bittet euch jemand, der euch nie gefährdet hat, ohne sich selbst zuerst der Gefahr auszusetzen. Glaubt mir, der Tag der Rückkehr, er wird kommen, wenn die letzte Schlacht geschlagen worden ist und wir den Rest Asiens erobert haben. Dann werden wir heimkehren, ruhmreicher noch als die Helden des Trojanischen Krieges und reicher noch, als sie es je gewesen.«

Das Schweigen der Kommandeure baut sich wie eine Mauer vor ihm auf. Seine Worte prallen davon ab, scheinen ihre magische Kraft verloren zu haben. Wirkt sein Charisma nicht mehr? Er verliert die Beherrschung und fährt sie an: »Was ist mit euch? Keiner spricht, niemand wagt, mir in die Augen zu blicken. Seid ihr taub?! Für euren Ruhm trete ich ein, für eure Größe, und ihr schweigt?« Er wendet sich ab, als wolle er gehen, dreht sich noch einmal um und senkt nun die Stimme, so daß man ihn nur in den ersten Reihen versteht. »Ich werde auch ohne euch weiterziehen. Skythen und Baktrier, vor kurzem noch Feinde, werden euch ersetzen. Vielleicht wird euer Gewissen erwachen, wenn ich fern von euch den Tod finde.«

Der letzte Satz trifft die Offiziere wie ein Hieb. Ein Gemurmel erhebt sich, ein Seufzen, ein Schluchzen; sie drängen sich näher heran an das Rednerpodium. Doch die Männer, die so oft Mut, ja Todesmut bewiesen haben, besitzen keine Zivilcourage. Bis auf einen: Koinos. Der Hipparch der Adelsreiterei, meist betraut mit den gefährlichsten Kommandos, hoch dekoriert, Makedone von Urgestein, er tritt vor, nimmt, wie es die Sitte, den Helm ab und beginnt, stockend erst, zu sprechen: nicht für die Kommandeure, wie er sogleich betont, sondern für den einfachen Soldaten. Er schildert ihren Zustand, den ihrer Bewaffnung und Ausrüstung.

»Du siehst es selbst, Alexander, und du weißt, wie viele ausgezogen sind von uns und wie wenige wir noch sind. [Es waren noch knapp ein Viertel.] Sie alle sehnen sich nach ihren Eltern, nach der Gattin, nach den Kindern. Wer wollte es ihnen verdenken, daß sie die Heimat wiedersehen wollen, um endlich die Früchte der Mühen und Gefahren zu genießen. Ich warne dich, sie gegen ihren Willen weiterzuführen. Sie werden nicht mehr so sein, wie sie waren, denn zum Kampf fehlt ihnen die Kraft und die Begeisterung. Du suchst ein Indien, das selbst den Indern unbekannt ist. Ein Plan, deines Geistes würdig, für deine Krieger *zu* erhaben, denn *sie* sind nur Menschen, *du* stehst den Göttern nahe. Mäßigung im Glück ist eine hohe Tugend, Alexander. So steht es geschrieben im Apollotempel zu Delphi. Gedenke dessen ...«

Alexander, der ja beklagt hatte, daß keiner von ihnen ein Wort sage, scheint verwirrt, als er den tosenden Beifall hören muß, mit dem die Rede des Koinos gefeiert wird. Ungnädig entläßt er die Offiziere, zieht sich in sein Zelt zurück und wartet; wartet darauf, daß eine Delegation erscheine, die sich entschuldigt, Reue zeigt und ihm weitere Gefolgschaft zusichert. Er wartet vergebens. Nach drei Tagen, in denen er niemanden um sich geduldet hat, beginnt es ihm zu dämmern, daß er, will er weiter marschieren, tatsächlich allein mit Skythen, Baktriern, indischen Söldnern marschieren muß. Ohne seine makedonischen Kommandeure, Offiziere, die Leibschwadron, die Gardeeinheiten zu Fuß, ohne die Pioniere mit ihrem Belagerungsgerät, die Logistiker, die phönizischen Seeleute.

Wie gibt ein König nach, ohne das Gesicht zu verlieren?

Alexander läßt sein mantisches Personal kommen, die Seher, Zeichendeuter, Sternkundigen, Vogelschauer. Unter der Leitung des Aristandros tritt das Kollegium zusammen. Sie beobachten einen Schwarm Raben über dem Hydaspes und deuten die Art des Fluges und des Krächzens als ungünstig. Eine am Ufer entspringende Quelle wird plötzlich trübe. Die Eingeweide der an den Altären geopferten Tiere sind anomal, die Leber ist mißgestaltet. Aristandros, der zum Vortrag beim König erscheint, erklärt: »Die Götter wollen nicht, daß du den Hydaspes überschreitest. Tust du es dennoch, mußt du ihren Zorn fürchten.«

Er ruft die Offiziere erneut zusammen, informiert sie über die ungünstigen Zeichen und verkündet, daß er die Olympier nicht herausfordern wolle. Die Nachricht verbreitet sich wie ein Lauffeuer in den Zeltgassen.

»Da schrien alle voller Freude, stürmten zum Königszelt und beglückwünschten ihren König aus vollem Herzen, daß er so weise gewesen sei, sich von ihnen – und nur von ihnen! – besiegen zu lassen.« (Arrianus)

Es hat etwas Rührendes, daß diese Soldaten, anstatt die günstige Gelegenheit zu nutzen und zu meutern, denn sie wären der Unterstützung ihrer Offiziere sicher gewesen, sich tränenselig bei ihrem Feldherrn bedankten, daß er zur Umkehr bereit sei.

Aus diesem Grund haben viele Historiker gemeint, ein Alexander wäre niemals bereit gewesen, sich dem Willen seiner Soldaten zu beugen; ja, er habe nur zu einem kurzen Streifzug über den Hydaspes gehen wollen, auf keinen Fall bis zum Ganges oder gar weiter bis zum Okeanos. Im Grunde sei ihm klar gewesen, daß sich Indien, im Gegensatz zu Persien, niemals seinem Weltreich einverleiben lasse. Die Weigerung des Heeres weiterzumarschieren habe er deshalb, vielleicht nur unbewußt, begrüßt, bot sie ihm doch den Anlaß, etwas herzugeben, was ohnehin nicht zu bekommen gewesen wäre.

Doch Alexander war nicht nur Eroberer, sondern auch Entdecker. Ein Entdecker hätte es schwerlich über sich gebracht, am Hyphasis umzukehren, auf den Ganges zu verzichten, das dort vermutete alles umschlingende Weltmeer nicht zu erblicken, dort, wo die bewohnte Welt zu Ende war. Der Drang in die Ferne, der Zwang, »um die nächste Ecke zu gucken« und wieder um die nächste, ist ihm eingeboren und kann politische und militärische Notwendigkeiten verdrängen. Seine Männer hatten ihm einen Traum zerstört, und es gibt nichts Schlimmeres. Sein Forschungsdrang, seine Wißbegier, die Sehnsucht, all das, was wir unter dem Begriff *pothos* kennengelernt haben, blieb unerfüllt. Das Trauma, das er damit erlitten hatte, verheilte nur schwer ...

Daß er für den wenige Monate später eingetretenen Tod des wackeren Koinos verantwortlich gewesen sei, ihn aus Rache habe umbringen lassen, gehört zu den Nesseln im Legendenkranz. Wohl auch die Überlieferung, wonach der König vor dem Abmarsch ein Lager mit einem Graben von 17 Metern Breite und 13 Metern Tiefe ausheben ließ, dekoriert mit mannshohen Schwertern, Schilden, Rüstungen, drei Meter langen Betten, überdimensionalen Geschirren, Kandaren, Brustharnischen, um jenen, die einst auf das Lager stoßen würden, ein Heer von Giganten vorzutäuschen. Er ließ lediglich zwölf Altäre errichten zum Dank an die zwölf olympischen Götter und zu seinem und des Heeres immerwährendem Gedächtnis.

Stirbt der König?

Anfang November 326 erlebten die Anwohner des Hydaspes ein Spektakel nie gekannter Art. Die durch den Monsunregen angeschwollenen Wasser trugen eine Flotte, wie sie keiner von ihnen je gesehen hatte. Noch Jahrhunderte später wird davon die Rede sein in Sagen und Legenden. Über achthundert Schiffe zählten sie, die in offenbar genau festgelegten Abständen flußabwärts zogen. Sie sahen schnelle, von vielen Rudern bewegte Schiffe, große wannenartige, mit Getreide beladene Prahme, Rundflöße, Boote mit purpurnen, violetten, indigoblauen Segeln, Lastschiffe, auf deren Decks Kopf an Kopf die Pferde standen; daß die Fremden versucht hatten, Elefanten zu verladen, wenn auch vergeblich, wunderte niemanden mehr. Das rhythmische Klatschen der Ruderblätter, das Kommandogebrüll der Kapitäne, der Gesang der Matrosen, der Klang der Hörner begeisterten die Inder derart, daß sie ihre Dörfer verließen und mit den Schiffen am Ufer mitzogen – musizierend, lärmend, tanzend; vorbei an den auf beiden Seiten des Stroms in Schlachtlinie aufgestellten Phalangen, der Reiterei, der Elefanten, der Kampfwagen. Ein Bild, das uns an eine große Oper erinnert.

Alexander fuhr an der Spitze mit einer spornbewehrten Triere, auf deren Ruderbänken 144 Männer hockten und die gewaltigen Eschenriemen im Takt ins Wasser tauchten. Gesteuert wurde das Schiff von Onesikritos, der sich in der Philosophie so gut auskannte wie auf dem Wasser. Ein Mann, der in seinen Erinnerungen sich als Oberbefehlshaber der gesamten Flotte aufspielen wird. Das aber war, wie wir wissen, Nearchos.

»Alexander baute fast tausend Schiffe und fuhr damit zum Ozean«, über solche nicht nur in Lesebüchern übliche Formulierungen hat sich schon Bert Brecht erregt, als er schrieb: »Alexander eroberte Indien. Er allein? Cäsar schlug die Gallier. Hatte er nicht wenigstens einen Koch bei sich?« In unserem Falle: Hatte der Makedone nicht wenigstens seine Schiffsbauingenieure dabei? Er hatte. Schon im Hindukusch waren sie auf ihre künftigen Aufgaben vorbereitet worden. Das Fällen der Bäume – Eiche für die Kiele, Lärche für die Spanten –, der Transport mittels Flößen, die Beschaffung des Hanfs für die Fugen und des Pechs für das Kalfatern, die Errichtung der Werften, schließlich der Bau und die Probefahrten, das alles wurde von den aus Ionien, Ägypten, Kreta, Phönikien, Zypern stammenden Männern bewältigt. Aus diesen Ländern stammten auch die Steuerleute, die Bootsmänner, die Ruderer, die Schiffsführer.

Ein Meisterstück der Logistik, der Schiffsbaukunst und ein Millionenprojekt dazu. Eine Flotte zu bauen und sie zu unterhalten, war schon damals teuer. Allein für die 100 Trieren mit ihrer Länge von 35 Metern und einer Wasserverdrängung von 150 Tonnen mußten Zehntausende von Ruderern und Seesoldaten angeheuert und besoldet werden. Alexander hatte die Finanzierung jenen Generalen überlassen, die durch seine Kriege zu Multimillionären geworden waren. Nach Art der Athener ernannte er sie zu Triarchen, was eine hohe Ehre war und ein teures Vergnügen.

Mit einer Durchschnittsgeschwindigkeit von fünf Knoten (etwa neun Stundenkilometern) zog die Flotte von Nikaia aus flußabwärts; in ständiger Verbindung mit den an beiden Uferstraßen ziehenden Heeresgruppen unter dem Befehl des Krateros und des Hephaistion. Auf über 100 000 Mann, den Troß nicht gerechnet, war die Armee inzwischen angewachsen, verstärkt durch die aus der Heimat eingetroffenen 5000 thrakischen Reiter und 8000 Fußsoldaten. Der Jubel bei ihrem Eintreffen, beim Verteilen der Post, bei der Übermittlung Tausender von Grüßen, steigerte sich, als sie 25 000 mit Silber beschlagene Rüstungen übergaben und die alten zerfetzten Brustharnische, Beinschienen, Helme, Lederkoller verbrannt werden konnten.

Auch Medikamente hatten sie mitgebracht. Darunter Absinth gegen Fieber und Magenschmerzen; Früchte und Blätter der Akazie gegen Augenleiden; Akazienblüten für die ägyptische Salbe; Hundskamille gegen Augenschmerzen; Kohl gegen Verstopfung und Harnverhaltung; Feigenmilch und Alaunstein als Adstringens gegen Blutungen; Feigenwein gegen Durchfall; Krokus gegen Trunksucht; Frucht, Blüte und Schale des Granatapfels gegen Magenleiden; die zerriebene Wurzel des Granatapfelbaumes gegen Bandwürmer; Helleborus (Christrose) von Antikyra gegen Wahnsinn; Rhabarber gegen Hartleibigkeit; Fässer mit Blutegeln gegen Venenentzündung. Auch an die Frauen im Troß hatte man gedacht mit Spargelsamen gegen Sterilität, pulverisiertem Helleborus gegen vorzeitige Geburtswehen und Mandelöl gegen Menstruationsbeschwerden.

Für die Infanteristen an Bord der Schiffe – fast alle gehörten sie zu den Eliteeinheiten – war die Flußfahrt eine Lustfahrt, verglichen mit den Märschen zu Fuß oder auf dem Pferderücken über Straßen, die diesen Namen nicht verdienten. Sie lagen an Deck, tranken brandfarbenen phrygischen Wein, warfen Angeln aus, würfelten um ihren Sold und stahlen ihrem Gott den Tag. Die Regenzeit war endlich vorüber, die weiten Reisfelder leuchteten im frischen Grün vom Ufer herüber; der Himmel war klar, und der Fahrtwind kühlte die Luft. Aus ihrer Muße wurden sie jäh aufgeschreckt, als ein dumpfes Brausen und Rauschen ertönte. Sie näherten sich der Stelle, wo der Akesines über Stromschnellen sich mit dem Hydaspes vereinte. Die Kapitäne und Steuerleute waren von den Einheimischen gewarnt worden, doch die Wirklichkeit war schrecklicher als die Schilderung.

Die Strudel wirbelten die Trieren herum, die viereinhalb Meter langen Riemen zerbrachen wie Streichhölzer; einige Schiffe bohrten sich gegenseitig in den Grund, das Geschrei der Ertrinkenden übertönte die Ruderkommandos. Auch das Schiff des

Königs kollidierte, in Panik sprangen die Seesoldaten ins Wasser und versuchten sich schwimmend zu retten. Nur die dickbäuchigen Prahme, die keinen Kiel hatten und keinen Steven, drehten sich gemächlich um ihre eigene Achse und erreichten das ruhige Wasser einer Bucht. Dort sammelten sich allmählich die Schiffe, warfen Anker, und man ging daran, die Schäden auszubessern.

Was eigentlich wollte Alexander mit seiner Riesenflotte auf diesen wilden Wassern? Glaubte er immer noch, der Indus, der Akesines, der Hydaspes, der Hydraotes gehörten zum Quellgebiet des Nil? Wollte er noch immer den Indus hinab direkt nach Oberägypten? Nun, diese abenteuerliche Vorstellung hatten ihm die Inder ausgeredet, indem sie darauf hinwiesen, daß der Indus in den Ozean münde, genauer in das Erythräische – heute Arabische – Meer. (Der König hatte daraufhin sogar einen Brief an die Mutter Olympias zurückholen lassen, um die Stelle »Indus-Nil« zu tilgen.) Wohin der Indus fließt, hatte man allerdings schon seit den Zeiten des Großkönigs Dareios I. gewußt, der einen Seekapitän namens Skylax von Karyanda auf die Entdeckungsfahrt geschickt hatte. In den seit damals vergangenen über anderthalb Jahrhunderten könnte das natürlich in Vergessenheit geraten sein, wenn nicht Herodot, der Vater der Geschichtsschreibung, darüber berichtet hätte – und seine Werke waren den Gebildeten zugänglich.

Doch Alexander schien nichts davon zu wissen. Und Ptolemaios nicht, Onesikritos nicht, Nearchos nicht. Sie alle erwähnen in ihren Berichten Skylax mit keinem Wort. Dieser kleine unbedeutende Seemann wurde offensichtlich totgeschwiegen. Um die Zweit-Entdeckung der Makedonen und Griechen zur Erst-Entdeckung werden zu lassen? Es spricht vieles dafür. Schließlich bot sich für Alexander die Chance, da er das Weltmeer wegen der Weigerung seiner Soldaten nicht hatte erreichen können, wenigstens dieses Meer zu befahren, das ja, so mag er vermutet haben, mit dem Okeanos zusammenhängen könnte, wenn nicht sogar identisch war.

Alexander wartete das Ende der Reparaturarbeiten an den Schiffen nicht ab. Seine Kundschafter hatten ihm gemeldet, daß die Maller und Oxydraken, sonst miteinander verfeindet, sich zum Krieg gegen die Eindringlinge miteinander verbündet, ihre Frauen und Kinder in ihre Fluchtburgen gebracht hatten und jederzeit losschlagen würden. Beide Völker gehörten zu den Aratta, den Königlosen, die in ihrem Freiheitswillen niemanden über sich duldeten, und seien in der Lage, neunzigtausend Fußkämpfer und zehntausend Reiter aufzubieten. Sie auszuschalten war lebensnotwendig, nicht nur der Sicherheit der Flotte halber, sondern im Hinblick auf die Zukunft. Das Fünfstromland mußte befriedet werden, sollte der Indus einst, so war es geplant, zum wichtigen Handelsweg zwischen Ost und West werden.

Die makedonischen Kommandeure versuchten, die Gefährlichkeit der Maller, die zwischen den Flüssen Akesines und Hydraotes lebten, zu verharmlosen, machten damit aber die Soldaten nur mißtrauisch. Bald wußte jeder, daß es gegen die wildesten Krieger Indiens ging; gegen Männer, die man, wie es hieß, dreimal totschlagen mußte, ehe sie sich ergaben. »Die Makedonen, die schon alle Kriegsgefahr überstanden zu haben glaubten, erkannten nun, daß es von neuem losging. Und die aufrührerischen Reden gingen wieder von Zelt zu Zelt: Dieser König, den man am Hyphasis gezwungen hatte, umzukehren, wolle den Krieg nicht beenden, sondern nur den Schauplatz wechseln. Er schleppe sie dorthin, wo weder die Sonne noch die Sterne schienen; in Gegenden, welche die Natur den Augen der Sterblichen mit Recht verborgen habe. Für die neuen Waffen, die sie bekommen hatten, erstünden ihnen auch neue Feinde.« (Diodoros)

Wie schlecht es um die Moral selbst der Elitetruppen bestellt war, zeigte sich vor den Mauern der Mallerstädte. Zu den Stoßtrupps meldeten sich kaum mehr Freiwillige; als erster auf den Zinnen zu stehen, erschien niemandem mehr erstrebenswert. Man war des ewigen Heldentums müde. Immer häufiger mußten die Kommandeure den Truppen ein Beispiel geben, indem sie eigenhändig die Sturmleiter ansetzten und im Pfeilhagel hinaufkletterten. So auch Alexander beim Sturm auf die Hauptstadt der Maller (vermutlich das heutige Multan, Pakistans heißeste Stadt).

Wütend darüber, wie unentschlossen die Männer vorgehen, ja sich regelrecht drücken, bei makedonischen Kriegern ein bis dahin unfaßbares Verhalten, packt er selbst eine Leiter, legt sie an die Brustwehr, steigt hinauf – und sieht sich plötzlich allein auf der Zinne. Die Offiziere, die ihm folgen wollten, sind mit den morschen Holmen zu Boden gestürzt. Er hätte zurückspringen können, diese Lehmmauern sind nur dreimannshoch, aber er springt in den Burghof. Der weiße Federbusch und die goldglänzende Rüstung verraten, wer er ist. Nach anfänglichem Zögern und einer gewissen Scheu – die Maller fassen es nicht, daß hier der König Alexander steht, allein, mit dem Rücken zur Wand – dringen sie auf ihn ein. Einen trifft sein Schwert, auch der zweite fällt, der dritte zieht sich zurück, legt seinen Bogen an: Der Pfeil durchschlägt die Rüstung, bohrt sich in die Brust. Alexander sinkt zu Boden, aus der Brustwunde sprüht das Blut – die Lunge scheint verletzt.

Im selben Moment steht Leonnatos bei ihm, einer der sieben Edlen Leibwächter, und Peukestas mit dem heiligen Schild von Ilion und Aristonoos, einer der Triarchen, und der Unterführer Habreas. Der wird tödlich getroffen; die anderen werden schwer verwundet, vermögen ihren König aber so lange mit ihren Schilden zu schützen, bis endlich die Garde das Tor zertrümmert, in den Hof eindringt und in wahnwitzigem Zorn alles totschlägt, was sich ihr in den Weg stellt.

Es folgt der Auftritt des Kritodemos von der Insel Kos. Der 1,20 Meter lange Holzpfeil mit der eisernen Spitze muß aus der Wunde gezogen werden. Daß der Arzt in diesem Moment an die Worte des Hippokrates gedacht hat (»Schimpflich ist es, wenn die, die den Pfeil ziehen, schlimmeres Übel bereiten als der Pfeil«), ist möglich. Jedenfalls zittert er vor Angst. Und dafür gab es einen weiteren Grund – wie das böse Ende des Leibarztes

Glaukias zeigen wird. Er entfernt den Schaft mittels einer Säge, erweitert die Wunde mit dem Messer, so daß die Zange eingeführt werden kann; denn die acht Zentimeter lange und vier Zentimeter breite Spitze ist mit zwei Widerhaken versehen, und die müssen abgekniffen werden. Während vier Gehilfen den Patienten festhalten, läßt sich die in einem Knochen des Brustkorbs verhakte Spitze endlich lösen und herausziehen. Ein Blutstrom schießt aus der Wunde, Alexander wird ohnmächtig und »sieht aus, als sei er bereits dem Tod verfallen«. Endlich versiegt das Blut. Zur Desinfizierung dienen Wein und im Mörser zerstampfte Pfirsichblätter, schließlich wird die Wunde durch mit Pech versetzte Schwammasche verschlossen. Mohnsaft schläfert den Patienten ein. Die Lunge, so stellt Kritodemos aufatmend fest, ist nicht verletzt worden, lediglich das Brustfell.

Alexander überlebte die Blessur. Die meisten Schwerverwundeten pflegten nur wenige Tage, wenn es hochkam, ein, zwei Wochen zu überstehen und starben dann in der Regel an Wundfieber, da aseptische Wundverbände unbekannt waren. Die Erfahrung besagte, daß die Wundbehandlung meist schlimmer war als die Wunde selbst. Wenn nach der Schlacht gegen Poros zwölfhundert Schwerverwundete gezählt wurden, so bedeutete das für mindestens tausend von ihnen das Todesurteil.

Es war Alexanders achte Verwundung. Im illyrischen Feldzug traf ihn ein Stein am Kopf und eine Keule am Hals. Am Granikos verletzte ein Dolch die Kopfhaut. Bei Issos durchbohrte ein Schwert seine rechte Körperseite. Bei Gaza erhielt er eine Fußwunde durch einen Pfeil. Zwei weitere Pfeilwunden kamen im Kampf mit den Aspasiern und den Gandriden hinzu. Seine eiserne Gesundheit und zähe Konstitution hatten ihn immer wieder gesunden lassen. Diesmal versagte sich ihm der Körper: Er sollte nie wieder so werden, wie er war. Was Ptolemaios, Krateros, Hephaistion, Peukestas, Leonnatos von seinem Heldenstück hielten, haben sie ihm unverblümt vorgehalten.

»Was du getan hast, ziemt den einfachen Soldaten, aber nicht dem Feldherrn. Einen trostlosen Ort wie die Mallerstadt mit deinem Leben zu bezahlen, wäre ein teurer Preis. Spare dich auf für etwas, was deiner Größe angemessen ist. Oder weißt du nicht, daß du das Leben so vieler Männer durch deinen Fall aufs Spiel gesetzt hast?« (Arrianus und Diodoros)

So war es in der Tat. Als das Gerücht sich verbreitete, der König sei tot, fingen die Männer an zu klagen und fragten ihre Offiziere, wer sie denn nach Hause führen solle; durch all die Länder, deren Völker sie unterjocht hatten, die nun, da der unbesiegbare Feldherr vom Tod besiegt worden sei, über sie herfallen würden, und niemand, niemand von ihnen würde die Heimat jemals wiedersehen. Den Beteuerungen, der König lebe ja noch, glaubten sie nicht. Ein Schreiben von seiner Hand, das man dem Schwerverwundeten abgerungen hatte, bezeichneten sie als Fälschung. Die Kommandeure waren gezwungen, ihn mit einem Schiff zum Feldlager am Hydraotes/Akesines zu bringen. Was sich nun abspielte, zeigte, wie sehr Alexander das Heer war und das Heer Alexander.

»Als das Schiff sich dem Lager näherte, gebot er, auf einem Diwan liegend, das Sonnensegel auf dem Achterdeck aufzurollen, damit ihn jeder sehen könne. Sie aber riefen: ›Das ist sein Leichnam! Sie bringen uns den Leichnam, damit wir ihn bestatten.‹ Da hob er plötzlich seinen Arm und grüßte sie. Sie schrien auf, reckten ihre Hände zum Himmel, und ihre Tränen flossen ob des nicht mehr erhofften Glücks. Am Ufer angekommen, brachten ihm die Leibwächter eine Sänfte, er jedoch verlangte sein Pferd. So ritt er zu seinem Zelt und stieg ab, damit man ihn auch auf den Füßen sehe. Von allen Seiten drängten sie jetzt an ihn heran, berührten seine Hände, seine Knie und griffen nach seinem Gewand.« (Arrianus)

Dorthin, wo die Flüsse des Pandschab, sich vereinend, in den Indus fließen, brachten die Generale ihren König, die Ruder aufgestellt, damit kein Riemenschlag seine Ruhe störe. Dem aber war »Ruhe« selbst jetzt ein verhaßtes Wort. Trotz seiner Schwäche gab er Befehl, an dieser Stelle ein neues Alexandreia zu gründen; ein Platz, der wie geschaffen schien, das Land ringsum militärisch zu behaupten und den Handel zwischen Ost und West zu entwickeln. Es war immer wieder erstaunlich, wie rasch die Mauern mit Hilfe von Tausenden zur Arbeit gepreßter Einheimischer und nicht mehr kriegsfähiger Soldaten hochgezogen, Straßen gebaut und Werften errichtet wurden.

Auf seinem Diwan liegend, hatte Alexander die Genugtuung, daß die Maller erschienen und ihm, stolz auch im Unglück, die Unterwerfung anboten, vorausgesetzt, er ließe ihnen ihre Unabhängigkeit, die auch sie seit des Dionysos Zeiten genössen. Andere Volksstämme folgten mit ihren Gesandtschaften. Auf der großen Wiese vor dem Königszelt mühten sich die Intendanturbeamten mit der Registrierung der Geschenke – darunter Tigerfelle, Elfenbein, Perlen, Edelsteine, Schildpatt, Schlangenhäute, Reptilienleder, indischer Stahl; auch voll bespannte Streitwagen, gezähmte Raubtiere, Kriegselefanten, Lastschiffe. Die Namen der Geiseln mußten registriert werden. Die Söhne der Adligen, die sich den Makedonen auslieferten, waren die beste Gewähr, daß die Treueschwüre auch gehalten wurden.

Die Ärzte versuchten, den Kranken, der nachts vor Schmerzen keinen Schlaf fand, abzuschirmen. Die Freunde unterdrückten die schlechten Nachrichten. Sie alle konnten nicht verhindern, daß plötzlich Roxane vor seinem Lager stand. Wer die Berichte und Briefe dieser Zeit verfolgt, könnte glauben, die Tochter des Fürsten Oxyartes, in die Alexander sich wider seine Gewohnheit auf den ersten Blick verliebt hatte, sei der Vergessenheit anheimgefallen. In der Tat hatte er sie seit Monaten nicht mehr gesehen und mußte nun erfahren, daß der Sohn, den sie ihm geboren hatte, gestorben war.

Der aus dem Westen kommende Oxyartes erwies sich ebenfalls als Hiobsbote: Die in Baktrien und in der Sogdiane (zwangs-) angesiedelten griechischen Soldaten hätten sich auf das Gerücht von Alexanders Tod hin erhoben und seien zu Tausenden nach

Westen gezogen, der Heimat Hellas entgegen; auch unter den Iranern südlich des Hindukusch, in Arachosien und in der Drangiana brodele es. Eumenes, der Chef der Kanzlei und Herausgeber der *Ephemeriden*, meldete, daß es in der Kriegskasse an Münzgeld fehle. Und Aristoteles schließlich war endlich über das Schicksal seines Neffen Kallisthenes zu informieren, der, wie wir wissen, den Tod gefunden hatte; durch den Henker oder durch eine Krankheit. Wie er auch geendet haben mag: Es blieb ein Verbrechen.

Kaum genesen, bestieg Alexander wieder seine Triere. Er wählte die Nacht dazu, damit niemand sah, daß er gestützt werden mußte. Die Hoffnung, die Kapitulation der Maller und Oxydraken werde auch andere Volksstämme zur Raison bringen, erwies sich als trügerisch. Je weiter das Heer nach Süden kam, um so härter wurde der Widerstand, geführt von den Brahmanen, die zum nationalen Verteidigungskrieg aufgerufen hatten. Sambaster, Sodrer, Massaner, Musikaner, Praisten verließen ihre Städte und Dörfer, brachten ihre Frauen und Kinder in die Berge und zogen gegen den verhaßten Fremdling. Da viele glaubten, er sei gefeit gegen Eisen, bestrichen sie die Pfeilspitzen mit Schlangengift. Wer getroffen wurde, verendete unter Qualen. Wer in Gefangenschaft geriet, wurde in die Tigergräben geworfen oder von Elefanten zertrampelt. Die Makedonen vergalten Gleiches mit Gleichem, Auge um Auge und Zahn um Zahn. Sie sahen in jedem Inder, der sich mit der Waffe verteidigte, einen Menschen, der ihre Heimkehr verzögerte. Die Brahmanen schlug man ans Kreuz und pflanzte die Kreuze vor die Tore. »Überall Feuer, Verwüstung, Gemetzel«, schrieb Diodoros. »Blühende Landschaften veródeten. Geier kreisten über den Dörfern, und in den Ruinen herrschten die Vipern.« Der Terror verfehlte aufs neue sein Ziel. Der Versicherung, daß keinem, der in seinem Haus bliebe, ein Haar gekrümmt werde, ja, daß selbst die, die das Schwert schon erhoben, Gnade zu erwarten hätten, glaubte niemand mehr.

6 Heimkehr nach Babylon

Von der Wüste besiegt

Im Sommer des Jahres 325 schlug die Stunde eines Mannes, den die Chronisten gelegentlich erwähnen, der aber hinter Männern wie Hephaistion, Krateros, Ptolemaios, Parmenion, Philotas zurücktrat. Was wohl in seinem Sinne war, denn er wird uns als natürlich, einfach und bescheiden geschildert. Die Rede ist von Nearchos, Sohn des Latimos aus Lato auf Kreta. Als Jugendfreund Alexanders ging er nach der Hochzeit Philipps und Kleopatras mit dem Prinzen in die Verbannung, wurde gleich zu Beginn des Asienfeldzugs Satrap von Lykien und Pamphilien, befehligte später die Elitetruppen der Agrianen und der Königlichen Schildträger und bekam schließlich, wie schon erwähnt, in Bukephala das Kommando über die Stromflotte. Nearchos war, wie sonst nur noch Parmenion, seinem König treu, aber nicht untertan, widersprach dort, wo er es für wichtig hielt, bewahrte sein Urteil – was im Dunstkreis Alexanders schwierig war – und gehört allein deshalb zu den interessantesten Persönlichkeiten im makedonischen Heer.

In Pattala, der Stadt an der Stromscheide des Indus (heute Hyderabad), die man nach neunmonatiger Flußfahrt endlich erreicht hatte, rief ihn Alexander zu einer Unterredung in das Hauptquartier. Von den Werften her drang der Lärm der Hämmer, Sägen und Beile, denn hier entstand in Tag- und Nachtarbeit Schiff auf Schiff. Als der König fragte (Nearchos hat uns die Besprechung anschaulich geschildert), ob er jemanden kenne, der eine Flotte von etwa hundert Schiffen kommandieren könne, wohlgemerkt nicht über irgendein Gewässer, sondern über den unbekannten Ozean, der sich zwischen der Indusmündung und dem Persischen Golf erstrecke. Er wisse, daß die Schiffe unvollkommen seien für eine solche Reise und die Männer voller Furcht vor Ungeheuern. Ein Mann müsse her, der auf dem Meer zu Hause sei, die Gestirne kenne, das Handwerk des Seemanns beherrsche, zu dem alle vertrauensvoll aufblicken würden.

Nearchos, gutmütig-gutgläubig, durchschaute das Spiel nicht, das hier mit ihm gespielt wurde, denn mit dem Gesuchten war niemand anderer als er selbst gemeint, und er machte verschiedene Vorschläge. Nein, der nicht, dem fehle die nötige Ausdauer, meinte der König; und der auch nicht, weil er ständig an Heimweh leide; und der dritte schon gar nicht, weil er für seinen Feldherrn sein Leben nicht riskieren würde; der vierte bekomme schon beim Anblick eines Segels die Seekrankheit. In das Schweigen der Ratlosigkeit hinein sagte der Mann aus Kreta: »Wenn irgend das Meer schiffbar und das Unternehmen menschliche Kraft nicht übersteigt, werde ich mit der Hilfe des Gottes Männer und Schiffe wohlbehalten nach Persien bringen.«

Der König, seiner Rolle getreu, wies das Angebot zurück: einen Freund wolle er solchen Gefahren nicht aussetzen. Er wich aus, zögerte, schließlich gab er dem Drängen des Nearchos nach und ernannte ihn zum Admiral der Ozeanischen Flotte. Eine gute Wahl, wie sich herausstellen sollte, und ein wohlüberlegter Schachzug: Die für das Unternehmen ausgesuchten Männer beklagten sich nicht mehr ob ihres Loses. Würde der König einen Freund an die Spitze eines Unternehmens stellen, wenn dieses Unternehmen keine Aussicht auf Erfolg bot? Wäre er bereit, einen bewährten Kommandeur zu opfern? Trostreich war es auch, daß die Fahrt gen Westen ging, dorthin, wo die Heimat lag.

Bei der Probefahrt auf dem das Delta nach Westen begrenzenden Mündungsarm jedoch begannen sie zu zweifeln. Der Monsun blies vom Meer her, drückte das Wasser mit solcher Gewalt den

Strom hinauf, daß etliche Schiffe leckschlugen, andere kollidierten und kenterten. Es war die Flutwelle, die sich in einige der indischen Ströme ergießt und einen Tidenhub von neun Metern erreichen kann. Diesen Unterschied bekamen die Männer zu spüren, als sie, nachdem sie die Schiffe unter Land bugsiert hatten, bei ablaufendem Wasser auf dem Trockenen saßen und die Kiele tief in den Uferschlamm einsanken. Ebbe und Flut waren den Griechen bekannt, doch im Mittelmeer beträgt der Unterschied an den meisten Orten kaum mehr als einen halben Meter. Aber der Schrecken, der regelmäßig wiederkommt, verliert seine Wirkung, so daß bei den nächsten Gezeitenwechseln niemand mehr sich ängstigte.

Tage später fuhren sie weiter stromab, diesmal in Begleitung einheimischer Fischer, die sie an den Sandbänken und Untiefen vorbeilotsten. Der Wind begann bereits nach Salz zu schmecken, und als sie leeseits einer Insel Anker warfen, sahen sie in der Ferne die weiß schäumende Brandung. Hoch auf dem Bug seiner Triere stehend, im Angesicht aller, opferte Alexander jenen Göttern, die ihm Zeus Ammon in der Oase Shiwa genannt hatte. Für Poseidon floß das Blut eines Stieres; für Thetis, die silberfüßige Nereide und Mutter des Ahnherrn Achilleus, roter Wein; auch der anderen Meeresnymphen wurde gedacht und der himmlischen Zwillinge Castor und Pollux, der Retter aus Seenot. Die bei der Opferung verwendeten goldenen Kelche warf er in die Flut.

Mit dreien seiner seetüchtigsten Schiffe fuhr der König dann hinaus, so lange und so weit, bis die Küste im Dunst versunken und nichts mehr zu sehen war als Himmel und Meer, Meer und Himmel. Der die bewohnte Erde begrenzende Weltozean, den er hinter dem Ganges zu erreichen gehofft hatte, bis ihn kleine Geister zur Umkehr zwangen, dieser Ozean war es nicht, aber die Wasser, die sein Schiff jetzt trugen, standen gewiß mit ihm in Verbindung. Ein schwacher Trost für ihn, aber ein Trost …

Mit den Weiheopfern an der Indusmündung wurde der indische Feldzug auch symbolisch beendet. Die einheimischen Kontingente waren längst in ihre Heimatländer entlassen worden. Krateros mit einer Heeresgruppe, den Elefanten und allen nicht mehr kriegstauglichen Soldaten war bereits unterwegs über den Mullapaß nach Arachosien und der Drangiane. Das Indusgebiet bekam Oxyartes, der Vater der Roxane. Zum Satrapen des sich östlichen anschließenden Gebietes bis zur Südspitze des Pandschab wurde ein Makedone namens Philippos ernannt. Peithon, ein anderer Makedone, erhielt die Herrschaft über den unteren Indus und Teile Arachosiens. Auf die Treue des Poros, der das Gebiet östlich des Hydaspes beherrschte, war Verlaß. Andere indische Könige hatte man durch Verträge gebunden, in der Hoffnung, daß sie ihren Verpflichtungen auch nachkommen würden.

Diese politischen Regelungen zeigten die Handschrift Alexanders und bezeugten seine Anstrengungen, das zu bewahren, was soviel Blut gekostet hatte. Um Indien noch fester an das zu schaffende Weltreich zu binden, mußten auch die Verkehrswege zu Lande und, vor allem, zu Wasser erschlossen werden. Nearchos war zu nichts Geringerem ausersehen, als jenen Seeweg zu finden, der über das Erythräische Meer und die Straße von Hormus zum Mündungsgebiet des Euphrat und Tigris bis nach Babylon führte. Im Grunde handelte es sich um eine Wiederentdeckung: Skylax hatte, wie erwähnt, die Route bereits befahren, und weit vor ihm waren es wagemutige Händler aus dem Osten Indiens gewesen.

Skylax und jene Kaufleute waren in kleinsten Verbänden gesegelt, Nearchos dagegen sollte mit weit über hundert Trieren, Halbtrieren und Seglern auf die weite Reise gehen. Der Aktionsradius antiker Schiffe war gering. Der Proviant für die eingeschifften 8000 Soldaten und 2000 Mann Besatzung würde, des geringen Stauraums wegen, nicht länger als vier bis fünf Tage reichen, das Wasser gerade vierundzwanzig Stunden. Die Flotte mußte deshalb von einem Landheer unterstützt werden, dessen Aufgabe es war, Basen zu errichten, Proviantstationen, Wasserreservoire und zugleich das an die Küste grenzende Gebiet zu unterwerfen. Ein kombiniertes Land- und Seeunternehmen also, bei dem es diesmal weniger auf Strategie ankam als auf Logistik. Der makedonische Stab hatte solche Unternehmen mehrfach geplant und exakt ausgeführt (denkt man nur an den Übergang über die Dardanellen). Auch diesmal lief die Planung mit bewährter Präzision an. Die Götter jedoch, die man an der Indusmündung nicht nur mit Dankopfern bedacht, sondern auch um ihre Gunst für die Heimkehr gebeten hatte, verhüllten sich diesmal ...

Nearchos bekam Order, mit dem Auslaufen der Flotte bis zum Beginn des Herbstmonsuns zu warten, der Ende Oktober aus Nordost zu wehen begann und gute Fahrt versprach. Alexander brach bereits Anfang September mit seinen Truppen auf. Die Angaben über ihre Zahl schwankt je nach Berichterstatter zwischen 8000 und 60 000 Mann. Die Wahrheit mag in der Mitte liegen, das heißt, daß sich etwa 20 000 auf den Weg machten, wobei der Troß, und das ist ungewöhnlich, der Zahl nach fast so umfangreich war wie die kämpfende Truppe. Die allerdings bestand aus dem Besten, was die Armeeführung aufzubieten hatte: aus Königlichen Schildträgern, den Kampfgefährten zu Fuß, den Agrianen mit ihren Wurfspießen, den berittenen Bogenschützen, den Kavalleristen. Sie zogen durch die Tallandschaft des Arabis (Hab), wo die Arabiten, der letzte indische Stamm, wohnten, zu den Oreiten, die bereits iranischer Herkunft waren. Beide Stämme wehrten sich mit allen Mitteln, darunter wieder mit in Schlangengift getränkten Pfeilen und Speeren – was auf die Makedonen so gewirkt haben muß wie das im Ersten Weltkrieg eingesetzte Giftgas. Ptolemaios, den General, traf ein solcher Giftpfeil und warf ihn Wochen darnieder.

Die Makedonen, ohnehin jeden, der durch Widerstand ihre Heimkehr verzögerte, doppelt hassend, machten keine Gefangenen. Ora, die Hauptstadt der Oreiten, wurde zerstört und, ein grotesker Vorgang, als Alexandreia neu gegründet mit dem Satrapen Apollophanes an der Spitze. Leonnatos, einer der sieben

Edlen Leibwächter, wurde zurückgelassen mit dem Befehl, die Ordnung aufrechtzuerhalten und Brunnen graben zu lassen für die Flotte. Der Satrap wiederum wurde angewiesen, den Nachschub für das nun nach Gedrosien vordringende Heer zu organisieren.

Alexanders verhängnisvoller, über siebenhundertfünfzig Kilometer führender Wüstenmarsch hatte begonnen ...

Durch das Taloi-Gebirge gezwungen, den Küstenstrich zu verlassen und über den Tomeros (Hingol) zu gehen, geriet er in eine Region, die von Sven Hedin, dem schwedischen Forschungsreisenden, als die unwirtlichste unter allen unwirtlichen Landschaften dieser Erde beschrieben wurde. Die Gedrosische Wüste (in etwa dem heutigen Belutschistan entsprechend) empfing die Soldaten mit Sonnenglut, Staubstürmen und Myriaden von Stechmücken; zwang sie, den Tag über halb eingegraben unter den Wagen zu vegetieren und nur des Nachts zu marschieren, wo die Temperatur mit etwa 35 Grad erträglicher war. Die Mondlandschaft aus bröckelndem Gestein oder knietiefem Sand mußte Meter für Meter bezwungen werden, hügelauf und hügelab. Wer zurückblieb, kam um; wer zusammenbrach, fand niemanden, der ihm aufhalf. Die Zurückgelassenen verfluchten jene, die an ihnen tauben Ohres vorbeizogen, wünschten ihnen ein gleiches Ende und ebensolche unbarmherzigen Kameraden. Wer, vom Durst gefoltert, die Blätter des Oleander kaute, starb unter Krämpfen. Der weiße dickflüssige Saft der hier wachsenden Wolfsmilchart verursachte Erbrechen und Durchfälle, von denen die Kranken sich nicht wieder erholten.

War nach einem Hundertkilometermarsch eine Wasserstelle erreicht, begann ein Hauen und Stechen um einen Schluck des fauligen Naß. Jene, die als erste kamen, stürzten sich kopfüber in die flachen Mulden, tranken so viel, daß sie mit aufgetriebenen Bäuchen auf dem Grund liegen blieben, den Rest des Wassers verderbend. Die Pferde wurden eines nach dem anderen geschlachtet, das Fleisch roh verzehrt, das Blut getrunken; dann kamen die Maultiere an die Reihe; schließlich die Kamele, in deren Mägen sich eine stinkende grünliche Flüssigkeit befand, die man gierig schlürfte. Die Wagen mit den Kranken, den Frauen und Kindern, nun ohne Zugtiere, ließ man stehen; ein Todesurteil für alle, die unter den Planen hockten.

Als man in einem Wadi Zuflucht gesucht hatte, verwandelte sich das Trockenbett durch einen Monsunschauer in einen reißenden Fluß, der Tiere, Waffen, Zelte mit sich riß und Hunderte von Menschen, die so lange nach Wasser gedürstet, im Wasser ertränkte. Zum Durst kam bald der Hunger. Das Getreidekorn, das man im Mörser zu zerstampfen pflegte, um es als Brei oder Fladen zu verzehren, war längst zur Neige gegangen. Wer getrocknete Feigen oder gar Palmherzen in den Taschen der Toten fand, konnte sich glücklich schätzen. Wo blieben die Proviantwagen, die zu schicken des Apollophanes Aufgabe gewesen wäre? Und wo blieb Alexander?

Er, der so vieler Feinde Herr geworden, war nicht mehr Herr seiner eigenen Leute und mußte mitansehen, wie sich die Ordnung auflöste, den Vorgesetzten nicht mehr gehorcht wurde, jeder sich selbst der nächste war im Überlebenskampf. Hatten die Proviantoffiziere in einer der ärmlichen Siedlungen ein Versteck mit Getreide entdeckt, wurde es verladen, mit dem königlichen Siegel versehen und in Richtung Küste geschickt, wo ja die Proviantlager für die Flotte errichtet werden sollten. Die Wagen kamen nur wenige Meilen weit, dann wurden die Siegel erbrochen und die Begleitmannschaften, voran die Offiziere, rissen die Säcke auf.

Grausame Ironie, daß die Wüste, die tagein, nachtaus so viele Menschen hinwegraffte, so balsamisch duftete. Die Trockenheit ließ Myrrhensträucher wachsen von nie gesehener Größe, deren Harz daheim mit Gold aufgewogen wurde. Kostbar auch die Nardenwurzeln, aus denen Öl für Salben gewonnen wurde, und die gelben Harzkörner der Boswelia für den Weihrauch. Die phönikischen Händler, die den Zug begleiteten, füllten trotz Not und Tod ihre Säcke und verloren doch alles wieder, nachdem ihre Zugtiere verendet waren. Feuer loderte auf den Wagen des Trosses, die die Beute trugen aus den indischen Ländern, Unschätzbares darunter. Was nicht verbrannt wurde, blieb an den Wegrändern liegen; begraben vom Sand, den die Stürme heranwehten, dem Sand, der auch die vielen Toten mit einem Leichentuch bedeckte.

Man hat den Zug durch die Gedrosische Wüste mit dem Rückzug Napoleons von Moskau verglichen. Hier wie dort ein Chaos von Unmenschlichkeit, wo einer des anderen Wolf war, aber auch ergreifende Beispiele von Nächstenliebe und Kameradschaftlichkeit: Mit Mann und Roß und Wagen, so hat sie Gott geschlagen! Der Vergleich hinkt dort, wo es um die Hauptdarsteller geht. Während der Korse seine Truppe im Stich ließ, mit einem Schlitten flüchtete und in Warschau unter falschem Namen Quartier fand, teilte Alexander die Not seiner Männer: Er trank nicht, wenn sie nichts zu trinken hatten; ging zu Fuß, wie sie zu Fuß gehen mußten; hungerte mit ihnen.

Die zur Küste entsandten Erkundungstrupps kamen mit schlechten Nachrichten zurück: Auch dort breite sich wasserloses, unfruchtbares, ausgeglühtes Steppenland aus; hier und da stünden Hütten aus Fischbein und Muscheln, bewohnt von primitiven Wesen, kaum Menschen zu nennen, die sich vom Aas gestrandeter Wale ernährten, und über allem liege der Gestank verfaulender Fische. Dennoch: Es gab keinen anderen Weg zur Rettung, als diese Küste zu erreichen. Nach Südwesten ging es nun, durch ein Gebiet hoher Dünen, die alle gleich aussahen; so gleich, daß die einheimischen Führer sich eines Morgens im Hauptquartier meldeten und gestanden: »Wir finden den Weg nicht mehr.«

Alexander ließ sie auspeitschen, suchte unter den Offizieren und Mannschaften jene aus, die noch am kräftigsten schienen, und ritt, die Sterne als Führer, nach Süden. In der dritten Nacht wehte ihnen ein Wind entgegen, der nach Salz roch. Mit nur noch fünf Mann erreichte er endlich die Küste bei Pasni und starrte ungläubig auf die gischtende Brandung. Unter einer Palmengruppe wühlten sie mit ihren Schwertern den Sand auf, und sie fanden Wasser, Wasser, das nicht bitter und salzig schmeckte, sondern süß. Die 320 Kilometer bis Pura (Bampur?), dem Sitz einer der persischen Residenzen, schienen den Soldaten nun wie ein Spaziergang. Schon auf halber Strecke kam ihnen eine Karawane entgegen mit Lebensmitteln, abgesandt von Satrapen, die von Alexanders Kurieren alarmiert worden waren.

Sechzig Tage waren sie jetzt unterwegs. Die makedonischen Veteranen meinten, daß die Summe aller Leiden, die sie auf dem gesamten Feldzug erlitten hatten, sich mit den Entbehrungen in Gedrosien nicht messen könne. Die meisten von ihnen hatten auch diese Höllenfahrt überstanden, obwohl viele von ihnen bereits älter als sechzig Jahre waren, ein Phänomen, das in keinem antiken Heer jemals beobachtet worden ist.

Am schwersten gehaust hatte der Tod unter den orientalischen Verbänden – und unter den Frauen und Kindern des Trosses. Die Hetairoi, die Königlichen Schildträger, die Bogenschützen, die Fußkämpfer, im gesamten Orient gefürchtet, sie alle erregten beim Einmarsch in Pura keine Furcht, sondern Mitleid: waffenlos viele, da sie ihre Waffen weggeworfen hatten; andere benutzten ihren Wurfspeer als Krückstock; wer noch reiten konnte, hockte auf elenden Mähren; kein Ruf kam aus ihren Reihen; in dumpfem Schweigen passierten sie die Tore. Eine Armee, die niemand hatte besiegen können, war von der Gewalt der Natur besiegt worden.

Die Männer neu einzukleiden, neu zu bewaffnen und zu verpflegen war leichter, als ihnen das Selbstbewußtsein wiederzugeben. Doch der Wein und die fruchtbare Landschaft Karmaniens, die man nach einwöchiger Rast durchzog, taten Wunder. Dionysos schien nun einen Zug anzuführen, der noch vor kurzem ein Elendszug gewesen war. Am Abend eines jeden Marschtags wurde getafelt, getrunken, Vergessen gesucht. Die Stimmung hob sich vollends, als ein Reitertrupp die Ankunft des Krateros meldete, der seinen Marsch über den Mullapaß, durch Arachosien und die Drangiane ohne Verluste bewältigt hatte. Alexander begrüßte ihn freudig – und hätte doch freudiger noch einen anderen begrüßt, dessen Schicksal ihn nachts aus dem Schlaf fahren ließ: Nearchos. Der Befehlshaber der Flotte hatte im Oktober mit dem Nordostmonsun aus Pattala auslaufen sollen, jetzt stand man im hohen Dezember, und die zur Küste entsandten Suchtrupps waren ohne Nachricht zurückgekommen.

Dann traf sie plötzlich ein. Einer der Statthalter an der Küste brachte sie, hohe Belohnung erhoffend, persönlich ins Hauptquartier. »Nearchos ist glücklich gelandet und schon auf dem Weg.« Doch die Tage verstrichen, und kein Admiral kam. Der König ließ den Mann, der seine Vorfreude in grausame Enttäuschung verwandelt hatte, in Ketten legen. Nichts verrät *mehr*, wie nervenschwach er zu dieser Zeit war. Sein Statthalter nämlich hatte recht: Ein Suchtrupp war auf sechs Männer gestoßen, deren einer, ein verdrecktes, zotteliges Individuum, auf die Frage, ob in der Gegend irgend etwas über Nearchos, einen Admiral des Königs, bekannt sei, geantwortet hatte: »Ich *bin* Nearchos ...«

Der Kreter ist der Liebling jener Historiker, die als Spezialgebiet die See gewählt haben: Entdeckungen, Irrfahrten, Flotten, Seekriege, Häfen und Schiffe, Schiffe, Schiffe. Er hat neben seinen seemännischen Taten etwas vollbracht, was sie in Entzückung versetzt. Sein Bericht über seine Reise den Indus hinab über das

Arabische Meer, durch den Persischen Golf, zum Mündungsgebiet des Euphrat und Tigris bis nach Babylon ist mit seinen
naturwissenschaftlichen, ethnographischen, astronomischen,
geographischen Angaben (sogar die Entfernungen und Fahrzeiten
sind verzeichnet) ein wahrer Steinbruch der Wissenschaft. Das
Original seines *Periplus* (Umsegelung) ist verlorengegangen. Flavius Arrianus jedoch hatte den Wert des Werkes erkannt und es in
seiner *Indiké*, der Indischen Geschichte, wiedererstehen lassen.
Er hatte es *aus*geschrieben, wie das damals hieß, und es war
doppeltes Glück, daß gerade er mit seiner knappen Sprache der
Ausschreiber war.

Achttausend Soldaten waren, wie erwähnt an Bord der über
hundert Schiffe, Makedonen meist, die lieber festen Boden unter
den Füßen hatten als Planken; und zweitausend griechische
Seeleute, die zwar seefest waren, aber das offene Meer fürchteten,
denn Seefahrt bedeutete für sie Küstenschiffahrt. Geriet die Küste
für längere Zeit außer Sicht, bekamen sie es mit der Angst zu tun:
Angst vor Seeungeheuern, zusammenstürzenden Himmeln,
menschenfressenden Fabelwesen. Dabei war die hohe See in
diesen Breiten weniger gefährlich, die Küsten mit ihren Riffen,
der schweren Brandung und den extremen Gezeiten dagegen sehr.
Die Gestade, die sie passierten, waren trostlos und öde. Trafen sie
auf Eingeborene, so wurde jeder Landgang zum Waffengang. Bei
einem Sturm verloren sie zwei Trieren und einen Segler. Verpflegung und Wasser mußten stark rationiert werden. In Kokala
fanden sie endlich das erste von Alexander angelegte Proviantlager und trafen auf den General Leonnatos, der sich hier immer
noch mit den Oreiten herumschlug. Nearchos nutzte die Gelegenheit, seinen Personalbestand zu überprüfen, die Feigen, Fau-
len und Unfähigen setzte er aus und übernahm dafür von Leonnatos einige hundert Elitesoldaten.

Auch diesen Männern sank der Mut, da eines Tages Fontänen
emporstiegen, »als werde das Wasser von einer Windhose empor-
gerissen«, und riesenhafte mit Muscheln, Schnecken und Tang

bedeckte Körper die Oberfläche zerteilten. Was, bei allen Göttern, war das?! Nearchos fiel nichts anderes ein, als die Schiffe wie bei einer Seeschlacht zu formieren und unter Hörnerklang und Kriegsgeschrei zum Angriff überzugehen. Die Monster drehten tatsächlich ab, tauchten unter, kamen aber noch einmal hoch, so nahe diesmal, daß den Männern die Ruder aus den Händen sanken. Bei den Ichthyophagen, den (Roh-)Fischessern an Land, fanden sie Rippen als Dachsparren, Kieferknochen als Türen und erfuhren, daß dieses Baumaterial von eben jenen Ungeheuern stammte. Es waren Wale, Meeresbewohner, die sie vom Mittelmeer her nicht kannten.

Bei einem noch steinzeitlich lebenden Stamm ergänzten sie ihre Vorräte durch den Kauf von Schafen und Ziegen, fanden das Fleisch aber ungenießbar, so penetrant schmeckte es nach Fisch, doch damit waren die Tiere schließlich gefüttert worden. Nach den Proviantdepots, die Alexander anzulegen versprochen hatte, fahndeten sie vergeblich. Bald hungerten sie so wie ihre Kameraden vom Landheer, von denen sie nichts hörten und nichts sahen. Anscheinend hatte die Wüste sie verschlungen. Zwei Monate waren sie unterwegs, da sichteten sie Getreidefelder, Obstplantagen, Weinberge, ankerten in einer Bucht und erfuhren, daß sie sich in der Gegend von Harmozeia (Hormus) befänden, an der Einfahrt zum Persischen Golf.

»Wir fanden alles, was wir zur Nahrung brauchten, Ölbäume aber entdeckten wir nicht«, heißt es bei Nearchos. Oliven, ach, die hatten sie während des ganzen Feldzugs bitter vermißt. Die ewige Sehnsucht der Griechen nach ihrer Heimat brach vollends aus, als einige Matrosen bei einer Exkursion ins Hinterland einen Menschen trafen, der sie in ihrer Sprache anredete. Sie fragten ihn, woher er komme, und er antwortete, er sei vom Heer Alexanders versprengt, das Hauptquartier könne aber nicht weit entfernt sein.

Wenige Tage später stand Nearchos vor einem König, der ihn anfangs nicht wiedererkannte: Die achtzigtägige Irrfahrt schien aus seinem Admiral einen Greis gemacht zu haben.

»Er nahm ihn zur Seite, umarmte ihn tränenüberströmt und sagte: ›Du also lebst, mein Alter, und das ist mir ein Trost in allem Unglück. Berichte mir aber nun, wie die Schiffe zugrunde gegangen sind und vor allem ...‹

›Aber sie sind nicht untergegangen‹, unterbrach ihn Nearchos, ›sie liegen wohlbehalten an der Mündung des Amanis (Minab) und von deinen Kriegern fehlt kaum einer.‹

Da schwor Alexander beim Zeus der Griechen, daß er sich über diese Nachricht mehr freue als darüber, ganz Asien erobert zu haben.« (*Periplus*)

Der Kreter hatte von seinen 100 Schiffen nur vier Segler verloren. Von denen, die mit Alexander gezogen waren, lebte nur noch jeder zweite. Wer war schuld an diesem Debakel? Der Satrap von Karmanien, der keinen Hilfskonvoi geschickt hatte, wofür er nun mit seinem Kopf büßte? Apollophanes, der den Nachschub hatte organisieren sollen vom Oreitenland aus? Die Schrittzähler, Bematisten, die sich verzählt und falsche Angaben über die Entfernung gemacht hatten? Alexander fand viele Schuldige, und eben soviele Hinrichtungen, Degradierungen, Einkerkerungen waren die Folge. Schuldzuweisungen sind bei Despoten gang und gäbe, doch er war zu keiner Zeit ein Tyrann im klassischen Sinne. Er wirkte betrübt, verzweifelt und von Leiden des Körpers und der Seele bleich, heißt es bei einem Zeitgenossen. Das bedeutete, daß er im Unbewußtsein spürte, wer der eigentliche Schuldige war: Alexander.

Schon die antiken Berichterstatter Diodoros, Arrianus, Plutarch, Justinus, Curtius Rufus haben das anklingen lassen, die Historiker unserer Zeit sind mit ihm förmlich ins Gericht gegangen. Nun ist es immer leichter, ein solches Unternehmen nachträglich am Sandkasten zu korrigieren, doch in diesem Falle verfügen sie über gewichtige Argumente: Gedrosien sei vorher nicht erkundet worden; die Heeresgruppe, mit der er aufbrach, sei für einen derartigen Marsch viel zu umfangreich gewesen; und schon gar nicht habe man einen derart großen Troß nebst Frauen und Kindern mit sich führen dürfen. Die Möglichkeit umzukehren, als die Katastrophe sich anmeldete, sei nicht genutzt worden.

Solche Fehler zu vermeiden (»Fehler eines strategischen ABC-Schützen«) hätte in diesem Fall bedeutet, vernünftig zu handeln. Unvernünftig zu sein, Wagemut guten Ratschlägen vorzuziehen, war bis dahin des Makedonen Erfolgsrezept gewesen, indem er stets wider alle Regeln der Kunst handelte, vorsichtiges Abwägen und Bedenken verachtete. Doch was im Kampf gegen Menschen tauglich war, erwies sich gegenüber der gleichgültigen Feindseligkeit der Natur als untauglich.

Hinzu kam, daß er nach der Umkehr am Hyphasis, einer nie überwundenen Schmach, der Welt beweisen wollte, wozu er noch fähig war: eine Wüste zu bezwingen, an der die legendäre Semiramis und der große Kyros gescheitert waren! Dabei überschritt er die auch ihm gesetzten Grenzen. Er machte sich der Selbstüberhebung schuldig, der Hybris, was bekanntlich den Zorn der Himmlischen herausfordern mußte.

Alexander hatte, wie auch Cäsar, bei den riskantesten Unternehmungen seinem Glück vertraut. Der Ausgang hatte ihm stets recht gegeben. Er war ein Günstling der *Tyche*, schien mit ihr einen Vertrag geschlossen zu haben. In Gedrosien hatte die wankelmütige Göttin des Glücks, nicht umsonst stand sie auf einer Kugel, ihm ihre Gunst entzogen. *Peripetie* bedeutet auf Deutsch »Glücksumschwung«. In der Tragödie markiert er den Wendepunkt im Schicksal des Helden, der von nun an unausweichlich der Katastrophe zutreibt.

DIE GROSSE SÄUBERUNG

»Sie haben vieles falsch gemacht während meiner Abwesenheit. Ihr größter Fehler aber war es zu glauben, ich würde abwesend *bleiben*.«
Gemeint waren mit diesen Worten Alexanders orientalische

Satrapen und die ihnen beigeordneten makedonischen Militär-kommandanten. Die meisten von ihnen hatten sich nach Beginn des Indienfeldzugs gesagt: »Wir werden ihn nicht wiedersehen« – einen Herrscher, von dem sie wußten, daß er töricht genug war, immer in der ersten Reihe zu kämpfen. Irgendwann mußte ihn das Schwert treffen. Und wenn nicht das Schwert, dann eine der vielen dort lauernden tückischen Krankheiten. Warum also Kraft, Fleiß und Energie aufwenden für das Regime eines Todgeweihten?! Es war besser, das Leben zu genießen und den fernen Alexander einen guten Mann sein zu lassen.

Und sie feierten Feste von nie gekanntem Luxus, ließen sich die teuren Hetären aus Athen kommen, die für die Nacht bis zu 10 000 Drachmen berechneten, oder sie ließen die Frauen ihrer Untertanen entführen, die ihnen gefielen. Ihre Pflichten vernach-lässigten sie bis auf die, sich zu bereichern. Sie plünderten Tempel, erbrachen Grabstätten, überfielen Goldtransporte und die Karawanen der Kaufleute. Da die Kassen dennoch ständig ein Minus aufwiesen, drehten sie an der Steuerschraube und schin-deten die Bauern. Um ihre Macht zu festigen, stellten sie Söldner-truppen auf, die nicht auf den König vereidigt wurden. Wer von ihnen solche Taten nicht beging, machte sich schuldig durch Tatenlosigkeit, indem er Briefe der königlichen Kanzlei nicht beantwortete; Bitten um Nachschub nicht nachkam; Befehle so lange nicht ausführte, bis sie gegenstandslos geworden waren. Im übrigen warteten sie ab, was die Zukunft bringen würde …

Alexander hatte ein Reich erobert, das von der Adria bis zum Fünfstromland reichte, vom Jaxartes bis zum Nil. Er hatte gesiegt auf allen Schlachtfeldern, Satrapen eingesetzt, Alexander-Städte aus dem Boden gestampft, Söldner zu Siedlern gemacht und war, kaum daß der frische Lorbeer verwelkt war, weitergezogen, neuen Zielen entgegen. Keine Zeit war geblieben, die eroberten Provinzen auch innerlich zu befrieden und zu prüfen, wer für die Verwaltung des Riesenreichs wirklich fähig war. Die meisten seiner neuen Untertanen hatten nur von ihm gehört; gesehen,

38 »Iskandar, der vom Boot aus eine Ente schießt.«
Auch im Diwan von Mir Ali Shir Nawai zeigt sich Alexander
als ein orientalischer Herrscher. Mit den von den
Makedonen überwiegend eingesetzten Trieren haben diese Schiffe
allerdings keine Ähnlichkeit.

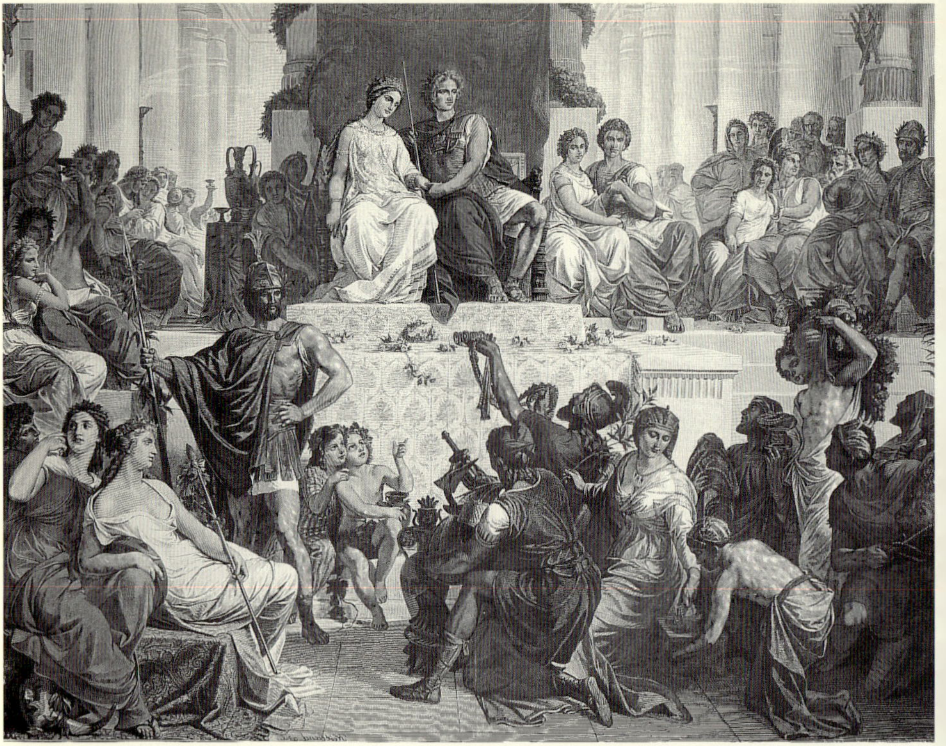

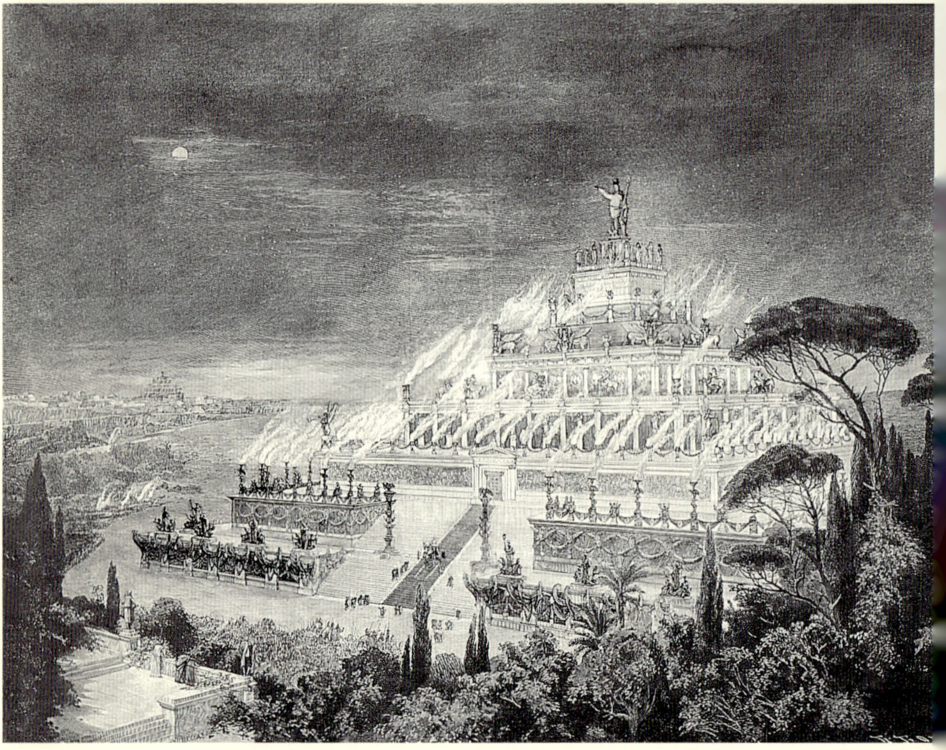

39 »Wie in einem Becher der Liebe mischte sich, was die Völker voneinander schied, und sie vergaßen der alten Feindschaft ...« (Plutarch). Mit der Vermählung von zehntausend Makedonen und zehntausend Perserinnen zu Susa wollte Alexander in Zeichen setzen: der Okzident möge sich mit dem Orient versöhnen (links oben).

40 Alexander: »Ach, Hephaistion, du warst mein zweites Ich ...« Auf einem Scheiterhaufen, so hoch, wie ihn die Welt noch nicht gekannt, sollte der Freund zu den Göttern fahren. Und der König schnitt sich das Haupthaar ab, verbot das Lachen und löschte die heiligen Feuer (links unten).

41 Alexander starb im Juni 323 vor Christus, wenige Wochen vor seinem dreiunddreißigsten Geburtstag. Die Gerüchte, wonach er vergiftet worden sei, sind bis heute nicht verstummt. Nach seinem Tod versank sein Reich in Blut, Asche und Tränen (oben).

42 »Möge der Gott uns das Beste gewähren: *koinonia* und *homonoia*,
die Partnerschaft und die Eintracht der Völker!« Vor den Altären von Opis betete
Alexander zusammen mit Makedonen, Griechen und Persern. Als Mann
der Tat und Träumer zugleich, wollte er alle Menschen unter einem
Gesetz vereinen – »als sei es gleiches Licht …«

geschweige denn erlebt, hatten sie ihn nie. Die Rastlosigkeit, der nicht zu sättigende Hunger nach Ruhm hatten ihn nirgendwo so lange verweilen lassen, wie es zur Stabilität notwendig gewesen wäre – als habe er geahnt, wie wenig Zeit ihm bliebe.

Als die Nachricht kam, die Gedrosische Wüste habe Alexander mitsamt seinen Soldaten gefressen, wurde Unordnung zur Auflösung. Die Siedler verließen ihre Städte, Söldner rebellierten, Potentaten setzten sich mit den Staatsschätzen ab. Treulosigkeit, Korruption, Raffgier und Dummheit schienen den Thron endgültig ins Wanken zu bringen.

Plötzlich aber war der Mann wieder da, den man totgeglaubt hatte, und er trat unter sie und hielt fürchterlich Musterung. Griechisch an ihm war seine Ruhmsucht, schrieb Jacob Burckhardt, ungriechisch seine Vertragstreue, seine Fähigkeit, Fehler zu bereuen, seine Begabung, eines Freundes Freund zu sein und jemandem zu verzeihen. Verzeihenkönnen, von dieser Tugend war jetzt nichts mehr zu spüren. Es bedurfte nicht der Beschwörungen seiner Generale, daß er, würde er auch nur den leisesten Anschein von Nachgiebigkeit zeigen, alles aufs Spiel setze. Nur mit Brutalität seien die Schlangennester der Verräter auszuräumen, nur mit Erbarmungslosigkeit der Thron zu retten.

Noch in Karmanien bereitete er den ersten Schlag vor. Es traf den dortigen Statthalter Astapes, der keine Karawanen in Marsch gesetzt hatte, um den in Gedrosien schmachtenden Truppen zu helfen. Das Urteil: Tod durch Speerung. Autophradates, Satrap am Kaspischen Meer, ereilte, angeklagt wegen Korruption und Mißwirtschaft, das gleiche Schicksal. Orxines, der die Provinz Persis usurpiert hatte, zog dem König mit geschenkbeladenen Karawanen entgegen, in der Hoffnung, in seiner angemaßten Würde bestätigt zu werden. Die Beweise für sein Terrorregime, für die Schändung von heiligen Stätten waren eindeutig genug, um ihm einen Strick um den Hals zu legen. Abulites, der seinerzeit Susa den Makedonen übergeben hatte und Satrap geblieben war, hatte dem Troß kein Futter geliefert, sondern lediglich Geld.

Alexander ließ die Goldmünzen den Pferden vorschütten und fragte: »Glaubst du, daß sie davon satt werden?« Die erschöpften Soldaten forderten den Tod des Satrapen. Als sein mitschuldiger Sohn Oxathres sie zu beschimpfen begann, raste der König vor Wut, griff nach einer Lanze und tötete ihn mit eigener Hand. Auch ein angeblich legitimer Nachfolger des Dareios, Baryaxes geheißen, hatte sich bereits gefunden: Mit der Tiara auf dem Haupt versuchte er, die Meder zum Freiheitskampf zu sammeln. Er starb genauso wie die zum Widerstand entschlossenen Iraner Ordanes und Zariaspes.

Astapes, Autophradates, Orxines, Abulites, Oxathres, Baryaxes, Ordanes und Zariaspes entstammten alteingesessenen Adelsfamilien. Ihre Herkunft und ihre unter Dareios errungenen Verdienste schützten sie nicht vor dem Henker. Mit seinen eigenen Leuten, hochgestellten Makedonen und Thrakern, verfuhr Alexander nicht anders. Kleander und Sitalkes wurden aus Ekbatana nach Karmanien befohlen, um sich wegen der gegen sie erhobenen Beschuldigungen – Tempelraub, grausame Unterdrückung, Schändung von Frauen – zu rechtfertigen. Da auch die eigenen Truppen gegen sie zeugten, machte man mit ihnen kurzen Prozeß. Wegen der Schwere ihrer Verbrechen wurden sie nicht gehenkt oder gespeert, wobei der Delinquent rasch den Tod findet, sondern ans Kreuz geschlagen: ein Tod, der bei den Makedonen besondere Befriedigung auslöste, denn Kleander und Sitalkes hatten dem Mordkommando angehört, das den unvergessenen Marschall Parmenion umgebracht hatte. Mit den beiden starben sechshundert Leibwächter, die ihnen, so die Anklage, als Werkzeuge ihrer Gewalttaten gedient hatten.

Durch Schrecken abzuschrecken war das Ziel von Alexanders großer Säuberung. Daß er dabei altgediente Makedonen nicht schonte, deren Zahl gering genug geworden war und die er mehr brauchte denn je zuvor, sprach sich herum bei den einfachen Menschen: Dieser König schien in der Tat ein gerechter König, einer, der nicht wollte, daß man sie wie Knechte behandelte, der sie in Schutz nahm vor dem Übermut und der Unterdrückung der Herrschenden. Wenn eiserne Besen kehren, kommt es regelmäßig auch zu Fehlurteilen. Denunzianten hatten ihre große Zeit. Einen alten Feind anzuzeigen, ihn durch falsche Verdächtigung ans Messer zu liefern – diese Fälle häuften sich. Die Priester waren hier besonders eifrig – und Hephaistion! Doch Ungerechtigkeiten wurden in Kauf genommen nach dem Motto, daß Späne dort zu fallen pflegen, wo gehobelt wird.

Auf dem Weg von Gulaschkird über Taruana nach Pasargadai und Persepolis verging kein Tag, ohne daß die Meldereiter vor dem Königszelt von ihren Pferden sprangen. Meist waren es schlechte Nachrichten: Mazaios, der erste persische Fürst, dem Alexander sein Vertrauen geschenkt hatte, war gestorben. In Indien hatten Söldner den Satrapen Philippos ermordet. Über Kleomenes, der vom Finanzdirektor zum Statthalter am Nil aufgestiegen war, häuften sich die Klagen; besonders aus Griechenland, wo das ägyptische Getreide so verteuert worden war, daß die Armen hungerten. Kleomenes verdiente durch die rücksichtslose Handhabung des Getreidemonopols Abermillionen. Da ebenso viele Millionen in die Staatskasse geflossen waren, blieb der mit allen Wassern gewaschene Grieche ungeschoren. Das für die Kavallerie so wichtige Gestüt zu Nisaia war seines Pferdebestands weitgehend beraubt worden. Im Hochland von Armenien und Kappadokien, das ohnehin nie hatte befriedet werden können, war die Macht endgültig an die Iraner zurückgefallen. In Phrygien probten die Stämme den Aufstand. Und im fernen Europa zogen die Thraker, die man durch Philipp längst gezähmt glaubte, verwüstend durch die Lande. In Ephesos war der von Alexander eingesetzte Hegesias ermordet worden.

Am meisten Sorge bereitete der Fall Harpalos. Der hinkende Freund aus Alexanders Jugendtagen, zum Militärdienst nicht tauglich, zum Amt eines Schatzmeisters aber sehr wohl, hatte seine Zentrale von Ekbatana nach Babylon verlegt und dort ein Leben geführt, das selbst für die an Lust und Laster gewöhnten

Babylonier skandalös war; in seiner Maßlosigkeit nur noch übertroffen von Pythionike, die dem ältesten Beruf der Weltgeschichte angehörte; für eine Frau die einzige Möglichkeit, frei und unabhängig zu sein. Denn für Griechenland war das Wort des Perikles nach wie vor gültig, wonach der Weiber Reich Küche und Kinderstube sei und ihre höchste Tugend, weder im Guten noch im Bösen in der Leute Mund zu sein.

Harpalos hatte sich die Hetäre aus Athen kommen lassen (»Von der wüsten Liederlichkeit asiatischer Weiber noch nicht gesättigt«, wie der neidische Pamphletist Theopompos schrieb), brachte sie im Königspalast unter, bereicherte ihre Tafel mit Fischen vom Roten Meer, die er per Reiterstafette holen ließ, zwang seine Umgebung, ihr die Proskynese zu erweisen; und als sie starb, errichtete er ihr Hain und Tempel mit der Götter und Sterbliche gleichermaßen empörenden Inschrift »Der Aphrodite Pythionike geweiht«. An die erotischen Kunstfertigkeiten griechischer Hetären gewöhnt, verschrieb er sich nun die Glykera, von allen empfohlen, die in Attika ihr Bett kennengelernt hatten. Da sie es in Babylon zu heiß fand, zog er mit ihr nach Tarsos am Fuß des Taurosgebirges, einem bedeutenden Finanzzentrum (womit Harpalos seinen Umzug bemänteln konnte). Glykera ließ sich hier in ähnlicher Weise ehren wie ihre Vorgängerin, nicht zuletzt durch eine von ersten Künstlern geschaffene Bronzestatue, dachte aber auch an ihre Landsleute daheim, die »an mageren Erbsen und Bollen kauten«, und schickte Weizen nach Athen. Daß sie dennoch von den Komödiendichtern grausam verspottet wurde, störte sie nicht.

Der Tag nahte und die Kunde kam, die Harpalos nicht mehr erwartet hätte und ihn, wie so viele, erbleichen ließ: Sein Herr und Jugendfreund war noch nicht in den Hades hinabgestiegen. Und es war kaum damit zu rechnen, daß er wieder, wie damals vor Issos, Gnade vor Recht ergehen ließ. Er nahm 5000 Talente aus der Kasse, bettete Glykera in eine Sänfte, warb 6000 Söldner an und verließ mit einer Flotte von 30 Schiffen Tyros in Rich-

tung Athen. Vor Kap Sunion ankerten sie, und Glykera nutzte
ihre alten Verbindungen, um sich das Asylrecht zu erkaufen. Die
Athener, schwankend zwischen der Gier nach Gold und der
Angst vor Alexander, gestatteten nach langen Verhandlungen die
Einfahrt von zwei Schiffen in den Piräus. Von Auslieferungsforde-
rungen bedrängt, fanden sie eine athenische Lösung des Pro-
blems, wie sie für dieses Zerrbild eines einst weltgestaltenden
Stadtstaates typisch war: Harpalos wurde eingelassen, verhaftet,
um einen Teil seiner unterschlagenen Gelder erleichtert und bei
Nacht und Nebel wieder auf ein Schiff gebracht, das nach Kreta
segelte. Glykeras Liebe war groß, doch nicht groß genug, um ihm
zu folgen, und bald darauf erfuhr sie, daß ihn einer seiner Söldnerführer umgebracht hatte.

Harpalos war seines schlechten Gewissens wegen geflohen,
dabei hätte ihm Alexander, einige Anzeichen deuten darauf hin,
wohl auch diesmal wieder verziehen. Daß jene, die an der Krippe
saßen, sich nicht das Maul zubanden, pflegte er zu tolerieren.
Auch gegenüber offensichtlicher Verschwendung war er wenig
empfindlich, wohl wissend, daß alle seine Generale und hohen
Beamten das Prinzip Leben-und-leben-lassen verkörperten.
Wichtig war nur, daß der Verschwender die ihm anvertraute
Aufgabe bewältigte.

Und Harpalos verstand etwas von seinem Fach. Die Barren
edlen Metalls, mit denen die Achaimeniden ihre Paläste förmlich
möbliert hatten, denn nur Hortung verschaffte ihnen das Gefühl
der Sicherheit, diese Barren verwandelte er mit Hilfe seiner
Prägestöcke in Gold- und Silbermünzen. Als Münzfuß, der Anzahl und Zusammensetzung der Münzen bestimmte, wählte er
den attischen Fuß. Den Satrapen, die das Recht besaßen, ihre
eigenen Münzen zu schlagen, wurde dieses Recht genommen und
der Wirrwarr im Münzwesen damit beendet. Die neue Alexander-
Tetradrachme wurde zur führenden Währung, zu einer Art Welt-
währung, und eröffnete eine neue Epoche der Wirtschafts-
geschichte: Die im Orient praktizierte Naturalwirtschaft wurde

allmählich abgelöst und damit auch der Tauschhandel sowie die Zahlung von Steuern und Tributen in Form von Naturalien. Die »Entfesselung der totgelegten Reichtümer«, die Zentralisierung des Geldwesens, die Vereinheitlichung der Münzen setzte eine nie dagewesene Konjunktur in Gang. Zollschranken fielen, das Straßennetz vergrößerte sich. Der griechische Kaufmann, für den die Welt in Kleinasien zu Ende gewesen war, fand neue, bis nach Indien reichende Handelswege. Siedlungen, die an diesen Wegen lagen, blühten auf. Andere allerdings sanken herab zur Bedeutungslosigkeit. Wie überhaupt die Geldvermehrung, wie stets, nicht nur Gutes zeitigte: Die Preise stiegen und ließen Arme ärmer werden. Die meisten Untertanen profitierten von der wirtschaftlichen Umgestaltung oder, wie es bei Diodoros heißt: »Es sproß der Reichtum auf wie die Saat aus den Äckern, als Alexander die Schätze Asiens gehoben ...«

Die Grundlagen zu einem neuen Zeitalter wurden gelegt, dem der Historiker Johann Gustav Droysen durch sein Werk *Das Zeitalter des Hellenismus* den Namen gegeben hat: »Der Name Alexander bezeichnet das Ende einer Weltepoche, den Anfang einer neuen.« Die Epoche währte dreihundert Jahre: von der Gründung Alexandrias bis zur Besetzung durch den römischen Konsul Octavianus, den späteren Kaiser Augustus.

Der Aufschwung der Wirtschaft und des Handels im alexandrinischen Reich – zum erstenmal in der Geschichte konnte man von »Weltwirtschaft« und »Welthandel« sprechen –, das Aufblühen der nach griechischem Muster gebauten neuen Städte wurde getragen von den zu Zehntausenden aus dem Mutterland einwandernden Griechen. Handwerker und Künstler, Bergingenieure und Straßenbauer waren darunter, Architekten und Bauern, Kaufleute und Anwälte, Lehrer und Söldner, Wissenschaftler und Politiker. All diese Menschen suchten, von der Not und der Enge aus der Heimat vertrieben, ihr Glück nun in den Weiten des Ostens (eine Emigration, die man mit den europäischen Auswanderungsbewegungen nach Amerika im 19. Jahrhundert vergli-

chen hat). Sie brachten technische Fortschritte beim Bergbau, bei
der Errichtung von Wasserleitungen, der Anlage von Kanälen und
Straßen – und, vor allem, im Militärwesen mit ihren Wurfge-
schützen, Belagerungsmaschinen, Kriegsschiffen.

Und sie brachten ihre Kultur. Am oberen Euphrat fand man die
Reden des Demosthenes, in Armenien Verse des Dramatikers
Euripides, in Afghanistan und Indien griechische Inschriften. Die
Bildhauer in Gandhara schufen nach dem Bildnis des Apollo die
figürliche Darstellung des Bodhisattva, des Buddha, und ließen
sich in ähnlicher Weise von den Statuen des Zeus, des Herakles,
der Athene in ihrem Schaffen beeinflussen. Doch, und das darf
nicht vergessen werden, war dieses Geben auch von einem Nehmen begleitet, das heißt, der Orient wurde gräzisiert, und Grie-
chisches verschmolz mit orientalischen Elementen.

Undenkbar wäre die Hellenisierung des Ostens gewesen,
wenn es nicht die griechische Sprache gegeben hätte, die in Form
des attischen Dialektes zur allgemeinen Verkehrssprache wurde.
Die *koiné* war der Zement alles Griechischen im Orient und
gleichzeitig ein Transportmittel. Man behauptet, daß das Christentum ohne die griechische Sprache kaum über Judäa hinaus-
gedrungen wäre. Denn eine neue Religion bedarf der Verkündigung durch ein Medium, und das war die Weltsprache des Griechischen. Wie anders hätten die Evangelien und die Paulusbriefe
Verbreitung finden können? Wurde der Hellenismus so zum
Wegbereiter der Lehre Christi, so wurde er auch zum Lehrmeister
Roms. Und so mag die etwas überspitzte Formulierung durch-
gehen: ohne Alexander kein Christentum, ohne Alexander kein
Imperium Romanum.

200 Talente an Schulden hatte Alexander bei seinem Aufbruch aus Makedonien hinterlassen, mit 70 Talenten war er über
den Hellespont gegangen. Ein Vabanquespiel das ganze Unternehmen, wie wir wissen! Er hatte es gewonnen; nach Issos war er
saniert, nach Gaugamela der reichste Mann der Oikumene.
30000 Talente brachten die jährlichen Einkünfte aus Steuern,

Zöllen und anderen finanziellen Leistungen der Satrapen. Er war ein König, der nicht rechnen mußte und es auch nicht tat. Er spielte Krösus und Midas zugleich, gab für seine Freunde mehr aus als für sich selbst, war auch den einfachen Soldaten gegenüber von verschwenderischer Großzügigkeit. Wen er nach Makedonien entließ, der trug Gold in seinen Satteltaschen. Er machte den Maler Apelles wohlhabend, den Philosophen Aristoteles reich, die Generale zu mehrfachen Millionären. Für den Wiederaufbau verfallener Tempel in Griechenland überwies er 10 000 Talente. Große Summen stellte er zur Verfügung für den Ausbau des Kanalsystems in Babylonien, für die Trockenlegung des Kopaissees in Böotien, für die Dammbauten beim ionischen Klazomenai. Noch wurde die goldene Regel jeder Haushaltsführung beachtet, wonach man nicht mehr ausgeben darf als man einnimmt.

Traue keinem und lerne, einsam zu sein

Zu Beginn des Jahres 324 reitet Alexander in Pasargadai ein und sein erster Weg gilt dem Grabmal des großen Kyros, des Begründers des persischen Weltreiches. Mit Entsetzen muß er feststellen, daß das auf einem mehrstufigen Unterbau ruhende Mausoleum geschändet worden war. Der goldene Sarkophag ist aufgebrochen, die Gebeine liegen auf dem Boden verstreut, die Grabbeigaben – Halsketten, Ohrgehänge, Dolche, Purpurmäntel, Prunksäbel – sind verschwunden. Auf der zerschlagenen Tafel sind nur noch wenige Worte zu entziffern. Er befiehlt die Magier zu sich, die seit alters her das Grab betreuen mit der Auflage, jeden Monat ein Schaf und ein Pferd zu opfern. Er läßt sie verhören, dann foltern. Sie gestehen, ihre Pflicht vernachlässigt zu haben; wer aber die Grabräuber waren, wissen sie nicht. Sein Zorn trifft den makedonischen Wachoffizier: Wisse er nicht, daß das Grab des Kyros zu schänden dasselbe sei, als werde *sein* König geschändet, denn *er* sei der Erbe des großen Mannes, dessen Reich nun *sein* Reich ist?! Noch am selben Tag fällt der Kopf des unglückseligen Hauptmanns.

Der dem technischen Stab angehörende Aristobulos (dem wir ebenfalls eine Alexander-Biographie verdanken) bekommt den Auftrag, das Grab so wiederherzustellen, daß keine Spur des Frevels mehr bleibe. Er führt ihn mit solcher Sorgfalt aus, daß die Archäologen unserer Zeit es aufgrund seiner exakten Beschreibung wiedererkennen. Viele Jahrzehnte lang jedenfalls galt das in der Ebene von Murghab liegende, mit einem Giebel geschmückte marmorne Totenhaus als des Kyros Grab. Doch da Archäologen selten einer Meinung bleiben können, gab es bald ein zweites Kyros-Grab: einen quadratischen Grabturm auf dreistufigem Sockel nördlich des Königspalastes.

Aristobulos legte im Auftrag seines Herrn einen goldenen Kranz auf den Sarg, setzte die steinerne Tür wieder ein und verschloß sie mit dem königlichen Siegel. Die Grabinschrift ließ er ins Griechische übertragen und unter den altpersischen Text setzen: »O Mensch, wer auch immer du seist und woher du des Weges kommen magst, und kommen wirst du, das weiß ich, ich bin Kyros, der das Reich der Perser gegründet hat. Mißgönne mir nicht die Handvoll Erde, die meinen Leichnam deckt.«

Alexander verließ Pasargadai in der Erkenntnis, wie wenig sie ihn doch fürchteten. Wie anders wären sie sonst imstande gewesen, die Grabstätte eines Mannes zu verwüsten, den *er*, und das wußten sie, verehrte. An den Menschen konnte man verzweifeln, doch nach zwei Tagesreisen in südwestlicher Richtung begann er, an sich selbst zu zweifeln. Zusammen mit seinen Offizieren stand er vor den Ruinen der Paläste von Persepolis, in denen die Schlangen hausten, der Schrei der Eulen erklang und das Dorngestrüpp wucherte. Der Hundertsäulensaal, das Apadana, das Tor aller Länder, das Schatzhaus – sie lagen wüst und leer, und unter dem Himmel kreisten die Raben.

»Du sollst es bewahren«, hatte Parmenion ihm damals geraten, »denn töricht ist es zu zerstören, was einem gehört.«

Er hatte geantwortet: »Du hast vergessen, was Xerxes den Griechen angetan, als er die Akropolis niederbrannte. Unser Gebot heißt Rache.«

Rachekrieg, Wiedergutmachung, Panhellenismus – wie hohl klangen ihm diese Worte. Er war ein anderer geworden und hatte andere Ziele. Und wie die Athener darüber dachten, von ihm gerächt zu werden, war ihm längst übermittelt worden: beinahe vergessene Untaten durch eine neue Untat zu rächen, Menschen heimzuzahlen, was ihre Vorfahren vor anderthalb Jahrhunderten begangen, so etwas könne nur ein makedonischer Barbar tun.

In die Paläste hätte er jetzt einziehen können, um von hier aus sein neues Reich zu regieren: als ein König in der Stadt der Könige. Wie sehr er die Brandstiftung bereute, hat Arrianus in der ihm eigenen Lakonie ausgedrückt: »Bei der Rückkehr weilte er vor den persischen Palästen in Persepolis. Was er damals getan, konnte er heute nicht mehr loben …«

Bevor Alexander nach Susa weiterzog, ernannte er an der Stelle des hingerichteten Orxines den jungen Peukestas zum Oberhaupt der Persis und Susiane, der beiden wichtigsten Satrapien. Der aus Mieza stammende Makedone war ein Mann nach seinem Herzen: daß er tapfer im Kampf war, zäh im Ertragen von Strapazen, jeder Aufgabe gewachsen, bedurfte keiner Erwähnung, denn über diese Tugenden verfügten andere auch; daß er mit dem heiligen Schild von Troja seinem Herrn in der Mallerstadt das Leben gerettet, blieb unvergessen (und hatte ihm die Beförderung zum Somatophylax, zum Edlen Leibwächter, eingebracht). Was ihn aber heraushob aus dem Kreis und ihn zu etwas Besonderem machte, war etwas anderes.

Peukestas hatte seit dem Übergang über die Dardanellen mit Hilfe eines persischen Lehrers die Sprache des Landes zu lernen begonnen und beherrschte sie nun in Wort und Schrift, vertiefte sich in die alte iranische Kultur, verkehrte mit den einheimischen Gelehrten, trug medische Kleidung, nahm in allem persische Art an. Die Bevölkerung sah in ihm *ihren* Herrscher, verehrte, ja liebte ihn, und wenn es nach Alexander gegangen wäre, hätte er gern drei Dutzend dieser Art gehabt. Peukestas war für ihn geradezu eine Modellfigur, einer, der das verwirklichen könnte, was ihm vorschwebte: die Versöhnung des Okzidents mit dem Orient.

Von ihm stammte auch der kluge Rat, auf dem weiteren Weg in Richtung Susa eine altpersische Königssitte wiederaufzunehmen, die der Reichsgründer Kyros eingeführt hatte, von seinen Nachfolgern aber vernachlässigt worden war: jeder Frau, die ihnen begegnete, ein Goldstück zu überreichen.

Beim Einzug in die Susiane meldete sich des Abends Kalanos, der indische Gymnosophist, im Königszelt und trug einen ungewöhnlichen Wunsch vor: man möge ihm erlauben, seinem Leben ein Ende zu machen. Er fühle sich mit jeder Meile, die sie gen Westen zögen, elender und elender, und nichts sei so demütigend als durch ein Leiden ein lebender Leichnam zu werden. Er sehne sich nach seinen Brahmanen, ach, hätte er sie doch nie verlassen, und habe es längst bereut, in diesem Heer mitgeführt zu werden, als sei er ein gezähmter Tiger. Von den griechischen Philosophen habe er einiges gelernt, gewiß, doch glaube er, daß sie von ihm mehr gelernt hätten; wie überhaupt niemand zu vergleichen sei mit den Weisen Indiens. Das Angebot, den Leibarzt des Königs zu konsultieren, lehnte er ab. »Nur *eine* Arznei vermag mir zu helfen«, sagte er, »und das ist das Feuer.«

Da er durch kein Zureden von seinem Wunsch zu sterben abzubringen war, schichteten sie ihm nach seinen Angaben einen Scheiterhaufen auf: aus dem Holz der Zeder, des Lorbeerbaums, der Zypresse, dem Strauch der Myrte. Die Makedonen gaben ihm Geleit mit der Kavallerie, den Elefanten, einem Trompeterkorps und scharten sich zu Tausenden um die Todesstätte.

Die Teppiche, die goldenen Schalen, die gefärbten Pelze, mit denen die Makedonen den Scheiterhaufen geschmückt hatten, verschenkte er wie auch den purpurnen Mantel, in den man ihn gehüllt hatte, und den Schimmel aus dem königlichen Marstall.

Er umarmte die Freunde und rief den Soldaten zu: »Trinket, trinket, trinket und feiert meinen Tod!« Was nicht ganz im Sinne seiner die Entsagung lehrenden brahmanischen Brüder daheim gewesen sein mag. Er stieg die Leiter empor und legte sich auf das mit Rosen geschmückte Ruhebett. Seine letzten Worte waren an Lysimachos, den ihm ergebenen Feldherrn, gerichtet: »Sage deinem König, ich werde ihn in Babylon wiedersehen ...« Mit der Hand gab er das Zeichen, die Flammen zu entzünden. Lang ausgestreckt verharrte er in der Glut und bewegte sich auch dann nicht, wie die Augenzeugen bewundernd berichteten, als die Flammen ihn erreichten.

Alexander, der sich dem Schauspiel entzogen hatte, sagte zu Hephaistion: »Er hat mächtigere Feinde besiegt als ich. Den Schmerz und den Tod.« Lysimachos wagte es nicht, ihm die Botschaft des Inders zu übermitteln, weil alle darin ein böses Vorzeichen sahen. Aristandros, der nimmermüde Seher, war auch sofort mit einem Geier zur Stelle, der über dem Scheiterhaufen gekreist sei.

Den letzten Wunsch des Kalanos erfüllten sie alle mit Freude, indem sie einen Wettkampf veranstalteten, bei dem der Preis demjenigen zufallen sollte, der am meisten ungemischten Wein trinken könne. Die Gelage in den Zelten dauerten vom Sonnenuntergang bis zur Morgendämmerung. Bei jedem Trompetenstoß mußte der efeugeschmückte Becher erhoben und auf das Wohl des Dionysos in einem Zug geleert werden. Einundvierzig Trinker starben noch in derselben Nacht unter den Tischen. Sieger blieb der Soldat Promachos mit einer Gesamtleistung von vier Choen, etwa dreizehn Litern. Stolz schmückte er sich mit dem ausgelobten goldenen Kranz im Wert von einem Talent (etwa 25 000 DM), ging in sein Zelt, legte sich nieder – und als er erwachte, war er im Hades.

Alexander selbst hatte an diesem Wett-Trinken teilgenommen, wenn auch außer Konkurrenz. Er trank mehr als je zuvor, machte die Nächte zu Tagen und die Tage zu Nächten. Manche seiner Biographen kamen zu dem Schluß, daß er Alkoholiker gewesen sein muß. Ein Rufmord, der sich hielt. In den Schulbüchern von Täbris bis Schiras wird er noch heute als »trunksüchtiger Barbar« bezeichnet. Die meisten unserer Quellenautoren nehmen zumindest an, daß es eine Zäsur in seiner Charakterentwicklung gegeben habe, beginnend mit dem Tag, da er nach dem Tod des Dareios zum Erben des achaimenidischen Weltreichs geworden war.

»Mehr dazu geschaffen, die Strapazen des Krieges zu ertragen als Ruhe und Muße, stürzte er sich in Vergnügungen, und ihn, den die Waffen der Perser nicht hatten bezwingen können, besiegten nun die Laster. Sohn des Zeus wollte er jetzt nicht nur heißen, sondern auch dafür wirklich gehalten werden, als ob man den Gedanken so gebieten könne wie den Zungen. Immer stärker neigte er den fremden Sitten zu: indem er diese, als wären sie besser als die heimischen, nachahmte, beleidigte er die Gemüter und Augen seiner Landsleute so sehr, daß seine Freunde ihn für einen Feind halten mußten. Die Gunst des Schicksals vermag einen Charakter zu entstellen, und allzu selten ist jemand seinem Glück gegenüber behutsam genug.«

Soweit Curtius Rufus. Andere Autoren sprechen davon, daß er, der als einziger Herrscher *misericordia* zu empfinden vermochte, nun kein Mitleid mehr zeigte; dort grausam handelte, wo er früher verziehen hätte, sich überhaupt seinem eigentlichen Wesen immer stärker entfremdete.

Von einer Deformation des Charakters wird man bei Alexander dennoch nicht sprechen können. Gewiß war er mißtrauischer geworden, traute selbst früheren Freunden nicht mehr, hörte lieber auf die *alexandrokolakes*, wie die Alexander-Schmeichler verächtlich genannt wurden, als auf die wenigen, die ihm Ungeschminktes zu sagen wagten. Daß er ein anderer geworden war als der über den Hellespont setzende Jüngling, entsprach dem Lauf der Dinge. Die Last, die er sich mit dem Riesenreich aufgeladen, die Aufgaben, die er sich gestellt hatte, auch die Bewältigung so

mannigfaltiger wie banaler Alltäglichkeiten, die Tatsache, daß
er sich in diesen so fremden Ländern nur auf sich selbst verlassen konnte, all das hatte ihn isoliert. *The loneliness of the reign*
hat Shakespeare das genannt. Und Alexander war doppelt ein-
sam, weil man selbst in seinem engeren Umkreis nicht begriff,
was er eigentlich wollte; und warum er so handeln mußte, wie
er handelte. Wobei die Gleichstellung der Perser mit den Make-
donen-Griechen, die Durchsetzung des Heeres mit iranischen
Soldaten, die Ernennung Einheimischer zu hohen Offizieren, die
Übernahme der dem Lande eigenen Sitten und Gebräuche für
ihn nur erste Schritte bedeuteten auf dem Weg zu seinem Ziel.
Dieses Ziel glich einem Traum, einem Traum, der die Welt
verändern sollte. Alexander war ein Träumer ...

Die Verschmelzung der Völker

Das Zelt hatte einen Umfang von über siebenhundert Metern
und wurde getragen von fünfzig Säulen aus Zedernholz. Die in
das Holz eingelegten Schmucksteine, die mit Goldfäden durch-
zogene Leinwand, die an den Wänden hängenden Silbersticke-
reien spiegelten das Licht der Fackeln. Um die kreisrunde Tafel
in der Mitte standen neunzig mit purpurnen Decken geschmückte Diwane. In die um das Zelt laufenden Wandelgänge
hatte man neunzig mit Teppichen voneinander getrennte Schlaf-
gemächer eingebaut. Die Böden waren mit Rosenblättern über-
sät. Von den Feuertöpfen wehte der Duft aromatischer Kräuter.
Aus den Schalen der Brunnen liefen roter Wein und weißer
Wein. Und die Luft war erfüllt von den Klängen der Flöte, der
Laute, der Lyra.

In diesem Ambiente aus Prunk, Pracht und Verschwendung
fand ein bis dahin beispielloses Ereignis statt: *Das Hochzeitsfest
der Zehntausend zu Susa ...*

Ein Trompetensignal ertönte, über den Rosenteppich schrit-

334

ten einundneunzig verschleierte Bräute, Töchter von hohem Adel sie alle; aus der Persis, aus Baktrien, Medien, Parthien, der Susiane. So wurden sie ihren makedonischen Bräutigamen zugeführt. Amastris, Nichte des Dareios, ging zu Krateros; die Tochter des medischen Fürsten Atropates zu Perdikkas; Artakama aus dem Hause des Artabazos zu Ptolemaios; ihre Schwester Artonis zu Eumenes; eine Schwester von des Königs illegitimer Gemahlin Barsine zu Nearchos; Apame, Tochter des rebellischen Spitamenes, zu Seleukos. Alexander selbst freite zwei Bräute: Stateira, des Dareios älteste Tochter, und Parysatis aus dem Hause des vorherigen Königs Artaxerxes III.; schien es doch sicherer, statt mit einem gleich mit zwei persischen Königshäusern verbunden zu sein. Hephaistion, den er inzwischen zu seinem Stellvertreter ernannt hatte, erhielt von ihm die Hand der Drypetis, der zweiten Tochter von Dareios, womit er zum Schwager des Freundes geworden war.

Die einundneunzig Bräute den neunzig Bräutigamen zuzuführen, ohne daß es zu Verwechslungen der Partner gekommen wäre, war der perfekten Regie des Hofmarschalls Chares zu verdanken. Einfacher war es, die makedonischen Soldaten zu vermählen, etwa zehntausend von den fünfzehntausend Überlebenden waren hier versammelt. Sie lebten in ihrer Mehrzahl bereits mit ihren asiatischen Freundinnen zusammen, und es brauchte kraft königlichen Befehls nur legitimiert zu werden, was so lange illegitim gewesen war, verbunden mit einer großzügig bemessenen Mitgift für die nun rechtmäßigen Ehefrauen und reichhaltigen Geschenken für die vielen Kinder.

»Wie in einem Becher der Liebe mischte sich, was die Völker voneinander schied, und alle tranken sie gemeinsam aus diesem Becher«, schrieb Plutarch in seinen *Moralia*, »und vergaßen der alten Feindschaft und der eigenen Ohnmacht.«

Die Kosten des fünf Tage dauernden Festes der Feste hätten selbst die noch gut gefüllte Kasse des Königs strapaziert, wären da nicht die Hochzeitsgeschenke gewesen, die aus aller Herren

Länder in Susa eintrafen. Allein den Wert der mehr oder weniger freiwillig überreichten goldenen Kränze schätzte der neue Finanzdirektor auf 15 000 Talente (das waren, wie wir rasch rechnen, 15 000 mal 25 000 DM = 375 000 000 DM). Der zu früh geflüchtete Harpalos hätte seine Freude daran gehabt. Weniger gefreut hätte er sich über das Satyrspiel *Agen*, das im Mittelpunkt des künstlerischen Programms stand. Der »Sohn des Phallos«, wie der Spottname des ehemaligen Schatzmeisters lautete, wurde hier gründlich verspottet.

Die Massenhochzeit zu Susa war schon in der Antike umstritten. In der Neuzeit, besonders im puritanischen 19. Jahrhundert, entsetzte man sich. Hier seien adlige Frauen eines besiegten Landes den Männern der Sieger zugeführt worden, als handele es sich um Stuten und Hengste. Von der Reglementierung des Menschen selbst in seinen intimsten Bereichen war die Rede; von Kopulierungen, von der Vergewaltigung der Dinge des Herzens und so fort.

»Waren das noch dieselben Männer, an denen drei Jahre vorher der Fußfall gescheitert war?« fragt Schachermeyr irritiert und gibt sich selbst die Antwort: »In der versengenden Nähe des Allgewaltigen war ihnen die eigene Meinung eben doch verdorrt und verkümmert. Jetzt beugten sie sich nur der Gleichstellungsidee, gaben sich willenlos, ja selbst mit dem Leibe, dem eben erst inaugurierten Verschmelzungsgedanken hin, als wären sie Dirnen. Daher das Unheimliche, das Gespenstische des Vorgangs. Die kraftstrotzenden Degen spielten nur eine vorgeschriebene Szene gleich eingespielten Komparsen.«

Nun haben die »Dinge des Herzens« bei der Wahl der Gemahlin in der Antike selten eine Rolle gespielt. Man heiratete nach dem vernünftigen Grundsatz, daß die Ehe eine viel zu ernste Angelegenheit sei, um sie jungen Leuten zu überlassen; die Liebe würde sich irgendwann schon einstellen. Und was die Herrscherhäuser betrifft, so wurden sie zu allen Zeiten wie ein Gestüt geführt. Es ist deshalb nicht so verwunderlich, daß aus dem Kreis der Neunzig kaum Proteste laut wurden. Überdies waren die Damen wohlgestaltet, heißblütig und von edler Abkunft. Warum sollten wir also, werden die Recken sich gesagt haben, das Spiel nicht mitspielen. Wenn überhaupt hier und da Einwände erhoben wurden, dann kamen sie von jenen, die bereits mit Orientalinnen liiert waren und nun häuslichem Ärger entgegensahen.

Für Alexander war die Massenhochzeit von Susa alles andere als ein Spiel. Er wollte ein Zeichen setzen dafür, daß er keinen Unterschied mehr zu machen gedenke zwischen Siegern und Besiegten, zwischen Makedonen und Persern. Eine symbolische Handlung, doch, wie stets bei ihm, verbunden mit einem höchst praktischen Ziel: der blutsmäßigen Verschmelzung der Völker zu einem gemeinsamen Reichsvolk. Wie anders wäre das Imperium in der Zukunft zu bewahren? Bei den Edlen kamen allerdings in erster Linie Makedonen und Iraner in Frage. Den aus diesen Ehen entspringenden Kindern sollten dann die wichtigen Regierungsämter überantwortet werden. Bei den gemeinen Soldaten durften es auch Asiatinnen anderer Herkunft sein. Diese Frauen waren als Kebsweiber rechtlos gewesen, als Ehefrauen besaßen sie und ihre Kinder die Bürgerrechte. Die Ehen in den Alexander-Städten zwischen den dort stationierten griechischen Söldnern und einheimischen Frauen wurden ebenfalls gefördert. Später sollte es zu großen Umsiedlungsaktionen kommen: phönikische Seeleute an den Persischen Meerbusen, Griechen in die Persis, balkanische Stämme in den Osten Irans. An Völkerverpflanzungen in umgekehrter Richtung von Osten nach Westen war desgleichen gedacht.

Die Bemühungen, Makedonen und Perser zu verschmelzen, die anderen Völker wechselseitig zu durchdringen, damit sie zusammenwüchsen und ineinander aufgingen, sanken mit Alexanders frühem Tod dahin. Von den neunundachtzig Hetairoi verstießen achtundachtzig die ihnen angetrauten persischen Frauen. Nur Seleukos behielt seine aus Baktrien stammende Apame. Viele der in den Städten des Ostiran angesiedelten Söld-

ner versuchten, was sie nach dem Gerücht von Alexanders Tod
bei den Mallern schon einmal vergeblich unternommen hatten:
in die Heimat durchzubrechen. Sich mit einheimischen Frauen
ehelich zu verbinden, hatten sie möglichst vermieden und lieber
ihre Schwestern oder ihre Enkelinnen geheiratet. Ob es jemals
gelungen wäre, die Verschmelzungsidee zu verwirklichen, besser, ihrer Verwirklichung näherzukommen, muß Spekulation
bleiben.

Nur soviel darf gesagt werden: Der überall aufblühende Handel, das Münzsystem, die neuen Städte, die neu erschlossenen
Märkte – und vor allem die Umsiedlungen – wären gewiß nicht
ohne Wirkung geblieben. Wie überhaupt jede Beurteilung der
Ideen des Königs berücksichtigen muß, daß vieles von dem, was
er geplant hatte, erst im Werden war, als der Tod ihn hinwegraffte. Den Gedanken der Verschmelzung in einer Zeit gehabt zu
haben, in der das Wort Platons galt, wonach alle Barbaren, und
dazu rechnete man ja die Perser, Feinde seien und es natürlich sei,
sie zu Sklaven zu machen oder gar auszurotten, kann nicht hoch
genug gewürdigt werden.

Doch zurück zu Susa, wo die Euphorie der Soldaten angesichts
der durch die Mitgift prall gefüllten Geldbeutel in dem Moment
verrauchte, als der König einen Herold ausrufen ließ, daß jedermann, der Schulden habe, sich bei den Zahlmeistern melden solle
unter Vorlage der auf seinen Namen ausgestellten Schuld-
scheine; woraufhin ihm die betreffende Summe, wie hoch sie
immer sein möge, auf der Stelle ausgezahlt werden würde. Was
ihre Euphorie eigentlich hätte steigern sollen, bewirkte das Gegenteil: In den Zelten steckte man die Köpfe zusammen, beriet
miteinander, und bald war man sich einig, daß es sich bei dieser
Ankündigung um eine Falle handele. Was anderes könne ihr
Feldherr im Sinn haben, als auf diese Art jene zu fangen, die bei
den Marketendern in der Kreide standen, Kredite aufgenommen
hatten, überhaupt mit ihrer Löhnung liederlich umgegangen waren. Es bedurfte einer erneuten Ankündigung mit der Maßgabe,

daß auch der sein Geld erhalte, der seinen Namen *nicht* nennen wolle. Nun erst kamen sie heraus aus den Unterkünften und scharten sich um die Zahltische mit den Gold- und Silbermünzen – zu Tausenden, denn die meisten hatten über ihre Verhältnisse gelebt.

Unter ihnen war auch der Hauptmann Antigenes, ein alter Haudegen, der mit einer – gefälschten – Schuldverschreibung 10 000 Drachmen kassierte. Nach seiner Entlarvung degradiert und strafversetzt, nahm er sich diese Entehrung so zu Herzen, daß er sich in sein Schwert stürzen wollte.

Der König ließ Antigenes zum Rapport bestellen, kanzelte ihn ab, betonte, daß er Tapferkeit wohl zu schätzen wisse, vorausgesetzt, sie sei größer als die Habgier, gab dem Alten seinen Posten wieder und sagte im Hinausgehen zum Schatzmeister: »Gib ihm, was er verlangte.« Eine kleine Geschichte am Rande, von Diodoros überliefert, und doch erwähnenswert, weil undenkbar im Zusammenhang mit einem anderen antiken Herrscher – alexanderhaft eben.

Die Mitgift an die Konkubinen, die Begleichung der Schulden (die allein 10 000 Talente verschlang) waren im Grunde nichts anderes als Versuche, Soldaten und Offiziere zu bestechen. Der König spürte, wie sehr es sie verdroß, ja schmerzte, daß er immer mehr Iraner in die Armee eingliederte, Kommandeursränge mit Persern besetzte, selbst die dem makedonischen Adel vorbehaltenen Leibregimenter und Leibschwadronen – wie das feudale Agema, die Garde zu Fuß – mit baktrischen, parthischen, arachosischen Offizieren durchsetzte. Und hohe Orden bekamen sie auch, diese Perser, die man verprügelt hatte bei jedem Treffen. Hatten die den Todesmarsch durch die Gedrosische Wüste mitgemacht? Sich am Jaxartes mit den Steppenreitern herumgeschlagen? Den Elefanten des Königs Poros getrotzt?

Eines Morgens bezogen die dreißigtausend jungen Iraner ihr Lager vor den Toren der Stadt, die nach dem Befehl von 331 im ganzen Land ausgehoben, in griechischer Sprache unterrichtet und in makedonischer Waffentechnik ausgebildet worden waren. Ein schwer erträglicher Anblick für jeden Makedonen: wie diese Jünglinge mit ihren makedonischen Rüstungen protzten, sich bei ihren Wehrübungen aufführten, als hätten sie die makedonische Phalanx erfunden. *Epigonoi*, Nachfolger, wurden sie genannt, und es war nicht schwer zu erraten, auf *wen* sie folgen sollten. Dieser König, der da ihre Parade abnahm, schien immer mehr asiatischen Sinnes zu werden.

Die Atmosphäre war brisant – und in Opis kam es zur Explosion. Ausgelöst wieder durch eine Maßnahme, die dem Wohl der Soldaten dienen sollte. Etwa zehntausend von ihnen, die der Krieg untauglich gemacht hatte für den Krieg, sollten, belohnt mit dem fünfzehnfachen Jahressold, in die Heimat zurückgeführt werden, eine Heimkehr, die besonders die Veteranen sich gewünscht, ja gefordert hatten. Kaum aber war die Rückkehrorder ruchbar geworden, zogen Offiziere und Soldaten vor das Königszelt, Auskunft erheischend, wann nun *alle* heimkehren dürften, oder ob sie für immer und ewig in Persien bleiben müßten, ihrer Heimat entfremdet, ihren Familien fern.

Der König, der zusammen mit den acht Edlen Leibwächtern das Podium erstiegen hatte, kam nicht dazu, ihnen zu antworten. Sie schrien ihn nieder, beschimpften ihn, warfen ihm vor, daß er seine Barbaren lieber habe als seine alten makedonischen Kampfgefährten, die für ihn gelitten, gedarbt, geblutet hätten. Dann kam der Satz, der den König bis ins Mark traf: »Führe deinen Krieg allein weiter, dein Vater wird dir schon helfen!« Das war blanker Hohn, denn mit dem Vater war niemand anderes gemeint als Zeus Ammon.

Alexander springt rasend vor Wut unter die Menge, packt

einen der lautesten Schreier, läßt ihn abführen und »Den da!« und »Diesen!« und »Den auch!«: Dreizehn sind es, die auf der Stelle zum Tigris geführt und ertränkt werden. Tausende Soldaten stehen vor dem Podium schwer bewaffnet, das Leben Alexanders ist in diesem Moment keinen Obolus mehr wert, und dennoch wagt es niemand, ihn anzugreifen. Die Aura, die dieser Mann ausstrahlt, scheint ihn zu schützen.

Er betritt wieder das Podium. Still ist es geworden. Da stehen die Männer, von Narben bedeckt, ja entstellt, in Schlachtengewittern ergraut, und sie warten, was ihnen ihr Feldherr zu sagen hat. Die Rede, die Alexander jetzt hält, ist von Arrianus und von Plutarch überliefert worden. Sie fußen auf Ptolemaios, dem Augen- und Ohrenzeugen. Wir halten es hier mit dem Altmeister Droysen, der weise bemerkt, daß es ihm gleich sei, ob die Worte bis ins einzelne authentisch seien; sie verdienten nach ihren Hauptgedanken, und die sind verbürgt, angeführt zu werden.

»Makedonen! Wer von euch kann sagen, er habe mehr für mich geleistet als ich für ihn?! Dann möge er mir seine Narben zeigen, und ich werde ihm die meinigen vorweisen. Schwerter und Dolche trafen mich im Kampf Mann zu Mann, Pfeile haben mich verwundet, die Schläge von Keulen und Steinwürfe zähle ich nicht. Ich habe mit euch Gras gegessen, fauliges Wasser getrunken, in Erdhöhlen gehaust, dem Schnee der Berge getrotzt und dem Sand der Wüsten. Von Sieg zu Sieg habe ich euch geführt, habe euch reich gemacht, euch, die ihr zu Hause in Ziegenfellen herumliefet. Wer im Kampfe fiel, starb ruhmvoll, und sein Grab wurde zum Mahnmal. Seine Eltern sind geehrt und frei von Abgaben.

Nun wollte ich jene, die des Kampfes müde sind, nach Makedonien entlassen, wo man sie mit Bewunderung und Stolz empfangen haben würde. Noch nie war geschehen, was jetzt geschieht: Ein ganzes Heer verläßt einen siegreichen König. Das, was ihr besitzt, scheint euch um den Verstand gebracht zu haben. Wer Glück zu ertragen nicht fähig ist, den wird das Unglück heimsuchen.«

Seine Stimme wurde schneidend. »Nun geht, ich halte euch nicht. Doch wenn ihr daheim ankommt, dann vergeßt nicht zu erwähnen, daß ihr euren König mitten im Feindesland im Stich gelassen habt, seinen Schutz Asiaten überantwortend. Fürwahr, das wird euch Lob eintragen, und die Götter werden euch segnen. So, und nun aus meinen Augen!«

Eine Rede, anklagend, nicht ohne Eigenlob und Selbstmitleid, undenkbar dennoch, daß ein orientalischer Herrscher oder wer sonst im alten Europa zu seinen Soldaten so gesprochen hätte. Fulminant auch die Wirkung. Als Alexander mit den *somatophylakes*, den Edlen Leibwächtern, das Podium verlassen hatte, blieb ein verstörter Haufen zurück; eine Schar von Kindern, denen der Vater die Leviten gelesen hatte, um für immer davonzugehen.

»Wer wird uns nun in die Heimat führen?« fragten die einfachen Soldaten ihre Unteroffiziere. Die gaben die Fragen weiter an die Offiziere. Und die wandten sich an die Kommandeure. Die Verwirrung steigerte sich, als sie erfuhren, daß die iranischen Generale sich in das am Tigris gelegene Schloß begaben. Ein Gerücht kam auf, wonach der Generalstab damit begonnen hatte, ein neues, ausschließlich aus Asiaten bestehendes Heer zu schaffen: mit Iranern als berittenen Kampfgefährten, Königlichen Schildträgern, Silberschildnern, Kämpfern zu Fuß, Leibgardisten, Leibwächtern; kommandiert auf allen Ebenen von Iranern.

Es war kein Gerücht. Alexander saß inmitten der persischen Nobilität, verlieh ihnen ihre neuen Ränge und machte ihnen Komplimente. Als er nach Persien hinübergegangen sei, habe er wie alle Makedonen geglaubt, auf Männer zu treffen, deren Kraft die Genußsucht, deren Moral die Korruption aufgezehrt hätte. Statt dessen mußte er am Granikos, bei Issos und bei Gaugamela erfahren, wie heldenmütig sie zu kämpfen, wie klaglos sie zu sterben wüßten.

»Ich spreche das zum erstenmal aus, doch weiß ich es längst. Ich bitte euch, in Zukunft meine Brüder zu sein ...«

Alexander spielte ein gewagtes Spiel. Er mußte die Perser für sich gewinnen, denn sie waren nun sein einziger Schutz; gleichzeitig sollten seine Landsleute da draußen erfahren, daß es ohne sie ginge – in der Hoffnung, die Nachricht von der Organisation eines neuen, rein iranischen Heeres würde sie wie ein Schock treffen und anderen Sinnes werden lassen.

Am Morgen des dritten Tages sah er, wie sie sich draußen versammelten, die Helme abnahmen, ihre Waffen zu Boden warfen und immer lauter nach ihm riefen. Er ließ sie viele Stunden lang warten, dann trat er zu ihnen und hörte sich an, was ihm der Reiteroberst Kallines zu sagen hatte.

»Du siehst, Alexander, wie verzweifelt diese Männer sind und daß sie weinen. Sie haben erfahren, daß du die Perser deine Brüder nennst und es ihnen erlaubst, dich zu küssen. Eine Ehre, die keinem Makedonen jemals zuteil geworden, und das ist der Grund, warum ...«

Der König unterbrach ihn, tränenüberströmt nun auch er. »Ihr seid desgleichen meine Brüder, ihr alle, und ich will euch in Zukunft so nennen.« Er küßte Kallines und bot auch anderen Soldaten die Wange zum Kuß. Sie nahmen ihre Waffen wieder auf und zogen »unter Freudenrufen und Lobgesängen« ins Lager zurück.

Genauso ist die Meuterei zu Ende gegangen, wie rührend die Schilderung der antiken Gewährsmänner auch anmuten mag. Das Verhältnis dieses Mannes zu seinen Soldaten und deren Gemüt, das muß in mancher Hinsicht für uns rätselhaft bleiben. Wie Alexander den Aufstand in den Griff bekam, ohne ein einziges Zugeständnis zu machen, war ein psychologisches Bravourstück. Hätte er ihn mit den persischen Truppen niederzuschlagen versucht, ein Blutbad wäre die Folge gewesen.

Die Veteranen erklärten sich nun bereit, nach Makedonien zu marschieren; von keinem Geringeren geführt als von Krateros. Die Zehntausend waren gespaltenen Sinnes: Sie freuten sich auf ihre Familien, entsannen sich aber noch genau, welch elendiges Leben sie dort geführt hatten als Bauern, Hirten, Kohlenbrenner, bevor Alexander sie aus ihren Wäldern und Hochtälern geholt hatte. Auch mochte vielen der Abschied von ihren iranischen Frauen und Kindern nicht leicht gefallen sein. Sie mitzunehmen war ihnen verboten worden: Man fürchtete, daß ihr Erscheinen daheim »große Unruhe, Streit und Zwietracht im Gefolge haben würde«, versprach ihnen aber, die von den Iranerinnen gezeugten Kinder makedonisch zu erziehen (für den Kriegsdienst also) und, nachdem sie erwachsen geworden, ihren Vätern vorzustellen.

Krateros bekam den delikaten Auftrag, Antipatros abzulösen und ihn mit neu auszuhebenden Rekruten nach Babylon in Marsch zu setzen. Alexander fürchtete nämlich, der ewige Streit seines Statthalters mit der Mutter könnte irgendwann zu einer Katastrophe führen. Oft genug hatte er von Antipatros und von Olympias Briefe erhalten, »worin sie sich gegenseitig schändlicher Taten beschuldigten, die der Würde und dem Adel von Herrschenden zur Schande gereichten«. Mit Krateros wurde er gleichzeitig einen General los, dessen Verdienste zwar unbestritten, der aber einen starren, allen Neuerungen im Wege stehenden Konservativismus vertrat.

Bevor die Veteranen abzogen, durften sie noch an der großen Versöhnungsfeier teilnehmen. Da saßen die, die ihren König kurz zuvor noch in den Hades gewünscht hatten, in seiner nächsten Nähe auf den Ehrenplätzen; ringförmig um sie herum einige vornehme Griechen, dann die Perser, in weiterem Abstand schließlich ausgesuchte Repräsentanten anderer Volksstämme des Reichs. Gemeinsam opferten sie den verschiedenen Göttern, die sie verehrten: Zeus Ammon, Herakles, Ahuramazda, Anahita, wobei griechische Seher und persische Magier die Zeremonien vollzogen. Gemeinsam schöpften sie aus dem tausend Liter fassenden Silberkessel der Achaimeniden, tranken und netzten die Erde mit dem Wein. In einem Gebet flehten sie darum, die Gottheiten möchten alle guten Dinge gewähren, vor allem aber *koinonia* und *homonoia*, die Partnerschaft und die Eintracht der Völker. Zwei Ziele, denen wir bei Alexander immer wieder begegnen. Wir finden sie am prägnantesten bei Plutarch ausgedrückt in seinem Werk *De Alexandri magni fortuna et virtute*.

»Alexander war gewillt, die Erde bewohnbar zu machen und alle Menschen zu Bürgern des gleichen Staates, des gleichen Rechts und der gleichen Obrigkeit. Wenn der große Gott, der Alexander auf die Erde herabgeschickt hat, ihn nicht so jählings zu sich gerufen, so hätte es künftig nur ein Gesetz für alle Lebenden gegeben, und die gesamte Welt wäre unter gleicher Rechtsprechung regiert worden, als sei es gleiches Licht. Wie er seinen Feldzug führte, beweist uns, daß es nicht nur um Reichtum ging, als läge Seligkeit in Raub und Beute, sondern um Eintracht und Einigkeit zur Herrschaft zu bringen, damit die Menschen in Frieden leben können.

Im Glauben, vom Himmel als Versöhner der Welt gesandt worden zu sein, ließ er alle aus derselben Schale der Freundschaft trinken. Indem er die Sitten der Völker und ihre Art zu leben vermischte, empfahl er allen, die gesamte bewohnbare Erde als ihr Vaterland zu betrachten. Alle, die ehrlichen Sinnes sind, sollten sich miteinander verwandt fühlen – nur die Bösen wären auszuschließen.«

Über das Glück und die Tugend Alexanders war ein frühes Werk des Römers, und entsprechend überschwenglich klingt auch diese Passage. Es konnte keine Rede davon sein, daß der Makedone bereits beim Übergang über den Hellespont die Eintracht der Menschheit im Sinn gehabt hätte. Dazu mußte er zuvor einen Lernprozeß durchmachen, der sich über einige zehntausend Meilen erstreckte und ihm die Erkenntnis brachte, daß das eroberte Reich nicht von den Makedonen allein bewahrt werden konnte, sondern nur zusammen mit seinen Feinden, den Iranern. Eine solche Zusammenarbeit würde nur wirksam werden, wenn seine Landsleute ihren reaktionären Nationalismus ablegten und die Perser nicht mehr als Barbaren ansahen. Deshalb das gemischte Heer, die gemischte Einwohnerschaft in den von ihm gegründeten Städten, die Versuche, Mischehen zu stiften; deshalb auch das *Gebet von Opis*, in dem er die gleichberechtigte Partnerschaft der Makedonen und Perser beschwor, ja darum flehte, daß auch die anderen Volksstämme seines Reiches Partner einer Gemeinschaft sein möchten. Und daraus folgt so wie die Nacht dem Tage: daß *alle* Völker der bewohnten Welt in Eintracht miteinander leben mögen.

Aus politischer Notwendigkeit entsproß eine Idee, besser ein Traum – *Alexanders Traum von der Verbrüderung der Menschheit.*

Wie aber sollten Brüder auf die Dauer friedlich miteinander

leben, wenn sie nicht der Überzeugung wären: Wir sind alle
Kinder eines Vaters, eines Gottes; nicht etwa nur die des Zeus,
des Ahuramazda, des Ammon, des Mithras. Das hatte der König
schon früher bekundet – religiöse Toleranz gehört zu seinen
charakteristischen Zügen –, und auch, daß er sich als ein von
Gott gesandter Weltenversöhner fühlte. Verschmelzung, Versöhnung, Verbrüderung hatten sich im Laufe der Zeit zu seinem
politischen Programm entwickelt. Da er dieses Programm nicht
mehr verwirklichen konnte, wurde es zu seinem Vermächtnis.

Angelsächsische Historiker waren es vornehmlich, die das
Bild von Alexander als dem humanen Weltbeglücker entwarfen,
dem die Verbrüderung der Menschheit vorschwebte. Es ist ein
Bild nicht ohne Idealisierung: die einzelnen Züge mögen von den
Quellen her nicht bis ins Detail beweisbar sein. Die Striche aber
sind kraftvoll und überzeugend, und wenn man das Bild gegen das
Licht hält, erscheint darin als feines Wasserzeichen das Portrait
eines Mannes, der die Welt veränderte.

Alle Menschen sollten, da sie Brüder sind, in Homonia, in
Einigkeit von Herz und Seele miteinander leben. »Es steht außer
Frage, daß er keinen fest umrissenen Plan gehabt hat. Es war ein
Traum, aber einer, der größer war als alle seine Eroberungen.
Viele haben diesen Traum geträumt, die Ehre, der erste uns
bekannte Mensch gewesen zu sein, der die Erkenntnis, daß alle
Menschen eines Gottes Kinder sind, so klar ausgesprochen hat,
diese Ehre blieb ihm. Es war das Zusammenspiel zwischen Vi-
sionen und Taten, das einen neuen Entwurf der Welt hervor-
brachte, ein Weltreich, in dem es nur einen Gott gab und eine
Nation.«

Es ist ein Ziel, dessen Erreichung aufs innigste zu wünschen
wäre. Was wäre wichtiger als die Versöhnung zwischen Orient
und Okzident?! Die Schranken der Rassen für immer zu beseitigen – wir betonen es noch einmal –, eine solche Aufgabe konnte
sich nur ein Träumer stellen. Doch wie hoffnungslos wäre alles
ohne einen solchen *Traum*, ohne *Utopie*.

Alexanders *Traum* zerstob im Chaos der Kriege, die die Diadochen um seine Nachfolge entfesselten. Den Philosophen ist es zu verdanken, wenn die *utopische Idee* dennoch am Leben blieb. Sie griffen sie auf und entwickelten sie weiter. Sie lehrten, daß ein geistiges Universum am Ende der Entwicklung der Menschheit stehen müsse. Besonders Zenon, der in Athen die Schule der Stoa gründete, wurde nicht zuletzt durch Alexander angeregt zu seiner Lehre vom kosmopolitischen Idealismus. »Das Feuer, das Alexander entzündete, hat lange nur geglommen. Vielleicht glimmt es auch heute nur, aber es ist nie erloschen und kann nie ganz ausgelöscht werden.« (Tarn)

Anfang Oktober 324 leuchtete Ekbatana, die alte Hauptstadt der Meder, in ihrer ganzen Schönheit. Der Schnee auf dem Gipfel des Orontes, die früchteschweren Bäume der Hochebene, die Zinnen und Türme der Paläste bildeten den rechten Rahmen für die Dionysien, die nach heimatlichem Brauch in dieser Jahreszeit gefeiert wurden; auch wenn viele der goldenen Ziegel des Sonnenpalastes fehlten, geraubt von den hier tätig gewesenen makedonischen Kommandanten. Der König saß an einem dieser schimmernden Herbsttage in der Loge des Stadions und spendete den Athleten Beifall, die sich im Wettkampf maßen. Der Platz neben ihm war leer, und jeder wußte warum: Hephaistion lag seit sieben Tagen mit Fieber im Bett. Dann erschien der Bote, dessen Ankunft Alexander gefürchtet hatte.

Wenige Minuten später sprang er vor den Arkaden des Schlosses aus dem Sattel. Er kam zu spät. Hephaistion war tot. Manchen Freund hatte er zu Grabe tragen müssen, der Tod des Jugendfreundes aus Pella, mit dem zusammen er aufgewachsen, von Aristoteles unterrichtet, von Philipp im Waffenhandwerk ausgebildet worden war, der zehn Jahre lang Seite an Seite mit ihm gekämpft hatte, traf ihn schwer. »Auch er ist ein Alexander«, hatte er die Mutter des Dareios beschwichtigt, als sie sich vor ihm statt vor dem König niederwarf. Hephaistion war in der Tat sein *alter ego*, sein zweites Ich.

In seiner Trauer war er so maßlos wie in seinem Zorn rasend. Wer war schuld? Wo war der Arzt? Im Amphitheater. Glaukias wurde geholt, beteuerte seine Unschuld; und er war unschuldig, wie sich herausstellen sollte, hatte der Kranke doch wider jeden ärztlichen Rat geschlemmt statt gefastet, im Übermaß Wein getrunken statt Wasser; eine bei seiner Erkrankung (man sprach später von Typhus) lebensgefährliche Unvernunft. Es half dem Glaukias nichts, Henkersknechte führten ihn ab.

Nun wiederholte sich, was nach dem Tod des Kleitos vor sich gegangen war: Drei Tage hielt Alexander die Totenwacht, verfluchte den Asklepios (die Peripatetiker behaupteten sogar, er habe befohlen, den Tempel des Gottes der Heilkunst zu schleifen), schnitt sich die Haare ab – so wie Achilleus sich den Kopf hatte scheren lassen aus Trauer um seinen gefallenen Geliebten Patroklos –, verbot Flötenspiel, Tanz, Schauspiel im ganzen Land, ließ die Heiligen Feuer löschen und schickte eine Reiterstafette zur Oase Shiwa mit der Frage an Zeus Ammon: »Darf der Verstorbene als Gott verehrt werden?«

»Nicht als Gott, aber als Heros«, lautete die Antwort.

In seiner Umgebung trauerte man nur zum Schein. Hephaistion war bei den meisten Hetairoi nicht beliebt gewesen. Eumenes und Krateros hatten ihn sogar gehaßt, den Schmeichler, Schönling, Ohrenbläser, für den sie ihn von jeher hielten. Als Alexander den Auftrag gab, dem Toten in Babylon einen gewaltigen Scheiterhaufen zu errichten, dazu ein Grabmal, höher noch als der babylonische Tempelturm, und dreitausend Sänger und Musikanten für den Leichenzug zu engagieren, taten sie, wenn auch mit innerem Kopfschütteln ob dieser Megalomanie, ihre Pflicht. Eumenes stellte zähneknirschend 10 000 Talente aus dem Etat bereit für das gigantischste Begräbnis aller Zeiten.

Alexander fluchte den Göttern, floh die Menschen und vergrub sich in seinem Schmerz. Um ihn abzulenken, übertrieben die Hetairoi die Meldungen vom Aufstand der Kossäer, einem jener wilden Bergstämme, die ihren Nacken niemandem beugten, und von ihren Drohungen, nur dann den Weg nach Babylon freizugeben, wenn ihnen ein hohes Lösegeld gezahlt würde. Die Rechnung der Generale ging auf. Der König ließ sofort das Lager abbrechen und zog in zwei Kolonnen, des Winters nicht achtend, in die Bergtäler, trieb die Hirtenkrieger aus ihren Höhenstellungen und zerstörte die Raubtürme. Ein auf beiden Seiten gnadenlos geführter Partisanenkrieg begann, der mit der Ausrottung der Kossäer endete. Die wenigen Gefangenen ließ der König töten, besser, Hephaistion als Totenopfer darbringen, wie es einem verstorbenen Heros zukam.

Wer sich als Reisender nach Hamadan verirrt, wie die im Iran gelegene Stadt Ekbatana heute heißt, wird kaum mehr etwas finden aus den Tagen des Glanzes. Bis auf Sang-i-Schir, den monumentalen steinernen Löwen, von den Makedonen hier errichtet zum Gedenken an den verstorbenen Hephaistion. Was seit Jahrhunderten niemand mehr weiß, wären doch sonst die Frauen nicht zu dem Löwen hinaufgeklettert, um kleine bunte Steine, Bittvotive, in seiner Mähne zu plazieren. Das Ehrenmal des königlichen Homophilen als letzte Hoffnung auf Kindersegen! Klio, die Muse der Geschichte, leistet sich gelegentlich pikante Scherze.

ALEXANDER – EIN GOTT?

Als Alexander im Jahre 331 vor Babylon stand, öffneten sich die Tore, der Satrap Mazaios übergab ihm die Stadt und bereitete ihm einen Triumph. Diesmal wollte man ihn daran hindern, die Stadt zu betreten; nicht mit der Gewalt von Soldaten, dazu war man zu schwach, aber mit der magischen Kraft zweier älterer langbärtiger Herren, Chaldäer genannt. Aus den Sternen hätten sie gelesen, so ließen sie dem König übermitteln, daß ihm Unheil drohe, wenn er in Babylon einzöge. Alexander, der, wie wir wissen, alle Omina, die guten und die bösen, zu beachten pflegte, wurde mißtrauisch, als ihm der Zusammenhang zwischen dem von ihm befohlenen

Wiederaufbau des Etemenanki, des Turms von Babylon, und den Einkünften der Priester klar wurde. Sie hatten nämlich die Bauarbeiten sabotiert, um den Tempelschatz für »wichtigere Dinge« zu verwenden.

Bedenklich war da schon, was der Eingeweideschauer Peithagoras (der den Tod des Hephaistion vorausgesagt hatte) zu verkünden wußte: Auch diesmal habe die Leber des Opfertieres keinen Lappen aufgewiesen. Jeder wußte, daß das ein besonders übles Vorzeichen war. Und was hatte Kalanos gesagt, bevor er den Scheiterhaufen bestieg? »In Babylon, o Alexander, werden wir uns wiedersehen.« Es wäre Torheit gewesen, die Götter herauszufordern. Der König ließ einen Teil des Heeres in Babylon einmarschieren, er selbst nahm Quartier in dem westlich des Euphrat gelegenen Borsippos. Als aus der Stadt gemeldet wurde, daß Tag für Tag Delegationen aus aller Welt einträfen mit der Bitte um Audienz, siegte die Staatsraison über die Omina, und der König bestieg die von acht medischen Schimmeln gezogene Staatskarosse.

Wie er die einzelnen Gesandtschaften empfing, war so großartig inszeniert, daß auch die Skeptischen unter ihnen zu glauben begannen, daß dieser König ein Gott war. Sprachlos erst, dann staunend, schließlich ehrfürchtig warteten sie vor dem von Kriegselefanten und Bogenschützen flankierten Prunkzelt. Vom Zeremonienmeister geführt, passierten sie die mit Elfenbein und Silber inkrustierte Säulenhalle und standen im Audienzsaal. Dort saß Alexander, bewacht von fünfhundert makedonischen Silberschildnern und von den persischen Unsterblichen mit ihren granatapfelförmigen Speerspitzen, auf goldenem Thron, angetan mit dem Gürtel, der Tunika und dem Diadem der Großkönige, umwölkt vom Weihrauch, beleuchtet vom flackernden Schein der Heiligen Feuer.

Griechen wurden als erste zugelassen. Sie erschienen mit Blumen und Kränzen geschmückt, so wie beim Tempelbesuch, und demonstrierten damit, daß dieses Zelt eine Stätte der Gott-

heit sei. Im Gegensatz zu den Makedonen machte es den Hellenen nichts aus, Alexander als Gott zu verehren. Sie brachten ja
auch ihren aus Verbindungen von Göttern mit Menschen ent-
sprossenen Heroen Opfer dar. Mit den Olympiern standen sie
ohnehin im 4. Jahrhundert auf Duzfuß, wußten um deren Schwä-
chen und daß sie mit sich selbst genug beschäftigt waren, als daß
sie sich um Irdisches groß hätten kümmern können. Warum also
nicht einem gottähnlichen Menschen mehr Verehrung entgegenbringen als einem menschenähnlichen Gott? Den Athenern,
dieser dekadenten, alles in Frage stellenden Gesellschaft, war das
alles ohnehin Hekuba. Und die Spartaner ließen, ähnlich wie
Demosthenes, mit dem ihnen eingeborenen Hochmut ausrichten: »Wenn Alexander der liebe Gott sein möchte, sei er es.« Der
Gott revanchierte sich für die ihm überreichten goldenen Kränze
mit den einst von Xerxes in Griechenland gestohlenen Wert-
objekten. Kunstraub durch die Eroberer war damals so gang und
gäbe wie zu allen Zeiten (wobei Napoleon sie alle übertraf).

Es gab auch lästige Delegationen. Wie die aus den griechischen
Städten, die so untertänig wie nachdrücklich forderten, vom
Verbanntendekret ausgenommen zu werden. Da die Bürger in
den griechischen Städten sich in nicht enden wollendem Hader
zu zerstreiten pflegten, vertrieb die obsiegende Partei – mal waren
es die Demokraten, mal die Aristokraten – die unterlegene aus
der Heimat. Viele Verbannte vermochten nur zu überleben, indem sie sich irgendeinem Tyrannen als Söldner verdingten. Die
persischen Großkönige galten hier als die beste Adresse. Die aber
gab es nicht mehr, und Zehntausende vagabundierten nun durch
Kleinasien und Griechenland, ein gefährliches Potential der Unruhe, ja Bedrohung.

Alexander hatte daraufhin das Verbanntendekret erlassen. Er
überschritt damit nicht nur seine Befugnisse als Hegemon des
Korinthischen Bundes, sondern handelte wider jede Vernunft,
denn nicht wenige der Verbannten waren seine politischen Gegner. Er schickte Nikanor, den Schwiegersohn des Aristoteles, zu

den Olympischen Spielen des Jahres 324 mit dem Auftrag, das Dekret dort zu verlesen.

»Der König Alexander den Verbannten seinen Gruß! An Eurer Vertreibung sind wir nicht schuld, doch die Rückkehr an den eigenen Herd wollen wir hiermit bewirken – mit Ausnahme jener, deren Hände mit Blut befleckt oder die mit dem Fluch der Tempelschändung beladen sind.« Die zwanzigtausend Verbannten, die sich in Olympia versammelt hatten, jubelten ihm zu. Für viele kam der Jubel zu früh: Als sie in ihre Heimat zurückkehrten, fanden sie ihre Häuser, ihre Werkstätten, ihre Landgüter im Besitz jener, von denen sie einst vertrieben worden waren. Fehden, Kämpfe, Rechtsstreitigkeiten waren die Folge – ein Akt der Humanität schien in sein Gegenteil umzuschlagen. Alexander nahm es in Kauf, seiner *Idee* zuliebe, wonach auch die Bürger der griechischen Polis in seinem Reich friedlich und gleichberechtigt miteinander leben sollten.

Babylon im Frühjahr war immer noch heißer als Athen oder Sparta im Sommer. Die Schwüle lag wie ein schweres feuchtes Tuch über der Stadt. Auf dem Wasser der kleinen Buchten des Tigris schwamm stinkender grünlicher Schlamm. Die Nebel am Morgen schienen schweflig gelb. Kein Windhauch regte sich. Fieberdünste waberten über den Flußniederungen. Aus den Hallen des Königspalastes tönten bis zum Morgengrauen Lärm und Gelächter der Trunkenen. Der König zechte mit seinen neuen persischen Freunden. Er trank soviel wie Philipp, der Vater, wies den Wasserkrug zurück, mit dem ihm der Mundschenk den Wein verdünnen wollte. An seinem Tisch saß Roxane, die wieder schwanger war und die Göttin Anahita anflehte, das Kind diesmal am Leben zu erhalten. Nach Babylon war sie eigens von Baktrien gekommen, weil der Thronfolger hier zur Welt kommen sollte; denn von hier aus sollte, so glaubte sie, die Welt fortan regiert werden. Am selben Tisch saßen auch Stateira und Prysatis, den haßerfüllten Blicken Roxanes ausgesetzt, die ihre Eifersucht auf die beiden Nebenfrauen nur schwer zügeln konnte. Doch die Stunde würde kommen …

Der König schlief bisweilen zwei Tage und zwei Nächte hintereinander, doch der Schlaf, der früher sein Freund gewesen war, ihn selbst vor einer Schlacht nicht im Stich gelassen hatte, brachte ihm keine Erholung mehr. Beim Gelage konnte er stundenlang wortlos dasitzen und auf den leeren Diwan starren, der früher Hephaistions Platz gewesen war. Das Strahlende, Heiter-Lebensfrohe, das immer von ihm ausgegangen war, schien erloschen. Seine Arbeitskraft blieb trotz allem ungebrochen, sein Verstand scharf und sein Gedächtnis erstaunlich. So, wenn er vor den Gesandten aus Karthago lange Passagen aus der *Ilias* zitierte. Der Homer lag noch immer zusammen mit dem Dolch unter seinem Kopfkissen. Die Karthager hatten sich beeilt, den »Herren über Länder und Meere« anzuerkennen, eine Bezeichnung, die ihnen als Beherrscher des westlichen Mittelmeers nicht gefallen konnte, aber als gewiefte Diplomaten ließen sie sich nichts anmerken. Auch die anderen Völker des Mittelmeers waren bemüht, sich mit dem Mann gutzustellen, in dessen Händen ihr Schicksal lag.

Es kamen die Iberer, auf deren Halbinsel, wie man wußte, das Silber wuchs. Und die Männer aus der Kyrenaika, heute Wüste, damals eine Kornkammer. Und die Libyer und Aethiopier. Und die Thraker, Geten, Kelten, Illyrer vom Balkan. Die Sikiler erschienen und die Sarden. Aus Italien meldeten sich die Brukterer, Lukaner und die Etrusker, die in aller Unschuld die Freiheit der Meere forderten – für ihre Piraten. Auch Rom schickte Gesandte, Rom, das auf dem langen Marsch zur Weltmacht gerade über Latium hinausgegriffen und Capua eingenommen hatte, die Griechenstädte Kampaniens im Visier, und nun in einem mörderischen Kampf mit den Samniten auf das Wohlwollen des Makedonen erpicht war. (Daß Alexander nicht länger gelebt habe, schrieb Plutarch, dafür könnten die Römer ihren Göttern nicht genug danken.)

Immer wieder galt es, Grenzstreitigkeiten zu schlichten, einen Schiedsspruch zu fällen, zu loben oder zu tadeln. Die Zahl derer, die aus ihren Ländern aufbrachen, um sich bei Alexander ihr Recht zu holen, nahm zu, nachdem sich herumgesprochen hatte, daß der Richter in Babylon ein guter Richter war. Nebenher liefen die Besprechungen mit den Architekten, die ihre Entwürfe vorlegten für die Errichtung neuer Tempelanlagen in Delos, Amphipolis, Dodona, Ilion, für die Erweiterung der Kais in Babylon, für die Regulierung des mesopotamischen Kanalsystems. Deinokrates, der das ägyptische Alexandreia gebaut hatte, präsentierte immer wieder seine Papyrusrollen mit Plänen für Bauten von wahrhaft gigantischen Ausmaßen.

Dazu gehörte ein fünfgeschossiger Grabturm für Hephaistion; eine Pyramide zum Gedenken an Philipp, höher als die des Pharao Cheops; und, nicht mehr zu übertreffen in ihrer Monstrosität, eine Portraitstatue des Königs, herauszuschlagen aus dem Vorgebirge Athos, mit einer Stadt auf der linken Hand und einer Opferschale auf der rechten, aus der ein Fluß zum Meer hinabstürzt. Aufgrund dieser Pläne haben moderne Mediziner bei Alexander die Symptome eines *wahnhaften Größengefühls* diagnostiziert. Begonnen wurde mit keinem der Projekte des rhodischen Baumeisters.

Um so energischer wurde eine erneute Reform der Armee vorangetrieben. Peukestas hatte zwanzigtausend junge Perser in seiner Satrapie ausgehoben und als Speerwerfer, Bogenschützen und Schleuderer ausbilden lassen. Zum erstenmal wurden sie nicht mehr als gesonderte Truppenteile geführt, sondern auf die einzelnen makedonischen Verbände aufgeteilt, dergestalt, daß in der Phalanx die beiden ersten Glieder und das letzte Glied von mit Sarissen bewaffneten Makedonen gebildet wurden, die Zwischenglieder dagegen von Persern, die mit ihren Pfeilen und Speeren über deren Köpfe hinwegschießen sollten. Die Reform entsprach der Politik der Partnerschaft und den neuen militärischen Gegebenheiten, kombinierte Waffen einzusetzen. Perser und Makedonen waren nun gleich – sieht man darüber hinweg, daß letztere etwas gleicher waren: Sie bezogen einen höheren Sold.

Im Frühjahr 324 machten an den Kais von Babylon im Abstand von einigen Wochen zwei Schiffe fest, die jedesmal schmerzlich erwartet worden waren. Ihre Kapitäne ließen sich, kaum daß die Ruderer die Riemen aus der Hand gelegt und das Segel gerefft hatten, im Palast melden und erstatteten Bericht über ihre Expedition. Androsthenes war bis zur Insel Tylos gekommen, dem heutigen Bahrain, und berichtete Wunderdinge von Orangenplantagen, Mangrovenwäldern, reichen Perlenbänken, und wie ideal die Küste sei zur Gründung eines neuen Alexandrien. Kapitän Hieron hatte sogar das Kap Maketa (Musandam) erreicht, war dann aber, erschreckt durch die unendlich scheinenden Gestade des Golfs von Oman, umgekehrt. Diese Halbinsel Arabien, meinte er, müsse wohl noch größer sein als Indien. Ein drittes Schiff war, den umgekehrten Weg wählend, vom heutigen Suez aus in See gestochen, mußte jedoch wegen Wassermangels aufgeben. Alle drei aber glaubten das bestätigen zu können, was bisher eher als wahnwitzige Übertreibung galt: in diesem Land, genauer im Tal von Hadramaut, gedeihe etwas, was man mit Gold aufzuwiegen pflegte – Gewürze und Balsame. Und zwar in solchem Überfluß, daß die Beduinen in kalten Wüstennächten ihre Lagerfeuer mit Zimtsträuchern, Weihrauch und Myrrhe schürten.

Der *pothos* schien Alexander wieder gepackt zu haben, jene unsagbare Sehnsucht. Arabien, dessen Herrscher *keine* Delegation nach Babylon entsandt hatten, zu entdecken und zu erobern, gleichzeitig eine Verbindung zu schaffen zwischen dem Zweistromland und Ägypten und damit einen uralten Handelsweg wiederzubeleben – ein solches Unternehmen mußte ihn reizen. Und wäre der nächste Schritt dann nicht die Umsegelung Afrikas bis zu den Säulen des Herakles? Und was wohl würden die Karthager machen, wenn man plötzlich von Westen her vor ihren Mauern erschiene?

Für das »Unternehmen Arabien« brauchte man seetüchtige Schiffe und erfahrene Seeleute. Die Schiffe wurden in den neuen Werften in Babylon auf Kiel gelegt, wo gleichzeitig ein Binnenhafen entstand, dessen Becken Platz für ganze Flotten bieten würden. In Zypern zerlegte man einige der neuen Fünfzigruderer und schaffte die einzelnen Teile mit Kamelkarawanen nach Thapsakos am oberen Euphrat. Die Seeleute holte man sich dort, wo die besten von ihnen beheimatet waren: in Phönikien. Der Grieche Mikkalos, der sie anheuern sollte, brauchte nicht zu sparen: Er verfügte über fünfhundert Talente, als er in Sidon seine Werbebüros eröffnete. Schwierigkeiten gab es bei der Beschaffung von Holz für den Schiffsbau. Die Länder an Euphrat und Tigris waren gesegnet mit fruchtbaren Feldern, aber arm an Wäldern. Und so fielen die großen Zypressenbestände in den ausgedehnten Parks Babylons der Axt zum Opfer.

Alexander fuhr inzwischen den Euphrat hinab, inspizierte den für die Aufnahme der Frühjahrsüberschwemmungen lebenswichtigen Pallakottos, ließ Kanäle ausbessern, andere verlegen, erreichte schließlich das Mündungsgebiet und die offene See. Auf der Rückfahrt geschah etwas, was seine Männer mit Schaudern erfüllte. Das Steuer mit beiden Händen führend, riß ihm der Wind die Kausia mit dem Diadem vom Kopf und wehte sie ins Wasser. Ein phönikischer Matrose sprang sofort über Bord, fischte den königlichen Hut aus dem Schilf und band sich das Diadem, um besser schwimmen zu können, um die Stirn. Die höchste Würde des Königs auf dem Kopf eines einfachen Mannes, das konnte nur Unheil bedeuten. »Töte ihn, o König, und du tötest das Omen!« rieten ihm die Seher. Der aber entschied anders. »Züchtigt ihn, weil er das Diadem so wenig geachtet; belohnt ihn mit tausend Drachmen, weil er schneller und mutiger war als ihr alle.«

Die Krankheit zum Tode

In jenem letzten Jahr in Babylon war Alexander immer mehr zu einem orientalischen Herrscher geworden: in seiner Kleidung, seinem Auftreten, seinem Gefolge. Im Grunde seiner Seele aber blieb er ein Makedone, eine Daseinsform zwischen zwei, besser: *in* zwei Welten, die auf Dauer nicht problemlos gelebt werden konnte. Vergleiche hinken bisweilen, dennoch bleibt es interessant, wenn man in diesem Zusammenhang Thomas Edward Lawrence bemüht, der im Ersten Weltkrieg den Kampf der Araber gegen die Türken organisierte. In seinem Bericht über diesen Aufstand schrieb er: »Was mich betrifft, so war es so, daß die Anspannung all dieser Jahre, im Gewand der Araber zu leben und ihre Gedanken zu denken, mich meines englischen Ichs beraubte. Bisweilen diskutierten diese beiden Ichs, gleichsam im leeren Raum, miteinander, und dann war ich einer Geistesgestörtheit sehr nahe – so nahe, denke ich, wie jemand, der die Dinge gleichzeitig durch die Schleier zweier Lebensweisen sieht, zweier Erziehungssysteme, eben zweier Welten … Ich hatte eine Form abgestreift, ohne eine andere wirklich anzunehmen; und das Ergebnis war das Gefühl tiefer Vereinsamung und der Verachtung – nicht so sehr der Menschen, aber all dessen, was sie taten …«

Ende Mai 323 begann der Khamsin durch die Straßen Babylons zu wehen, der den Sandstaub aus der Wüste brachte und den Himmel verdunkelte. Er begleitete den letzten Tag der großen Trauer um Hephaistion. Sein Tod hatte Alexander tief getroffen, doch beschloß er, daß nun genug getrauert worden sei. Das Leben forderte seine Rechte, und als Nearchos ihn zu einem Festbankett einlud, sagte er zu. Weit nach Mitternacht, die ersten Gäste begannen bereits aufzubrechen, trat Medeios an ihn heran und meinte, daß es schade sei, den Aufgang der Sonne im Bett zu verschlafen, anstatt sie in seinem Quartier mit einem Umtrunk zu begrüßen. In der Residenz des Thessaliers tranken sie weiter, brachten Trinksprüche aufeinander aus. Der silberne Becher des Herakles, der sechs Liter faßte, ging reihum.

Alexander schläft den ganzen nächsten Tag seinen Rausch aus, wacht mit Fieber auf, einen heißen Kopf aber hat man in dieser Gegend oft, und so nimmt er ein Bad, läßt sich massieren, begibt sich am Abend wieder zu Medeios. Er mag den geistreichen, humorvollen Mann, der diesmal lediglich achtzehn Gäste geladen hat, einen kleinen erlesenen Kreis; unter ihnen Ptolemaios, den nunmehrigen Chiliarch Perdikkas, den Admiral Nearchos, den Chef der Kanzlei Eumenes, den Perserfreund Peukestas, den Löwenjäger Lysimachos, des Antipatros' Sohn Kassandros, den Leibarzt Philippos, den Mundschenk Iollas. Man geht bald vom gemischten zum ungemischten Wein über. Der Herakles-Becher kreist wieder. Der König zitiert, wie um zu beweisen, wie wenig ihm Dionysos anzutun vermag, lange Verse aus der *Andromeda* des Euripides. Iollas füllt den Becher aufs neue (nicht ohne vorher seine Hand mit dem Wein zu benetzen und sie abzulekken), reicht ihn dem König. Der trinkt in langen Zügen, stöhnt plötzlich auf, preßt die Fäuste in den Magen und sinkt zu Boden.

Ein Zwischenfall, der viele glauben ließ, und noch glauben läßt, daß Alexander vergiftet worden sei. Der Mundschenk habe von seinem Bruder Kassandros das todbringende Gift bekommen, das der »in einer bleiernen Büchse, die in einem Eselshuf steckte«, aus Makedonien eigens mitgebracht. Antipatros sei der Urheber des Anschlags gewesen, da er doch fürchten mußte, daß er mit der Ankunft von Krateros und seinen Veteranen abgesetzt werden würde. Ein Motiv also hatte der Alte. Es spricht einiges gegen diese Version, auch aus medizinischer Sicht: Der König hat noch dreizehn Tage nach jenem Zusammenbruch gelebt; in der Antike aber pflegte man rasch wirkende Gifte in hoher Dosis zu benutzen, langsam wirkende Toxika waren kaum bekannt; auch wiesen Krankheitsverlauf und Symptome nicht auf eine Vergiftung hin. Abgesehen davon hat der Tod großer historischer Persönlichkeiten noch immer der Fama genügend Stoff geboten, dahinter ein »Rätsel« zu vermuten, sprich einen Tod durch Dritte.

Philippos verabreicht seinem Patienten ein Brechmittel und später ein Abführmittel. Er vermutet demnach nichts anderes als die Folgen exzessiven Alkoholgenusses, sprich einen schweren Kater, zieht aber nach einem heftigen Fieberanfall zwei Kollegen hinzu. Um das Fieber zu senken, verordnen sie einen Sud aus Efeublättern und Wein. Der König fühlt sich am nächsten Morgen besser, badet wieder, ißt Fasanenpastete und bittet Medeios zum Würfelspiel. Als er gegen Abend die Opfer darbringen will, ist er jedoch so schwach, daß er sich in einer Sänfte zu den Altären tragen lassen muß. In der Nacht wälzt er sich in Fieberschauern auf seinem Bett, kleidet sich dennoch an und bespricht die Termine für den Beginn des Arabienfeldzugs: Abmarsch des Heeres am vierten Tag; Auslaufen der Flotte am fünften Tag. Nearchos, der unangemeldet erscheinen darf, schneidet, um Alexander abzulenken, dessen Lieblingsthema an: die Flotte und den Ozean.

Am Abend läßt der König sich über den Euphrat setzen und verbringt die Nacht in den Gärten des Sommerpalasts. Die Fontänen der Brunnen kühlen die mit dem Duft der Rosen und Hyazinthen geschwängerte Luft. Nach einem Bad in einem der marmornen Becken, das ihm Linderung bringt, muß er beschlossen haben, die Krankheit zu ignorieren. Anders ist es nicht zu erklären, daß er die Generale empfängt und mit ihnen so zweitrangige Dinge bespricht wie die Besetzung freier Offiziersstellen. Weil ihm die Stimme plötzlich versagt, muß die Besprechung abgebrochen werden. Der dritte Fieberanfall foltert ihn und läßt ihn so sterbenskrank erscheinen, daß Peukestas und Seleukos sich in den Tempel eines babylonischen Heilgotts begeben und die Priester fragen, ob der Kranke an ihren Altären Heilung finden würde.

Die Priester haben nicht die Absicht, durch einen offensichtlich hoffnungslosen Fall ihren Ruf zu riskieren. Sie bescheiden zweideutig: »Dem König wird wohler sein, wenn er bleibt, wo er ist ...«

Über Alexanders letzte Tage sind wir durch die *Ephemeriden* gut unterrichtet. Daß gerade diese Seiten der Tagebücher erhalten geblieben sind, hat die Historiker an eine Manipulation glauben lassen. Doch, wie Mommsen einmal bemerkte, entwickelten seine Kollegen immer dann besonderes Mißtrauen, wenn Geschichte spannend zu werden drohe. Scheint der Krankheitsverlauf einen Giftanschlag weitgehend auszuschließen, die Annahme, wonach es sich um Malaria handelte, und zwar um ihre schwerste Erscheinungsform, die *malaria tropica,* ist durchaus einleuchtend. Das Sumpffieber galt als Geißel des Zweistromlands. Wahrscheinlich hat der König sich beim Befahren der Kanäle, wahren Brutstätten der Moskitos, infiziert. Sein durch die vielen Verwundungen, die Strapazen der Feldzüge, die alkoholischen Exzesse geschwächtes Immunsystem setzte Infektionen nur wenig Widerstand entgegen. Malaria demnach – ein Rest von Unerklärbarem, Ungewissem, Dunklem lastet dennoch über seinem Ende.

Der König wird schwächer und schwächer. Seine Versuche, die Krankheit mit seinem Willen zu bezwingen, jener dämonischen Kraft, mit der er bisher jeden Widerstand gebrochen hat, zeigen noch einmal den großen Alexander. Er bestätigt die Termine des Aufbruchs nach Arabien, gibt dann erneuten Befehl: der Abmarsch sei um vierundzwanzig Stunden zu verschieben. Apathisch dämmert er vor sich hin. Draußen vor den Toren rotten sich die Soldaten zusammen, doch nicht, wie in Opis, um zu meutern, sondern um zu erfahren, wie es um ihren König stehe. Einige hundert dringen schließlich in den Palast ein, dann in das Schlafzimmer, legen ihre Waffen nieder; in tiefem Schweigen, die Gesichter tränenüberströmt, ziehen die alten Recken an seinem Ruhebett vorbei. Er versucht ihnen zu danken, doch seine Hand sinkt kraftlos herab, nur noch mit den Augen vermag er sie zu grüßen.

»Wem überläßt du dein Reich?« wird er von den um sein Bett versammelten Generalen gefragt. Er antwortet: »Dem Würdigsten.« Nach einer anderen Lesart: »Dem Stärksten.« Beide Versionen sind legendär. Er vermochte gar nicht mehr zu sprechen. Es gelang ihm lediglich, seinen Siegelring vom Finger zu streifen und ihn Perdikkas zu überreichen. Das hieß nicht, der Chiliarch solle sein Nachfolger werden, sondern eher, er möge kraft seines Amtes vorläufig die Geschäfte führen.

Alexander starb am 13. Juni 323 vor Christus, wenige Wochen vor seinem dreiunddreißigsten Geburtstag. Mit seinem Tod versank sein Reich in Blut, Asche und Tränen.

Es rächte sich, daß er es beim Aufbruch in Makedonien abgelehnt hatte, zu heiraten und Nachkommen zu zeugen. Auch unter seinen Verwandten gab es niemanden, der ihm hätte nachfolgen können: Er hatte sie bei seiner Thronbesteigung alle umgebracht. Roxane, seine rechtmäßige Frau, war schwanger, ob sie aber seinen Sohn gebären würde, stand in den Sternen. Der fünfjährige Herakles war als Sohn der zur linken Hand angetrauten Barsine nicht ebenbürtig. Blieb Alexanders Halbbruder Arridhaios, der schwachen Geistes war (was ihn seinerzeit vor dem Ausmorden der Verwandtschaft bewahrt hatte), in dessen Adern indes immerhin das Blut des Königs Philipp floß – für die von altmakedonischem Geist erfüllten Soldaten der Heeresversammlung Grund genug, ihn drei Monate später zum König, Philipp III., zu wählen, wobei sie sogar die Kröte schluckten, den inzwischen von Roxane zur Welt gebrachten Sohn als Alexander IV. gleichberechtigt anzuerkennen.

Ein Schwachsinniger und ein Kind mit Krateros als Vormund (der mit den Veteranen auf dem Weg in die Heimat war), Perdikkas als in ihrem Namen handelnder Wesir, Antipatros als eine Art Vizekönig von Makedonien, dazu die Aufteilung des Imperiums unter die einzelnen Paladine – Ptolemaios bekam Ägypten, Antigonos Phrygien, Lysimachos Thrakien, Eumenes Kappadokien, Nearchos Lykien, Seleukos Babylonien, Peukestas blieb für die Persis zuständig und Antipatros für Makedonien und Griechenland – diese neue Reichsordnung trug von Beginn an den Keim des Unfriedens. Und das Verhängnis nahm seinen Lauf.

In dem nun ausbrechenden, sich über Jahrzehnte hinziehenden Krieg der Nachfolger, Diadochen genannt, wechselten die Bündnisse, und bald kämpfte jeder gegen jeden seinen mörderischen Kampf.

Perdikkas, der die Alleinherrschaft anstrebte, verwickelte sich in einen Zweifrontenkrieg und wurde beim Übergang über den Nil von seinen eigenen Männern erstochen. Krateros verlor in Kleinasien gegen Eumenes und starb unter den Hufen seines Pferdes. Eumenes fiel dem Mordbefehl des Antigonos zum Opfer. Antigonos schlug Ptolemaios zur See vor Zypern und wurde bei Ipsos im Kampf gegen Ptolemaios, Lysimachos, Kassandros und Seleukos tödlich verwundet. Lysimachos verlor gegen Seleukos die Schlacht und das Leben, und Seleukos traf der Mordstahl, als er nach Makedonien zurückkehren wollte. Antipatros starb als einer der wenigen den Strohtod, sprich: im Bett; sein Sohn Kassandros, der angebliche Giftmörder Alexanders, geriet mit der Erbfeindin Olympias aneinander. Sie tötete Hunderte seiner Freunde und Verwandten, auch den armen Arridhaios, mußte aber nach einer neunmonatigen Belagerung der Stadt Pydna kapitulieren und wurde zum Tod durch Steinigung verurteilt. (»... von Steinwürfen, denen sie festen Blickes die Brust darbot, zu Boden geschmettert, ohne Klage oder Tränen, sterbend noch die greisen Haare ordnend und den sinkenden Leib in das Gewand hüllend.«)

Auch Roxane fiel dem Wüten des Kassandros zum Opfer. Als sie Griechenland besuchte, ließ er sie in Amphipolis zusammen mit ihrem Sohn Alexandros in den Kerker werfen und sandte nach jahrelanger Haft den Befehl: »In aller Stille mordet den Knaben und die Mutter, verscharrt die Leichname, sagt niemandem, was geschehen ist.«

Roxane büßte dafür, daß sie Stateira, Tochter des Dareios, die Alexander auf der Massenhochzeit in Susa zur Frau genommen hatte, in Babylon die Kehle hatte durchschneiden lassen, in der Furcht, auch die schwangere Stateira würde einen Thronfolger gebären. Barsine, die sich in Pergamon sicher fühlte, ereilte zusammen mit ihrem Sohn Herakles ihr Schicksal. Sisygambes, die Mutter des Dareios, hungerte sich aus Verzweiflung über den Tod Alexanders zu Tode.

Die Diadochen stritten nicht nur um den Thron, sie stritten auch um den Besitz von Alexanders Leichnam. Zwei Jahre lag er dort, wo er gestorben war, im Schlafgemach des Sommerpalasts zu Babylon, von aus Ägypten geholten Priestern einbalsamiert. Wer ihn sein eigen nennen, wer sein Grabmal auf seinem Territorium errichten konnte, würde über ein Statussymbol verfügen. Ptolemaios hatte das als erster erkannt. In der Oase Shiwa bestattet zu werden, dort, wo die Priester ihn einst als Sohn des Zeus Ammon begrüßt und die Herrschaft über die bewohnte Erde prophezeit hatten – so lautete der letzte Wille des Königs.

Der griechische Ingenieur Philippos hatte daraufhin einen Leichenwagen konstruiert: mit gefederten Achsen, einem Glokkengeläut und vier Deichseln, vor die vierundsechzig Maultiere gespannt wurden. Der Wagen trug den Marmorsarg, auf dessen goldenem Deckel die Rüstung Alexanders und der Schild aus Troja lagen. Darüber wölbte sich ein von elfenbeinernen Säulen gehaltener, mit Juwelen geschmückter Baldachin, als sei er das Himmelszelt. Kolonnen von Technikern eilten dem Zug voraus, ebneten die Wege, verstärkten die Brücken, legten neue Straßen an, denn der Zug wurde begleitet von Tausenden von Reitern, von indischen Elefanten, den Phalangen des Fußvolks, von Karossen und Troßwagen, selbst ein Schiff führten sie mit.

In Damaskus übernahm Ptolemaios den Wagen mit dem kostbaren Leichnam. Er führte den Sarkophag jedoch nicht nach Shiwa, er verbrachte ihn in sein Reich: nach Memphis und später nach Alexandria, wo er in einem unterirdischen Grabgewölbe Aufnahme fand. Dreihundert Jahre später hat der römische Kaiser Augustus dort einen Blütenkranz niedergelegt. Auch Caligula war dort – und stahl den Brustpanzer. Septimus Severus, der Soldatenkaiser, ließ die Heilige Gruft schließlich zumauern. Die Gruft blieb verschollen. Bis zum heutigen Tag. Und jede Meldung, wonach sie endlich entdeckt worden sei, war eine falsche Meldung.

An jenem Tag, da Alexander starb, starb Diogenes; ein Philosoph, der auch einem König gegenüber wunschlos geblieben war.

Alexander lebte weiter. In den Büchern der Historiker, den Werken der Dichter, im Gedächtnis des Volkes. Für das Volk war er nicht gestorben, er hatte nur Abschied genommen von seinem Leben unter den Menschen. Das Buch vom Leben und den Taten des Makedonen, *Alexanderroman* genannt, ist neben der Bibel das am meisten verbreitete Buch der Weltliteratur. Von Island bis zur Sahara, von Spanien bis nach China erschien es in immer wieder neuen Versionen: märchenhaft ausgeschmückt, legendendurchflochten, mit Liedern und Sagen angereichert. In über fünfunddreißig Sprachen erzählte, sang und sagte man von dem Eroberer der Welt.

Wenn in der Ägäis der Sturm die Wellen peitscht, dann glauben die Seeleute, daß die Dämonen der Tiefe sich um Alexander sorgen, und sie beugen sich hinab und rufen besänftigend: »Der große Alexander lebt und herrscht noch immer auf Erden ...«

ZEITTAFEL

Alle Angaben v. Chr.

Im 4. Jh. In China bildet sich die konfu-
zianische Lehre als System
heraus.
Aus dieser Zeit stammen die
ältesten noch existierenden
Bauwerke in Indien.
Bei den Germanen werden die
Zeit und die Feste erstmals
nach der Himmelsbeobach-
tung berechnet.
In Griechenland leben vier bis
fünf Millionen Menschen.
Ab Mitte des Jahrhunderts
verbreitet sich das Attische
mit ionischen Einsprengseln
als Schriftsprache in ganz
Griechenland und anschließend im hellenistischen Kul-
turkreis.

400 Auf Zypern erleben die phöni-
kisch-griechischen Städte eine
Blütezeit.
In Italien vertreiben die Kelten
die Etrusker aus der Po-Ebene.
Um diese Zeit findet in
Mexiko eine indianische
Hochkultur ihr Ende, von der
noch heute Funde und Bauten
zeugen.
Der *Pentateuch* erhält seine
endgültige Form.
In der griechischen Baukunst
taucht die korinthische Säule
auf, beherrschend ist nach wie
vor der ionische Stil.
In Indien kommt in dieser
Zeit die Astrologie auf; in de-
ren Folge wird dort die Sieben-
Tage-Woche entsprechend
Sonne, Mond und fünf Plane-
ten eingeführt.
In Syrakus auf Sizilien muß
Damokles ein Gastmahl durch-
stehen, bei dem über seinem
Kopf ein Schwert schwebt, das
an einem Haar hängt.

399 Sparta führt Krieg um griechische Städte in Kleinasien
gegen das Persische Reich.
Sokrates (geb. um 470) nimmt
in Athen Gift.

395 Der Korinthische Krieg zwischen Athen, Korinth, Theben
und Sparta bricht aus.
Um dieses Jahr stirbt der griechische Historiker Thukydides
(geb. um 460).

387 Rom wird von den Galliern
eingenommen und zerstört.
Der Korinthische Krieg wird
durch das Eingreifen des Per-
serreiches zu dessen Gunsten
entschieden. Die griechischen
Städte in Kleinasien und auf
Zypern werden persisch.
Der griechische Komödien-
dichter Aristophanes (geb. um
450) gestorben.
Plato ruft eine Philosophen-
Schule ins Leben und verfaßt
das *Gastmahl*.

Um 384 Der griechische Philosoph
Aristoteles geboren.

Um 382 Der spätere König von Makedonien Philipp II. geboren.

Um 380 In Ägypten Regierungsantritt
der 30. Dynastie, der letzten
einheimischen Herrscher.

379 Es kommt zum bis 362
dauernden Krieg zwischen
Sparta und Theben, in dessen
Folge Griechenland seine bis-
herige Stärke verliert.
Platon verkündet im *Phaidon*,
daß die Erde eine Kugel sei.

Um 377 Der Arzt Hippokrates (geb. um
460) gestorben.
Unter Führerschaft von Athen
wird der Zweite Attische Seebund geschlossen.

366 In Rom tritt der Diktator und
Feldherr Camillus zurück.
Den Plebejern wird ein Kon-
sulsposten (bislang ausschließlich den Patriziern vorbehalten) zugestanden, es werden
die Ädilen und Prätoren eingeführt.
Um diese Zeit konstruiert
Eudoxos von Knidos einen
Himmelsglobus.

362 Theben verliert mit dem Ende
des Krieges gegen Sparta seine
Vorherrschaft in Griechenland.

359 Philipp II. wird in Makedonien
von der Heeresversammlung
zum neuen König ausgerufen.

357 Philipp II. marschiert bei athenischen Bundesgenossen ein;
bei den militärischen Auseinandersetzungen greift er auf
die geschlossene Phalanx mit
Schiefer Schlachtordnung
zurück.

356 Alexander der Große geboren.
Der zweite Heilige Krieg
gegen die Phoker um Delphi
bricht aus.
In Ephesos geht der Artemis-
Tempel, eines der Sieben
Weltwunder, in Flammen auf.
Um diese Zeit entsteht in
China die erste Mauer gegen
die Hunnen.

355 Athen gesteht nach Krieg
gegen Bundesgenossen diesen
die Unabhängigkeit zu; damit
ist der Attische Seebund praktisch aufgelöst.
Um diese Zeit verfaßt Ephoros
von Kyme eine erste Welt-
geschichte.

354 Der griechische Schriftsteller
und Historiker Xenophon (geb.
um 430) gestorben.

353 Im kleinasiatischen Halikarnassos läßt Artemisia für
ihren verstorbenen Gemahl
König Mausolos von Karien
das »Mausoleum« errichten.

350 Sidon, Tyros, Arados und
Byblos erklären sich von
Persien unabhängig.
Um diese Zeit entwickelt Pau-
sias in der bildenden Kunst
u. a. die Perspektive.

347 In Athen hält Demosthenes
seine »Philippika« gegen den
makedonischen König.
Der griechische Philosoph
Plato (geb. 427) gestorben.

346 Philipp II. von Makedonien
besiegt die Phoker.

343 Philipp II. schickt seinen dreizehnjährigen Sohn Alexander
zwecks Erziehung und Ausbil-
dung nach Mieza, wo er von
Aristoteles unterrichtet wird.

Ägypten wird vom Persischen Reich zurückerobert. Die 30. Dynastie ist damit zu Ende.

In drei Kriegen gegen die Samniten (343–341, 327–304, 298–290) kann Rom seinen Herrschaftsanspruch in Mittelitalien ausweiten und durchsetzen.

341 Makedonien verleibt sich Thrakien als Provinz ein. Der griechische Philosoph Epikur geboren (gest. 271).

340 Alexander wird von seinem Vater erstmals eine Statthalterschaft übertragen. Rom führt einen Feldzug gegen Kampanien und Latium und verleibt diese seinem Machtbereich ein.

338 Philipp II. besiegt in der Schlacht bei Chaironea die Thebaner, Athener, Korinther, Achaier und Phoker; Alexander führt im Kampf die makedonische Reiterei. Philipp läßt sich in Korinth zum Heerführer gegen das Persische Reich ernennen. Korinth erlebt in diesen Jahren eine Blütezeit als Handelsstadt. Rom erobert das volskische Antium in Latium; der Latinische Bund wird aufgelöst. In der römischen Republik wird das Münzwesen eingeführt. Der Erneuerer des Persischen Reiches, König Artaxerxes III., gestorben. Der griechische Redner Isokrates (geb. 436) gestorben. Warb in seinen Reden für Philipp II. als Einiger Griechenlands.

337 Unter Philipp II. werden mit Ausnahme Spartas die griechischen Staaten im Korinthi-

schen Bund vereint. Damit kommt Griechenland faktisch unter die Herrschaft Makedoniens.

336 Philipp II. von Makedonien wird von Pausanias ermordet. Sein Sohn wird von der Heeresversammlung als Alexander III. zum neuen König ausgerufen. Alexander läßt gleich im Anschluß daran mögliche Thronprätendenten umbringen. In griechischem Einflußbereich wird das Münzgewicht erstmals im attischen Münzfuß vereinheitlicht. Der griechische Philosoph und Begründer der Stoa, Zenon von Kition, geboren (gest. 264).

335 Alexander zieht im Frühjahr gegen die Thraker, Triballer und Geten; danach zieht er vor die makedonische Grenzfeste Pelion, um diese von den eingefallenen Illyrern zu befreien. Im weiteren Verlauf des Jahres erklären sich die peloponnesischen Stadtstaaten Theben, Athen, Aitolien und Sparta für unabhängig; Alexander marschiert mit seinem Heer nach Theben und erobert die Stadt. Nach deren Zerstörung ist er unangefochtener Herrscher über Griechenland. Aristoteles geht nach Athen und gründet dort seine eigene Philosophie-Schule.

334 Im Frühjahr zieht Alexander mit seinen Truppen nach Sestos und marschiert ins Persische Reich ein. Als Reichsverweser über Makedonien hat er zuvor Antipatros eingesetzt. Alexander zieht weiter über den Hellespont nach Perkote, Lampsakos und

in die Ebene von Adrasteia. Im Mai besiegt er erstmals in der Schlacht am Granikos (Ionien) ein persisches Heer. Danach zieht er zur lydischen Residenz Sardes des persischen Statthalters, die sich kampflos ergibt; nächste Station ist Ephesos, wo Alexander von Apelles gemalt wird. Nach der Belagerung und Eroberung von Miletos löst Alexander seine Flotte auf, um sein Landheer verstärken zu können. Im Oktober steht Alexander vor Halikarnassos, der Hauptstadt der Satrapie Karien, die nach längerer Belagerung erobert und teilweise angezündet wird; das Mausoleum bleibt vom Brand verschont. Nach weiterem Vordringen bis nach Side sieht sich Alexander im Winter zum Rückmarsch gezwungen.

Mit Beginn der alexanderschen Eroberungszüge setzt die Zeit des Hellenismus ein, die Verschmelzung der griechischen mit der orientalischen Kultur, und breitet sich in den folgenden Jahrhunderten bis zur Zeitenwende über den Mittelmeerraum und die unmittelbaren Anschlußregionen aus.

333 Im Frühjahr löst Alexander den Knoten von Gordion und zieht anschließend mit 40 000 Mann durch die Kilikische Pforte nach Tarsos, wo er acht Wochen lang an einer Krankheit laboriert. Dareios III. von Persien beschließt, den makedonischen Eroberungszug endgültig zum Stoppen zu bringen und zieht Ende September mit seinem Heer von Babylon nach Issos. Im November kommt es bei Issos zur

Schlacht, in deren Verlauf Dareios voreilig flieht und damit eine persische Niederlage herbeiführt. Syrien und Kleinasien sind nun in der Hand Alexanders. Der makedonische König heiratet die Perserin Barsine.

332 Die phönikisch-persischen Städte Sidon, Arados und Byblos ergeben sich den Makedonen; diese müssen das reiche Tyros allerdings monatelang belagern, bis sie die Stadt endlich im Juli erobern können. Tyros verliert seine bislang beherrschende Stellung im Handel. Während der Belagerung von Tyros schickt Dareios ein Friedensangebot, in dem er Alexander Ägypten, Syrien und Kleinasien anbietet; Alexander lehnt ab. Die Makedonen ziehen weiter nach Ägypten und besetzen es kampflos. Alexander läßt sich in Memphis zum Pharao krönen.

331 Am Jahresanfang feiert Alexander die Grundsteinlegung von Alexandria. In der Oase Shiwa läßt er sich als Sohn von Zeus Ammon bestätigen. Im Frühjahr ist er wieder in Tyros. Im Mai bricht er mit dem Heer auf Richtung Mesopotamien. Bei Gaugamela, nordöstlich von Mossul, können die Makedonen Dareios entscheidend schlagen. Mitte Oktober steht Alexander vor Babylon, das ihm Tore und Schatzkammern öffnet. Noch vor Jahresende zieht er weiter nach Susa.

330 Das griechisch-makedonische Heer unter Alexander erreicht Persepolis; die Stadt wird zur

Plünderung freigegeben und angezündet. Anschließend nimmt Alexander noch Pasargadai ein, bevor er nach Persepolis zurückkehrt. Um diese Zeit malt der Maler Apelles »Alexander mit dem Blitz«. Auch der Bildhauer Lysippos verewigt Alexander. Dareios hält sich inzwischen im nordiranischen Ekbatana auf und versucht ein neues Heer aufzustellen. Als Alexander die Stadt erricht, ist Dareios bereits in Thara, wo er von seinem Satrapen Bessos überwältigt und gefangengesetzt wird. Im Juli stehen die Truppen Alexanders am Kaspischen Tor. Bessos flieht vor Alexander, nachdem er sich des Dareios entledigt hat, nach Baktrien, wo er sich als Artaxerxes IV. zum König ausruft. Die Makedonen befinden sich inzwischen in Hyrkanien am Kaspischen Meer; Alexander wird zunehmend »persisch« in seinem Auftreten. Am Herbstanfang ist Alexander im drangianischen Phrada; der Plan eines Attentats auf den makedonischen König wird aufgedeckt und Reiterführer Philotas hingerichtet. Alexander läßt Phrada in Prophtasia Alexandreia umbenennen und leitet den Ausbau der Stadt in die Wege. Um diese Zeit verfaßt Kallisthenes seine Geschichte von Alexander dem Großen.
Pytheas aus Massilia unternimmt eine Forschungsreise nach Britannien, Thule und Jütland und berichtet erstmals von den Germanen.

329 In Griechenland herrschen Hungersnot und Inflation. Alexander schickt Getreide.

Bei der Verfolgung von Bessos überquert Alexander Anfang des Jahres den Hindukusch. Am Oxus wird Bessos gefangengenommen und hingerichtet. Sein Nachfolger Spitamenes beginnt einen Guerillakrieg gegen Alexander. Die Griechen stoßen bis nach Marakanda vor.

328 Alexander führt eine Reform des Heeres durch und nimmt auch persische Soldaten auf. Sein Heer geht offensiv gegen Spitamenes vor, der im Winter von den Skythen umgebracht wird; der Verteidigungskampf gegen den Makedonen in Baktrien bricht zusammen. In Marakanda tötet er im Streit seinen Gefährten und Satrapen Kleitos, der ihm einmal das Leben gerettet hat.
In Athen wird das Dionysos-Theater aus Stein gebaut, es faßt 14 000 Zuschauer.

327 Das östliche Sogdien wird makedonisch. Alexanders Versuch, an seinem Hofe das persische Zeremoniell mit Fußfall (Proskynese) einzuführen, scheitert am Widerstand der Griechen und Makedonen. Alexander ehelicht die Baktrierin Roxane.
Er läßt Kallisthenes, den Neffen von Aristoteles, vermutlich hinrichten. Im Frühsommer überschreitet das makedonische Heer erneut den Hindukusch und stößt nach Indien vor.

326 Alexander befriedet die Bergstämme des Swat-Hochlandes; am härtesten umkämpft ist die Bergfestung Aornos. Im Mai setzt Alexander mit seinem Heer beim weiteren Vorstoß

in den Osten Indiens über den Indus. Im Juni kommt es am Hydaspes zur Schlacht mit König Poros, die für die Makedonen siegreich ausgeht. Bukephalos, das Pferd Alexanders, stirbt an einer Speerverletzung, sein Herr gründet an der Stelle eine Stadt. Alexander macht sich in der Folge den ganzen Pandschab untertan. Das Heer ist erschöpft und deprimiert; am Hyphasis entschließt sich Alexander schweren Herzens zur Umkehr. Anfang November fährt das makedonische Heer den Hydaspes hinab. In schweren Kämpfen werden die Maller unterworfen. Beim Sturm auf deren Hauptstadt wird Alexander schwer verwundet. Auf dem Krankenlager erfährt er, daß die in Baktrien und der Sogdiane zwangsangesiedelten griechischen Soldaten sich, auf das Gerücht von seinem Tod hin, in die Heimat aufgemacht haben. Auch in Arachosien und der Drangiane brodelt es. Wieder genesen, setzt Alexander die Befriedung der Indus-Ebene mit großer Grausamkeit fort.

325 Im Sommer, nach neunmonatiger Flußfahrt, erreichen Alexanders Truppen die Stadt Pattala. Hier erhält Nearchos den Auftrag, über das Erythraische Meer in den Persischen Golf bis zur Mündung von Euphrat und Tigris zu fahren. Er verfaßt anschließend einen Bericht über die Reise. Krateros ist mit einem Teil des Heeres bereits auf dem Rückmarsch nach Arachosien und in die Drangiane. Alexander selbst zieht mit seinen Truppen Anfang September Rich-

tung Gedrosische Wüste los, die unter unsäglichen Verlusten und Strapazen durchquert wird.

324 Alexander und Nearchos erreichen Persien. Alexander räumt unter den in seiner Abwesenheit verschwenderisch und machtlüstern gewordenen Satrapen auf. In Susa angekommen, unternimmt Alexander einen weiteren Versuch, die Völker miteinander zu verschmelzen: mit der Hochzeit der Zehntausend. 89 führende Gefolgsleute und Stellvertreter Alexanders werden mit Perserinnen verheiratet, der König selbst vermählt sich mit Stateira, einer Tochter des Dareios, und mit Parysatis aus der Familie des Königs Artaxerxes III. In Opis am Tigris empören sich die makedonischen Soldaten gegen Alexander, da dieser die Perser ihnen gleichstelle, ja bevorzuge. Alexander kann sie schließlich beruhigen. Unter Führung des Krateros, der Antipatros als Reichsverweser im Westen ablösen soll, brechen ca. 10 000 Veteranen nach Makedonien auf.

323 Alexander ist wieder in Babylon. Bereitet einen neuen Feldzug nach Arabien vor, der anschließend nach Karthago und bis Gibraltar fortgesetzt werden soll. Bei einem Trinkgelage wird Alexander Ende Mai krank. Knapp zwei Wochen später stirbt er, wahrscheinlich an Malaria.
In Babylon ernennt die zusammengetretene makedonische Heeresversammlung zwei Nachfolger Alexanders: seinen geistesschwachen Bruder

Arridhaios und den jüngst zur
Welt gekommenen Sohn von
Roxane, Alexander. Perdikkas
wird Reichswesir, das alexan-
dersche Reich aufgeteilt. Es
kommt bald zu Kämpfen der
Diadochen um die Vorherr-
schaft, die sich bis 280 hinzie-
hen. Am Ende dieser Kriege
entstehen große Monarchien
wie Ägypten, Makedonien,
Syrien und Kleinstaaten in
Kleinasien und Griechenland.
So wird z. B. Ägypten unter
den Ptolemaiern wieder ein
mächtiger Staat.
Aristoteles verläßt nach dem
Tode Alexanders Athen, er
stirbt 322.
Der Philosoph Diogenes (geb.
um 412) stirbt.

321 Der Leichnam Alexanders
wird von Babylon zunächst
nach Memphis, dann ins ägyptische Alexandria überführt.

Sein Grab, das seit dem 3. Jh.
n. Chr. verschollen ist, wird
zur Pilgerstätte. Alexandria
nimmt in der Folge einen
ungeheuren Aufschwung und
eine führende kulturelle Stellung ein.

320 Die Makedonen werden von
Tschandragupta aus dem
Gebiet um den Indus vertrieben. Er erobert den Norden
Indiens und schafft so in
dieser Region das erste Großreich.

319 Die Mutter Alexanders, Olympias kommt in den Nachfolge-
kämpfen ums Leben; sie hat
zuvor selbst mehrere Mitglieder der Königsfamilie töten
lassen.

310 Roxane und ihr inzwischen
zwölfjähriger Sohn Alexander IV. werden ermordet.

EINE UNGESCHEHENE GESCHICHTE

WAS WÄRE GESCHEHEN, WENN ALEXANDER DER GROSSE NICHT 323 GESTORBEN WÄRE?

*Einen »Traktat über die Frage: Was wäre geschehen, wenn …!«
nennt Alexander Demandt sein Buch* Ungeschehene Geschichte.
*Darin faßt er einen reizvollen Gedanken des großen englischen
Historikers Toynbee zusammen:*

*Alexander überwindet die Krankheit vom Juni 323, sie kuriert
ihn von der Trunksucht und vom Eigensinn. Währenddessen
haben Eumenes, Perdikkas und Ptolemaios, die drei bewährten
Offiziere Alexanders, die Regierung geführt, und sie verwalten
auch später das Reich, wenn der König unterwegs ist. Bald nach
der (tatsächlich postumen) Geburt Alexanders IV. umsegelt
Alexander (wie geplant) Arabien, landet im Herbst 323 bei Suez
und läßt den vom Pharao Necho angelegten, von Dareios I.
erneuerten Kanal vom Roten Meer zum Nil instandsetzen.*

*Danach werden (wie vorgesehen) Phönikier am Persischen
Golf angesiedelt. Als Seevolk Alexanders lassen sie sich in Ku-
wait, Bahrain und Aden nieder. Auch Tyros wird wieder aufgebaut. Andere semitische Völker wie Samariter, Moabiter und
Aramäer nutzen die Chance zur See, ebenfalls die Juden. Sie
werden ein weltoffenes Volk; die aus ihrer Verfolgungssituation
erwachsene religiöse Inbrunst verliert sich im Zuge einer Eman-
zipation in den Hellenismus. Das Judentum ist kein Herd mehr
für religiöse Bewegungen, das Christentum entfällt.*

*Alexander verlegt seine Hauptstadt von Babylon nach Alex-
andria, das zur neuen Welthauptstadt anwächst. Religiöser*

und kultureller Mittelpunkt ist das (von Alexander geplante) Hephaisteion. (Auch die Seleukiden haben Babylon bzw. Seleukeia als Hauptstadt mit Antiochia vertauscht, das dem Mittelmeer näher lag.) 321 segelt Alexander nach Makedonien, läßt Nordanatolien und Thrakien sichern und schickt seine unruhestiftende Mutter Olympias auf die Paradies-Insel Sokotra im Indischen Ozean in eine ehrenvolle Verbannung. Seine verwitwete Schwester Kleopatra verheiratet er mit Leonnatos und ernennt ihn zum Nachfolger Antipatros', als dieser (wie geschehen) 319 stirbt.

Der ehrgeizige und skrupellose Sohn Antipatros', Kassandros, wird von Alexander übergangen, flieht zu den Karthagern und liefert Alexander damit einen Kriegsvorwand. (Die Pläne für den Zug Alexanders in den Westen sind bei Diodoros XVIII 4 überliefert, in ihrer Echtheit jedoch umstritten.) Ptolemaios geht im Auftrage Alexanders nach Sizilien. Als zweiter Timoleon einigt er die zerstrittenen Griechen gegen die Sikelioten und gegen die Karthager. Er beruft einen Kongreß nach Syrakus und begründet einen Syrakusanischen Bund nach dem Vorbild des Korinthischen Bundes. Alexander wird Bundesfeldherr im Kampf gegen Karthago. 319 erobert Alexander die Stadt, wobei ihm eine mit den Phönikern sympathisierende fünfte Kolonne hilft. Auch Nordafrika wird, als Bund von Utica, nach korinthischem Muster organisiert. In Gibraltar baut Alexander die Stadt Alexandreia Eschata Herakleia – entsprechend zu Alexandreia Eschata Dionysiaka am Jaxartes.

Die Erschließung der europäischen Atlantikküste überträgt Alexander den Massilioten, deren berühmten Nordfahrer Pytheas er in Gades getroffen hat. Die Punier von Gades erhalten den Auftrag, Afrika von Westen her zu umsegeln (nachdem dreihundert Jahre zuvor ihre phönikischen Landsleute es von Osten her geschafft hatten).

In Italien waren 321 die Römer von den Samniten in den Caudinischen Pässen geschlagen worden. Alexander schickt

*Ptolemaios nach Tarent, das Rache für den Tod von Alexanders
gleichnamigem Onkel, König von Epirus, gefordert hatte. Er war
330, mit Rom verbündet, gegen die Italiker gezogen und ermordet worden. Gestützt auf die Philhellenen unter den Senatoren
bringt Ptolemaios ein Bündnis zwischen Alexander, den Grie-
chenstädten und Rom zustande. Samnium wird 317 geschlagen.
Die süditalischen Städte werden wiederum in einem »korinthischen« Bund organisiert. Rom soll seine Expansionsgelüste in
Norditalien und Gallien befriedigen.*

*Das Mittelmeer ist in Alexanders Hand. Mit oskischen Söld-
nern bereitet er die Eroberung Indiens vor. Hier hat auf die
falsche Nachricht von Alexanders Tod 323 Tschandragupta die
griechischen Garnisonen angegriffen, ist geschlagen worden
und bietet nun den Makedonen seine Dienste an. Alexander
sendet ihn nach Magadha, in den mächtigsten Ganges-Staat
voraus. Alexander folgt, nimmt Pataliputra ein und fährt, wie
einst den Indus, so den Ganges hinunter. An der Mündung
begegnen ihm die Phöniker, die er auf dem Seeweg um Indien
dorthin gesandt hatte. Er überträgt 314 v. Chr. Seleukos das
Königtum Magadha.*

*Zu Alexanders Reich gehört nun auch Buddhas Heimatland.
Buddhistische Mönche aus Kapilavastu nutzen die Reichsein-
heit zur Mission im Westen. Seitdem sind Weltreich und Weltre-
ligion verknüpft. Der Buddhismus toleriert alle historischen
Religionen und ordnet sie in sein System der Selbsterlösung. In
Hellas schreiben Zenon und Epikur Kommentare zu Buddhas
Predigten.*

*Nachdem Alexander nach Alexandria zurückgekehrt ist, er-
reichen ihn Gesandte der griechischen Schwarzmeerstädte mit
der Bitte um Hilfe gegen die Skythen. Alexander geht 312 an den
Jaxartes. Er hört von den Reichtümern Chinas, verbündet sich
mit den Issedonen, den Wu-Sun-Nomaden und den Empörern in
China. 311 siegt er an der Spitze der Aufständischen und setzt
Antigonos (Monophthalmos) auf den chinesischen Thron. 293*

folgt ihm sein Sohn Demetrios (Poliorketes). Die Antigoniden nehmen so die Yüan-Herrschaft vorweg. 308 hat Nearchos den Seeweg nach China entdeckt, die Berichte der Phöniker über die südlichen Länder veranlassen die Ausdehnung der Chinesen nach Süden bis Tasmanien. 311 gehört Alexander die kultivierte Welt. Er stirbt im Alter von 69 Jahren 287 v. Chr.

Verzeichnis der zitierten Literatur

F. Arrianus, *Der Alexanderzug. Indische Geschichte*. Griech. und dt. München 1985.

P. Bamm, *Alexander oder die Verwandlung der Welt*. Zürich 1965.

K. J. Beloch, *Griechische Geschichte* Bd. III–IV. Leipzig 1922–1925.

H. Bengtson, *Philipp und Alexander der Große*. München 1985.

H. Berve, *Das Alexanderreich auf prosopographischer Grundlage*. 2 Bde. München 1926.

J. Burckhardt, *Griechische Kulturgeschichte*. 4 Bde. Berlin, Stuttgart 1898–1902.

W. Capelle, *Alexanders des Großen Siegeszug durch Asien*. Zürich 1950.

W. v. Châtillon, *Das Lied von Alexander dem Großen*. Übers. von G. Streckenbach. Heidelberg 1990.

C. v. Clausewitz, *Vom Kriege*. Hg. von W. Halweg. Bonn 1966.

H. Conrad (Hg.), *Napoleons Leben. Von ihm selbst*. Paris 1911–1913.

Qu. Curtius Rufus, *Geschichte Alexanders des Großen*. Lat.-dt. hg. von K. Müller und H. Schönfeld. München 1954.

Qu. Curtius Rufus, *Alexandergeschichte*. Übers. von J. Sibelius und H. Weismann. Stuttgart 1987.

M. und R. Dahlke, *Okkultismus. Der Esoterik-Boom*. München 1990.

A. Demandt, *Ungeschehene Geschichte*. Göttingen 1984. 2. Aufl. 1986.

I. und O. Douglas-Hamilton, *Among the Elephants*. London 1975.

J. G. Droysen, *Geschichte Alexanders des Großen*. Berlin 1833.

W. Durant, *The Story of Philosophy*. New York 1926.

E. H. Edwards, *Horses. Their Role in the History of Man*. London 1987.

R. Lane Fox, *Alexander the Great*. London 1973.

E. Friedell, *Kulturgeschichte Griechenlands*. München 1981.

J. F. C. Fuller, *The Generalship of Alexander the Great*. London 1958.

J. Gregor, *Alexander der Große*. München 1940.

R. D. Gupta, *Elephants in Northern India*. WWF Monthly Report, January 1986.

Gymnasium. Zeitschrift für Kultur der Antike. Heidelberg 1953, 60. Jahrgang.

H. J. Hemminger (Hg.), *Die Rückkehr der Zauberer*. Hamburg 1987.

Homer, *Ilias*. Übertragen von J. H. Voß. Frankfurt / Main 1990.

A. Krug, *Heilkunst und Heilkult*. München 1993.

F. Kurt, *Das Buch der Elefanten*. Hamburg 1986.

S. Lauffer, *Alexander der Große*. München 1978.

T. E. Lawrence, *The Seven Pillars of Wisdom*. London 1926 u. 1935.

C. Lindskog / K. Ziegler, *Plutarchi Vitae Parallelae*. Stuttgart 1968.

M. Luther, *Die gantze Heilige Schrifft. Das Buch Esther*. Wittenberg 1545. München 1972.

U. H. Morgan, *The Art of Horsemanship – Xenophon*. London 1962.

R. Peyrefitte, *Les Conquêtes d'Alexandre*. Paris 1979.

H. Pleticha / F. Schönberger, *Die Griechen*. Bergisch Gladbach 1984.

Plutarch, *Große Griechen und Römer*. 6 Bände. Übers. von K. Ziegler und W. Wuhrmann. Zürich 1966.

Plutarch, *Moralia*. Hg. von W. Ax. Leipzig o. J.

Pompeius Trogus, *Weltgeschichte von*

den Anfängen bis Augustus im Auszug des Justin. Zürich, München 1972.

G. Radet, Alexandre le Grand. Paris 1950.

O. W. Reinmuth, Alexander and the World-State. Princeton 1941.

W. Riepl, Das Nachrichtenwesen im Altertum. Leipzig 1913.

Ch. A. Robinson jr., Alexander the Great. New York 1947.

A. G. Roos (Hg.), Flavii Arriani quae extant monia. Leipzig 1907.

F. Schachermeyr, Alexander der Große. Wien 1973.

V. Scheil, Mémoires de la Mission de Susiana. Bd. XXI und XXIV. Paris o. J.

E. Schwartz, Griechische Geschichtsschreiber. Leipzig 1957.

J. Seibert, Alexander der Große. Darmstadt 1972.

A. Stein, Alexander's Campaign on the Indian North-West-Frontier. Geogr. Journal 70, 1927.

W. W. Tarn, Alexander the Great. Narrative Sources and Studies. Cambridge 1948.

L. Trümpelmann, Persepolis. Mainz 1988.

J. Tulard, Napoleon ou le mythe du sauveur. Paris 1977.

T. Vogel und A. Weinhold (Hg.), Historium Alexandri Magni Macedonis Libri qui supersunt. Leipzig, Berlin 1903–1906.

A. Weigall, Alexander the Great. New York 1933.

U. Wilcken, Alexander der Große. Wien 1973.

M. Graf York von Wartenburg, Kurze Übersicht über die Feldzüge Alexanders des Großen. Berlin 1898.

Verzeichnis der Abbildungen

23 Die Königliche Burg von Babylon mit dem Turm. Kupferstich von Johann Bernhard Fischer von Erlach in: Entwurff Einer Historischen Architektur, Wien 1721. Wien, Albertina.

24 Triumph Alexanders in Babylon. Französische Tapisserie nach einem Gemälde von Charles Lebrun (1619–1690). Tapisserie Versailles. Foto: Agence photographique de la Réunion des Musées Nationaux, Paris.

25 Die Freitreppe zur großen Audienzhalle (Apadana) von Persepolis. Foto: Leo Trümpelmann

26 Meder und Perser der Palastgarde. Persisches Relief an der Osttreppe zur großen Audienzhalle (Apadana) von Persepolis (um 475 v. Chr.). Foto: Bildarchiv Preußischer Kulturbesitz (Dietlinde Karig), Berlin.

27 Alexander an der Leiche des Dareios. Gemälde von Giovanni Antonio Pellegrini (1675–1741). Düsseldorf, Kunstmuseum. Foto: Archiv für Kunst und Geschichte, Berlin.

28 Alexander empfängt die Großen des Persischen Reiches. Persische Buchmalerei des 16. Jhs. Supplement persan 1029. Bibliothèque Nationale, Paris.

29 Die Aldobrandinische Hochzeit (Vermählung Alexanders mit Roxane). Römisches Fresko nach einem griechischen Gemälde des Aetion (3. Jh. v. Chr.). Vatikanische Museen, Rom. Foto: Archiv für Kunst und Geschichte, Berlin.

30 Hochzeit Alexanders des Großen mit Roxane. Ausschnitt aus einem Gemälde von Peter Paul Rubens (1577–1640). Wörlitz, Staatliche Schlösser und Gärten. Foto: Archiv für Kunst und Geschichte, Berlin.

31 Alexander als Zeus Ammon. Münze vom Ende des 4. Jhs. v. Chr. London, Sammlung Peter Clayton.

32 Alexander als persischer Reiter. Türkische Buchmalerei aus dem 16. Jh. Istanbul, Bibliothek des Topkapi-Museums.

33 Berglandschaft im Hindukusch (Afghanistan). Foto: Mauritius (Jensen), Mittenwald.

34 Kriegselefant. Silberne Pferdeschmuckplatte aus dem 3. Jh. v. Chr. St. Petersburg, Eremitage.

35 Schlacht zwischen Alexander und Poros. Gemälde von Jean Antoine Watteau (1684–1721). Musée des Beaux Arts, Lille.

36 Alexander und der sterbende Poros. Gemälde von Charles Lebrun (1619–1690). Paris, Musée du Louvre. Foto: Agence photographique de la Réunion des Musées Nationaux, Paris.

37 Iskandar, der einen Eremiten besucht. Persische Buchmalerei (1535–1540), Khamsa von Nizami. Mir Musavvir zugeschrieben. British Museum, London, Addendum 25900.

38 Iskandar, der vom Boot aus eine Ente schießt. Persische Buchmalerei (Tabriz 1526). Diwan von Mir Ali Shir Nawai. Paris, Bibliothèque Nationale, Supplement turc 316.

39 Die Hochzeit Alexanders des Großen mit Stateira in Susa. Kolorierter Holzstich nach einem Gemälde von Andreas Müller (1811–1890). Berlin, Sammlung Archiv für Kunst und Geschichte. Foto: ebenda.

40 Der Scheiterhaufen des Hephaistion. Rekonstruktion nach Diodoros von Franz Jaffe. Kolorierter Holzstich um 1900 nach F. Buracz. Foto: Archiv für Kunst und Geschichte, Berlin.

41 Die Bahre des Großen Iskandar. Shahnameh von Firdosi (Tabriz 1330–1336). Washington, Freer Gallery, Nr. 38.3.

42 Porträt Alexanders des Großen. Römischer Marmorkopf nach einem griechischen Original (330–300 v. Chr.). Rom, Vatikanische Museen. Foto: Bildarchiv Preußischer Kulturbesitz, Berlin.

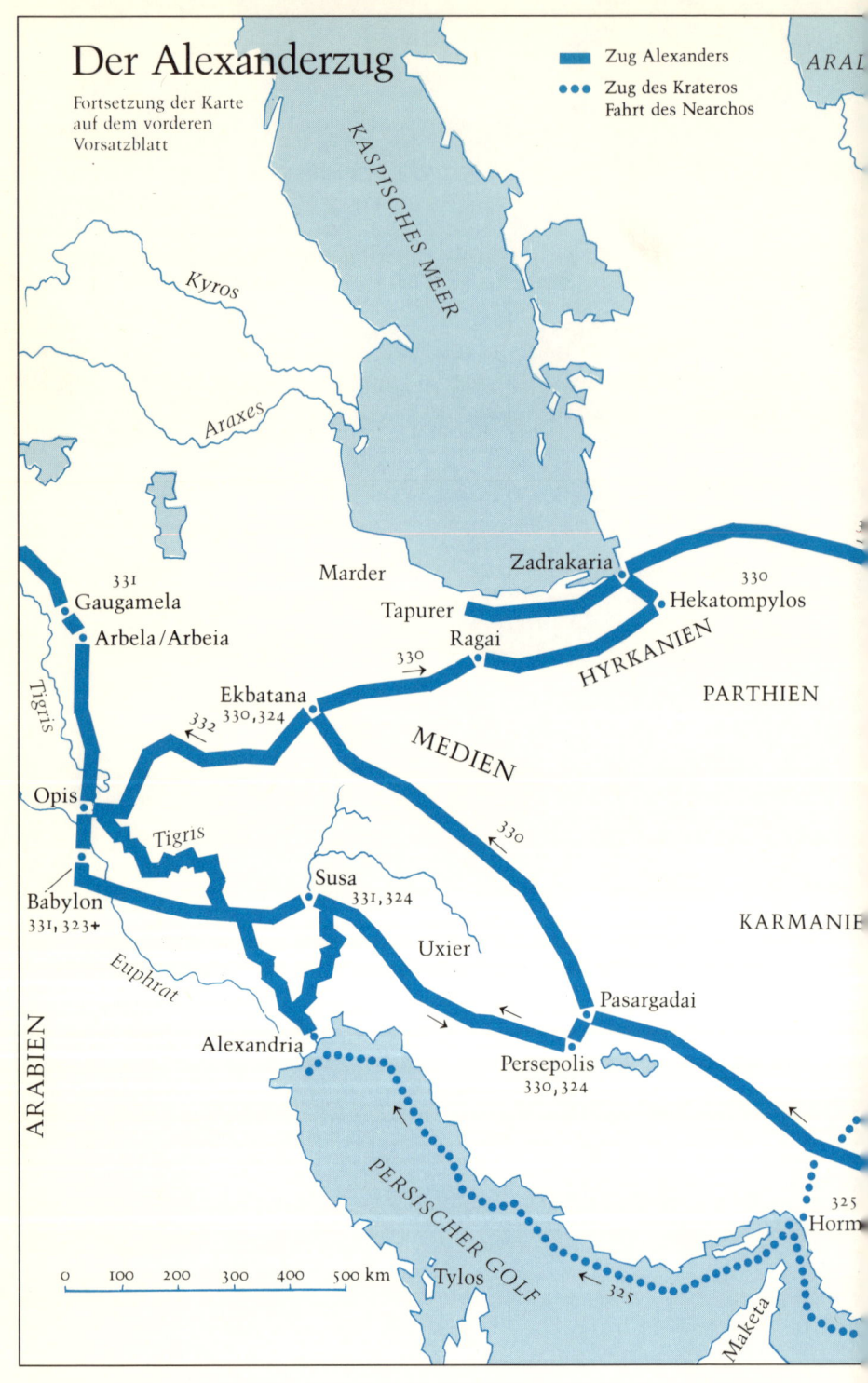

Der Alexanderzug

Fortsetzung der Karte
auf dem vorderen
Vorsatzblatt

▬▬ Zug Alexanders
●●● Zug des Krateros
Fahrt des Nearchos

ARAL

KASPISCHES MEER

Kyros

Araxes

Marder

Zadrakaria

331
Gaugamela
Arbela/Arbeia

Tapurer

Hekatompylos
330

Ragai

HYRKANIEN

PARTHIEN

Tigris

332

Ekbatana
330,324

330 →

MEDIEN

Opis

Tigris

330 ←

Susa
331,324

Uxier

KARMANIE

Babylon
331,323+

Euphrat

Alexandria

←
→

Pasargadai

Persepolis
330,324

ARABIEN

PERSISCHER GOLF

325
Horm

0   100   200   300   400   500 km

Tylos

325 ←

Maketa